조영남
趙英男

2002년부터 현재까지 서울대학교 국제대학원 교수로 재직하고
있다. 서울대학교 동양사학과를 졸업하고 정치학과에서 석사 및
박사 학위를 받았다. 중국 베이징대학(北京大學) 현대중국연구센터
객원연구원(1997-1998년), 난카이대학(南開大學) 정치학과
방문학자(2001-2002년), 미국 하버드–옌칭연구소(Harvard-Yenching
Institute) 방문학자(2006-2007년)를 역임했다. 연구 성과로는
『중국의 꿈』(2013), 『용(龍)과 춤을 추자』(2012), 『중국의 법치와
정치개혁』(2012), 『중국의 민주주의』(2011, 공저), Local People's
Congresses in China (Cambridge University Press, 2009), 『21세기
중국이 가는 길』(2009), 『후진타오 시대의 중국정치』(2006) 등 모두
열네 권의 저서와 많은 학술 논문들이 있다. 현재는 거시적 관점에서
개혁기 중국의 정치변화를 분석하기 위해 중국 정치의 전개와 발전,
중국의 권력 구조와 운영, 중국과 동아시아 국가의 정치발전을
연구하고 있다.

KB105926

톈안먼 사건 _____ 덩샤오핑 시대의 중국 3

1988~1992

톈안먼 사건

덩샤오핑 시대의 중국 ❸

1988-1992

1988

1989

1990

조영남

민음사

이 저서는 2012년 정부(교육부)의 재원으로 한국연구재단의 지원을 받아 수행된 연구
[NRF-2012S1A6A021486]이다.

사랑하는 어머니께

중국은 어떻게 개혁 개방에 성공했을까?

　지난 10년 동안 나는 이 질문에 답하려고 노력해 왔다. 21세기에 들어 중국이 강대국으로 부상했다는 점은 누구도 부정할 수 없는 사실이 되었다. 이는 중국이 30여 년 동안 추진해 온 개혁 개방이 성공한 결과다. 그렇다면 소련과 동유럽 사회주의 국가는 실패한 개혁 개방을 중국은 어떻게 성공할 수 있었을까? 정치학자로서 이것을 어떻게 설명해 낼 수 있을까?

　몇 년간의 연구를 통해, 정치적인 측면에서 중국만이 개혁 개방에 성공할 수 있었던 요소를 세 가지 추려 낼 수 있었다. 덩사오핑을 중심으로 하는 강력하고 통찰력 있는 정치 리더십의 형성, 효과적인 정치제도의 수립과 유능한 당정간부의 충원, 적절하고 실현 가능한 개혁 전략과 정책의 선택이 바로 그것이다. 즉 중국은 이러한 정치적 요소들을 갖추었기 때문에 개혁 개방에 성공할 수 있었다. 이제 남은 과제는 이를 설득력 있게 설명하는 일이다.

원래는 개혁 개방을 성공으로 이끈 세 가지의 정치적 요소를 하나하나 논리적으로 분석하는 방식으로 책을 쓸 생각이었다. 이렇게 하는 것이 중국의 성공 이유를 간단명료하게 설명하는 지름길이라고 판단했기 때문이다. 그런데 문득 이런 생각이 들었다. '지난 30여 년 동안 중국에서 벌어진 수많은 사건들을 그렇게 단순화시켜 설명하는 것이 과연 잘하는 걸까?' 단순한 논리는 복잡한 현상을 설명하는 데는 효과적일 수 있지만 살아 움직이는 현실, 얽히고 설킨 현실을 제대로 설명하는 데는 한계가 있기 때문이다. 자칫 잘못하면 몇 개의 학술 용어로 현실을 왜곡할 위험도 있다.

사실 개혁 개방은 어려운 상황에 직면한 중국이 국가의 생존을 위해 무수히 많은 시행착오를 겪으면서 추진했던 일종의 정치적 생존 전략이었다. 당시에는 덩샤오핑을 포함하여 그 누구도 분명한 개혁 정책을 제시할 수 없었고, 개혁 과정을 일사분란하게 지도할 수도 없었다. 심지어 그 누구도 개혁 개방의 성공을 장담할 수 없었다. 이것이 현실이고 사실이다. 그렇다면 어떻게 설명하는 것이 좋을까?

오랜 고심 끝에 설명 방식을 바꾸기로 결정했다. 즉 원래의 설명 방식은 이 책의 서론에서 간단히 소개하고, 그 대신 중국이 개혁 개방을 추진하면서 벌어졌던 여러 가지 일들을 최대한 생생하고 사실적으로 전달하기로 마음먹은 것이다. 그래서 안후이성의 농촌 개혁과 쓰촨성의 기업 개혁이 어떻게 시작되었고, 광둥성과 푸젠성의 경제특구가 어떻게 결정되었는지를 자세히 설명하기로 했다. '개혁파'와 '보수파'가 어떻게 등장했고, 자신의 정책을 관철시키기 위해 이들이 어떻게 투쟁했는지도 사실대로 쓰기로 했다. 공산당이 당정 기구를 개선하고 젊고 유능한 신세대 지도자를 육성하기 위해 어떤 노력을 기울였는지, 일반 국민은 개혁 개방에 어떻게 참여했고, 비판적 지식인들과 대학생들은 어떤 정치적 요구를 제기하고 투쟁했는지도 상세하게 설명하기로 했다.

처음에는 고향에 돌아온 방랑객처럼 편안하고 즐거운 마음으로 책을 쓰기 시작했다. 내 학문의 뿌리는 역사학이고, 중국 개혁사(改革史)는 내가 언젠가는 연구해야 하는 필생의 과제로 생각했기 때문이다. 그러나 이런 편안함과 즐거움은 오래가지 못했다. 새롭게 규명해야 하는 사실(史實)이 생각보다 훨씬 많은 데 비해 공개된 자료는 턱없이 부족했기 때문이다. 예를 들어, 1976년부터 1978년까지 벌어졌던 일들, 특히 화궈펑의 개혁 개방 정책과 활동, 화궈펑과 덩샤오핑 간의 관계에 대해서는 중국 당국이 관련 자료를 공개하지 않기 때문에 중국의 상투적인 '공식 설명'을 논박하기가 쉽지 않았다.

일부 내용을 집필할 때에는 예상하지 못했던 마음고생을 겪어야만 했다. 1989년 봄 베이징의 톈안먼 광장에서 벌어졌던 민주화 시위와 계엄군의 무력 진압을 집필할 때에 특히 그랬다. 민주화 운동이 끝내 좌절된 사실이 안타까워 밤새 잠을 이루지 못했고, 무자비한 진압 과정에서 희생된 수많은 시민과 대학생들이 머릿속에 맴돌아 독재 권력에 대한 분노와 함께 심한 마음의 고통에 시달려야만

톈안먼 사건

했다. 우리도 1980년대에 비슷한 경험을 했기 때문에 남의 일 같지 않았던 것이다. 이럴 때마다 학문적인 엄격성을 유지하면서 평정심을 찾으려고 노력했지만 소용이 없었다. 결국 몇 달 동안 글을 쓸 수가 없었다. 이런 우여곡절을 겪으면서 약 3년간의 집필과 1년간의 검토를 거쳐 이제 겨우 책을 완성하게 되었다.

이 책은 모두 세 권으로 구성되었다. 1권 『개혁과 개방』은 1976년 마오쩌둥의 사망에서부터 1982년 공산당 12차 당대회까지의 시기를 다룬다. 이 시기에 중국은 통치 엘리트의 합의와 전 국민의 지지 속에서 개혁 개방을 시작했다. 또한 개혁 개방을 지도할 새로운 리더십인 덩샤오핑 체제가 확립되었다. 2권 『파벌과 투쟁』은 1983년부터 1987년 공산당 13차 당대회까지의 시기를 다룬다. 이 시기에는 정치 엘리트 사이에 개혁 개방을 둘러싼 의견 대립이 본격적으로 표출되면서 '개혁파'와 '보수파'라는 파벌이 형성되었다. 또한 반체제 지식인이 등장하여 민주화를 위한 정치개혁을 요구하면서 공산당과 대립했다. 이런 과정에서 개혁파의 선봉장이었던 후야오방이 보수파의 맹공을 받아 실각했다. 3권 『톈안먼 사건』은 1988년부터 1992년 공산당 14차 당대회까지의 시기를 다룬다. 여기서는 1989년에 발생한 톈안먼 사건과 1992년에 있었던 덩샤오핑의 '남순강화(南巡講話)'를 집중적으로 살펴보았다.

이 책은 내게 큰 의미가 있다. 내가 수행한 모든 연구를 집대성하여 중국 정치에 대한 새로운 '고전(classic)'을 쓴다는 생각으로 집필에 매진했기 때문이다. 대개의 학자들이 그렇듯이, 나도 중국 정치와 관련된 전문 주제를 깊이 있게 연구해 왔다. 의회제도의 복원과 발전, 정부기구 개혁과 직능 전환, 법원 개혁과 법치(法治)의 추진, 엘리트 정치의 변화와 공산당 개혁, 대중의 정치참여와 국가-사회 관계의 변화가 내가 집중적으로 연구한 주제들이다. 이런 연구를 토대로 나는 10년 전부터 나만의 통찰력으로 개혁기 중국 정치를 종합하고 체계화하는 새로운 연구를 시작했다. 이 책은 바로 그 새로운 연구의 첫 번째 결과물이다. 조만간 두 번째, 세 번째 연구 결과물들이 세상에 선보일 예정이다.

마지막으로 한국 학계의 중국 연구에 조금이라도 기여할 수 있기를 바라는 마음으로 이 책을 썼다. 최근까지 중국 정치 연구에서는 미시적 관점에서의 연구가 주류를 이루었다. 이는 한편으로 개혁기에 들어 중국 정치에 대한 세밀한 실증 연구가 가능해졌고, 학계도 이런 실증 연구를 중시하면서 나타난 결과다. 그러나 다른 한편으로 거시적 관점에서 중국 정치를 분석하려 해도 타당한 이론이나 분석틀이 없고, 그래서 설득력 있는 연구 결과를 내놓을 수 없는 어려움이 작용한 결과이기도 하다.

이런 이유로 우리 학계에는 "나무는 보되 숲은 보지 못하는 현상", 더 나아가서는 "나무만 보고 숲은 보지 않으려는 현상"이 나타났다. 특정 현상이나 사건, 인물이나 제도 등에 대해서는 불필요할 정도로 세세한 내용까지 잘 알면서도, 정작 상식적이고도 필수적인 핵심 문제에 대해서는 잘 모르는 '전문가 바보'가 이렇게 해서 양산되었다. 반면 거시적 관점에서의 연구는 외국 연구자들의 번역물로 대체되었다. 이 책이 이런 편향된 연구 경향을 바로잡고 그동안 부족했던 거시적 연구의 공백을 메우는 데 기여할 수 있기를 바란다. 동시에 우리 사회가 중국을 좀 더 깊이 있고 체계적으로 이해하는 데 이 책이 큰 도움이 되었으면 좋겠다.

이 책을 쓰면서 여러분들로부터 많은 도움을 받았다. 연구 과정에서 중요한 자료를 내어주고 연구 내용에 대해서도 조언을 아끼지 않았던 인천대학교의 안치영 교수께 깊이 감사드린다. 나의 30년 지기(知己) 친구로서, 성실하고 훌륭한 학자로서 안 교수는 이 연구에 큰 도움을 주었다. 만약 안 교수의 도움이 없었으면 이 책의 일부 내용은 세상을 보지 못했을 것이다. 이 책의 초고를 꼼꼼하게 읽고 좋은 논평을 해 주신 한림국제대학원대학교의 김태호 교수, 안치영 교수, 국립외교원 중국연구센터의 구자선 교수께도 진심으로 감사드린다. 언제나 그랬듯이, 이분들은 바쁜 중에도 시간을 내어 방대한 분량의 초고를 자신의 원고처럼 애정을 갖고 세심하게 읽어 주셨다. 이분들의 조언이 있어 책이 지금과 같은 모습을 갖출 수 있었다. 이 책에 있는 많은 통계 자료를 정리해서 도표와 그래프로 잘 만들어 주었을 뿐만 아니라 학생의 입장에서 중요한 조언을 해 준 김지원, 하현지, 백영주 조교에게도 감사한다.

한국연구재단은 이 책의 저술에 필요한 비용을 제공해 주었다. 사실 나의 많은 연구는 한국연구재단의 재정 지원이 있었기 때문에 가능했다. 이 자리를 빌려 다시 한 번 감사드린다. 이번에도 편집을 맡아 준 민음사의 양희정 편집부장과 문정민 편집자에게도 감사드린다. 내 글재주가 형편없는 데다 중국어와 전문 학술용어가 많아 이 책은 편집하기가 쉽지 않았다. 특히 편집 과정에서 이 책 전체의 조판부터 다시 해달라는 '무리한' 요구를 기꺼이 수용하는 등 두 분은 인내심을 갖고 좋은 책을 만들기 위해 노력을 아끼지 않으셨다. 이처럼 여러분들의 도움으로 이 책이 좀 더 좋아질 수 있었다. 다만 이 책의 부족한 점은 선후배 학자들과 독자들의 도움을 받아 계속 보완할 것이다. 많은 분들의 가르침을 고대한다.

2016년 9월
서울대 연구실에서
조영남

차례

중국은 어떻게 개혁 개방에 성공했을까?　　　　7

1 "1988년, 잊을 수 없는 한 해"　　　　19

1부　톈안먼 민주화 운동

2 후야오방 추모와 민주화 운동의 시작(1989년 4월)　　　　69

3 단식 농성과 계엄령 선포(1989년 5월)　　　　127

4 톈안먼 광장의 진압과 정리(1989년 6월)　　　　191

2부　남순강화

5 개혁 개방의 위기(1990~1991년)　　　　279

6 '남순강화'와 덩샤오핑 노선의 승리: 공산당 14차
　　당대회(1992년)　　　　335

주(註)　　　　389
참고 문헌　　　　423

개혁과 개방
덩샤오핑 시대의 중국 I

차례

중국은 어떻게 개혁 개방에 성공했을까?

1 중국은 어떻게 개혁 개방에 성공했을까?
2 중국이 직면한 과제(1976년)

1부 **개혁 개방의 탄생**

3 개혁 개방 정책의 준비(1975~1978년)
4 개혁 개방의 '돌파': 농촌개혁(1978~1979년)
5 경제특구와 도시개혁(1978~1980년)

2부 **화궈펑 과도 체제의 등장과 소멸**

6 화궈펑 과도 체제의 등장(1976~1977년)
7 덩샤오핑의 복직과 세력 결집(1977~1978년)
8 두 세력의 충돌: 중앙공작회의와 공산당 11기
　3중전회(1978년)

3부 **덩샤오핑 체제의 확립**

9 사상 통일과 역사 청산(1979~1981년)
10 '베이징의 봄': 민주화 요구와 정치 참여(1979~1981년)
11 권력 재편과 정치제도의 복구(1977~1981년)
12 덩샤오핑 체제의 확립: 공산당 12차 당대회(1982년)

주(註)

파벌과 투쟁
덩샤오핑 시대의 중국 2

차례

중국은 어떻게 개혁 개방에 성공했을까?

1 파벌의 분화와 좌우 파동

1부   **후야오방과 그 적(敵)들**
　　2 젊은 간부 육성과 공산당 정리(1982~1983년)
　　3 인도주의와 '정신오염 제거'(1981~1984년)
　　4 정치개혁 논쟁과 '부르주아 자유화 반대'(1985~1986년)
　　5 학생운동과 후야오방의 퇴진(1986~1987년)
　　6 비운의 '정치개혁 청사진': 공산당 13차 당대회(1987년)

2부   **국가제도의 정비**
　　7 국가기구의 정비와 발전
　　8 촌민위원회와 법률보급운동

　　주(註)

1 "1988년, 잊을 수 없는 한 해"

공산당 13차 당대회는 무사히 끝났다. 덩샤오핑과 자오쯔양은 당대회의 결과에 만족했고, 전 사회적으로도 개혁에 대한 새로운 기대감이 생겨났다. 특히 개혁 성향의 지식인들은 13차 당대회 이후 공산당이 경제개혁을 더욱 빠르게 추진할 뿐만 아니라 이번에는 정치개혁도 함께 추진하여 중국이 당면한 여러 가지 문제를 해결할 것으로 기대했다. 동시에 이들은 공산당이 그런 방향으로 나아가도록 촉구하기 위해 다시 한 번 활동에 나섰다. 1986년 공산당이 '부르주아 자유화 반대'를 추진하면서 침체에 빠졌던 지식인이 다시 움직이기 시작한 것이다.

그러나 1988년에 정국은 누구도 예상하지 못한 방향으로 전개되었다. 덩샤오핑의 지원 아래 자오쯔양이 추진했던 가격개혁이 실패로 끝나면서 개혁파는 경제개혁의 주도권을 상실했다. 동시에 자오쯔양의 정치적 지위도 위태로워졌다. 1988년 말부터 자오쯔양의

톈안먼 시건

실각설이 널리 확산된 것은 이를 잘 보여 준다. 반면 천원과 리펑 등 보수파는 경제개혁을 중단하고 '치리정돈(治理整頓)'의 긴축정책을 추진했다. 공산당 13차 당대회에서 결정된 정치개혁도 당연히 중단되었다. 바야흐로 '보수의 계절'이 다시 시작된 것이다.

1988년 하반기에 접어들면서 국민의 불만과 사회의 불안도 높아 갔다. 가격개혁의 실패로 물가가 급등하면서 대도시 시민의 삶은 전보다 더욱 힘들어졌다. 실업 혹은 반실업 상태의 노동자가 증가했고, 대도시로 일자리를 찾아 농촌을 떠나는 농민공(農民工)도 많아졌다. 반면 당정간부의 부정부패는 더욱 확대되었다. 공산당과 정부에 대한 시민과 대학생들의 불만은 쌓여만 갔다.

(1) 가격개혁의 실패와 자오쯔양의 위기

가격개혁의 필요성은 이미 오래전부터 제기되었다. 정부는 만성적인 공급 부족에 시달리던 석탄, 철강, 전력, 시멘트 등 생산재 생산을 장려하기 위해 1984년에 '이중가격제(雙軌制)'를 도입했다. 이 제도에 따르면, 제품 가격은 계획가격과 시장가격으로 나뉜다. 계획가격은 국가가 결정하지만 시장가격은 수요와 공급의 원리(가치법칙)에 따라 결정된다.

당시에는 물품 부족 현상이 심각했기 때문에 대개 시장가격이 계획가격보다 훨씬 더 높았다. 이 제도 아래에서 기업은 국가가 정한 생산량을 달성한 후 나머지를 시장가격으로 팔아 이윤을 올릴 수 있었다. 그래서 기업들은 더 많은 이윤을 얻기 위해 증산에 매진했고, 그 결과 생산재 공급이 확대될 수 있었다. 이는 급격한 가격 자유화의 충격을 완화하면서 계획경제에서 시장경제로 이행하기 위한 조치였다.

이중가격제의 문제

그런데 이중가격제는 몇 가지 심각한 문제를 초래했다. 무엇보다 당정간부의 부정부패를 조장했다. 이중가격제를 이용하여 부당한 이득을 얻기 위해 당정간부들이 다양한 종류의 전매(倒買倒賣) 활동에 뛰어들었던 것이다. 소위 '관다오(官倒)'가 성행했다. 정부는 국영기업(참고로 1992년 공산당 14차 당대회부터 '국유기업'으로 명칭이 변경된다.)의 공급 지표에 대한 결정권과 원재료 및 생산재의 조달에 대한 인허가권(審批權)을 행사한다.

기업은 공급 지표가 낮을수록, 즉 국가에 공급해야 하는 생산량이 적을수록 유리하다. 그래야 더 많은 제품을 시장가격으로 팔아 이윤을 남길 수 있기 때문이다. 같은 원리로, 기업은 계획가격으로 더 많은 원재료와 생산재를 구매할수록 유리하다. 싸게 구매한 원재료와 생산재를 시장가격으로 되팔기만 해도 막대한 이윤을 얻을 수 있기 때문이다. 이런 이유로 정부 관료와 기업가 혹은 상인이 유착하여 전매차익을 나누어 먹는 관다오가 보편화되었다. 고위 당정간부의 자제(소위 '태자당(太子黨)')나 그들과 '관시(關係)'가 있는 사람은 정부의 특혜를 이용하여 막대한 부를 축적할 수 있었다.

예를 들어 1988년 상하이시의 석탄 가격을 보면, 석탄 1톤의 계획가격은 70위안(元)인데, 시장가격은 120위안, 실제 인수가격은 170~210위안이었다.(참고로 푸젠성(福建省)은 300위안, 하이난성(海南省)은 400위안이다.) 이런 상황에서 만약 상하이시 정부로부터 계획가격으로 석탄을 구매할 수 있는 권한을 따낼 수만 있다면 단순히 전매를 통해서만 최소 두세 배의 매매차익을 얻을 수 있었다. 석탄의 주 생산지인 산시성(山西省)은 이보다 더욱 저렴하여, 원탄 가격은 1톤당 20위안이었고, 중앙의 원탄 가격은 1톤당 27위안이었다.[1]

그런데 '관다오'는 생산에서만 발생하는 것이 아니라 은행 대출과 외환 거래에서도 발생한다. 여기에도 이중가격제가 적용되기 때문이다. 즉 국가가 정한 공식 이자율과 시장 이자율이 다르고, 공식 환율과 시장 환율이 다르기 때문이다. 대개 공식 이자율과 환율은 낮고, 시장 이자율과 환율은 높다. 그래서 은행 대출에서는 이자차액(倒利差), 외환 거래에서는 환율차액(倒匯差)이 발생한다.[2] 이런 상황에서 만약 공식 이자율로 대출을 받아 시장 이자율로 다시 빌려줄 수만 있다면, 또한 공식 환율로 외환을 구매해서 시장 환율로 외환을 되팔 수만 있다면 막대한 차익을 얻을 수 있었다.

이와 같이 이중가격제로 인해 발생하는 세 가지 종류의 차액은 결코 적지 않았다. 한 통계에 의하면, 1988년에 상품의 가격차액은 약 1500억 위안, 이자차액은 1139억 위안, 환율차액은 930억 위안 이상이다. 여기에다 이런 유통 및 거래 과정에서 발생한 세금 유실

등을 모두 합하면 그 규모는 2000억~3500억 위안 정도다. 이는 당시 국내총생산(GDP)의 20~40%에 달한다.[3] 이를 보면 시민과 대학생들이 왜 관다오를 부정부패의 대명사일 뿐만 아니라 소득격차를 초래하는 주범이라고 비난하는지 이해할 수 있다.

또한 이중가격제로 인해 '관다오'가 보편화되면서 건전한 경제활동이 위축되고 경제 질서가 교란되는 문제가 발생한다. 단적으로 기업뿐만 아니라 중앙 및 지방의 당정기관, 군, 대학교, 연구소도 자체 회사를 설립하는 방식으로 전매활동에 종사했다. 한 통계에 의하면, 1988년 말에 이런 종류의 회사가 30만 개(만약 지부까지 합하면 50만 개)였고, 여기에 종사하는 사람은 4088만 명으로 전체 3차산업 종사자의 43%를 차지했다. 그래서 당시에는 "10억 인민 중에서 9억이 장사를 하고, 모두가 함께 중앙을 속이네."라는 말이 유행했다. 게다가 빈번한 전매로 인해 물가가 상승하고, 금융과 외환시장이 교란되며, 건전한 생산과 유통 대신에 투기와 부패가 조장되고, 막대한 국유자산이 유실되는 문제가 발생했다.[4]

가격개혁의 추진

이중가격제의 폐지를 목표로 하는 가격개혁은 공산당 13차 당대회가 끝난 직후부터 모색되었다. 1988년 2월 국무원은 국가체제개혁위원회가 제출한 「1988년 심화된 경제체제 개혁의 전체 방안(總體方案)」을 비준했다. 이에 따르면, 1988년 경제개혁의 주요 임무는 두 가지다. 하나는 경영책임제를 주요 내용으로 하는 국영기업

개혁이다. 다른 하나는 국민경제의 지속적이고 안정적인 성장을 위한 개혁이다. 가격개혁이 여기에 포함된다.[5] 이어서 3월에 개최된 7기 전국인민대표대회(전국인대) I차 정부 업무 보고에서 리펑 총리는 안정적인 경제성장을 위해서는 물가 안정이 필요하고, 물가 안정을 위해서는 가격개혁을 추진해야 한다고 주장했다.[6]

그런데 가격개혁은 총리인 리펑이 아니라 총서기인 자오쯔양이 주도했다. 자오쯔양이 회고록에서 말했듯이, 가격개혁을 처음 제기한 것도 그였고, 가격개혁의 방안을 설계하고 국무원의 토론을 주관했던 것도 역시 그였다. 이후 가격개혁이 너무 성급한 정책으로 판명이 난 후에는 개혁을 중단하고 치리정돈 정책을 채택해야 한다고 주장한 것도 그였다.[7] 물론 이는 모두 덩샤오핑의 동의 아래 이루어진 것이다. 자오가 증언하듯이, 사실 가격개혁을 가장 강력하게 주장한 사람은 덩이었다.

> 우선 덩샤오핑 동지는 줄곧 가격개혁을 주장해 왔고, 1988년에도 가격개혁이 늦었다고 하면서 만약 몇 년 일찍 했다면 더 좋았을 거라고 몇 차례나 말한 적이 있다. (……) 그(덩샤오핑)가 이해하고 있는 가격개혁은, 국영기업의 적자를 더욱 많이 고려한 것으로, 나는 (그가) 가급적 국가 보조금을 줄이길 원하고 있다고 느꼈다. 요컨대 가격개혁에 대해 그는 매우 단호했고, 속도를 내야 한다고 주장했으며, 개혁이라고 하면 모두 북돋워 주었다. 물론 만약 우리가 어렵다고 느끼면, 그도 강요하지 않았다.[8]

이런 배경에서 1988년 5월에 정치국 확대회의가 개최되어 가격개혁과 임금제도 개혁에 대한 논의가 있었다. 이후 8월에 휴양지인 베이다이허(北戴河)에서 개최된 정치국 확대회의에서 「가격 및 임금 개혁의 초보 방안」이 통과되었다. 이에 따르면, 소수의 상품 가격과 노동 가격(즉 임금)만 국가기 정하고, 나머지는 모두 시장 조절에 맡기자는 것이 개혁의 기본 방향이다. 이를 통해 '국가의 시장 통제, 시장의 기업 인도'라는 경제 방침을 실현하자는 것이다. 다만 여기서는 개혁의 시기와 방법에 대한 구체적인 언급은 없었다.[9]

〔그림 1-1〕 국내총생산(GDP), 물가상승률, 임금증가율의 추세

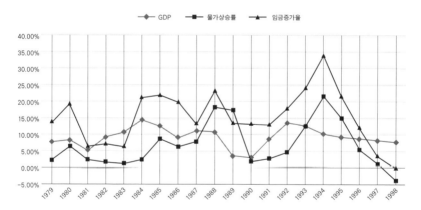

<출처> 國家統計局, 國民經濟綜合統計 司 編, 『新中國五十年統計資料彙編』(北京: 國家統計出版社, 1999), pp. 5, 21, 24.

8월 19일에 이런 내용이 발표되면서 전국적으로 사재기와 예금

인출 사태가 발생했다. 모든 가격이 시장가격으로 통일되면 물가가 급증할 것이라는 우려 때문이었다. 사실 사재기 열풍은 정부의 가격개혁 소식이 알려진 7월부터 이미 시작되었다. 그런데 이번 사재기는 몇 가지 특징이 있었다. 먼저, 파급 면적이 매우 넓었다. 베이징시, 상하이시, 톈진시, 충칭시 등 대부분의 대도시에서 사재기가 발생했다. 또한 사재기가 전 품목, 즉 50개 분야의 500여 개 품목으로 확대되었다. 그 밖에도 무조건 사고 보자는 맹목적성이 매우 강했고, 사회 전 계층이 참여하면서 일대 광풍으로 변했다. 마지막으로 이번 사재기는 대규모 예금 인출과 동시에 나타났다.[10]

사재기와 예금 인출은 다시 급격한 물가상승으로 이어졌다. [그림 I-I]에서 알 수 있듯이, 물가상승은 1985년 8.8%를 시작으로 1986년 6%, 1987년 7.3%로 계속되었다. 이는 1983년부터 사회적 총수요가 총공급을 초과하고, 이 때문에 매년 통화를 초과 발행하면서 발생한 현상이다. 단적으로 1987년 통화량은 전년 대비 174%나 증가했다. 다만 전에는 국내총생산(GDP) 성장률과 임금 인상률이 물가상승률을 초과하면서 크게 문제가 되지 않았다. 그런데 1988년에는 물가상승률이 18.5%를 기록하면서 상황이 심각해졌다. 이는 1989년까지 이어져 17.8%의 물가상승률을 기록했다.

이런 상황에서 가격개혁은 중단될 수밖에 없었다. 1988년 8월 30일 국무원은 20차 상무회의를 개최하여 「물가 업무와 시장 안정의 긴급 통지」를 결정했다. 우선 가격개혁은 향후 "5년" 혹은 "그보다 긴 시간의 장기 목표"로 바뀌었다. 또한 1988년 하반기에는 물가 인상 조치가 없을 것임을 선언했다. 이어서 3년 이상의 장기저축 이자율은 물가상승률보다 낮지 않게 책정할 것이고, 고정투자는 대폭 축소할 것이다. 이렇게 하여 "경제 안정과 개혁 심화를 보장"하기 위해 가격개혁의 중단이 공식 결정되었다.[11]

그렇다면 가격개혁은 왜 실패했을까? 자오쯔양에 따르면 크게 두 가지 문제가 있었다. 하나는 충격요법(shock therapy)의 사용이고, 다른 하나는 추진 시기와 대중 선전이 적절하지 못한 것이다. 이는 타당한 지적이다.

하나는 개혁 [방식]이다. [지금까지] 두 가지 체제[즉 계획경제와 시장경제]가 병존하는 상황에서 점진적인 이행의 방법을 채택할수밖에 없었다. 시장조절 부분을 점차 확대하고, 계획경제 부분을점차 축소하는데, 그것도 한 부분 한 부분씩, 한 영역 한 영역씩,한 차례 한 차례씩 축소하여 시장경제를 점차 널리 퍼지게 하고,계획경제는 점차 축소시키는 방법을 썼다. 반면 단번에 계획경제전체를 시장경제로 전환하는 개혁 방안[즉 충격요법]을 채택할 수없었다 [그러나 가격개혁은 그렇게 하지 않았다.] (……) 요컨대 우선가격개혁 당시의 구상 방안과 사고 방향에 문제가 있었고, 몇 년간해 오던 방식대로 하지 않았으며, 공격적인 방법을 써서 일거에 가격 문제를 해결하고 싶어 했다는 점이다. (……)

둘째, 가격개혁 시기의 선택과 선전이 잘못되었다. 원래 1988년 봄 국내 각 분야 여론의 초점은 물가 문제였다. (……) 그러나 또

　　　　　　　　　　　　　톈안먼 사건

다시 적당한 시기를 선택하지 못하고 사회적 공황을 야기했다. 특히 대중 선전이 매우 적절하지 못해 손해가 막심했다. 이것이 당시 예금 인출과 사재기의 주요 원인이다. (……) 가격개혁은 설계와 토론에서 방안 작성까지 신문에 끊이지 않고 보도되었다. (……) 이것이 사람들의 심리를 불안하게 만들었고, 사람들은 잇달아 예금을 인출하고 사재기를 하게 되었다.[12]

'치리정돈'의 결정

1988년 8월 국무원이 「긴급 통지」를 하달한 이후, 가격개혁의 실패에 따른 경제 혼란을 바로잡기 위해 새로운 경제정책이 모색되었다. 9월 15일부터 21일까지 중앙공작회의가 개최되었고, 회의 직후에 고정자산의 항목과 투자 규모를 대폭 축소하여 통화 팽창을 억제하라는 국무원의 통지가 하달되었다.[13] 또한 9월 26일부터 30일까지 공산당 13기 중앙위원회 3차 전체회의(13기 3중전회)가 개최되었다. 이 회의를 통해 '치리정돈'의 방침이 공식 결정되었다.

먼저 향후 2년간, 즉 1989년과 1990년의 경제 방침으로 '경제 환경의 치리, 경제 질서의 정돈, 개혁의 전면적 심화'가 결정되었다. 여기서 강조점은 '개혁의 전면적 심화'가 아니라 '경제 환경의 치리'와 '경제 질서의 정돈', 즉 '치리정돈'이다. 여기서 '치리'는 사회 총수요를 줄이고 통화팽창을 억제하는 것이 핵심이다. '정돈'은 유통 영역에서 발생한 각종 혼란 현상(주로 '관다오')을 바로잡는 것이 핵심이다. 가격개혁은 당연히 축소 혹은 중단된다.[14] 현재 당면한 최대 과제는 급격한 물가상승을 억제하는 것이기 때문이다.

치리정돈의 방침을 실현하기 위한 구체적인 조치가 추진되었다. 무엇보다 전매 활동을 단속하기 위해 유통 및 금융 부문에 우후죽순처럼 설립된 각종 회사를 청산하기 시작했다. 1988년 10월 공산당 중앙과 국무원은 공동 명의로 1986년 하반기 이후에 설립된 회사, 특히 "종합성, 금융성, 유통 영역의 회사(公司)"를 청산 및 정돈할 것을 지시했다.[15] 이에 따라 6개월 동안 당정기관이 운영하는 회사 2만 7000여 개 중에서 2만 개가 합병되거나 당정기관에서 분리되었다. 그 밖에 조건을 갖추지 못한 회사 1만 7092개가 합병되었다.[16]

또한 사회의 총수요를 억제하기 위해 당정기관, 사회단체, 국영기업 등의 집단적인 구매를 엄격히 통제하라는 지시를 하달했다.[17] 그 밖에도 사회의 고정자산 축소와 투자 구조의 합리적 조정, 소비기금의 과도한 성장 억제, 화폐 발행의 엄격한 통제, 경기 과열 현상의 통제, 물가상승의 엄격한 통제 등 15개 항목에 걸쳐 구체적인 정책을 하달했다.[18]

1989년에 들어 치리정돈은 더욱 강조되었다. 1989년 3월에 개최된 7기 전국인대 2차 회의의 정부 업무 보고가 이를 잘 보여 준다. 리펑 총리는 업무 보고의 첫마디에서 "경제 환경의 치리와 경제 질서의 정돈이 금년과 내년 우리나라 건설과 개혁의 중점이며, 정부 업무의 중점"이라고 선언했다. 또한 그는 1988년의 경제정책(특히 가격개혁)에서 어떤 잘못과 실수가 있었는지를 조목조목 지적했다. 이는 자오쯔양에 대한 공개 비판이다. 이어서 치리정돈의 중점이 사회 총수요의 억제라고 지적하고, 이를 위해 고정자산 투자의 21% 축소, 소비의 20% 억제, 각종 필수품의 시장공급 확대, 금융과 재정의 긴축, 재정적자의 축소 정책을 발표했다. 반면 정돈의 중점은 유통 질서를 바로잡는 것으로, 이를 위해 회사 정리, 시장 관리의 강화, 유통 방식의 개선 등을 제시했다.[19]

그러나 경제 혼란은 쉽게 해결되지 않았다. 단적으로 경제정책의 중점인 물가 억제에 실패했다. [그림 I-1]에서 보았듯이, 1988년에 물가가 18.5% 상승한 데 이어 1989년에도 17.8%가 상승했다. 중국 경제는 매우 어려운 국면에 접어들었다. 1989년 3월 31일 성·자치구·직할시 당서기 회의가 개최되었을 때, 국무위원이며 중국 인민은행 행장이던 리구이셴(李貴鮮)이 한 말은 당시 중국이 처한 상황을 잘 표현한다.

현재 화폐 및 신용 대출의 상황이 낙관할 수 없고, 금융 형세가 매우 엄중하다. (……) 일부 지방은행의 동지들이 말하기를, 1988년은 잊을 수 없는 한 해(難忘的一年)이고, 1989년은 지내기 힘든 한 해(難過的一年)가 될 것이라고 했는데, 이것은 실제 상황이 되었다.[20]

자오쯔양의 축출

가격개혁의 실패와 함께 자오쯔양은 위기를 맞게 된다. 1987년 1월 후야오방이 총서기에서 축출되기 전까지 자오쯔양은 보수파의 주요 공격 대상이 아니었다. 그러나 후야오방이 실각한 이후에는 상황이 달라졌다. 특히 자오쯔양이 보수파 이데올로그였던 덩리췬의 지위와 역할을 축소하면서, 동시에 덩샤오핑의 지지 아래 경제개혁뿐 아니라 정치개혁도 적극적으로 추진하면서 자오는 보수파의 주요 공격 대상이 되었다. 자오도 이런 상황을 잘 알고 있었기 때문에 가격개혁을 강력하게 추진했던 것이다. 그러나 결과는 실패로 끝났다.

먼저, 치리정돈의 방침이 추진되면서 자오쯔양은 경제정책에 대한 권한을 상실했다. 덩샤오핑은 1987년 1월 후야오방의 뒤를 이어 자오쯔양이 총서기가 된 뒤에도 경제개혁을 계속 맡을 것을 요구했다. 이를 위해 덩은 자오를 중앙 재경영도소조의 조장으로 임명했다. 따라서 리펑은 총리가 되었지만 경제정책에 대한 권한이 없었다. 그런데 치리정돈과 함께 경제 권한은 중앙 재경영도소조와 자오쯔양에서 국무원과 리펑(실제로는 천원)에게로 넘어갔다.[21] 그 결과 고도의 경제성장을 목표로, 시장화와 개방화를 주요 방침으로 추진되었던 경제개혁은 중단되었다. 대신 '계획경제와 시장조절의 결합'이라는 천원의 경제 방침 아래 균형에 맞는 저선장 정책이 추진되었다.

또한 자오쯔양을 총서기에서 몰아내려는 보수파의 반격이 1988년 하반기부터 본격화되었다. 이와 함께 자오의 실각에 대한 소문이 국내외로 확산되었다.[22] 자오쯔양에 따르면, 1988년 9월에 개최된 공산당 13기 3중전회에서 리셴녠과 왕전이 그를 강도 높게 비판했

　　　　　　　　　　　　　　　　　　　　　　텐안먼 사건

다. 이들은 자오의 경제정책뿐만 아니라 자오가 개혁적인 지식인, 특히 자유주의적인 지식인의 활동을 지지한다는 이유로 비판했다. 1988년 6월에 중앙텔레비전에서 방영되어 엄청난 반향을 일으켰던 다큐멘터리 「하상(河殤)」을 자오쯔양이 지지한 것이 대표적인 사례라는 것이다.[23]

천원과 보이보도 자오쯔양의 비판 대열에 합류했다. 천원은 1988년 10월 「현 경제 업무의 몇 가지 문제」를 발표하여 자오쯔양의 경제정책을 비판했다. 여기서 천원은 그가 견지해 온 경제 원리와 방침에 입각하여 모두 여덟 가지의 문제를 지적했다. 식량 부족 문제, 과도한 자본과 자원 낭비, 중앙 권위의 약화, 재정 적자 등이 그것이다.[24] 동시에 천원은 자오쯔양이 부르주아 자유화를 허용 혹은 지지하면서 "사상전선(思想戰線)은 부르주아지에 의해 완전히 점령당하고, 프롤레타리아적인 것은 어떤 것도 남아 있지 않다."라고 비난했다. 보이보도 덩샤오핑에게 보낸 편지에서 부르주아 자유화 사상의 범람 문제를 지적했다.[25]

이어서 자오쯔양에 따르면, 1989년 정월 초하루 직전에 개최된 정치국 상무위원회의 민주생활회에서 리펑과 야오이린이 자오를 다시 한 번 심하게 비판했다. 자오쯔양은 이미 경제정책에 대한 실권을 잃은 상태인데도, 이들은 경제 문제에 자오가 지나치게 간섭해서 총리 직무를 제대로 수행할 수 없다는 등의 비판을 쏟아냈다는 것이다.[26]

게다가 이때부터 설(春節) 무렵까지 천원, 보이보, 왕전, 리셴녠 등 원로들이 덩샤오핑을 찾아가 자오쯔양의 해임을 건의했다. 여기서 멈추지 않고 이들은 주하이시(珠海市)와 상하이시에서 자오를 몰아내기 위한 방안을 논의했다고 한다. 자오쯔양은 홍콩 언론의 이런 보도 내용을 덩샤오핑에게 이야기했다. 덩은 "중앙영도의 구조는 바뀌어서는 안 된다." 즉 자오의 지위는 변동이 없다는 점을 몇 차례 확인시켜 주었다.[27] 이제 자오의 지위는 전적으로 덩샤오핑 한 사람에게만 의존하여 유지되는 상황이 되었다. 만약 덩의 생각이 바뀌면 자오는 언제든지 총서기직에서 쫓겨날 수 있었다.

이처럼 1988년 가격개혁의 실패로 자오쯔양은 정치적 위기에 직면했다. 이런 상황에서 1989년 4월 민주화 운동이 발생했을 때, 자오쯔양은 어려운 선택을 해야만 했다. 하나는 덩샤오핑 등 원로와 보수파의 견해에 동조하여 학생운동을 강경 진압하면서, 총서기로서의 생존을 다시 모색하는 길이다. 다른 하나는 이들과 다르게 학생운동에 온건하게 대응하면서, 시민과 대학생의 지지를 얻어 정국의 반전을 도모하는 길이다. 자오쯔양은 후자의 길을 가게 되고, 그 결과 그는 모든 권력에서 축출되었다.

(2) 국민 불만과 사회 불안의 증가

1988년은 사회적 불만과 불안이 크게 증가한 해이기도 했다. 당시의 사회적 불만은 크게 세 가지에 집중되었다. 당정간부의 부정부패, 급격한 물가상승과 생활난, 소득격차의 확대가 바로 그것이다. 그런데 국민들은 이 세 가지 중에서 부정부패가 물가상승과 소득격차의 확대를 초래한 주범이라고 생각했다. 이 때문에 당정간부의 부정부패, 이를 용인하는 공산당과 정부에 대한 시민들의 불만은 더욱 높아만 갔다.[28]

물가상승과 '관다오'

급격한 물가상승은 앞에서 살펴본 그대로다. 1985년 8.8%의 급격한 물가상승이 있기 전까지 중국은 대개 2%대 이하의 물가상승률을 기록했다. 이것이 1988년에는 18.5%로 증가했기 때문에 대부분의 대도시 주민들은 심각한 생활 문제에 직면하게 되었다. 여기서 특히 문제가 되었던 것은 주민들의 생활과 밀접한 식료품 가격이 폭등한 사실이다. 예를 들어 1988년에 채소 가격은 48.7%나 폭등했고, 다른 식료품도 30~60%까지 폭등했다.[29]

이것은 기본적으로 임금 인상, 재정적자, 무역적자 등에 따른 통화팽창에 의해 발생한 현상이다. 동시에 이것은 1985년부터 농업 개혁이 사실상 중단되면서 농민이 활력을 잃고, 경지 면적의 축소와 화학비료의 남용 등으로 농업 생산량과 생산성이 함께 정체되면서 나타난 현상이다. 반면 임금 상승과 함께 주민의 생활수준이 높아지면서 고기와 신선한 채소 등 양질의 식료품에 대한 수요는 증가했는데, 공급이 그것을 따라가지 못했다.

도시 실업자와 농민공의 삶은 더욱 어려웠다. 한 통계에 의하면, 1988년에 상하이시의 실업률은 14~25%로 매우 높았다. 대도시 지역 전체를 보면, 1988년 실업률은 2~3.5%, 실업자 수는 40만 명에 달했다. 게다가 국영기업도 경제적 손실이 증가하면서 임금 지급과 세금 납부에 어려움을 겪었다. 그 결과 1988년에는 대도시 지역을 중심으로 100건이 넘는 노동쟁의가 발생했다. 농민공도 베이징시만 110만 명, 전국적으로는 5000만 명으로 증가했다.[30] 현재와 비교하면 이런 문제는 결코 심각한 것이 아니지만, 당시에는 그렇지 않다. 아직 계획경제가 작동하던 시대였기 때문이다.

한편 일반 국민들이 보기에, 당정간부와 그 가족들은 여전히 특권을 누릴 뿐만 아니라 '관다오'를 통해 막대한 부를 축적했다. 이는 곧 공산당과 정부에 대한 국민의 불신과 불만으로 이어졌다. 불만은 최고 지도자들에게 집중되었다. 그중의 하나가 바로 덩샤오핑의 장남인 덩푸팡(鄧樸方)과 그가 세운 중국캉화공사(中國康華公司)였다. 덩푸팡이 회장으로 있는 중국장애인복리기금회는 1984년 9월에 600만 위안의 기금으로 캉화공사를 설립했다. 덩푸팡은 이사장에 취임했다.

이후 캉화공사는 1987년 6월에 리펑 총리의 비준 아래 자본금 2억 위안의 대규모 회사로 확대 개편되었다. 캉화공사는 정부로부터 각종 지원을 받아 승승장구했고, 1년 후인 1988년에는 113개의 자회사를 거느린 거대 기업으로 성장했다. 사실 여부와 상관없이, 국민은 덩푸팡과 캉화공사를 관다오의 '제1의 벼락부자(暴富)'로 간주했다.[31] 나중에 덩샤오핑은 자오쯔양으로부터 이런 사실을 보

톈안먼 사건

고받고 격노하면서 캉화공사의 해산을 지시했다.

또한 1988년 가을 이후, 자오쯔양의 두 아들이 컬러TV, 자동차, 식량, 합금강을 전매해서 막대한 이익을 얻었다는 소문이 크게 돌았다. 자오는 이를 자신을 음해하기 위해 누군가가 의도적으로 퍼트린 유언비어로 간주했다. 그래서 자오는 '누명'을 벗기 위해 정치국에 자신의 아들들에 대한 정식 조사를 직접 요청했다. 실제로 자오의 아들들에 대한 조사가 진행되었는데, 자오의 주장에 따르면 아무것도 알아내지 못해 그냥 흐지부지되었다고 한다.[32] 반면 리펑은 1989년 6월 7일 자 일기에서, 실제 조사 결과 자오의 둘째 아들인 자오얼쥔(趙二軍)이 한국에서 자동차 1600대를 수입하여 판매하는 등의 활동을 통해 막대한 부를 축적하고, 1989년 5월 25일에 홍콩 거주증(定居證)을 만들어 이미 출국했을지도 모른다고 주장했다.[33]

관다오에 대한 일반 국민의 불만은 다음과 같은 노래를 낳았다.

마오쩌둥의 아들은 전선(戰線)으로 가고, 린뱌오의 아들은 정변(政變)을 일으키고, 덩샤오핑의 아들은 복권(福券) 장사를 하고, 자오쯔양의 아들은 컬러TV로 폭리를 취하네.[34]

여기서 마오쩌둥의 아들은 마오안잉(毛岸英)을 가리키는데, 그는 한국전쟁(6·25 전쟁)에 참전하여 전사했다. 린뱌오의 아들은 린리궈(林立果)를 가리키는데, 그는 1971년에 마오를 암살하려다 실패하고 가족과 함께 비행기를 몰고 소련으로 망명하던 중에 추락

사고로 사망했다. 덩샤오핑의 아들은 덩푸팡을 가리키는데, 그가 이사장으로 있는 캉화공사는 복권을 발행하여 장애인 복지 기금을 모았다.

불안한 사회

1988년에는 경제가 나빠지면서 치안 상황도 함께 악화되었다. 1988년 법원 통계에 따르면, 경제사범에 대한 재판은 모두 5만 5710건으로 건국 이래 최대였다. 또한 최고인민검찰원에 따르면, 1989년 1월부터 3월까지 뇌물수수 사건은 전년 같은 시기에 비해 26.6%가 증가했다.(모두 6433건) 강도와 절도 등 중대 사건도 50.7%나 증가했다. 게다가 범죄 단체의 활동이 급증했고, 매춘과 도박 등 사회적 병리 현상도 더욱 확대되었다. 그 밖에도 집단 청원(集體上訪)과 시위 등 각종 소요도 증가했다.[35]

특히 일부 지역에서는 묘지 도굴이 성행했다. 단적으로 자오쯔양 모친의 무덤이 도굴되는 사건이 발생했다. 자오의 모친은 1976년에 80세로 사망하여 허난성(河南省)의 옛집 근처에 매장되었는데, 누군가 무덤을 도굴하여 시체를 가져갔던 것이다. 자오는 이 사건으로 매우 큰 충격을 받았다. 단 이것이 정치 문제로 비화되는 것을 막기 위해 허난성 정부에 '조용한 처리(淡化處理)'를 지시했다.[36] 참고로 1989년 5월 톈안먼 민주화 운동이 벌어지고 있던 상황에서, 쓰촨성에서는 일부 시위대가 덩샤오핑에 대한 불만을 행동으로 보여 주기 위해 그의 조상의 무덤을 파헤치려다가 당국의 통제로 실

패한 사건이 발생했다.[37]

소수민족 지역에서도 시위와 폭동이 발생하면서 사회적 불안감은 더욱 높아졌다. 1987년부터 티베트(西藏) 자치구의 수도인 라사(拉薩)에서는 티베트인들이 정부에 항의하는 크고 작은 시위가 발생했고, 1989년 2월에 들어서는 더욱 심해졌다. 드디어 3월 5일에는 라사에서 대규모 시위가 벌어졌고, 후진타오 당서기가 이끄는 티베트 정부는 이에 맞서 계엄령을 선포하는 등 강경한 대응으로 일관했다. 그 과정에서 수백 명의 티베트인이 죽거나 부상당했다. 이것은 톈안먼 유혈 진압의 전초전이었다. 신장(新疆) 위구르 자치구에서는 1990년 4월에 위구르족과 인민 무장경찰 부대 사이에 무장 충돌이 발생했는데, 불안한 조짐은 그전부터 있었다.[38]

서커우(蛇口) 풍파(風波)

한편 1988년 1월에 광둥성 선전시의 서커우에서는 전국적으로 커다란 논쟁을 불러일으킨 '서커우 풍파'가 발생했다. 이는 당시 공산당의 교육과 선전이 도시 주민들에게 얼마나 설득력이 없었으며, 시민들, 특히 청년들이 공산당에 대해 얼마나 커다란 반감을 갖고 있었는지를 잘 보여 주는 사례다.

서커우는 선전시에 위치한 경제개발구로서 다른 지역과는 다르게 개방적이고 자유로운 환경에서 다양한 실험을 실시해 왔다. 예를 들어 서커우 당위원회는 1983년부터 2년에 1회씩 당정간부를 대상으로 신임투표를 실시했다. 만약 당정간부가 신임투표에서

50%의 지지를 얻지 못하면 물러나야 했다. 또한 공산당 위원회의 기관지인《서커우통신(通迅)》은 공산당 기관지의 금기를 깨고 종종 다양한 사건을 사실대로 보도함으로써 언론의 감독 역할을 충실히 수행하는 것으로 유명했다.

그런데 1988년 1월에 공산당 중앙의 방침을 선전하고, 청년을 올바른 길로 인도하기 위해 서커우를 방문한 저명한 '교육 전문가'가 「'서커우 좌담회'의 시말(始末)」이라는 보고서를 작성하여 공산당 중앙과 서커우 당위원회에 비밀리에 발송했다. 이렇게 되면서 서커우 풍파가 시작되었다. 이 사건의 대략적인 과정은 이렇다.

1988년 1월 13일 '교육 전문가'는 서커우 청년들과 좌담회를 개최했다. 청중들은 '교육 전문가'에게 공허한 이야기는 그만하고 실질적인 이야기를 하자며 훈계에 야유를 보냈다. 그중 한 청년은 자신을 '채금자(淘金者)', 즉 돈벌이를 위해 선전에 온 사람이라고 소개하면서, 자신은 정말로 많은 돈을 벌고 싶다고 말했다. 이후 '교육 전문가'와 그 청년 간에는 정신문명과 물질문명, 조국애와 자주의식, 체제 문제를 어떻게 볼 것인가를 놓고 격렬한 토론이 벌어졌다. '교육 전문가'의 말은 전혀 먹히지 않았고, 청년이 발언에 청중들은 환호했다. 매우 화가 난 '교육 전문가'는 그 청년에게 "당신 이름을 말해 줄 수 있느냐?"라고 소리를 질렀고, 그 청년은 아무런 주저 없이 자신의 명함을 건넸다.

다음 날 '교육 전문가'는 좌담회에서 당한 무시와 그 청년에 대한 분노를 참지 못하고 「'서커우 좌담회'의 시말」을 작성했다. 보고서는 좌담회에서 그 청년과 다른 참석자들이 한 말과 좌담회의 분위기를 일부는 왜곡해서 자세히 소개했다. 이에 따르면, 서커우의 청년들은 조국애도 없고, '중국 특색의 사회주의 길'을 조롱하며, 오로지 돈벌이에만 혈안이 되어 있다. 한마디로 말해 물질문명만 추구할 뿐 정신문명에는 조금도 관심이 없다는 것이다. 좌담회의 분위기는 공산당의 선전을 조롱하는, 심지어 적대적이었다고 지적했다. 또한 보고서는 '교육 전문가'에게 명함을 건넨 그 청년을 실명으로 거론하며 비판했다.

한편 '교육 전문가'는 다음 날 선전시에서의 연설을 통해 다시 한 번 서커우 청년들의 잘못된 태도를 비난했고, 이는 텔레비전을 통해 보도되었다. 서커우 지도자들은 더 이상 침묵할 수 없게 되자 서커우 청년의 명예를 지켜야 한다고 판단했다. 그래서《서커우통신》은 2월 1일에 좌담회의 실제 상황을 자세히 소개하는 장문의 글을 실었다. 이로써 서커우 풍파가 외부로 공개되었다. 이어 2월 12일에는 광저우시의 《양청만보(羊城晚報)》가 서커우 좌담회의 상황과 서커우 당위원회 부서기의 인터뷰를 담은 글을 실었다. 3월과 4월에도 《서커우통신》은 관련 기사를 계속 실었다.

이 과정에서 다른 신문이 《서커우통신》의 글을 보도하면서 서커우 풍파는 전국적으로 확대되었다. 드디어 《인민일보》가 쌍방의 입장과 좌담회의 실상을 조사하여 1988년 8월 5일에 「'서커우 풍파' 문답록」을 실었다. 이 기사는 비교적 중립적인 입장에서 주요 쟁점을 분석했다. 이 기사가 나간 후 전국에서 많은 독자가 글을 보냈고, 논쟁은 확대 재생산되었다. 이것이 서커우 풍파의 전말이다. 참고로 서커우 풍파를 겪은 후 1989년에 들어 서커우의 모든 개혁 실험은 갑자기 중단되었다.[39]

(3) 지식인의 민주화 활동

톈안먼 사건을 분석한 크레이그 칼훈(Craig Calhoun) 교수에 따르면, 대부분의 중국 지식인은 1989년 무렵에 심각한 문화적 위기의식에 휩싸여 있었다. 이는 단순히 중국의 전략적 선택에 대한 관심이 아니라 중국인 개인 혹은 중국인 전체의 정체성(identity)에 대한 관심이다. 다시 말해 이는 중국이 세계 강대국 사이에서 어떻게 정당한 지위를 차지할 것인가라는 문제에서 벗어나, 문화적인 통합성을 가진 중국은 어떠해야 하는가에 대한 문제를 제기한 것이다. 그리고 이런 문화적 위기의식은 정치·경제적 문제와 연계되어 있다.[40]

'세계시민' 논쟁과 「하상」

이를 반영하듯 1988년에는 중국인의 자기 인식과 중국 문화에 대한 논쟁이 전개되었다. '세계시민(球籍: world citizenship)' 논쟁이 그 첫 번째다. 이 논쟁은 상하이에서 발행되던 자유주의적인《세계경제도보(世界經濟導報)》가 1988년 2월부터 '세계시민'에 대한 총 15편의 글을 시리즈로 실으면서 시작되었다. 이후《인민일보》등 유력 일

간지와 홍콩 및 대만의 언론도 논쟁에 참여했다. 이와 관련된 학술 회의도 개최되고, 논문을 묶은 책도 출판되었다. 논쟁의 주된 내용은 위기의식의 촉구다. 현재 중국은 선진국뿐만 아니라 개발도상국에도 크게 뒤지면서 세계와의 격차가 확대되고 있다. 이를 극복하고 이제는 중국도 '세계시민'이 되어야 한다는 것이다.[41]

'세계시민' 논쟁이 촉발한 위기의식은 중앙텔레비전(CCTV)이 1988년 6월부터 방영한 다큐멘터리인「하상(河傷)」으로 이어졌다. 전체 원고와 제작을 맡았던 쑤샤오캉(蘇曉康)과 왕루샹(王魯湘) 등 다큐멘터리 제작에 참여한 사람들은 문화대혁명(문혁)의 경험을 통해 중국의 현실과 혁명의 실상을 깨달았다. 이를 바탕으로 이들은 1976년 톈안먼 운동(4·5운동)과 1978~1979년 '민주벽 운동'에 직접 참여하여 공산당과 정부를 비판했다.「하상」은 이런 위기의식과 비판정신에서 만들어진 작품이다.

「하상」은 지난 몇 년간 이어져 온 '문화열(文化熱)'과 '상흔문학(傷痕文學)'이 결합된 산물이자 문화운동의 정점이었다.「하상」은 중국 문명과 전통문화에 대한 중국인의 기존 생각을 정면으로 비판했다. 한마디로 이것은 충격이었다. 우선 중국의 내부 지향적이고 강과 내륙에 기초한 '황토문명(黃土文明)'은 보수주의·무지·후진성으로 귀결된다. 이들이 보기에 중국 문명을 상징하는 용(龍), 황하(黃河), 창강(長江 : 양쯔강)은 자부심과 우월감이 아니라 전제주의·폭압·전횡·보수·폐쇄의 상징일 뿐이다. 따라서 중국이 위기를 극복하고 번영하려면 개방적인 자세로 '청색 해양문명(藍色海洋文明)',

즉 서구문명으로부터 학습하여 시장경제를 수립해야 한다.[42]

개혁파와 보수파는 「하상」에 상반된 반응을 보였다. 자오쯔양은 적극 지지했다. 자오쯔양이 이 비디오를 싱가포르의 리콴유 총리에게 선물한 것은 이를 잘 보여 준다. 반면 보수파는 이를 '민족의 배신'이라고 비난했다. 왕전이 보기에 「하상」은 중화민족과 중국 문화의 모욕이며 지식인의 위험성을 경고한 사례다. 즉 이들 지식인은 중국에 자본주의를 도입해서 공산당과 국가를 멸망시키려고 한다는 것이다. 보수파의 비난으로 「하상」은 방영이 중지되었다가 시청자들의 강렬한 요구로 다시 방영되었다.[43]

리펑도 왕전과 같은 견해를 갖고 있었다. 그에 따르면 「하상」은 "중화민족 문화는 하나도 좋은 점이 없다."라고 말하는 '반동 드라마(反動電視劇)'일 뿐이다. 특히 「하상」은 "중국의 개혁이 중화의 황토문명을 서방의 청색 해양문명으로 대체하는 것이라고 생각"하며, "자오쯔양을 새 시대를 개척한 인물로 치켜세운다."[44] 리펑과 왕전의 눈에 자오쯔양이 「하상」을 높이 평가하는 이유는 이 때문이다.

민주적 정치개혁의 요구

1988년에 들어 민주적인 정치개혁을 요구하는 지식인들이 다시 활발히 활동하기 시작했다.[45] 이는 일차적으로 1987년 10월에 개최된 공산당 13차 당대회의 영향이다. 이번 당대회에서 정치개혁이 결정되면서 지식인들도 이에 부응하여 각자의 주장을 제기했던 것이다. 동시에 이는 보수파의 개혁 후퇴에 대한 지식인들의 우

려를 반영한 것이다. 1988년 하반기에 치리정돈이 결정되었을 때,
지식인들은 정치개혁에 이어 이제 경제개혁마저도 중단되고 마오
쩌둥 시대로 회귀할지도 모른다고 걱정하면서 치리정돈에 강한 반
감을 표시했다.[46] 일부 지식인들은 경제개혁이 침체에 빠진 원인은
정치개혁이 제대로 실시되지 않았기 때문이라고 진단했다.

구체적으로 살펴보면, 1988년 가을과 겨울에 주요 대도시의 대
학에는 각종 '연구회', '토론회', '살롱(沙龍, salon)'이 증가했다. 이런
모임은 팡리즈(方勵之), 옌자치(嚴家祺), 쑤샤오즈(蘇紹智), 바오쭌신
(包遵信), 장셴양(張顯揚), 쉬량잉(許良英) 등을 초청하여 연설을 듣고
현실 문제를 토론했다. 이들 저명한 지식인들은 명시적으로 혹은
암묵적으로 공산당과 현행 정치제도를 비판했다. 특히 팡리즈 등
1987년에 당적이 박탈되고 현직에서 쫓겨난 자유주의적 지식인들
은 공개적으로 공산당 일당제와 사회주의 정치체제를 비판했다. 또
한 이들은 공산당의 '정신오염 제거'와 '부르주아 자유화 반대' 정
책을 공격했다. 나아가 이들은 중국도 서유럽 국가처럼 시장경제와
함께 자유민주주의 제도를 도입해야 한다고 주장했다.[47]

물론 모든 지식인이 이런 급진적인 주장을 제기한 것은 아니다.
대다수 지식인은 이보다 온건한 정치개혁을 요구했다. 전국인대
를 헌법이 규정한 대로 명실상부한 권력기관으로 발전시켜야 한다
는 주장이 대표적이다. 이를 통해서 국민의 요구와 의견을 정책에
반영할 수 있고, 정부 감독을 강화할 수 있기 때문이다. 헌법이 규
정한 국민의 기본권(특히 언론과 표현의 자유)을 충실히 보호하고, 인

권을 개선해야 한다는 주장도 많은 지식인의 공감을 얻었다. 국민에 대한 국가의 폭력을 방지하기 위해서는, 즉 문혁의 재발을 방지하기 위해서는 민주적인 절차가 필요하다는 주장도 제기되었다. 그밖에도 민주집중제의 검토와 비판, 엘리트 민주주의의 비판과 대중민주주의의 강조 등도 지식인이 제기했던 문제다.[48]

청원운동의 전개

1989년에 접어들면서 지식인들은 공개편지나 성명서 발표를 통해 정치개혁을 요구했다. 이런 청원운동은 1989년 1월부터 3월까지 계속되었고, 여기에 110여 명의 저명한 지식인들이 참여했다. 중국 인권 상황의 개선, 정치범, 특히 웨이징성(魏京生: 1978~1979년 민주벽 운동의 주요 지도자)의 석방, 정치 민주화의 실현이 공개편지나 성명서의 주된 요구 사항이었다.[49] 청원운동은 공산당이 결코 수용할 수 없는 내용을 가지고 공산당을 압박하는 모양새를 취했다. 이 때문에 덩샤오핑과 같은 원로나 보수파 지도자뿐 아니라 자오쯔양도 이에 불만이었다고 한다.[50]

먼저 1989년 1월 6일에 팡리즈는 덩샤오핑에게 보내는 공개편지를 발표했다. 이 편지에서 팡리즈는 건국(1949년) 40주년과 5·4운동(1919년) 70주년을 맞아 전국적으로 대사면을 단행하고 웨이징성을 석방할 것을 요구했다. 이어서 1월 28일에는 100여 명의 저명한 지식인들이 베이징의 두러서옥(都樂書屋)에 모여 '신계몽살롱(新啓蒙沙龍)'의 발대식을 가졌다.

이 발대식에서 팡리즈는 최근 덩에게 웨이징성의 석방을 요청하는 편지를 발송했다고 말했다. 또한 그는 공산당과의 투쟁은 모든 종류의 방식으로 진행해야 한다고 역설했다. 즉 당내 투쟁에 집중하던 과거의 방식에서 벗어나 이제 "당외 투쟁, 체제 외 투쟁"도 함께 해야 하고, "더욱 많은 실제 행동을 해야 한다."라는 것이다.[51] 여기에는 미국, 프랑스, 이탈리아 등지에서 온 외국 기자도 참석했다. 미국《연합통신(Associated Press)》의 한 기자는 "만약 이 건물에 폭탄이 떨어지면 중국의 자유주의자는 거의 전부 사라질 것"이라고 말하기도 했다.[52]

1989년 2월 26일에는 베이징의 서우두 철강(首都鋼鐵)에서 《인민일보》사장에서 전국인대 상무위원회 위원으로 자리를 옮긴 후지웨이(胡績偉)가 주재하는 '중국 민주 문제 세미나'가 개최되었다. 이 회의에는 60여 명의 지식인이 참석했고, 이 중 42명이 과감한 정치개혁을 촉구하는 공개편지에 서명했다. 이 편지는 법치와 정치 민주화를 위한 정치개혁의 추진, 국민의 기본권(특히 언론과 출판의 자유) 보장, 웨이징성 등 정치범의 석방, 교육 예산 확대와 지식인의 처우개선 등 당시 지식인과 대학생이 보편적으로 요구했던 내용을 담고 있다. 이런 요구는 톈안먼 민주화 운동에서 반복적으로 제기되었다. 이들의 핵심 요구사항을 담고 있는 공개편지의 내용은 다음과 같다.

〔1978년 12월 공산당〕11기 3중전회 이래 10년은 건국 이래 가장 좋은 시기다. 그러나 오늘날 개혁은 전진 중에 엄중한 장애에 부딪

했고, 부패가 성행하고, '관다오'가 창궐하며, 물가는 폭등하고, 인심은 흩어졌고, 교육·과학·문화 사업은 엄중한 위기에 직면했다. 우리들은 장기간 과학·교육·문화의 일선에서 투쟁한 노년 및 중년 지식인으로서, 국가와 국민을 위한 사회적 책임감에서, 진실한 애국심에서, 간절하게 다음과 같이 건의한다.

I. 개혁 개방의 견지라는 전제하에, 정치체제 개혁(즉 정치 민주화)을 경제개혁과 함께 전력으로 추진한다. 정치 민주화(법치 포함)는 경제개혁과 모든 현대화 사업의 필수 보장이다. (……)

2. 정치 민주화의 우선 조건은 헌법이 규정한 시민(公民)의 기본 권리, 특히 시민의 언론 자유, 출판 자유, 신문 자유〔신문의 제작 및 유포의 자유〕의 권리를 확실히 보장하는 것이다. (……)

3. 정치적 이견(異見)의 발표를 처벌하는 역사적 비극이 재현되지 않도록, 관계 기관이 사상 문제로 형을 받거나 노동교화 중인 청년〔웨이징성을 가리킴〕을 석방하기를 청원한다. 다시는 사상으로 단죄하지 말아야 한다.

4. 직접적으로 경제이익(經濟效益)을 창출하지는 않지만, 국가의 미래 운명을 결정하는 교육과 과학 사업은 마땅히 지지해야 하고, 교육 경비와 과학연구 경비는 국내총생산의 증가율만큼 증액해야 하고, 지식인의 생활 처우는 개선되어야 한다.[53]

한편 조지 부시(George H. W. Bush) 대통령이 중국을 방문하는 과정에서 반체제 인사와 관련된 해프닝이 벌어졌다. 1989년 2월 25일부시 대통령은 중국을 방문했고, 다음 날 만찬에 팡리즈, 《세계경제도보》의 편집장 친번리(欽本立), 옌자치, 쑤샤오즈, 우주광(吳祖光) 등 다섯 명의 자유주의적 지식인을 초청했다. 이 가운데 팡리즈는 중국 정부의 제지로 끝내 참석하지 못했다. 이에 팡리즈는 중국 정부의 처사를 비판하는 기자회견을 개최했다.

미국 정부도 1989년 2월 28일에 이 사건에 대한 유감을 표명했다. 이에 대해 중국 외교부는 3월 1일에 "무책임한 성명"이라며 "놀랍고 또한 깊은 유감을 표한다."라는 성명을 발표했다. 이와 같은 팡리즈의 기자회견과 양국 정부 간의 성명전을 통해 중국 정부와 반체제 인사 간의 대립이 전 세계에 알려졌다.[54] 팡리즈와 미국의 행동에 대해 원로뿐만 아니라 다른 보수파 지도자들도 매우 불쾌하게 생각한 것은 말할 필요도 없다.

베이징 사회·경제·과학연구소

1980년대 후반 지식인 활동과 관련하여 '베이징 사회·경제·과학연구소(北京社會經濟科學硏究所)', 약칭으로 사경소(社經所)를 기억해야 한다. 두 가지 이유 때문이다. 하나는 사경소가 전체 지식인 단체나 조직 중에서 톈안먼 민주화 운동에 가장 깊이 관여했기 때문이다.[55] 그래서 사경소의 창립자이면서 책임자였던 천쯔밍(陳子明)과 왕쥔타오(王軍濤)는 리펑에 의해 학생운동의 최고 '배후 조종자(黑手)'로 지목되었다. 운동이 진압된 후 지식인 중에서 이들이 가장 무거운 13년 징역형을 언도받은 것은 이 때문이다. 따라서 1989년 민주화 운동 과정에서 지식인 단체가 참여한 방식과 내용을 이해하려면 사경소에 주목해야 한다. 사실 당시에는 사경소 외에는 이렇다 할 민간단체도 없었다.

다른 하나는 사경소가 1980년대에 중국 지식인들이 시민사회(公民社會, civil society)의 개념을 적극 수용하여 실천한 대표 사례이기 때문이다. 칼훈 교수가 주장하는 것처럼, 당시 일부 지식인들은 서유럽뿐 아니라 동유럽 사회주의 국가의 경험을 통해 시민사회를 학습했다. 이를 바탕으로 이들 지식인들은 자신들을 시민사회, 즉 국가의 통제에서 벗어난 사회조직과 사회 활동의 영역(당시 중국 지식인들은 시민사회를 이렇게 이해했다.)을 건설하는 주역으로 간주했다. 동시에 이들은 시민사회가 계몽 담론을 엘리트 범위에서 일반 대중으로 확산시키는 데 큰 역할을 할 것으로 기대했다.[56]

사경소는 공식적으로는 국무원 국가과학위원회 인재발전 서비스센터(服務中心)에 등록된 민간 연구소이며, 그 산하에 중국민의(民意)조사센터 등 여러 부설 기관을 두었다.[57] 왕쿼타오에 따르면, 사경소는 천쯔밍 등이 1986년과 1987년에 중국정치행정연구소와 통신학교(函授學校)를 설립하면서 시작되었다. 이를 설립한 이유는 두 가지였다. 하나는 수익 사업을 통해 재정을 안정적으로 확보하는 것이다. 다른 하나는 우수한 정치학자와 정치개혁을 추진할 청년 지식인을 모집하여 중국의 개혁 추진에 필요한 연구와 준비를 수행하는 것이다.

사경소는 이런 설립 이유에 맞게 두 가지 활동을 전개했다. 하나는 '전문(專業) 활동', 즉 재정수입 사업이고, 다른 하나는 '정치 활동'이다. '전문 활동'에는 ① 자료 번역, 프로젝트 연구 등 '사상 상품'의 연구와 개발, ② 보고서 작성, 서적 편찬, 음악과 영상물 제작 등 '생산' 활동, ③ 강좌, 통신 학습, 교육 훈련, 도서 발행, 토론회 개최, 신문 발행 등 '판매 확산' 활동, ④ 실험 기지(基地)의 건설, ⑤ 컴퓨터 센터와 조사 센터 등 사경소 활동을 지원하는 후근 업무와 자원 개발이다

정치 변화를 목적으로 전개한 '정치 활동'은 소위 '일체양익' (一體兩翼: 하나의 몸통과 2개의 날개)의 전략에 집중되었다. 이는 사경소가 추구하는 1개의 목표(一體)와 2개의 활동(兩翼)을 지칭한다. '일체'는 사경소가 다른 지식인, 기업가, 관료 등과 연계하여 사회와 정부에 새로운 사상과 정책을 제시하는 것이다. 즉 사경소가 추구하는 정치 활동의 핵심 목표는 사상과 정책의 제시다. 이는 전형적인 싱크탱크(think tank)의 모습이다.

'양익'의 첫 번째 활동은 '민간 반체제(異議)' 활동이다. 주로 베이징대학을 중심으로 대학 활동을 통해 논의 주제(議題)를 제시하고, 동시에 공공 영역 및 통치 엘리트의 의제 달성(agenda setting)에 개입하여 대중 여론과 정세(局勢)에 영향을 미치는 것이다. '양익'의 두 번째 활동은 정책 토론회의 개최, 당정 지도자와의 사적 교류, 정부 자문 활동 등을 통해 정부의 정책 결정에 영향을 미치는 것이다. 전자가 여론 및 사회 분위기의 조성을 통해 간접적으로 정부의 정책 결정에 영향을 미치려는 활동이라면, 후자는 보다 직접

적으로 정부의 정책 결정에 영향을 미치려는 활동이다.

　몇 년 동안 사경소가 실제로 추진한 활동으로는 먼저, 조사 연구가 있다. 사경소는 1987년에 중국 시민의 정치심리 조사와 연구 프로젝트를 수행하면서 중국민의조사센터를 설립했다. 또한 교육 사업을 위해 1987년에는 통신학교를 수립했다. 이를 통해 많은 돈을 벌 수 있었다. 1988년 3월에는 저명한 언론인이자 작가인 허자둥(河家棟)을 편집장으로 초빙하여《경제학주보(經濟學週報)》를 발간했다. 그 밖에도 기업 및 지역 발전 전략에 대한 프로젝트를 수행했고, 다양한 기업 컨설팅 업무도 추진했다. 마지막으로 사경소는 법률 서비스도 제공했다.[58]

(4) "학생운동이 일어날 가능성이 높다"

　1987년 1월 학생운동이 끝난 뒤, 한동안 대학은 조용한 것 같았다. 그러나 1988년에 들어와 베이징시를 포함하여 전국 대도시의 대학에서는 크고 작은 시위가 이어졌다. 리처드 바움(Richard Baum) 교수의 조사에 따르면, 1988년 상반기에만 전국 25개 도시 77개 대학에서 시위가 있었다. 원인은 주로 경제 문제였다. 대학생 생활비의 급증과 생계비 지원의 부족, 교육 예산의 부족, 대학생 기숙사 및 식당의 질 저하 등이 바로 그것이다.[59] 비슷하게 국무원 교육위원회가 1988년 7월에 공산당 중앙과 국무원에 제출한 보고서에 따르면,

1988년 1월부터 6월까지 전국 13개 성(省)에 있는 총 46개 대학에서 크고 작은 집회와 시위(鬧事風波)가 발생했다.[60] 이처럼 1988년에는 크고 작은 학생운동이 이미 전국적으로 일어나고 있었다.

'민주살롱'과 '차이칭펑 사건'

그런데 이런 학생운동은 대개 각 대학에서 자생적으로 활동하던 각종 연구회나 토론회와 밀접히 연계되어 있었다. 베이징대학의 '민주살롱(民主沙龍)'이 대표적이다. 베이징대학의 대학원을 졸업한 류강(劉剛)은 사경소의 연구원으로 재직하면서 베이징대학의 학생운동에 깊이 관여했다. 그는 1988년 5월 '백초원(百草園)'이라는 학술토론 모임을 조직했다. 이 모임은 교내 세르반테스(『돈키호테』의 작가) 동상 앞 잔디밭에서 열렸기 때문에 '잔디밭살롱(草地沙龍)'으로 불렸다.[61] 후에 왕단(王丹: 학생운동의 핵심 지도자)이 이어받아 '민주살롱'으로 명칭을 변경하여 운영했다.

백초원과 민주살롱은 1차에 팡리즈, 2차에 쉬량잉 등을 불러 강연을 듣는 등 1989년 5월 12일까지 모두 17차례의 강연회를 개최했다.(여기서 알 수 있듯이 1989년 민주화 운동 중에도 강연회는 계속되었다.) 매 강연회에는 수백 명의 대학생들이 참여했다. 이런 참여 대학생 중에는 펑충더(封從德), 궈하이펑(郭海峰) 등 베이징 고교자치연합회(北京高校自治聯合會), 약칭 고자련(高自聯)의 핵심 지도자가 포함되어 있다. 참고로 고자련은 톈안먼 민주화 운동을 지도하기 위해 1989년 4월 23일 류강의 주도로 결성된 학생운동의 연합조직이다.[62] 베이징대학에는 민주살롱 외에도 선퉁(沈彤)이 주도한 '올림픽학원(奧林匹克學院)'이 있었다.[63]

한편 1988년 6월 1일 베이징대학에서는 '차이칭펑(柴慶豐) 사건'을 계기로 대규모의 학생 시위가 발생했다. 차이칭펑은 베이징대학 지구물리학과 대학원생이었는데, 대낮에 불량배의 칼에 찔려 사망하는 사건이 발생했다. 이에 류강 등의 주도 아래 6월 6일에 '행동위원회'가 결성되어 「위기! 중국!!」이라는 대자보를 작성하여 학내 곳곳에 붙였다. 또한 행동위원회는 6월 7일에 「6조 강령(綱領)」을 결정하고, 그 내용을 국내외 언론사에 발송했다. 「6조 강령」은 톈안먼 민주화 운동에서 대학생들이 정부에 대한 요구 사항을 작성할 때 영향을 미쳤다.

첫째, 신문(新聞) 자유로, 신문의 금지를 철폐하고 민간 신문을 허용하며, 헌법에 근거하여 인민의 언론 자유를 보장하는 '신문법(新聞法)'을 제정한다.

둘째, 베이징시가 제정한 [시민의 시위를 제약하는] 「시위 10조(條)」 규정을 수정한다. 「10조」는 헌법에 저촉되며, 위헌적이기 때문에 수정을 요구한다.

셋째, 인민대표대회(인대) 선거제를 개혁한다. 진정한 인민의 대표를 선출하고, 인대 대표 중 관원의 비율을 축소하여, 인대를 진정한 인민의 최고 권력기관으로 만들어, 정부에 대한 감독과 견제의 기능을 강화한다.

넷째, 교육을 전략적인 중점 위치에 놓고, 교육 경비를 대폭 증액하고, 기초 교육을 강화한다.

다섯째, 효과적인 조치를 취해 법제(法制)를 완전하게 하고, 인권을 보장하며, 사회 치안을 정돈하고, 사회 풍기를 개선한다.

여섯째, 신문 매체는 객관적으로 우리의 요구를 전 국민에게 보도하고 전 국민이 평가하게 한다.[64]

6월 7일 오후 공산당 정치국 상무위원회는 회의를 소집하여 베이징대학의 학내 시위 문제를 논의했다. 또한 베이징대학 공산당 위원회와 공청단 위원회도 긴급회의를 소집해서 대책을 논의했다. 6월 8일 새벽에는 중앙방송국이 《인민일보》와 《베이징일보》가 게재한 차이칭평 사건과 행동위원회의 「6조 강령」에 대한 평론을 방송했다. 이런 대책과 방송 보도와 상관없이, 행동위원회는 6월 8일 오후에 톈안먼 광장에서 수백 명이 참가하는 집회와 시위를 조직했다. 시위는 곧 진압되었지만 "차이칭평 사건이 일으킨 학생운동은 톈안먼 학생운동의 일차 예행연습이었다."[65]

이처럼 1989년 4월 민주화 운동이 일어나기 전에 이미 학생운동은 시작되었다. 칼훈 교수는 이전의 학생운동이 1989년을 사는 대학생들에게 두 가지 이점을 주었다고 평가한다. 첫째는 학생들에게 긍정적인 정체성을 부여했다. 학생들은 역사적으로 지식인들이 했던 역할을 본받아 자신의 역할을 상정하고, 운동 과정에서 이런 역할을 수행했다. 둘째는 학생들에게 다양한 전술적 사례, 활동 대본, 집단행동의 레퍼토리를 제공했다. 이런 점에서 1989년의 민주화 운동은 멀리는 1919년 5·4운동 이래의 모든 학생운동, 가깝게는 1988년의 크고 작은 학생운동의 연속 선상에 있다.[66]

다른 한편으로 중국의 민주화 운동은 이전 운동과의 단절 속에서 어려움을 겪었다.[67] 예를 들어 1976년 톈안먼 운동, 1978~1979년 민주벽 운동, 1986~1987년 학생운동은 왕쥔타오나 쑤샤오캉(「하상」 제작자)처럼 소수의 활동가만이 경험한 것으로, 이런 경험이 젊은 학생 활동가에게 온전히 전수되지는 않았다. 정부의 탄압으로 운동 조직이나 단체가 유지될 수 없었기 때문이다. 이로 인해 모든 학생운동은 사실상 처음부터 다시 시작하는 것 같았다. 이처럼 경험을 축적한 공식적인 단체가 없었기 때문에 학생운동은 주로 개인적인 네트워크에 의존하여 조직될 수밖에 없었다.[68] 이런 문제는 톈안먼 민주화 운동에서 치명적인 약점으로 작용하여 운동이 체계적이고 조직적으로 전개되지 못한 주요 원인이 되었다.

대학생 실태 보고

이처럼 전국적으로 전개되었던 학생운동은 불안정한 대학생의 심리 상태를 반영한 것이었다. 이를 보여 주는 몇 가지 조사 결과가 있다.

먼저 1988년 6월에 전국 30여 개 대학에서 학생들의 사상정치 업무(工作)를 담당한 간부들은 약 1만 명의 대학생을 대상으로 설문 조사를 실시하고, 그 결과를 공산당 중앙과 국무원에 보고했다. 이에 따르면, 대학생들은 "보편적으로 정치에 모호하거나 잘못된 인식을 갖고 있다."

구체적으로 첫째, "정치 신앙의 위기가 가속화되고 있다." 이 조사에서 응답자의 39.7%가 공산주의 사회는 순전히 공상이라 실현 불가능하다고 생각했다. 둘째, "공산당의 권위가 하락하고 있다." 조사 대상자의 53.4%는 입당을 원하지 않는다고 대답했다. 셋째, "1986년의 학생운동에 대해 다르게 평가한다." 즉 응답자의 53.5%가 당시 학생운동이 발생한 근본 원인은 국가체제의 폐단과 부정부패라고 생각한다. 넷째, "개혁 개방에 대해 다양한 견해를 갖고 있다." 응답자 중 '사회주의 현대화의 길을 견지해야 한다.'가 41.7%, '주의(主義)에 상관없이 부유하면 된다.'가 45.65%, '자본주의의 보충과 완전한 서구화(全般西化)를 지지한다.'가 8.77%였다.[69]

또한 1989년 3월에 공청단 중앙이 베이징대학, 칭화대학(淸華大學), 런민대학(人民大學), 베이징사범대학(師範大學) 등 베이징시 23개 대학 학생들의 사상 상황을 조사하여 공산당 중앙과 국무원에 제출한 보고서도 비슷한 내용을 담고 있다. 이에 따르면, 대학생들은 전반적으로 불안정한 심리 상태에 있고, 외부의 자극이나 충격으로 대규모 학생운동이 발생할 가능성이 있다.

또한 이 보고서에 따르면, 대학생들은 개혁의 방침과 정책에 제대로 적응하지 못하는 모습을 보인다. 예를 들어 학생들은 공산당 13차 당대회의 방침에 대해 '키가 없는 배와 같다.'고 생각하고, 일부 학생들은 개혁의 앞길에 실망하고 있다. 그 결과 학생들은 "문혁

10년은 무정부주의(無政府主義), 개혁 10년은 무주의정부(無主義政府)", "문혁 10년은 10년 동란(動亂), 개혁 10년은 10년 난동(亂動)" 이라고 말한다.

그 밖에도 이 보고서는 상당수의 대학생들은 학습과 학교 활동에 매우 소극적이라고 지적한다. 예를 들어 학생들은 학내에 '두 종류의 세 파벌'이 있다고 말한다. 첫 번째 종류는 '토플파(TOEFL派)'다. 이는 오직 영어 공부에만 매진하여 어떤 방식으로든 출국하려는 학생을 말한다. 즉 유학파다. 두 번째 종류는 다시 두 개의 파벌로 구성된다. 하나는 '마작파(麻將派)'이고, 다른 하나는 '카드파'다. 이는 종일 마작과 카드놀이로 시간만 보내는 학생을 가리킨다. 즉 놀자파다.[70]

마지막으로 1988년 7월 국무원 국가교육위원회가 공산당 중앙과 국무원에 제출한 학생운동 실태 보고서도 유사한 진단을 내리고 있다. 이 보고서에 따르면 "1988년 봄에 일부 인사들이 예측하기를, 개혁이 가장 곤란하고 가장 관건적인 시기에 접어들어 대학생들이 소극적인 요소를 많이 보이면서, 금년〔즉 1988년〕 9월과 10월에 3차 학생운동이 발생할 가능성이 있다." 여기서 1차 학생운동은 1985년 9월에 발생한 반일(反日) 시위, 2차 학생운동은 1986년 12월에서 1987년 1월에 발생한 민주화 시위를 말한다.

또한 이 보고서에 따르면, 학생운동이 발생하는 기본 원인은 사상 억압, 지식인에 대한 낮은 대우, 물가상승, 유학생 정책에 대한 불만 외에도 다음과 같은 요인이 작용했다. 첫째는 당내 부패 현상과 사회의 부정부패에 대한 비판의식이다. 둘째는 공산당의 선전 및 언론에 대한 반감이다. 셋째는 지도자와의 대화 채널이 없다는 생각이다. 넷째는 일부 '악질분자', 즉 1979년 민주벽 활동가, 1986년 학생운동가의 선동이다.[71]

대학생의 급증과 불안한 미래

그런데 대학생의 불안정한 심리 상태는 당시 대학 및 대학생이 처한 특수한 상황에 의해 초래된 측면도 있다. 먼저 톈안먼 사건을 분석한 딩신 자오(Dingxin Zhao) 교수의 조사에 따르면, 개혁 개방의 추진과 함께 대학 및 대학생의 숫자가 급증했다. [그림 1-2]가 보여 주듯 대학의 수는 1977년 404개에서 1988년 1975개로 5배가 증가했다. 특히 1987년부터 1988년까지 1년 동안 대학 수는 1063개에서 1975개로, 912개가 급증했다. 같은 시기, 즉 1977년에서 1988년 기간에 대학생 수는 62만 5319명에서 206만 5923명으로 3.3배가 늘었다. 이로 인해 1980년대 말에는 지식인과 대학생들의 사회적 지위가 상대적으로 하락했다.[72]

또한 대학 및 대학생의 숫자가 급증하면서 고등교육의 질과 학생들의 생활수준은 저하되었다. 교육 예산이 이런 급증세를 따라가지 못했기 때문이다. 구체적으로 지난 10년 동안 대학의 수는 5배, 대학생 수는 3.3배가 증가한 데 비해, 전체 정부 예산에서 교육예산이 차지하는 비중은 2.4배가 증가하는 데 그쳤다. 그런데 이마저도 높은 물가상승과 국가의 재정 능력 악화로 인해 증액 효과가 제대로 나타나지 않았다.

대학생들의 생활도 마찬가지였다. 이 무렵 정부와 대학 당국은 학생들의 생활비 지급 방식을 변경했다. 즉 가족의 수입에 맞추어 생계비를 지급하는 방식(stipend system)에서 학생의 학업 성과에 따라 장학금을 지급하는 방식(scholarship system)으로 제도를 바꾼 것이다. 그 결과 매년 500위안의 장학금을 받는 학생도 있지만 대부분의 학생들은 장학금을 받지 못했다. 그런데 1988년에 베이징에 거주하는 대학생은 매달 약 100위안의 생활비가 필요했다. 대부분의 학생들은 이 돈을 충당할 수가 없었다. 매달 50위안의 최고 장학금을 받는 우수한 학생들도 마찬가지였다.[73]

〔그림 1-2〕대학 수와 대학생 수의 변화

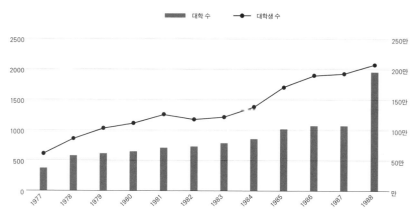

〈출처〉 Yi Yang, "Tiananmen Square Protest and College Job Placement Reform in the 1980s," *Journal of Contemporary China*, Vol. 23, No. 88 (July 2014), p. 739.

당시 대학생들을 가장 괴롭힌 것은 졸업 후의 진로 문제였다. 졸업생의 급증으로 양질의 일자리는 이미 포화 상태였다. 자오 교수의 조사에 따르면, 1980년대 초반부터 중반까지 약 350만 명의 대학생이 취업하면서 당정기관이나 국영기업 등 좋은 직장은 새로운 일자리가 부족했다. 그 결과 1987년에는 3000명이 넘는 대학 졸업생들이 취업하지 못했다. 이는 당시에 큰 충격이었다. 예를 들어 1989년에 실시한 한 설문조사의 결과에 따르면, 21.9%의 학생이 이런 뉴스를 듣고 크게 우려했다고 한다.[74]

1989년에 정식으로 도입된 '쌍방향 선택(雙向選擇)' 제도는 대학생들의 큰 불만을 샀다. 1985년에 정부는「교육체제 개혁에 대한 중앙의 결정」을 발표했는데, 이 중 네 번째가 졸업생 직업 분배제도의 개혁이다. 이후 1986년에 교육부가 제출한「대학 졸업생 분배제도 개혁 보고」에 처음으로 쌍방향 선택 제도가 언급되었고, 1989년에 국무원이 이 제도를 승인하면서 정식으로 실시되었다.[75]

쌍방향 선택 제도는 대학생이 졸업과 함께 자동적으로 직업을 분배받던 방식에서, 학생과 취업 단위가 서로를 선택하는 방식으로 변경하는 것이다. 이에 따라 취업 단위에 의해 거절당하는 학생이 증가할 수밖에 없었다. 이는 원래 대학생과 취업 단위에 직업 선택의 자유를 좀 더 많이 허용하자는 좋은 취지에서 도입된 정책이었다. 그러나 학생들은 '관시'가 좋은 학생들만 좋은 직장을 얻을 수 있게 만드는 불합리한 제도라며 이를 비판했던 것이다.[76]

한편 자오 교수의 연구에 따르면, 유학 기회가 크게 감소한 것

도 대학생의 불만 증대에 기여했다. 앞서 말했듯 대학생의 수가 급
증하면서 학생들은 졸업 후 좋은 직장을 얻기가 더욱 힘들어졌다.
게다가 개혁이 지체되면서 암울한 국내 현실에 염증을 느끼는 학생
들이 증가했다. 그래서 많은 명문대 학생들은 유학을 시도했고, 이
것이 정치 안정의 '안전판(safety valve)' 역할을 했다. 그러나 1980년
대 후반기 들어 몇 가지 이유로 출국이 힘들어지면서 학생들은 크
게 좌절했다.

구체적으로 살펴보면 1989년까지 중국의 공식 통계에 의하
면 모두 9만 명의 대학생과 지식인이 유학을 떠났다. 이 중 2만 명
(전체 유학생의 22%)은 사비(私費) 유학이었다. 그런데 두 가지 이유
로 인해 유학의 기회가 크게 줄었다. 먼저, 정부 지원의 축소다. 국
비 유학생의 95%가 귀국하지 않자 정부는 유학 지원금을 줄였던
것이다. 또한 중국 유학생의 급증으로 외국 대학의 입학 허가서
(admission)를 받기가 어려워졌다. 예를 들어 중국의 토플 응시자는
1981년 285명에서 1988년 3만 5000명으로 123배나 급증했다. 미
국 내 중국 학생의 규모도 1980년 2770명에서 1989년 3만 3390명
으로 12배나 증가했다. 참고로 같은 기간 미국 내 외국 학생은 24%
증가했을 뿐이다.[77]

"1989년은 평화롭지 않은 해가 될 것이다"

천윈, 보이보, 리셴녠 등 보수파 원로들이 자오쯔양을 몰아내
기 위해 어떻게 공격했는가를 분석한 홍콩의 《정명(爭鳴)》은 1989

년 3월 1일 자 기사에서 이렇게 선언했다. "1989년은 중국에 결코 평화롭지 않은 해가 될 것이다."[78] 이는 덩샤오핑과 자오쯔양 등 개혁파를 한편으로 하고, 천윈과 리펑 등 보수파를 다른 한편으로 하는 최고 엘리트 집단 간의 권력투쟁에 초점을 맞추어 1989년을 전망한 말이다. 또한 중국 인민은행장 리구이셴은 앞에서 보았듯이 경제적인 면에서 "1989년은 지내기 힘든 1년이 될 것"이라고 전망했다.

다른 면에서 보아도 1989년은 예사롭지 않았다. 단적으로 1989년은 5·4운동(1919년) 70주년, 건국(1949년) 40주년, 개혁 개방 10주년(1979년을 원년으로 간주하여 계산한 것), 프랑스 인권선언(1789년) 200주년 기념일이 있는 해였다. 이 중 5·4운동 70주년은 지식인과 대학생에게 매우 중요했다. 실제로 1988년 겨울부터 1989년 봄까지 많은 대학의 학생과 지식인들은 이를 기념하기 위해 다양한 준비를 시작했다.[79] 70년 전 선배들이 제기했던 '민주(democracy)'와 '과학(science)'을 오늘에 되살려 정체된 정치개혁을 촉구하는 계기로 삼자는 생각이었다.

이런 점에서 보면 톈안먼 민주화 운동은 이미 이때부터 준비되었다고 말할 수 있다. 다만 1989년 4월 15일에 후야오방이 갑작스럽게 사망함으로써 활동 시점이 5월 4일에서 4월 15일로 20일 정도 앞당겨졌고, 활동 내용도 5·4운동 기념에서 후야오방 추모로 바뀌었을 뿐이다. 이런 이유로 덩샤오핑 등 원로와 리펑 등 보수파 지도자들은, 톈안먼 민주화 운동이 이미 오래전부터 자유주의 활동가와 학생운동 지도자들이 조직적으로 계획한 '동란(動亂)'이라고 주장했던 것이다.

이런 분위기를 반영하듯, 사람들은 두 가지 감정의 교차 속에서 1989년의 새해를 맞았다. 첫째는 위기감이다. 1988년에 '중국은 사회 정치적으로 격변의 잠재성으로 큰 위기를 맞았다.'는 인식이 팽배했다. 당시 저장성(浙江省) 항저우시(杭州市)에 머물면서 조사 연구를 진행하던 키스 포스터(Keith Forster) 교수는 잠시 호주를 방문하고 1989년 4월에 항저우로 돌아왔다. 이때 그는 "언제든지 어떤 폭발이 일어날 수 있다."라는 두려움을 갖게 되었다.[80] 비슷하게 저명한 언론인인 양지성(楊繼繩: 신화사 기자)도 "1989년 봄, 베이징의 공기 중에는 화약 냄새가 가득 차 있어서, 한 알의 불씨만으로도 폭발을 일으킬 수 있다."라고 생각했다.[81]

사경소의 왕쥔타오도 같은 생각이었다. 그는 1989년 중국에 "중대한 정치변고(政治變故)"가 발생할 것으로 판단했다. 그 이유는 정치개혁의 지연 때문이다. 경제개혁과 경제 발전은 빠르고, 사회의 이익 구조도 빠르게 변화하고 있다. 이에 비해 정치개혁이 지연되면서 정치·경제·사회 체제 간에 충돌이 발생하고, 현재로서는 이 충돌을 해결할 수 없다. 따라서 정치 위기는 피할 수 없다. 왕쥔타오는 위기의 폭발 시점을 1990년대 초로 생각했다. 그런데 1989년 4월 15일에 후야오방이 사망함으로써 그 시점이 조금 앞당겨졌다. 이때 "나는 중국에 큰일이 날 것이라고 직감했다."라고 왕쥔타오는 말한다.[82]

톈안먼 사건

둘째는 절망감과 무력감이다. 난 린(Nan Lin) 교수에 따르면, 1988년 중국의 사회 분위기는 절망감과 무력감에 휩싸여 있었다. 사람들은 모두 무엇인가 해야 한다는 긴박감과 함께 변화가 반드시 필요하다는 압박감을 느꼈다. 그러나 중국의 체제 전체는 마비된 것처럼 보였다. 1989년 무렵, 중국의 기본 이념과 구조에 대한 논쟁은 더욱 가열되었지만 권력 교체와 정치개혁은 가능하지 않은 것처럼 보였다.[83] 지식인과 대학생들이 절망감과 무력감을 느낄 수밖에 없었다.

반면 덩샤오핑을 비롯한 원로들은 개혁 개방의 성과에 큰 자신감을 갖고 있었다. 또한 보수파 지도자들은 치리정돈이 중국의 심각한 경제 문제를 해결해 줄 것으로 굳게 믿었다. 1989년 2월 6일에 열린 설날(春節) 단배식(團拜會)에서 리펑 총리가 한 축사는 이를 잘 보여 준다.

　　모두들 우리 국가의 형세에 매우 관심이 많다. 전체적으로 보면, 현재 전국의 경제 형세는 발전하고 있고, 정치 형세도 안정적이다. 공산당은 13기 3중전회에서 경제 환경의 치리, 경제 질서의 정돈, 개혁의 전면적 심화를 결정했는데, 이는 정확한 것이다. (……)
　　금년의 노력을 통해, 우리는 물가상승의 폭을 억제하고, 사회 분배의 불공정한 모순을 완화하며, 부패 현상 등 광대한 군중과 간부가 보편적으로 관심을 갖는 문제의 해소에 실재적인 진전을 이루어야 한다. (……) 금년 업무를 잘할 수 있다고, 우리는 충분한

믿음을 갖고 있다. 우리의 믿음은 근거가 있다.[84]

이처럼 국민들은 위기감과 절망감에 빠져 있는 데 비해, 정치 지도자들은 자신감과 굳건한 믿음으로 충만해 있는 매우 어색하고 모순된 상황! 이것이 1989년 초 중국의 모습이었다. 이런 상황에서 만약 아무도 예상하지 못한 매우 민감한 사건이 갑자기 터진다면 무슨 일이 벌어질까?

Photo © Forrest Anderson/Getty Images

덩샤오핑과 자오쯔양
(1987년 1월 1일)

덩샤오핑은 1987년 1월 후야오방의 뒤를 이어
자오쯔양이 총서기가 된 뒤에도 경제개혁을
계속 맡을 것을 요구했다. 이를 위해 덩은 자오를
중앙 재경영도소조의 조장으로 임명했다.
따라서 리펑은 총리가 되었지만 경제정책에
대한 권한이 없었다. 그런데 치리정돈과 함께
경제 권한은 중앙 재경영도소조와 자오쯔양에서
국무원과 리펑(실제로는 천윈)에게로 넘어갔다.
그 결과 고도의 경제성장을 목표로, 시장화와
개방화를 주요 방침으로 추진되었던 경제개혁은
중단되었다. 대신 계획경제와 시장 조절의
결합이라는 천윈의 경제 방침 아래, 균형에 맞는
저성장 정책이 추진되었다. 또한 자오쯔양을
총서기에서 몰아내려는 보수파의 반격이 1988년
하반기부터 본격화되었다.

톈안먼
민주화 운동

1부

1989년 4월 **2 후야오방 추모와 민주화 운동의 시작**

1989년 5월 **3 단식 농성과 계엄령 선포**

1989년 6월 **4 톈안먼 광장의 진압과 정리**

2 후야오방 추모와 민주화 운동의 시작

1989년 4월

1989년 4월 15일 저녁에 중앙텔레비전은 후야오방의 사망 소식을 전했다. 4월 8일 오전 9시 중국의 교육 문제를 논의하는 정치국 회의에서 후야오방은 심장마비로 쓰러졌고, 곧바로 병원에 옮겨져 치료를 받았지만 끝내 사망했던 것이다. 향년 73세였다. 후야오방의 사망 발표 직후부터 전국적으로 애도의 물결이 시작되었다. 동시에 긴장감이 감돌았다. 그동안 쌓여 왔던 정치적·사회적 모순이 이를 계기로 분출될지 모른다는 우려 때문이었다. 실제로 "당시 많은 사람들은 중대한 사태가 발생할 것으로 판단했다."[1]

덩샤오핑, 천윈, 리셴녠, 왕전 등 혁명원로들도 후야오방의 사망 소식을 들었을 때 모두 크게 놀라고 비운에 잠겼다. 4월 15일 오후에 자오쯔양은 덩샤오핑을 직접 방문하여 후의 사망 소식과 장례 절차에 대한 정치국의 결정을 보고했다. 덩은 이미 후의 사망 소식을 알고 있었고, 부인인 줘린(卓琳) 여사를 통해 후야오방의 부인에게 전화로 위로의 뜻을 전했다. 덩의 비서인 왕루이린(王瑞林)에 따르면, 후의 죽음은 덩에게 큰 충격이었다.

샤오핑 동지는 야오방 동지의 사망 소식을 들은 후에 피우고 있던 담배를 껐다. 열 손가락을 힘없이 교차하여 가슴에 대고 한마디의 말도 없었다. 얼마가 지나고, 다시 담배를 들어 맹렬히 피웠다. 자오쯔양이 방문할 때에는 이미 평정을 찾았다.[2)]

당시 분위기를 감지하고 있던 공산당 중앙은 후야오방의 사망에 발 빠르게 대응했다. 4월 15일 당일에 정치국 회의를 개최하여 후야오방의 부고 내용과 장례 절차를 결정하고, 이를 원로들에게 보고한 후 의견을 청취했다. 정국의 혼란 가능성도 점검했다. 차오스(喬石) 정치국 상무위원 겸 중앙 정법위원회 서기는 "현재 전국의 전체적인 상황은 양호하다. 사회는 비교적 안정적이고, 대규모의 집단적인 소요 징조는 보이지 않는다."라고 보고했다. 비슷하게 리톄잉(李鐵暎) 국무원 국가교육위원회 주임도 "대학의 전체적인 상황은 양호하다."라고 보고했다.

그렇다면 과연 이들의 보고처럼 상황은 '양호'한가?

(1) 후야오방의 추모

후야오방의 사망 소식이 알려진 직후부터 베이징 시민들은 톈안먼 광장의 인민영웅 기념비에 헌화하는 등 추모 활동을 시작했다. 베이징을 포함한 전국 주요 대도시의 대학에도 '불같은' 추모 열기가 붙었다. 학생들은 분향소를 차리고, 대자보와 현수막을 걸어 후야오방에 대한 간절한 추모의 마음을 표현했다.

죽지 말아야 할 사람은 죽고, 죽어야 할 사람은 죽지 않네.

야오방은 이미 죽었고, 좌파가 또다시 번성하니, 국민이여 깨어나라, 투쟁을 잊지 말라.(베이징대학)[3]

야오방 동지는 민주운동의 최전선에 선 강한 투사다. 그의 서거는 중국 인민에게 메울 수 없는 대손실이다. 우리들의 비할 수 없는 슬픔을 어떻게 표현해야 할지 모르겠다!(상하이 푸단대학)[4]

베이징의 대학생들은 4월 17일부터 톈안먼 광장을 찾아 후야오방을 추모하기 시작했다. 톈안먼 광장은 "국가의 얼굴로 신성불가침"하기에 대학생들이 그곳에서 추모 활동을 시작했다는 것은 큰 의미가 있었다. 정치 활동을 의미했기 때문이다. 실제로 1976년 4월 5일에 대학생들은 청명절을 계기로 저우언라이 총리의 서거를 애도하기 위해 톈안먼 광장에 모였다. 당시 학생들은 저우 총리를 추모하면서 동시에 4인방을 비판하고 덩샤오핑의 사면 복권을 요구했다. 4인방은 이를 '반당(反黨) 반사회주의' 활동으로 규정하여 강제로 진압했다. 소위 '톈안먼 사건'이었다.

구체적으로 살펴보면 정법대학(政法大學) 학생 600명은 4월 17일 오후 1시에 학교에 집결하여, 학과의 깃발을 앞에 들고 톈안먼 광장까지 행진했다. "자유 만세!" "민주 만세!" "법제 만세!" "교육 구국(救國)!" "법제 구국!" "인민 만세!" "반대 관료주의!" "야오방 동지는 영원히 우리 마음에 살아 있다!"가 그들이 외친 구호였다. 법학과의 젊은 강사였던 천샤오핑(陳小平)이 시위를 주도했다. 그는 베이징대학의 학생 신분으로 1986년 9월의 반일 시위를 주도한 적이 있었다. 1989년 당시에는 천쯔밍(陳子明)과 왕쥔타오(王軍濤)가 설립한 베이징 사회·경제·과학연구소(약칭 사경소)의 연구원을 겸직하고 있었다. 사실 대학생들이 외친 구호도 천쯔밍 및 왕쥔타오와 상의해서 결정한 것이다.[5] 이후 대학생들은 인민영웅 기념비에 헌화했다.[6] 정법대학의 뒤를 이어 거의 모든 대학의 학생들도 비슷한 방식으로 시위를 겸한 추모 활동을 전개했다.

그렇다면 왜 대학생과 시민들은 후야오방의 죽음을 그렇게 슬퍼하고 추모했을까? 크게 세 가지 이유 때문이었다. 첫째는 후야오방에 대한 기대와 원로 및 보수파에 대한 반감이다. 후야오방은 공산당 내에서 가장 개혁적이고 민주적인 지도자로 인식되어, 지식인과 대학생들은 그가 원로와 보수파의 반대를 뚫고 민주적인 정치개혁을 추진해 주기를 기대했다. 그런데 그가 갑자기 사망한 것이다.

둘째는 후야오방의 인격에 대한 존경이다. 그는 가식이 없고 청렴했으며, 그의 자식도 부패에 연루되지 않았다. 반면 다른 지도자들은 그렇지 않았다. 셋째는 후야오방에 대한 미안한 마음 때문이다. 후는 1986~1987년 학생운동에서 대학생과 지식인을 보호하려다가 원로와 보수파의 미움을 사서 부당하게 쫓겨났다.[7] 학생과 지식인들은 그에게 일종의 부채 의식을 갖고 있었다.

학생운동의 체계화: 요구 제시와 조직 설립

4월 18일에 접어들면서 학생운동은 점차 체계화되었다. 먼저, 요구 내용이 구체화되었다. 4월 18일 새벽에 베이징대학, 런민대학 학생 100여 명이 톈안먼 광장의 왼편에 있는 인민대회당(한국의 국회의사당에 해당) 앞에서 연좌 농성을 벌였다. 베이징대학의 왕단(王丹)과 궈하이펑(國海峰) 등은 학생을 대표하여 7개의 요구 사항을 담은 청원서를 전국인민대표대회(전국인대), 공산당 중앙 판공청 및 국무원 판공청의 신방국(信訪局)에 전달했다. 이번 민주화 운동에서 학생들이 최초로 체계화된 요구를 제시하는 순간이었다.

  1 후야오방의 시비공과(是非功過)를 다시 평가하여, 그의 민주·자유·관대함·조화의 관점을 긍정하라.
  2 정신오염 제거 및 부르주아 자유화 반대를 철저히 부정하고, 억울하게 박해받은 지식인을 사면 복권하라.
  3 국가 지도자 및 가족의 연봉과 일체의 수입을 인민에게 공

톈안먼 사건

개하고, 탐관오리를 반대하라.

4 민간 신문을 허용하고, 보도 금지를 해제하여, 언론 자유를 실행하라.

5 교육 경비를 증액하고, 지식인 대우를 제고하라.

6 베이징시 정부가 제정한 시위와 관련된 '10조(條) 규정'을 취소하라.

7 정부 지도자는 정부 실책에 대해 인민 앞에서 공개 검토(檢討)하고, 민주 형식의 선거를 통해 일부 지도자를 교체하라.[8]

이처럼 학생들은 후야오방의 재평가, 정치범의 사면과 복권, 고위 당정간부의 재산 공개와 부패 반대, 언론 자유와 시위 자유의 보장, 교육 투자의 확대와 지식인의 처우 개선 등 비교적 온건한 요구를 제시했다. 사실 이는 1986~1987년 학생운동에서 제기되었던 요구와 거의 같아 새로울 것도 없다. 게다가 이는 학생뿐만 아니라 일반 지식인, 혹은 대다수 시민들도 동의하는 요구였다. 다시 말해 이는 급진적이지도 과격하지도 않았다.

이처럼 대학생들은 사회주의 이념이나 공산당 일당제를 핵심으로 하는 사회주의 정치체제를 부정하지 않았다. 공산당이 추진하고 있는 개혁 개방도 마찬가지였다. 또한 학생들은 선거 민주주의 혹은 자유민주주의의 수립을 위해 자유 경쟁선거의 실시, 다당제의 도입, 국민의 정치적·시민적 권리의 보장을 요구하지도 않았다. 이후에 대학생 자치조직의 합법성 인정 등 결사의 자유를 보장하라는 요구가 추가되었지만 기본 내용에는 변함이 없었다. 따라서 이번 학생운동은 '초보적인 수준' 혹은 '제한된 범위'의 민주화 운동이라고 평가할 수 있다.

이런 사실은 칼훈 교수가 1989년 5월 톈안먼 광장에서 대학생과 시민을 대상으로 실시한 간단한 설문 조사에서도 확인된다. 우선 학생을 대상으로 한 조사 결과를 보면, 운동 목표는 첫째가 부패 종식(71%), 둘째가 정확한 언론 보도(69%), 셋째가 표현의 자유(51%)이고, 자유선거(33%)는 여섯째다. 부수적으로 학생들이 이해하는 민주주의의 조사 결과를 보면, 첫째가 정확한 언론 보도(89%), 둘째가 표현의 자유(83%), 셋째가 자유선거(68%)다. 즉 이들은 민주주의를 주로 언론 및 표현의 자유로 이해한다. 시민을 대상으로 한 조사 결과도 비슷하다. 운동 목표는 첫째가 부패 종식(82%), 둘째가 '관다오' 청산(59%), 셋째가 정확한 언론 보도(50%)이며, 자유선거(25%)는 열 번째에 불과하다.[9] 이상에서 알 수 있듯 이번 운동의 목표는 부패 종식이고, 자유선거는 부수적이었다.

한편 4월 19일에 베이징대학에서 2000여 명이 모여 기존의 관변 학생 조직과는 다른 새로운 조직을 설립했다. 주도자는 세 집단 출신이었다. 첫째는 민주살롱과 올림픽학원 등 토론 모임 출신으로, 왕단이 대표적이다. 둘째는 관변 학생 조직의 출신으로, 리진진(李進進: 노동자 조직의 설립을 지원한 학생 지도자)이 대표적이다. 셋째는 특별한 '파벌'이 없는 사람으로, 펑충더(封從德), 궈하이펑, 차이링(柴玲: 단식을 주도한 학생 지도자)이 대표적이다. 이중 차이링은 베이징사범

톈안먼 사건

대학의 석사생인데, 베이징대학의 학생 조직에 참여했다.[10] 아마 펑충더의 아내로서 베이징대학에서 같이 활동한 것 같다.

이 외에도 4월 20일에는 칭화대학, 4월 21일에는 베이징사범대학에도 새로운 학생 조직이 설립되었다. 이 중에서 칭화대학은 민주적인 절차(선거)를 통해 지도부를 구성하고, 각 단과대학 및 학과에 기층조직을 두는 '민주성'과 '기초성'이 튼튼한 조직으로 평가되었다. 단 리더십이 약해 이번 운동에서는 큰 역할을 하지 못했다. 반면 베이징사범대학에서는 우얼카이시(吾爾開希)가 대자보를 통해 학생자치회의 설립을 선포하는 방식으로 조직되었다. 전부터 토론회 등에서 활발하게 활동했던 우얼카이시의 일방적인 선포에 대해 누구도 이의를 제기할 수 없었다고 한다.[11]

'신화먼 사건'

4월 20일에는 대학생들이 동맹휴업(罷課)을 시작하는 계기가 된 '신화먼(新華門) 사건'이 발생했다. 4월 19일 톈안먼 광장에는 2만여 명의 학생들이 운집하여 "독재 타도!" "전제(專制) 타도!" 등의 구호를 외쳤다. 밤이 되자 베이징대학, 런민대학, 베이징사범대학, 정법대학 학생 2000~3000명이 최고 지도자의 거주지인 중난하이(中南海)의 출입문, 즉 신화먼으로 몰려가 연좌시위를 벌였다. 이는 4월 18일 새벽에 이어 두 번째다. 정부 관계자 중에서 누구도 학생들의 요구에 대응하지 않자, 이에 항의하기 위해 출입문에 모여 "리펑 나오라!" 등을 외쳤던 것이다. 학생들은 무장경찰과 밤새위 대치했고, 새벽녘에 300명 정도의 학생만 남았을 때 경찰이 이들을 강제 해산시켰다. 이 과정에서 일부 학생들이 부상을 입었다. 4월 21일 《인민일보》는 이런 학생들의 행위를 비난했는데, 경찰의 학생 구타에 대해서는 언급이 없었다.[12]

신화먼 사건은 두 가지 측면에서 중요하다. 먼저, 경찰의 학생 구타와 《인민일보》의 편파 보도에 분노한 학생들이 동맹휴업을 시작했다. 다시 말해 이 사건은 단순한 후야오방 추모 활동에서 본격적인 민주화 시위로 학생운동의 양상이 바뀌는 계기가 된다. 물론 이 사건이 아니었어도 학생운동은 자연스럽게 추모 활동에서 민주화 시위로 옮아갔을 것이다. 그러나 단숨에 그렇게 되기 위해서는 일정한 계기가 있어야 했는데, 이 사건이 바로 그런 계기가 되었다. 울고 싶은 학생에게 뺨을 때려 준 격이었다. 이는 베이징뿐만 아니라 다른 대도시의 대학에도 해당된다.[13]

또한 신화먼 사건은 지도자들에게 충격이자 치욕이었다.[14] 리펑 총리는 그의 일기에 이렇게 쓰고 있다. "신화먼 공격은 문혁 시기에도 없었던 것으로 매우 큰 충격이었다."[15] 그 결과 이를 계기로 학생운동에 대한 공산당의 평가가 바뀌기 시작한다. 4월 20일 베이징시 당서기 리시밍(李錫銘)과 시장 천시퉁(陳希同)이 공산당 중앙에 제출한 보고서는 "4월 18일 새벽부터 추념 활동이 변화하기 시작했다."라고 쓰고 있다. 정치적 주장(즉 7개의 요구 사항)이 제기되고, "부패 정부 타도!" 등 '반동 구호'가 등장했으며, 불법 학생 조직의 설립에 이어, 신화먼 사건처럼 중난하이를 공격하는 행동까지 발생

톈안먼 사건

했다는 것이다.[16] 원로들도 이 사건을 계기로 학생운동이 문혁 시기의 '조반파(造反派)'처럼 변했고, 그 뒤에는 '배후 세력(黑手),' 즉 '부르주아 자유화 분자(分子)'들이 있다고 판단하기 시작했다.[17]

공산당의 판단 변화는 인민해방군의 동원으로 이어졌다. 4월 21일 중앙군사위원회(중앙군위)는 베이징의 치안 유지와 후야오방의 운구차 행렬 보호를 위해 베이징군구(北京軍區) 38집단군(集團軍)의 병력을 동원하기로 결정했다. 단 병사들은 무기를 휴대하지 않았다. 이는 중앙군위 부주석인 양상쿤(楊尙昆)이 중앙군위 주석인 덩샤오핑의 비준하에 내린 결정이다. 병력의 규모는 자료마다 조금씩 다른데, 리펑은 1500명이라고 주장하고, 다른 자료는 8986명이라고 한다.[18]

이후에도 인민해방군의 동원은 계속되었다. 예를 들어 4월 22일에는 산시성(陝西省) 시안(西安)에서 발생한 대학생들의 '폭력 시위'를 막기 위해 4000명의 병력이 파견되었다. 또한 4월 27일 톈안먼 광장에 100만 명이 참여한 대규모 시위가 있은 직후에도 중앙군위는 다시 한 번 38집단군 중에서 5100명의 병력을 동원했다. 이때도 병사들에게는 "학생 혹은 시민과 충돌할 때에는 절대로 무기를 사용하지 않는다. 위반자는 군법으로 처리한다."라는 지시가 내려졌다.[19]

이는 5월 20일부터 베이징시 일부 지역에 계엄령이 실시되기 한 달 전에 이미 병력 동원이 시작되었다는 사실을 보여 준다. 동시에 이는 덩샤오핑 등 최고 지도자들이 상황이 여의치 않을 경우 무력을 사용해서라도 민주화 운동을 진압하겠다는 계획을 수립하고 집행했다는 사실을 보여 준다. 다만 이때까지는 군대가 주요 관공서의 보호와 치안 유지 등 주로 '동란 저지 예비부대'의 임무를 맡았기 때문에 전면에 나서지 않았다.

그렇다면 왜 당시 군대가 학생운동의 진압에 나서지 않았을까? 기본적으로 덩샤오핑 등 원로들은 학생운동이 아직 그 정도까지 심각하지는 않다고 판단했을 것이다. 동시에 두 가지의 중요한 국제 행사가 예정되어 있었기 때문에 정부가 무력을 동원하여 강제 진압에 나서기는 쉽지 않았다. 하나는 5월 4일에 시작되는 아시아개발은행(ADB) 22차 총회다. 특히 이 행사에는 대만 대표도 참석하기 때문에 섣불리 군대를 동원할 수 없었다. 다른 하나는 5월 15일부터 17일까지 진행되는 소련 고르바초프 공산당 서기장의 역사적인 중국 방문이다. 이는 세계적인 뉴스이기 때문에 전 세계 많은 언론이 취재할 예정이었다.[20]

후야오방의 추도식과 '청원 사건'

4월 22일에는 후야오방의 추도식이 톈안먼 광장 옆에 있는 인민대회당에서 거행되었다 추도식에는 현직 지도자들뿐 아니라 덩샤오핑 등 원로들도 참석했다. 톈안먼 광장에는 약 20만 명의 대학생과 시민이 후야오방을 추모하기 위해 새벽부터 모여들었다. 이들은 대형 스피커를 통해 인민대회당에서 거행되는 추도식의 내용을 들을 수 있었다. 양상쿤이 추도식을 주재했고, 자오쯔양이 추도사를 낭독했다.

톈안먼 사건

동지들, 오늘 우리는 침통한 심정으로, 오랜 시련을 겪은 충성스러운 공산주의 전사(戰士), 위대한 프롤레타리아 혁명가이자 정치가, 우리 군의 걸출한 공직자(工作者)로서 장기간 당의 중요한 영도 직무를 담당한 탁월한 영도자인 후야오방 동지를 추모한다.[21]

4월 15일 후야오방에 대한 부고가 발표되었을 때, 그의 가족들은 후를 평가하는 칭호에 '위대한 마르크스주의자'를 추가해 줄 것을 공산당 중앙에 정중히 요청했다. 그러나 덩샤오핑의 요구로 정치국 상무위원회는 후야오방에게 이 칭호를 주지 않기로 최종 결정했다.[22] 덩샤오핑이 볼 때, 학생운동과 '부르주아 자유화'에 단호하게 대처하지 못해 총서기에서 쫓겨난 후야오방에게 '위대한 마르크스주의자'라는 칭호는 과분했던 것이다. 원칙의 문제에서 덩은 망자(亡者)에게조차 결코 관용을 베풀지 않았다.

10시부터 시작된 추도식은 40분간 진행되었고, 11시 무렵에는 원로들과 주요 지도자들이 모두 인민대회당을 떠났다. 그런데 이 무렵 인민대회당 앞에서는 4명의 대학생이 세 가지 요구를 담은 청원서를 제출하는 일이 벌어졌다.

첫째, 영구차가 바바오산(八寶山)의 화장터로 출발하기 전에, 대학생들이 후야오방에게 마지막 인사를 할 수 있도록 광장을 선회해 달라. 둘째, 리펑 총리와의 대화를 요청한다. 셋째, 오늘 학생들의 추모 활동을 신문에 보도해 달라.

4명의 학생 중에서 3명은 두 손으로 청원서를 들고 무릎을 꿇고 한 시간을 넘게 기다렸다. 마치 전통 시대에 충신(忠臣)이 황제께 상소를 제출하는 공손하고 간절한 모양으로. 그러나 이 무렵 리펑은 이미 그 자리에 없었고, 정부 책임자 중에서 누구도 학생들의 청원서를 접수하지 않았다. 이를 지켜보던 많은 시민과 학생들은 학생들에게 동정을 표시했다. "저 학생들이 가련하다." "사람이 저렇게 오랜 시간 동안 무릎을 꿇고 있는데, 왜 아무도 나와 보지 않는가?" 일부 학생들은 경계선을 뚫고 인민대회당 안으로 진입하려다가 경찰의 제지를 받았다. 결국 4명의 학생들은 동료 무리로 돌아왔다. 그리고 학생들은 학교로 돌아간 후에 전면적인 동맹휴업을 결정했다.[23] 이것이 '인민대회당 청원 사건'이다.

4월 20일의 신화면 사건에 이어 다시 청원 사건이 발생하면서 대학생들의 분노는 더욱 높아 갔다. 특히 4명의 간절한 청원을 거들떠보지도 않고 자리를 떠난 리펑 총리에 대해 학생들은 분노했다. 반면 리펑 총리는 억울하다는 입장이었다. 자신은 아무런 보고도 받지 못했고, 그래서 학생들의 요구를 들어줄 수 없었다는 것이다. 이런 해명을 국무원 대변인을 통해 발표하기도 했다. 그러나 이것이 사실일지라도 이미 분노한 학생들을 잠재우기에는 늦었다.

연합 학생 조직의 탄생: '베이징 고교학생자치연합회'

한편 4월 23일에는 정부 당국을 더욱 긴장하게 만든 일이 벌어졌다. 베이징 고교학생자치연합회(高校學生自治聯合會), 약칭 고자련

(高自聯)이 출범한 것이다.(여기서 '고교'는 대학교를 가리킨다.) 고자련은 운동 과정에서 대학별로 등장한 학생 조직을 포괄하기 위한 연합조직이다. 주도자는 베이징대학의 민주살롱을 만든 류강(劉剛)이었다. 그는 사경소의 연구원으로 일하면서 베이징대학의 학생운동에 관여했는데, 고자련 결성도 그의 작품이었다. 류강은 개인적인 관계망을 통해, 또한 4월 15일 이후 두드러진 활동을 보인 학생 지도자를 선별하여 직접 연락을 취했다. 이런 식으로 그는 각 대학의 활동가 67명을 모아 고자련을 설립했던 것이다.

고자련의 설립 목적은 개별 학교를 초월하여 "운영을 조정하고, 강령을 통일하여, 행동을 통일"하는 것이었다. 조직의 장정(章程)은 공산당 당헌과 비슷하게 만들되 나중에 팡리즈, 천쯔밍 등에게 자문을 구한 다음에 제정하기로 했다. 조직의 구호는 '민주·자유·인권'으로 정했고, 후에 '법제'가 추가되었다. 지도부는 각 대학 대표를 상무위원회 위원으로 정했다. 베이징대학, 칭화대학, 런민대학, 베이징사범대학, 정법대학, 중앙민족학원, 베이징영화학원이 여기에 포함되었다. 주석(主席)은 사범대학의 우얼카이시와 정법대학의 저우융쥔(周勇軍)이 경합을 벌였는데, 최종적으로 저우융쥔이 선출되었다. 그는 4월 22일 인민대회당 앞의 청원 활동을 주도했던 인물 중의 하나다.[24]

고자련은 설립 이후 매일 기자회견을 개최하여 운동 상황을 전달하는 등의 활동을 펼쳤다. 또한 주요한 시위와 활동을 기획하고 주도했다. 4월 27일 대시위, 5월 4일 5·4운동 기념 시위가 대표적이다. 그 후에도 고자련은 학생운동의 핵심 역할을 계속 담당했다. 그 결과 민주화 운동이 진압된 후에 정부가 발표한 21명의 대학생 체포 명단은 모두 고자련의 지도부로 채워졌다. 다만 5월 13일 일부 대학생들이 단식을 시작하면서 새로운 지도 조직을 구성했고, 그때부터 고자련의 역할은 축소되었다.[25]

여기서 대학생들이 어떻게 신속하게 대규모로 시위에 참여하고, 여러 대학을 아우르는 연합조직이 어떻게 이렇게 빨리 결성될 수 있었는가에 대한 의문이 제기된다. 사실 덩샤오핑이나 리펑이 학생운동을 지원하는 국내외 배후 세력이 틀림없이 있을 것이라고 확신했던 이유도 바로 이 때문이다. 물론 학생운동에 도움을 준 세력은 있었다. 앞 장에서 살펴본 사경소가 대표적이다. 천쯔밍과 왕쥔타오는 정법대학과 베이징대학의 학생들이 시위를 조직하는 데 필요한 자금을 제공했고, 구호 통일과 규찰대 조직 등 시위 전략의 작성에도 도움을 주었다. 이들은 '원로 활동가'로서 믿을 수 있는 인물이었기 때문에 학생 활동가들이 자문을 청했던 것이다.[26] 그러나 이들이 학생운동을 조직하고 지도한 것은 결코 아니었다. 그럴 능력도 의지도 없었다.

그렇다면 이것이 어떻게 가능했을까? 자오 교수는, 캠퍼스 생태가 민주화 운동에서 학생 동원과 조직에 영향을 미쳤다고 주장한다. 학생들은 대학 기숙사에 집단으로 거주한다. 이 때문에 학생들은 원래부터 밀접한 연계망(network)을 갖추고 있었고, 이로 인해 소식의 전파와 동원이 쉽게 이루어질 수 있었다는 것이다. 예를 들어

톈안먼 사건

톈안먼 민주화 운동이 있기 전에도 각 대학 기숙사를 중심으로 '프로이트 열기(熱)', '니체 열기', '사르트르 열기', '문화 열기', '정치 개혁 열기' 등이 불었다.

또한 67개의 대학이 하이뎬구(海淀區), 그중에서도 쉐위안로(學院路)에 밀집해 있었다. 이 때문에 대학들 간의 연계가 쉽고, 상호 모방과 경쟁이 쉽게 촉발되었다.[27] 예를 들어 각 대학의 학생들은 개별적으로 각자의 대학을 출발한 다음에 특정 지역에서 합류하여 함께 톈안먼 광장으로 행진했다. 이는 대학이 밀집해 있기 때문에 가능한 일이었다. 사이치(Tony Saich) 교수도 이런 사실을 지적한다.[28]

(2) 자오쯔양의 출국과 '4·26사설'

4월 23일 자오쯔양은 북한을 방문하기 위해 출국한다. 그의 출국을 반대하는 목소리도 있었다. 지금과 같은 비상시국에 총서기가 자리를 비워서는 안 된다는 것이다. 예를 들어 4월 20일에 부총리 톈지윈(田紀雲)은 자오에게 방북 연기를 건의했다. 베이징시 당서기 리시밍도 같은 요구를 했다.

그러나 자오쯔양은 두 가지 이유를 들어 거절했다. 먼저, "국사 방문은 쉽게 바꿀 수 없다. 그렇게 되면 외부에서 다양한 억측이 나온다." 따라서 계획대로 방문하는 것이 타당하다. 또한 이번 학생 운동은 후야오방의 사망으로 촉발된 것으로, 대학생들의 구호에서 볼 때 대다수는 "애당(愛黨) 및 애국적이다." 즉 "학생 주류는 양호하다." 따라서 학생운동 때문에 국빈 방문을 연기할 필요는 없다.[29] 이는 당시 원로와 보수파, 즉 리펑, 리시밍, 천시퉁 등과는 완전히 다른 인식이었다.

자오쯔양의 세 가지 처리 방침

이런 판단에서 자오쯔양은 4월 22일 후야오방 추도식이 끝난 직후 리펑을 만나 '세 가지 처리 방침'을 전달한다. 그가 북한을 방문하는 동안 이 방침에 입각하여 학생운동을 처리하라는 지시다. 그것은 사전에 덩샤오핑과 원로들의 동의를 얻었다.

첫째, 추도회가 끝났으니, 학생들이 시위를 중단하고 바로 수업을 재개하도록 굳건히 설득한다.

둘째, 때리고 부수고 훔치는 행위는 법에 근거하여 엄정히 처리하고, 결코 느슨하게 대하지 않는다.

셋째, 학생은 소통과 인도(疏導)를 위주로 하고, 다양한 층위의 대화를 진행한다.[30]

이를 보면 자오쯔양은 학생운동을 후야오방의 추모 활동 정도로 생각했고, 그래서 대학생들의 수업 복귀를 설득한다는 방침을 제시했다. 이는 1986~1987년 학생운동에서 후야오방이 제시한 방침과 같다. 실제로 당시 자오는 후의 방침에 동의했다고 한다.

텐안먼 사건

그런데 자오쯔양이 어려운 과제를 리펑에게 맡기고 본인은 나중에 수습하면서 주도권을 장악하겠다는 '책략'을 쓴 것이라는 해석도 있다. 이는 마오쩌둥이 즐겨 사용했던 방법이다. 이를 보여주듯이 자오는 리펑에게 세 가지의 비공개 지시를 내렸다고 한다. "첫째, 내가 간 다음에 정치국 상무위원회 회의를 개최할 수 없다. 둘째, 중대 사항은 나에게 보고한다. 셋째, 리펑이 중앙공작을 주재한다." 이런 식으로 자오는 '뜨거운 물(禍水)'을 리펑에게 돌렸다는 것이다.[31]

어쨌든 리펑은 겉으로는 자오의 '세 가지 처리 방침'에 동의했다. 원로들이 이미 승인한 방침이기 때문이다. 그러나 이를 집행할 생각은 처음부터 없었다. 리펑이 보기에, 자오는 총서기로서 학생운동의 성격을 명확히 규정하고 그에 맞추어 효과적인 방침을 제시해야 하는데 그렇게 하지 않았기 때문이다. 특히 리펑은 자오가 자신에게 난제를 맡긴 것에 대해 대단히 부담스러워 했다. 만약 학생운동이 잘못되면 자신이 모든 책임을 져야 했기 때문이다. 그래서 리시밍을 통해 자오의 방문 연기를 건의했던 것이다. 참고로 리시밍과 리펑은 전력 부문에서 오랫동안 같이 일했기 때문에 잘 아는 사이다.[32] 실제로 두 사람은 시종일관 호흡을 맞춰서 학생운동을 강경하게 처리했다.

리펑의 학생운동 처리: '동란(動亂)' 규정

자오쯔양이 방북한 다음 날인 4월 24일, 리펑은 정치국 상무위원회 간담회를 개최했다. 자오의 지시도 있었고, 또한 총서기가 참석하지 않으면 정식 회의가 될 수 없었기 때문에 '간담회'의 형식을 빌렸다. 리펑이 자오의 '세 가지 처리 방침'을 무시하고, 자신의 방침하에 학생운동을 처리하기 위해 본격적인 활동에 나선 것이다.

먼저 리시밍과 천시퉁의 보고를 청취했다. "이번 학생운동(學潮)은 범위가 확대되고, 참가자가 증가하여 상황이 엄중하며, 개혁개방 이래 없었던 것이다." "원래 학생들의 자발적인 후야오방 추모 활동이었는데 동란(動亂)으로 변질되었다." 이것이 보고의 핵심이었다. 이는 4월 23일에 있었던 대학 당위원회 서기 회의에서 천시퉁이 주장한 내용을 반복한 것이다. 주요 대학의 동맹휴업, 학생조직의 구성, 시위의 구호 등을 볼 때 "이번 학생운동은 조직적이고 계획적인 동란"이라는 것이다. 이때 최초로 "조직적이고 계획적인 동란"이라는 규정이 제기되었다.[33]

이어 국가교육위원회 부주임 허둥창(何東昌)과 주임 리톄잉도 같은 견해를 제시했다. 이번 학생운동의 목적은 "소요 선동, 동란 조성, 당 공격, 사회주의 공격"이고, 학생운동은 "전국적인 동란으로 발전할 가능성이 있다."라는 것이다. 정치국 상무위원인 야오이린(姚依林)은 좀 더 분명하게 말했다. 즉 "이번 학생운동은 이미 다른 마음을 갖고 있는 부르주아 자유화 분자에 의해 이용될 정도로 발전했으며, 이미 동란으로 변화했다." 따라서 "중앙이 태도를 분명히 해야 하고, 그렇지 않으면 후과(後果)를 상상도 할 수 없다." 리펑도 비슷하게 "이것은 엄중한 부르주아 자유화 반대 투쟁"이라

고 규정했다. 오직 차오스와 양상쿤만이 자오쯔양과 비슷한 견해를 발표했다.[34]

리펑은 일기에 회의 참석자들이 합의에 도달했다고 적고 있다. 운동의 "배후에 조종자가 있어 선동한다." 또한 운동의 성격은 "조직적이고 계획적으로 공산당을 타도하려는 정치투쟁이다." 이런 판단에 따라 '중앙 동란 저지 소조(小組)'가 결성되었다. 리펑이 책임자이고, 리톄잉·리시밍·허둥창 등이 성원이 되었다.

또한 이 회의는 몇 가지 사항을 추진하기로 결정했다. 첫째, 《인민일보》에 정치국 상무위원회 간담회의 정신을 담은 사설을 발표한다. 둘째, 공산당 중앙과 국무원의 공동 명의로 긴급통지를 하달하여, 각지에 형세를 통보하고 대책을 제시한다. 셋째, 형세의 엄중함에 비추어 덩샤오핑을 만나 보고한다.[35]

이런 결정에 따라 4월 25일 오후 덩샤오핑의 집에는 전날 회의에 참석했던 인사들이 다시 모였다.[36] 리펑과 천시퉁은 학생운동 상황과 어제 회의 결과를 보고했다. 이들의 보고에는 두 가지 특징이 있다. 첫째, 이번 학생운동이 혁명원로, 특히 덩샤오핑을 겨냥하고 있다는 점을 강조한다. "덩샤오핑 타도!"의 구호가 대표적이다. 이는 덩샤오핑이 듣기에 매우 자극적이고 선동적인 보고였다. 둘째, 학생운동이 "반당(反黨) 반사회주의 동란"임을 강조한다.

보고를 청취한 후에 덩샤오핑은 몇 가지 중요한 규정을 내린다. 먼저, 이번 학생운동은 일반적인 대학생들의 활동이 아니다. 즉 배후 세력이 있다.

나는 중앙〔정치국〕 상무위원회의 결정에 완전히 동의한다. 이
것은 일반적인 학생운동이 아니다. 학생이 소란을 일으킨 지 오늘
까지 열흘이 되었는데, 우리는 매우 용인하고 자제하는 태도를 취
했다. 그러나 상황은 우리 의지대로 전환되지 않았다. 극소수가 학
생을 이용하고 있는데, 그들의 목적은 민심을 흩트리고, 전국에 혼
란을 일으키는 것이다.[37]

또한 이번 학생운동은 공산당과 사회주의를 부정하는 동란이
고 정치투쟁이다. 동시에 이런 문제가 초래된 데에는 자오쯔양이
총서기로서 자유화 반대를 철저히 하지 못한 것과 관련이 있다.

이것은 계획적인 음모고, 그 실질은 근본적으로 중국공산당의
영도를 부정하고, 사회주의 제도를 부정하는 것이다. 전 당과 전국
인민에게 분명히 말해야 하는데, 이것은 전 당과 전국 인민 앞에
펼쳐진 엄중한 정치투쟁이다. 반드시 깃발 선명하게 동란을 반대
해야 한다. (……) 이번 학생운동은 자유화 반대가 철저하지 못한
것과 관련이 있고, 정신오염 반대를 제대로 하지 않는 것과 관련이
있다.[38]

리펑의 일기는 이것보다 더욱 상세하게 덩샤오핑의 발언을 정
리하고 있다. 이에 따르면, 덩은 대학생들이 "서방의 부르주아 자유
화 사상의 영향"뿐 아니라, 유고슬라비아·폴란드·헝가리·소련 등

의 "자유화 분자의 영향"을 받아 "동란을 일으켰다."라고 주장한다.[39] 이는 덩이 동유럽 사회주의 국가의 민주화 운동과 소련 고르바초프의 민주적인 정치개혁을 예의 주시하고 있었고, 그런 국제적인 맥락 속에서 이번 학생운동을 동란으로 규정했음을 보여 준다. 이후에도 덩은 이런 주장을 반복한다.

이렇게 하여 학생운동의 성격 규정과 공산당의 방침이 확정되었다. 덩샤오핑은 자오쯔양이 아니라 리펑의 견해에 전적으로 동의했다. 그래서 당시 민주화 활동가들은 이를 자오의 출국에 맞추어 '정세의 주도권을 장악하여 개혁파를 공격하기 위한 보수파의 전략'으로 간주했다.[40] 배경이야 어쨌든 덩샤오핑이 결정을 내린 상황에서는 그 누구도 이의를 제기할 수 없었다.

회의 직후에 요약문이 작성되어 중앙과 지방의 차관급(副部長) 이상의 당정간부들에게 하달되었다. 공산당의 사상을 통일하기 위한 조치였다. 또한 북한을 방문 중인 자오쯔양에게도 덩샤오핑의 발언록이 전달되었다. 자오는 이렇게 회신했다.

나는 샤오핑 동지가 현재 동란(動亂) 문제에 대해 내린 결정에 완전히 동의한다.[41]

'4·26사설'과 대학생들의 반발

이런 방침은 4월 26일에 「반드시 깃발 선명하게 동란에 반대하자」라는 《인민일보》의 사설(소위 '4·26사설')로 작성되어 전 국민에게 발표되었다. 사설은 정치국 상무위원인 후치리(胡啟立)가 덩샤오 핑의 발언을 기초로 작성했다.

사실이 보여 주고 있다. 극소수의 사람들은 후야오방 동지의 추모 활동을 전개하는 것이 아니다. 중국의 사회주의 민주정치의 진전을 추동하려는 것도 아니다. 단순히 불만을 표출하면서 소란 을 피우려는 것도 아니다. 그들은 민주의 깃발을 들고, 민주와 법 제를 파괴하고 있다. 그 목적은 민심을 흩트리고, 전국에 혼란을 일으키며, 안정과 단결의 정치 국면을 파괴하는 것이다. 이것은 계 획적인 음모고 동란이다. 그 실질은 근본적으로 중국공산당의 영 도를 부정하고, 사회주의 제도를 부정하는 것이다. 이것은 전 당과 전국 인민 앞에 펼쳐진 엄중한 정치투쟁이다.[42]

각 지방은 4월 25일 저녁과 4월 26일 낮 사이에 당위원회 '긴급 회의'를 소집하여 행동 계획을 결정하고, 중앙의 결정에 입장을 표 명(表態)했다. 상하이시가 가장 빨랐다. 4월 25일 저녁 장쩌민은 긴 급회의를 수집하여 중앙의 방침을 충실히 집행할 것을 결의했다. 또한 세부 방침을 발표했다. "간부와 군중이 《인민일보》의 사설을 학습하도록 적극적으로 조직한다. 생산을 굳건히 하고, 시장 공급 을 확보한다. 현재의 핵심 문제를 해결하여 모순을 완화하고, 돌발 사건의 대응 방안을 준비한다." 이것이 장쩌민의 방침이다. 이어서 베이징, 헤이룽장(黑龍江), 지린(吉林), 산시(陝西), 후베이(湖北), 저

톈안먼 사건

장(浙江)이 입장을 표명했다.[43]

인민해방군도 즉각 호응했다. 총정치부가 먼저 「긴급통지」를 하달했다. 이 통지는 우선 전군이 《인민일보》의 사설을 열심히 학습할 것을 요구했다. 특히 고급 장교들은 덩샤오핑 담화의 정신을 철저히 이해해야 한다. 또한 이 통지는 이런 규정을 담고 있었다. "굳건히 당 중앙과 중앙군위의 지휘에 복종한다." "전군 각 부대는 사상·조직·행동 면에서 철저히 준비한다." "어떤 부대라도 병사 한 명의 이동도 모두 중앙군위에 보고하고 비준을 받는다." 이어서 베이징군구, 선양군구(瀋陽軍區) 등 각 대군구의 입장 표명과 보고가 이어졌다.[44]

대학생과 시민들은 정반대의 반응을 보였다. 당시 운동을 주도했던 한 활동가는 '4·26사설'을 '끔찍한 신호(terrible sign)'로 해석했다. 이것은 1957년의 반우파(反右派) 투쟁, 1959년의 반우경(反右傾) 투쟁, 그리고 1976년의 톈안먼 사건을 연상시키는 논조라는 것이다.[45] 비슷하게 양지성도 이번 학생운동을 "계획적인 음모"이고 "동란"으로 규정한 것은 1957년의 반우파 투쟁에서 "우파분자(右派分子)에 대한 규정"을 넘어서는 중량감이 있다고 평가했다.[46] 이처럼 덩샤오핑과 보수파 지도자들은 학생운동을 이념적으로 강도 높게 규정함으로써 학생들에게 겁을 주고, 이를 통해 조기에 운동을 잠재우려고 시도했다.

결과는 그 반대였다. 한마디로 "4·26사설은 마치 중성자탄이 대학 상공에 터진 것과 같았으며, 학생들의 반응은 10일 중 최고조에 이르렀다." 4월 25일 밤부터 대학 당국이 교내 방송을 통해 사설을 반복적으로 방송했다. 베이징대학의 교수와 학생들은 "이것은 정부가 굳건히 진압하겠다는 태도를 표명한 것"인데, "사설의 성격 규정이 너무 높아서 문제 해결에 불리하고 오히려 모순을 격화시킬 것"이라고 걱정했다. 런민대학과 정법대학의 학생도 비슷하게 반응했다. "사설 방송 후에 많은 학생들이 크게 놀랐고(震驚), 중앙의 성격 규정(定調)이 너무 높다고 생각했다. 그래서 이를 수용할 수 없다. 이것은 동란이 아니라 단지 민주적인 요구일 뿐이며, 중앙의 어떤 지도자든 나와서 대화하기를 희망할 뿐이다." 상하이, 창춘(長春), 톈진(天津), 항저우(杭州), 난징(南京), 시안(西安), 창사(長沙), 허페이(合肥) 등 대도시 학생들의 반응도 동일했다.[47]

사실 대학생들의 입장에서는 다른 그 무엇보다도 현실적인 이유에서 '동란 규정'을 수용할 수가 없었다. 만약 학생운동이 동란으로 규정되면 운동이 끝난 후 정부와 대학 당국이 틀림없이 '추수 후의 결산(秋後算賬)'에 나설 것이기 때문이다. 이미 앞 장에서 보았듯이, 학생들은 취업 문제로 인해 매우 불안한 상황이었다. 특히 쌍방향 선택 제도가 도입되면서, '품행이 단정하지 못한 학생'은 졸업 후에 취업이 안 되는 등 막대한 불이익을 당하게 될 것이다. 따라서 동란 규정은 반드시 철회되어야 했다.

이렇게 해서 대학생과 정부 간에는 동란 규정의 '철회 대 유지'라는 대립점이 형성되었다. 즉 학생들은 정부에 학생운동을 '동란'이 아니라 '애국민주운동'으로 인정해 줄 것을 요구했다. 이렇게

'4·26사설' 이후에 학생운동은 이 대립점을 중심으로 전개되었다. 학생들이 자유·민주·법제, 부패 반대를 외치면서 정부에 대화를 촉구했지만, 그 전제 조건은 학생운동의 동란 규정 철폐와 애국민주운동으로의 인정이었다.

(3) 민주화 운동의 확산

'4·26사설'에 대한 대학생들의 불만은 전국적인 시위로 나타났다. 소위 '4·27시위'가 그것이다. '4·27시위'는 1989년 민주화 운동에서 가장 중요한 사건 중의 하나다.[48] 자오 교수가 주장한 것처럼, 1949년 사회주의 정권이 수립된 이후 수도 베이징에서 100만 명이 넘는 학생과 시민이 국가에 도전한 것은 이번이 처음이었다.[49] 그전의 대규모 집회는 공산당이 동원한 것이었다.

참고로 당시 베이징시의 총인구는 1085만 명이었다. 이 중에서 비(非)농업 인구, 즉 도심 거주 인구는 630만 명이었다. 나머지는 베이징시 근교(행정구역상으로는 현(縣))에 거주하는 사실상 농민이었다.[50] 100만 명은 바로 농업에 종사하지 않는 베이징시 인구의 6분의 1에 해당하는 엄청난 규모다. 이후 100만 명 규모의 집회와 시위는 5월 13일 학생들이 단식운동을 시작하면서 다시 나타난다.

대학생들은 '4·26사설'의 기조로 보았을 때 정부가 학생 시위를 강경하게 진압할 것으로 예상했다. 그런데 실제로는 그러지 않왔다. 학생들은 승리감에 휩싸였고, 자신감도 높아졌다. 이는 이후 운동의 전개에 큰 영향을 미쳤다.[51] 그 밖에도 '4·27시위'를 계기로 민주화 운동은 '학생' 운동에서 '민중' 운동으로, 즉 학생 외에도 지식인·노동자·자영업자 등이 참여하는 운동으로 확대된다. 동시에 운동은 '베이징' 운동에서 '전국' 운동으로, 즉 지금까지 시위가 없었던 지역에도 시위가 발생하면서 전국적으로 확산된다. 마지막으로 정부는 이를 계기로 군대를 추가 배치한다. 학생운동에 대한 경계가 더욱 높아진 것이다.[52]

'4·27시위'

4월 27일 아침에 고자련은 정법대학에서 긴급 기자회견을 갖고 세 가지 요구를 발표했다. 첫째는 리펑 등 정부 책임자와의 대화와 정부의 고자련 승인이다. 둘째는 4월 20일 '신화먼 사건'에 대한 공안부장의 공개 사과와 관련자에 대한 엄중한 처벌이다. 셋째는 4월 22일 '인민대회당 청원 사건'을 왜곡 보도한 신화사 사장의 공개 사과다. 또한 고자련은 이번 시위를 통해 '민주·인권·자유·법치'를 쟁취하는 것이 목표라고 발표했다.[53]

베이징대학, 칭화대학 등 하이뎬구에 있는 30여 개 대학의 약 5만 명의 학생들은 오전에 각자의 학교를 출발하여 하나의 대오로 결집하여 톈안먼 광장으로 향했다. 학생 수는 점차로 늘어났고, 오후 늦게 톈안먼 광장에 도착했을 때에는 10만 명이 되었다. 여기에 시민들이 결합하면서 톈안먼 광장의 시위 규모는 100만 명이 넘었다. 학생 시위대가 지나가는 곳마다 시민들은 박수를 쳤다. 어떤 이는 손으로 '승리(victory)'를 상징하는 'V자'를 만들어 보여 주기도 했다. 오후에 시위대가 창안가(長安街: 톈안먼 광장에 이르는 대로)를 지날 때에는 시민들이 과자와 음료수를 나누어 주었다. 광장에 결집한 학생들은 오후 6시 40분에 해산하여 학교로 돌아왔다. 4월 28일 주요 신문은 학생 시위를 비교적 공정하게 보도했다.[54]

'4·27시위'에서 대학생들은 감정에 호소하는 구호가 적힌 현수막을 들고 행진했다. "중국의 앞길을 위해 아홉 번 죽어도 후회는 없다!" "자유가 아니면 차라리 죽음을!" "어머니, 우리는 잘못이 없습니다!" 또한 학생들은 길가의 시민들을 향해 자신들의 생각을 담은 구호를 외쳤다. "청렴한 중국공산당 만세!" "당의 정확한 영도를 굳건히 옹호한다!" "공산당 옹호, 사회주의 옹호!" "신문의 생명은 진실에 있다!" "평화적 청원은 결코 동란이 아니다!" "깃발 선명하게 탐관을 반대한다!" "학생운동을 진압하면 결코 끝이 좋지 않다!"[55]

여기서 알 수 있는 것처럼 '4·27시위'에서는 전에 없던 새로운 구호가 등장했다. 바로 공산당과 사회주의의 옹호다. 이는 '4·26사설'의 영향이다. 즉 사설은 이번 학생운동이 "공산당 영도와 사회주의 제도를 부정하는 동란"이라고 규정했는데, 학생들은 이번 운동이 결코 그렇지 않다는 것을 보여 주기 위해 이런 구호를 외쳤던 것이다. 즉 이번 학생운동은 "반당(反黨) 반사회주의"가 아니라는 것이다. 이런 이유로 리펑은 4월 27일 자 일기에서 "사설이 거대한 위력을 발휘하여 전국 형세는 기본적으로 안정되고 있다."라고 적었다.[56] 물론 100만 명의 시위 규모를 볼 때 이는 완전히 잘못된 아전인수식 해석이지만, '4·26사설'이 학생운동에 일정한 영향을 미친 것은 사실이다.

자오쯔양은 '4·27시위'의 의미를 세 가지로 설명한다. 첫째, 학생운동을 반당 반시회주의의 동란으로 규정한 '4·26사설'은 "교조적인 잣대로 몰아붙이는 옛날 방식"인데, 이제는 이런 방식이 통하지 않는다. 둘째, 사설은 덩샤오핑의 발언에 기초한 것이고 학생들도 이를 알고 있었는데, 학생들은 이에 개의치 않고 대규모 시위를 전개했다. "이것은 최고 권위를 지닌 지도자에 의존한 발언 역시 더이상 통하지 않는다는 것을 보여 준다." 셋째, 베이징시의 시위에 대한 모든 정책과 방안도 이제는 소용이 없다.[57]

이제 상황은 4·27시위 이전과는 완전히 달라졌다. 학생들은 대규모의 가두시위를 경험하면서 그 어떤 것도 두려워하지 않게 되었다. (……) 오로지 군대를 출동하는 것만 남았는데, 당시 학생들은 정부가 군대를 동원하지 않을 것이라고 생각했다. (……) 요컨대 '4·26사설'이 베이징 전체 상황에 악영향을 미쳤고, 문제 해결을 더욱 어렵게 만들었다. (……) 따라서 북한에서 귀국(4월 30일)한 이후, 나는 상황이 매우 위험하다고 느꼈다. '4·26사설' 발표 이후, 어떠한 방법도 소용이 없었고, 단지 대규모 유혈사태의 가능성만 남게 되었다.[58]

톈안먼 사건

당황한 정부의 새로운 대응

'4·27시위'에 리펑 등 보수파 지도자들은 당황했다. 리펑은 '4·26사설'이 학생운동을 평정하는 역할을 할 것으로 기대했는데, 실제로는 정반대의 결과, 즉 학생 시위는 전국으로 확산되고, 시민들도 학생 시위를 동정하고 지지하게 되었다. 결국 '4·26사설'은 불에 기름을 부은 꼴이 되고 만 것이다. 이에 리펑은 네 가지로 대응했다. 첫째는 새로운 사설의 발표다. 둘째는 국가교육위원회 명의로 재차 통지를 하달하는 것이다. 통지는 이번이 벌써 여섯 번째다. 셋째는 정치국 상무위원회 간담회의 개최다. 마지막은 군대의 추가 동원이다.(이에 대해서는 앞에서 언급했다.)

먼저 4월 28일에 《인민일보》는 「대국(大局)을 유지하고 안정을 지키자」라는 사설을 발표했다. 이는 국무원 대변인 위안무(袁木)가 리펑의 지시에 따라 작성한 것이다. 이번 사설은 사회 안정의 중요성을 역설했다. 이전 사설과 비교했을 때 어조가 많이 완화되었지만 여전히 고압적인 자세를 유지하고 있기 때문에, 또한 학생운동이 동란이라는 생각에는 변함이 없기 때문에 학생들이 수용하기는 어려웠다.

모든 단순하고 선량한 청년 학생들은 마땅히 깨달아야 한다. 대규모 군중성 사건 중에는 종종 용(龍: 소위 '배후 세력'을 의미)과 물고기가 섞여 있고, 마음이 음흉한 자들은 여러분의 감정적 충동과 행위가 지나치기를 기다려, 혼란 속에서 한몫 잡으려 한다는 사실을. (……) 만약 각종 모욕과 욕설, 당과 국가의 영도자를 공격하는 내자보와 소자보가 하늘 가득히 날리도록 놔둔다면, (……) 만약 도처에서 수업을 거부하고 서로 연계한다면, 우리 국가는 다시 한 번 전면적인 동란(動亂)에 빠질 수 있다.[59]

4월 29일에는 정치국 상무위원회 간담회가 개최되었다. 먼저 리펑은 '4·26사설'의 효과를 강조했다. 사설을 통해 인민에게 동란의 방지를 위한 경종을 울렸고, '부르주아 자유화 분자'에게는 위협을 가했다는 것이다. 또한 그는 "이번 동란은 국내 극소수의 부르주아 자유화 분자가 외국의 반(反)중국 세력과 결탁하여 장기간의 사전 모의와 준비를 진행한 결과이며, 음모가 축적된 지 이미 오래되었다."라고 주장했다. 천시퉁은 베이징대학 시위의 막후 지휘자는 팡리즈와 그의 부인 리수셴(李淑嫻: 베이징대학 교수)이라고 보고했다. 또한 그는 학생운동이 공개적으로 창끝을 덩샤오핑에게 겨누고 있다고 주장했다. 즉 덩이 수렴청정(垂簾聽政)한다고 비난한다는 것이다.[60]

반면 차오스, 양상쿤, 톈지윈은 다른 견해를 제시했다. 우선 이번 학생운동은 애국심에서 나온 것이기도 하다. 또한 학생들의 구호로 볼 때 공산당 중앙과 일치하는 내용도 있다. 부패 척결, 청렴 강화, 교육 중시, 의법치국이 바로 그것이다. 따라서 문제를 해결하기 위해서는 다양한 층위에서 학생들과 대화해야 한다.

차오스 등의 주장에 힘입어 정치국 상무위원회 간담회는 학생

들과 다양한 대화를 추진하기로 결정했다. 구체적으로 4월 29일에
는 관변 학생 조직인 전국학생연합회(全國學聯) 및 베이징시 학생연
합회와 정부 대표 간에, 4월 30일에는 베이징시 당서기 및 시장과
학생 대표 간에 대화를 진행하기로 결정했다.[61]

정부와 학생 간의 첫 번째 대화

이처럼 정부는 '4·27시위' 이후 마지못해 학생과의 대화에 나
섰다. 이는 일차로 지도부 내에 대화를 주장하는 목소리가 등장했
기 때문이다. 또한 시위 규모와 시민들의 지지를 놓고 볼 때, 동란
이라는 '이념적 공세'만으로는 해결이 불가능하다는 점이 분명해
졌기 때문이다. 그러나 리펑, 리시밍, 천시퉁 등 보수파는 기본적으
로 대화를 통해 문제를 해결할 수 있다는 생각에 회의적이었다. 또
한 마지못해 대화를 하더라도 학생들의 요구를 수용할 생각은 조금
도 없었다. 그래서 자오쯔양은 리펑 등 보수파가 학생과의 대화를
방해했고, 그래서 문제가 해결될 수 없었다고 주장한다.[62]

리펑 등 보수파 지도자들이 학생과 대화하는 이유는 두 가지였
다. 하나는 명분 축적이다. 즉 '우리는 학생들의 요구를 들어주려고
최선을 다했다.'는 것을 대내외에 선전하기 위해, 또한 '강경 진압은
부득이했다.'는 것을 정당화하기 위해 대화에 나섰다. 다른 하나는
'다수의 학생을 견인'하고, '당원과 시민 앞에 학생운동의 본모습을
폭로'하기 위해서였다. 이런 이유에서 리펑은 "대화는 투쟁이다. 대
화에 동란 종식의 희망을 걸 수 없고, 쌍방(즉 정부와 학생 대표)은 모두

대화를 통해 중간 군중을 쟁취하려고 한다."라고 일기에 적었다.[63]

정부와 학생 간의 대화가 4월 29일 오후에 개최되었다. 이는 최초의 대화였다. 정부 대표로는 위안무(국무원 대변인), 허둥창(국가교육위 부주임), 루위청(陸宇澄: 베이징시 부시장) 등이, 학생 대표로는 전국학생연합회와 베이징시 학생연합회가 선발한 16개 대학 45명의 학생들이 참여했다. 여기서 알 수 있듯 운동을 이끌고 있는 고자련은 대화의 대상에서 제외되었다. 만약 고자련과 대화를 할 경우에는 정부가 불법 조직을 인정하는 것을 의미하기 때문이다. 따라서 학생의 입장에서 볼 때 대화는 처음부터 대표성에 문제가 있었다.

대화 전에 리펑은 위안무와 허둥창 등 정부 대표를 불러 두 가지 사항을 특별히 지시했다. 첫째, 대화는 공산당 및 국가의 명성과 관련된 것이기 때문에 반드시 태도를 군건히 하고, 깃발을 선명하게 해야 한다. 덩샤오핑과 리셴녠 등 원로들이 이 대화를 지켜보고 있다는 사실을 명심해야 한다. 둘째, '4·26사설'에서 학생운동을 '반당 반사회주의의 정치투쟁'이라고 규정한 것은 전체 학생이 아니라 극소수의 학생만을 대상으로 한 말이다.[64] 따라서 동란 규정을 고수해야 하다

대화는 정부와 학생이 평등한 입장에서 쟁점 사항을 논의하는 방식이 아니라 학생들이 질문하면 위안무 등 정부 대표가 답변하는 방식으로, 마치 주요 사안에 대해 정부 대변인 위안무가 학생 대표들을 상대로 기자회견을 하는 방식으로 진행되었다. 이는 4월 30일의 대화도 마찬가지였다. 예를 들면 이런 식이다.

톈안먼 사건

1 부패 문제에 대한 답변: 공산당은 전체적으로 보면 좋다. 만약 완전히 내부에서 철저히 부패했다면 당은 변질되었을 것이다. 그렇게 되면 학생들은 당을 옹호할 필요가 없고, 나도 옹호하지 않을 것이다.

2 신문의 진실 보도 문제에 대한 답변: 우리 국가는 현재 신문 검열제도가 없다. 현재 실행하는 제도는 각 신문의 편집장 책임제다. 그런데 편집장이 만약 어떤 항목의 보도, 어떤 문장, 어떤 사설을 잘 이해하지 못했다고 생각하면 유관 지도자나 부문에 봐달라고 도움을 요청할 수 있다. 실제로 이런 경우가 종종 있다.

3 '4·26사설' 문제에 대한 답변: 우리는 대학 내에 '배후 세력'이 있으며, 그들은 직접 파괴하는 사람들보다 더욱 해롭다고 생각한다. 그들이 조성하는 동란은 더욱 크다. 현재의 많은 수법과 문혁 때 사람을 놀라게 한 수법이 상당히 유사하다.

4 애국 행동이지 동란이 아니라는 주장에 대한 답변: 학생들이 한번 생각해 봐라. 특히 '긴 수염 난 사람들'〔배후 세력을 지칭〕, '나이 든 사람들'〔배후 세력을 지칭〕이 정말로 공산당을 타도하지 않으려고 하는지? 이 문제는 모두 생각해 볼 필요가 있다.〔학생들은 이 말을 학생운동에 대한 모독으로 간주하여 매우 격렬하게 반응했다.〕

5 군대를 동원하여 학생 시위를 제지하는 문제에 대한 답변: 베이징시의 공안 인력이 부족해서 그렇게 한 것이다.

6 '당내 민주'가 정상적이지 않아서 후야오방이 실각했다는 주장에 대한 답변: 후야오방이 주동적으로 사직을 청원했고, 정치국

확대회의가 이를 비준한 다음에, 공산당 12기 7중전회에서 공식 비준해서 처리한 것이다. 이것은 공산당의 정상적인 활동이다.[65]

대화 내용은 텔레비전과 신문을 통해 전국적으로 상세하게 보도되었다. 리셴녠 등 원로들은 위안무를 칭찬했다. 리펑도 위안무에게 직접 전화를 걸어 매우 잘했다고 칭찬했다. 리펑은 4월 29일과 5월 1일 일기에 대화가 "학생 중간 분자와 사회 각계 인사를 쟁취하는 데 일정한 효과가 있었다."라면서 "효과가 좋았다."라고 썼다.[66] 4월 30일 리톄잉 국가교육위 주임도 "대화는 예술적이고, 많은 교수와 학생의 사상 통일과 인식 제고에 도움이 되었다."라고 높이 평가했다. 그러고는「통지」를 하달하여, 각 대학이 '4·26사설'과 함께 이번 대화를 철저히 학습할 것을 지시했다.[67]

반면 대학생들은 정부의 태도에 분노했다. 4월 29일 고자련은 기자회견을 개최하여 정부의 태도를 비난했다. 이 자리에서 왕단은 "유감스럽게도 이것은 대화가 아니라 마치 기자회견처럼 학생이 기자가 되어 질문하고 정부 대변인이 답변했다."라고 비판했다. 각 대학의 대자보와 현수막에도 정부의 태도를 비난하는 글이 넘쳤다.

한 대학의 현수막에는 이런 구절이 있었다. "위안무구어(袁木求魚)!"[68] 중국어로 국무원 대변인 '위안무'와 고사성어인 연목구어(緣木求魚)의 '연목'이 발음이 같아 이렇게 풍자한 것이다. '위안무'와의 대화는 '연목구어'라는 의미다. 이처럼 학생과 정부 간의 첫 번째 대화는 학생들에게 정부에 대한 불신만 가중시킨 채로 끝났다.

(4) 자오쯔양의 귀국과 대화의 요구

4월 30일 자오쯔양이 북한 방문을 마치고 귀국했다. 다음 날 자오는 정치국 상무위원회 회의를 개최하여 학생운동 문제를 논의했다. 이 회의에는 리톄잉, 리시밍, 천시퉁 외에 각각 덩샤오핑과 천윈을 대표하는 양상쿤과 보이보도 참석했다. 참고로 양상쿤은 거의 모든 정치국 및 정치국 상무위원회 회의에 참석했다.[69] 리펑에 따르면, 자오가 귀국한 그날에 자오를 찾아가 학생운동 문제를 논의했다. 그런데 두 사람의 의견 차가 너무 커서 어떤 합의도 볼 수 없었다.[70]

정치국 상무위원회 회의

회의 참석자들은 각자의 의견을 자유롭게 말했다.[71] 이날 회의록을 보면 두 가지 견해가 팽팽히 맞서고 있음을 알 수 있다. 먼저, 자오쯔양, 양상쿤, 후치리, 차오스는 학생운동이 확대 중이라고 진단한다. 또한 학생운동은 애국적인 요소가 있고, '반당 반사회주의'가 아니라고 본다. 따라서 대화를 통해 문제를 해결해야 한다고 주장한다. 마지막으로 중국의 당면 문제를 해결하기 위해 민주와 법제를 중심으로 하는 정치개혁을 추진해야 한다는 데 동의한다.

반면 리펑, 보이보, 리톄잉, 리시밍, 천시퉁은 4·26사설과 4월 29일의 대화가 효과를 발휘하여 학생운동이 약화되고 있다고 진단한다. 또한 학생운동은 '반당 반사회주의 동란'이기 때문에 단호하게 대응해야 한다고 주장한다. 마지막으로 현재는 정치 안정이 최우선이기 때문에 정치개혁을 추진해서는 안 된다고 의견을 모은다.

격론 끝에 회의는 모두 다섯 가지를 결정했다. 첫째, 각급 간부는 이번 투쟁의 어려움, 복잡성, 장기성에 대한 인식을 높여야 한다. 둘째, '4·26사설' 및 4월 29일 대화를 중심으로 공산당원과 공청단원에 대한 사상·정치 공작을 철저히 실시한다. 셋째, 학생과 노동자·농민 간의 연대를 차단한다. 넷째, 민주당파의 지지를 획득한다. 다섯째, 곧 있을 '5·4 청년절(靑年節)'은 학교별로 기념활동을 조직한다. 즉 전체 학교를 포괄하는 대규모 5·4운동 기념활동은 전개하지 않는다.[72]

여기서 주의할 것은 자오쯔양의 '모두' 발언이다. "이번 학생운동에 대한 덩샤오핑의 중요한 담화와 4월 24일 정치국 상무위원회의 결정을 나는 모두 옹호한다." 이런 자오의 입장은 4월 25일 북한에서 본국에 회신한 내용과 같다. 이를 보면 자오는 이때까지 기본적으로 덩샤오핑 등 원로들과 의견을 같이했고, 리펑 등 보수파가 주도권을 잡고 결정한 내용을 존중하는 태도를 보였다. 즉 학생운동은 '바당 반사회주의 동란'이라는 규정에 대해 기본적으로 동의했다. 그런데 이후에 자오의 입장은 변화했고, 그 결과 리펑뿐 아니라 덩샤오핑과도 충돌하게 된다.

자오쯔양의 입장 변화

그렇다면 자오쯔양의 입장은 왜 변화했을까? 이에 대해 리펑은

톈안먼 사건

자오가 자신이 운영하는 '싱크탱크(智囊)'의 책략에 따라 행동했기 때문이라고 주장한다. 이는 단순히 리펑의 생각일 뿐 아니라 대부분의 원로와 보수파의 생각이기도 하다.

그들(자오의 보좌진)은 자오의 정치적 전도(前途)에 위기가 왔다고 느꼈다. 자오는 첫째, 경제를 잘못했다.(가격개혁의 실패를 말함.) 둘째, 정치도 좋지 않다.(학생운동의 발생을 말함.) 셋째, 자기 사람(幹部)이 없다. 넷째, 아들들의 '관다오'로 이미지도 좋지 않다. 그래서 (자오는) 학생운동의 속죄양이 될 가능성이 높다. (이런 판단에서) 그들은 자오에게 덩샤오핑과 거리를 두고, 민심(民心)을 쟁취할 것을, 그래서 자오 자신을 높일 수 있기를 건의했다. 이것을 제외하면 다른 선택이 없다는 것이다. 이후 자오의 실제 행동은 이 싱크탱크의 책략에 따라 한 것이다. 이때부터 학생운동의 방침에서 그는 나나 중앙의 다수 동지뿐 아니라, 샤오핑 동지와도 의견 분화(分岐)가 발생했다.[73]

반면 자오쯔양은 달리 주장한다. 우선 처음부터 자오는 학생운동은 대화를 통해 해결해야 한다는 입장을 갖고 있었다. 그래서 4월 22일에 이런 지시를 리펑에게 전달했다. 이런 점에서 자오와 후야오방의 입장은 기본적으로 같다.[74] 또한 자오는 귀국 후에 상황을 파악하기 위해 '4·27시위'의 녹화 영상을 다시 보고, 여러 사람들과 만나 의견을 청취했다. 여기에는 공산당과 정부쪽 관계자뿐 아니라 각 대학의 총장, 저명한 교수, 민주당파의 주요 지도자 등 사회 각계각층의 사람들이 망라되어 있다. 이런 과정을 통해 학생운동에 대한 자신의 판단이 서서히 변화했다.[75]

이 두 가지 주장 중에서 어느 것이 타당한지는 알 수 없다. 그런데 당시에 자오쯔양이 학생운동을 이용해 잃어버린 정치적 지위를 회복하려고 한다는 소문, 혹은 자오가 학생과 시민의 지지를 기반으로 정치적 주도권을 장악하고, 덩샤오핑과 원로들을 설득하여 정치개혁을 추진하려고 한다는 소문이 널리 퍼졌다.[76] 또한 당시에 일부 지식인과 학자들은 '적절한 수준의' 학생운동은 자오에게 이익이 될 것이라고 생각했다. 학생운동이 개혁을 거부하는 보수파에게 압력이 될 수 있기 때문이다. 반면 '과격한' 학생운동은 보수파에게 이익이 된다고 판단했다.[77] 이를 계기로 보수파 원로들이 자오를 총서기직에서 몰아낼 수 있기 때문이다.

어쨌든 당시에 자오쯔양을 보는 지식인과 대학생들의 시선은 곱지만은 않았다. 그래서 덩샤오핑, 리펑과 함께 자오도 학생들의 주된 공격 대상이 되었다. 베이징과 지방의 학생 시위에서는 "덩샤오핑 타도!" "리펑 타도!"와 함께 "자오쯔양 타도!"의 구호가 항상 같이 등장했던 것이다. 이런 상황은 5월 19일에 계엄령이 선포되고, 자오가 이에 반대하다가 실각했다는 사실이 알려지면서 바뀌게 된다. 즉 이때부터 자오에 대한 학생들의 공격이 중단되었다.

대학생들의 대화 요구

한편 5월 1일에 고자련은 내외신 기자회견을 개최하여 다시 7개의 요구 조건을 제시했다. 그 내용은 4월 18일의 7개 조건에 동란 규정을 철회하라는 요구가 하나 추가된 것이다. 또한 고자련은 「성명」에서 학생운동을 "애국민주운동"으로 규정했다. 마지막으로 고자련은 「홍콩 동포에게 드리는 글」을 발표하여, 이번 운동이 "중국의 민주화 건설을 가속화하고, 완전한 사회제도를 수립하는 것"이라고 주장했다.[78] 비슷하게 '상하이시 고교연합회'(高校聯合會: 5월 2일에 설립. '고교'는 대학을 의미)도 "우리의 행동은 결코 공산당 반대가 아니며, 5·4운동의 빛나는 전통을 발양하여, 정치체제의 개혁을 지지 및 추동하고, 민주 진전을 촉진한다."라는 강령을 발표했다.[79]

5월 2일에는 베이징시에 있는 40여 개 대학의 70여 명의 학생들이 공산당중앙 판공실 및 국무원 판공실의 신방국을 집단 방문하여 12개의 요구 조건을 담은 '청원서(請願書)'를 제출했다. 이때 학생들은 5월 3일 12시까지 정부의 답변을 요구했다. 만약 답변을 거부하면 "계속 청원할 권리를 갖는다."라고 주장했다. 즉 5·4운동을 기념하여 대규모 시위를 전개할 것이라고 통보했다.

청원서는 먼저, 정부와 학생 간의 평등한 대화를 요구했다. 또한 학생 대표는 고자련이 학교별로 학생 수에 비례하여 선발할 것이라고 주장했다. 즉 고자련을 배제한 상황에서 정부가 선발한 학생 대표는 인정할 수 없다는 것이다. 그 밖에도 고자련은 국내외 기자의 자유로운 취재 허용과 텔레비전의 대화 생중계를 요구했다.[80]

리펑은 일기에서 학생들의 12개 요구는 "문혁 조반파의 수법을 답습한 것"이라고 혹평했다.[81]

5월 3일 위안무와 허둥창은 정치국의 결정에 따라 기자회견을 열어 대학생들의 청원서를 반박했다. 먼저 합법적인 학생 조직을 배제할 수 없다. 또한 대화에는 선결 조건이 있을 수 없다. 12개 요구 중에서 핵심은 두 번째 조항, 즉 "정부가 승인한 학생 대표는 인정할 수 없다."인데, 이는 학생들이 정부와의 평등한 지위뿐 아니라 정부 위에 서고자 하는 태도다. 게다가 청원서에는 협박하는 요소, 즉 "5월 3일 12시까지 답변하고, 그러지 않으면 계속 시위하겠다."가 있다. 이는 배후 세력이 학생들을 선동하여 사회 동란을 조성하려는 시도다. 마지막으로 만약 학생들이 형법에 저촉되면 의법 처리할 것이다.[82]

위안무의 기자회견에 실망한 고자련은 5월 3일 47개 학교의 동의 아래 5월 4일의 시위 계획을 발표했다. 이에 따르면 대학생들은 학교별로 오전 8시에 학교를 출발하여 톈안먼 광장에 집결한다. 고자련은 4시에 광장에서 「5·4선언」을 발표하고, 이후에는 각 학교별로 자유 활동을 전개한다. 선전은 7개 내용을 중심으로 전개한다. 여기에는 ① 개혁 지지와 후퇴 반대, ② 민주와 과학(5·4운동의 상징), 자유·인권·법치, ③ 대화 요구, ④ 헌법의 언론·신문 자유의 보장, ⑤ 집회·결사의 자유와 고자련의 합법 지위 인정, ⑥ 관다오 반대와 부패 타도, ⑦ 전국 대학의 연대(聯合)가 포함된다. 여기서 알 수 있듯이, 고자련은 정부와의 대화와 함께 고자련의 합법 지위 인정을

요구 조건으로 제시했다.[83]

또한 고자련은 28개 대학에서 보통선거를 통해 선출된 대표를 중심으로 정부와의 대화에 나설 '대화단(對話團)'을 구성했다. 동시에 대화를 통해 해결해야 할 주제로 세 가지를 제시했다. 첫째는 학생운동의 평가다. 이에 대한 학생의 요구는 학생운동에 대한 동란 규정을 폐지하고, 애국민주운동으로 인정하라는 것이다. 둘째는 관다오와 부패를 해결하기 위한 정치개혁이다. 즉 학생들은 추상적인 민주화를 위한 정치개혁이 아니라 부패 해결이라는 구체적인 목표를 위한 정치개혁을 요구했다. 셋째는 헌법이 규정한 기본권(신문·출판·결사의 자유)의 보장과 고자련의 합법 지위 인정이다.[84]

이를 보면 시간이 지나면서 학생운동의 요구 내용과 방식이 좀더 분명하게 집중되는 현상을 발견할 수 있다. 우선 요구 내용이 분명해졌다. 동란 규정의 철회, 부패 반대와 정치개혁, 언론·출판·결사의 자유 보장, 고자련의 합법성 인정이 그것이다. 이 가운데 핵심은 동란 규정의 철회와 고자련의 합법성 인정이다. 이제 학생운동은 이 두 가지를 핵심 쟁점으로 정부와 싸우기 시작했다. 또한 이를 달성하기 위한 수단으로 정부와의 대화, 사실상은 '정치협상'을 선택했다. 학생들의 시위와 집회는 어디까지나 정부를 대화(협상) 테이블로 끌어내기 위한 압력 수단일 뿐이었다. 즉 시위와 집회는 결코 공산당을 타도하거나 정부를 전복하기 위한 목적으로 추진된 것이 아니었다.

(5) 자오쯔양의 아시아개발은행 담화와 대화 국면

　이 같은 상황에서 자오쯔양은 5월 3일 5·4운동 70주년 기념식에 참석해 연설을 했다. 연설문은 바오통(鮑彤)이 작성했고, 정치국과 서기처의 검토를 거쳤다. 그 과정에서 리펑 등은 '부르주아 자유화 반대'라는 문구의 추가를 요청했지만 자오는 거절했다. 현재 상황에서는 잠시 이것을 강조하지 않는 편이 좋다는 근거에서다.[85] 리펑은 이를 "그(자오)가 당의 방침 및 샤오핑 동지와 거리 두기에 나섰다는 표현"으로 간주했다.[86]

　자오쯔양의 연설은 안정과 동란 반대를 강조하는 온건한 내용이었다. 먼저, 그는 안정이 파괴되면 개혁 개방 등 어떤 것도 얻을 수 없고 동란만이 올 것이라고 경고했다. 따라서 모두는 "깃발 선명하게 동란에 반대하고, 얻기 힘든 안정과 단결의 정치 국면을 굳세게 유지해야 한다."라고 역설했다. 마지막으로 자오는 민주정치의 추진, 부패 청산, 교육과 과학의 발전을 바라는 대학생들의 마음이 공산당이 주장하는 바라고 칭찬했다. 동시에 학생들에게 이지(理智), 실사구시(實事求是), 고군분투 등 몇 가지의 덕목을 강조했다. 이처럼 자오는 학생들의 애국심을 긍정했다.[87]

대학생들의 5·4운동 기념 시위

　한편 5월 4일에 대학생들은 예정대로 5·4운동 70주년을 기념하는 시위를 벌였다. 오전 8시 학생들은 학교별로 집회를 갖고 톈안먼 광장으로 출발했다. 오후 2시에는 여러 방향에서 온 학생들이 광장에 입장했다. 오후 3시에는 고자련 주최로 기념집회를 열고 광장에서 철수했다.[88] 당시 시위를 주도했던 관계자들은, 5·4 시위는 "저항 운동이라기보다는 승리의 축하" 성격이 강했다고 증언했다. 그만큼 이 당시의 분위기는 느슨했고, 시위에 참여하는 학생들도 긴장감이 적었다.[89]

기념집회에서 고자련은 「5·4 선언」을 발표했다. 「선언」은 학생운동의 목적·성격·임무를 명확히 밝히고, 학생과 시민에 대한 촉구도 잊지 않았다. 먼저, 학생운동의 목적은 "민주와 과학의 기치를 높이 들고, 인민을 봉건사상의 속박에서 해방하고, 자유와 인권을 촉진하고, 법제의 건설을 촉진하는 것"이다. 즉 "우리의 목적은 단지 하나, 중국의 현대화 실현이다." 학생운동의 성격은 "5·4운동 이래 최대의 애국운동"이다.

「5·4 선언」이 밝힌 학생운동의 임무는 첫째, "학원 생활을 민주화하고 제도화하는 것"이다. 둘째, "민주적인 정치체제 개혁을 촉진하고, 탐오·부패를 반대하며, 신문 입법(立法)을 촉진하는 것"이다. 마지막으로 고자련은 학생과 시민들에게 "민주·과학·자유·인권·법제를 위해, 중국의 부강(富强)과 공동의 탐색을 위해, 공동으로 분투하자!"라고 호소했다.[90]

이후에 고자련은 세 가지 사항을 결정했다. 첫째는 수업 복귀다. 베이징에 있는 52개 대학에서 파견한 학생 대표들이 민주적인 표결을 통해 5월 5일부터 수업에 복귀하기로 결정했다. 그러나 이 결정은 나중에 베이징대학이 거부하면서 일부 대학의 동맹휴업은 계속된다. 둘째는 대화 요구다. 즉 고자련은 지속적으로 정부에 대화를 촉구하고, 대화단이 중심이 되어 대화를 진행한다. 그러나 정부의 비협조로 대화는 제대로 되지 않았다. 마지막으로 고자련은 정부와의 대화를 쟁취하고, 학생들의 열정을 유지히며, 학생들의 통일된 행동을 위해 노력할 것임을 다짐했다.[91]

자오쯔양의 아시아개발은행 담화('5·4담화')

5월 4일 대학생들이 톈안먼 광장에서 시위를 벌이고 있던 그때에, 자오쯔양은 아시아개발은행(ADB)의 22차 총회에 참석하기 위해 베이징을 방문한 이사회 임원을 만났다. 그리고 그 자리에서 유명한 '5·4담화'를 발표한다. 이 담화는 나중에 당내 존재하는 '제2의 목소리(第2種聲音)'로 간주되어 덩샤오핑과 리펑으로부터 심하게 비판을 받는다. 또한 이를 통해 자오쯔양은 원로 및 보수파와 구별되는 자신의 방침을 제기하기 시작한다. 참고로 5월 3일 연설과 달리, '5·4담화'는 정치국이나 서기처의 검토를 거치지 않고 자오가 독자적으로 발표한 것이다

이 담화에서 자오쯔양은 크게 세 가지를 주장했다. 먼저, 그는 학생운동을 긍정하고, 중국에는 동란이 출현하지 않을 것이라고 강조한다. 이는 덩샤오핑의 담화 및 '4·26사설'과 근본적으로 다른 주장이다.

톈안먼 사건

그들[학생들]은 절대로 우리의 근본 제도를 반대하지 않으며, 우리 업무 중 잘못된 것을 개혁하여 없애라고 요구할 뿐이다. (……) 학생의 행동을 이용하려는 혹은 이용하고 있는 시도는 없는가? 이처럼 방대한 중국에서 특정한 사람들이 동란의 출현을 희망하는 것을 피할 수는 없다. (……) 이런 사람은 극소수이지만 경계해야 하고, 내 생각으로는 절대 다수의 학생도 이 점을 이해하고 있다. 현재 베이징과 기타 도시에서 시위가 계속되고 있다. 그러나 사태는 점차로 종식될 것이고, 중국에는 커다란 동란이 출현하지 않을 것이다. 이에 대해 나는 충분히 자신이 있다.[92]

또한 자오쯔양은 부패 반대 등 대학생들의 요구는 민주와 법제의 궤도에서 해결해야 한다고 주장한다.

마땅히 민주와 법제의 궤도에서 학생들의 합리적인 요구를 해결해야 한다. (……) 현재 학생들의 가장 큰 불만은 탐오(貪汚)와 부패 현상이다. 이는 본래 당과 정부가 최근 몇 년 동안 계속 해결하려던 문제인데, 왜 그렇게 되지 않았는가? 두 가지의 원인이 있다. 첫째는 법제가 완전하지 않고, 민주적인 감독이 부족하며, 확실히 존재하는 부패 현상을 제때에 신고하여 처리하지 못하고 있다. 둘째는 공개화와 투명도가 충분하지 않아 소문이 돌고, 혹은 사실 관계를 잘못 알고, (……) 혹은 없는 사실을 날조한다. (……) 부패 문제의 해결은 반드시 법제의 완전화, 민주적인 감독, 투명도

의 확대 등의 개혁 조치와 함께 결합하여 진행되어야 한다.[93]

마찬가지로 자오쯔양은 학생운동도 민주와 법제의 궤도에서 해결해야 한다고 주장한다. 이것이 그가 제시하는 대화를 통한 평화적인 해결 방안이다.

> 학생 시위 문제도 마찬가지로 민주와 법제의 궤도에서 해결해야 하며, 이성과 질서의 분위기에서 해결해야 한다. 현재 광범위하게 협상과 대화를 진행해야 한다. 학생과의 대화, 노동자와의 대화, 지식인과의 대화, 각 민주당파 및 각계 인사와의 대화는 모두 민주와 법제의 궤도에서 이지(理智)와 질서의 분위기에서, 의견을 교환하고 이해를 증진하며, 모두가 관심인 문제를 공동으로 해결하려고 탐구해야 한다. 현재 가장 필요한 것은 냉정·이지·자제·질서이고, 민주와 법제의 궤도에서 문제를 해결하는 것이다. 당과 정부는 이렇게 할 준비가 되어 있다. 나는 학생과 각계 인사도 이렇게 하는 데 찬성한다고 믿는다.[94]

자오쯔양의 '5·4담화'에 대한 반응은 극단적으로 나뉘었다. 먼저 학생과 시민 대다수는 매우 긍정적으로 평가했다. 담화가 학생운동의 원인·성격·전망에 대해 공정하고 긍정적이며 합당하게 분석했다는 것이다. 또한 냉정하고 전략적인 해결 방안도 학생의 감성을 어루만지고, 정세를 안정시키며, 민심을 가라앉히는 데 도움이 된다.[95] 반면 일선의 당정간부나 대학 당국은 당혹감을 감추지 못했다. 학생운동에 대한 동란 규정이 없고, 이는 '4·26사설'과 완전히 다른 기조다. 즉 중앙에는 "두 가지의 목소리"가 존재한다. 이 때문에 학생들을 어떻게 설득해야 할지 난감할 따름이다.[96]

리펑 등 보수파의 반발은 더욱 거셌다. 우선 대학생들이 5월 4일 시위 이후 수업 복귀를 선언하면서 운동이 잠잠해졌는데, 자오의 담화로 인해 다시 운동이 일어나고 있다고 리펑은 주장했다. 이는 사실과 다른 주장이지만, 어쨌든 리펑은 상황을 이렇게 파악했다. 또한 리펑은 "자오가 이때부터 공개적으로 당 중앙과 대립하고, 덩샤오핑 노선과 대립하는 입장에 섰다."라고 판단했다. 이런 판단에서 '5·4담화' 직후 리펑은 자오와 격렬한 논쟁을 벌였다.[97]

자오쯔양의 '5·4담화'가 있은 직후에 자오의 '진짜 의도'에 대한 보수파의 회의는 더욱 깊어만 갔다. 리펑의 일기에 따르면, 이 담화 직후 야오이린은 리펑과의 대화에서 두 가지 질문을 던졌다. 첫째, 동란은 덩샤오핑을 공격하고 자신을 보호하기 위해 자오가 발동한 것이 아닌가? 둘째, 학생들의 후야오방 추모의 기조(調子)도 자오가 발동한 것이 아닌가?[98] 한마디로 야오이린은 자오가 자신의 권력을 유지하기 위해 학생운동을 배후 조종하고 있다고 의심한 것이다. 이에 대해 리펑은 판단을 유보했다고 일기에 썼다. 그러나 그도 내심 그렇게 생각하고 있었음이 분명하다. 다만 그것을 야오이린의 입을 통해 표현했을 뿐이다.

자오쯔양의 독자 행보는 계속되었다. 5월 6일에는 후치리와 루이싱원(芮杏文: 서기처 서기)을 만나 신문개혁을 지시했다. 신문이 진실을 말할 수 있도록 검열을 줄이고, 그 대신 신문사의 편집 자율권을 확대해야 한다는 것이다. 또한 신문의 정간이나 폐간 등 민감한 문제를 처리할 때에는 신중해야 한다고 지적했다.[99] 이는 장쩌민이 4월 26일에《세계경제도보(導報)》를 폐간한 일을 두고 한 말이다. 당시《세계경제도보》는 후야오방 추모 학술회의의 내용을 보도할 때 일부 내용을 수정하라는 당위원회의 지시를 어겼는데, 이에 장쩌민은 즉각 신문의 폐간을 지시했다.[100] 자오의 지시가 있던 날, 후치리는 선전담당 책임자 회의를 개최하여 자오의 지시를 전달했다. 리펑은 이에 대해 자오가 "신문계가 동란 선동에 나서도록 요구했다."라고 평가했다.[101]

또한 자오쯔양은 5월 6일 오후에 양상쿤을 만나 '4·26사설'의 수정 문제를 직접 제기했다. 자오는 먼저 학생운동을 잘 처리하면 개혁에 유리하다는 주장을 반복했다. 또한 부패 문제를 법제의 궤도에서 해결해야 한다고 주장했다. 즉 전국인민대표대회(전국인대) 상무위원회가 부패 방지를 위한 법률을 빨리 제정해야 한다는 것이다. 마지막으로 학생운동 문제를 해결하기 위해서는 '동란' 규정을 수정해야 한다고 강조했다. 이것이 모순을 격화시키고 있기 때문이다. 이를 위해서는 덩샤오핑을 설득해야 하고, 정치국 상무위원의 동의를 얻어야 한다. 양상쿤은 기본적으로 자오의 견해에 동의했다. 그래서 양상쿤은 덩을, 자오는 정치국 상무위원들을 만나 설득하기로 합의했다.[102]

자오쯔양의 대안 제시와 갈등의 심화

5월 8일에는 자오쯔양이 정치국 상무위원회 회의를 개최해서 학생운동을 해결하기 위한 포괄적인 개혁 방안을 제시했다. 이것은 자오가 제시한 최초의 체계적인 대안이다.

먼저, 이 회의에서 리시밍과 천시퉁은 이전의 주장을 반복했다. "이번 학생운동은 확실히 계획적이고 조직적인 음모"이고, "현재 우리에게 가장 중요한 것은 사상의 통일과 보조(步調)의 일치다." 또한 자오의 '5·4담화' 이후 "최근 당 시위원회와 시 정부의 상황은 매우 곤란하다." 왜냐하면 "학생운동을 명확히 동란으로 규정하지도 않았고, 학생운동의 배후에서 검은 손이 획책한다는 명확한 지적도 없었기 때문이다. 이는 '4·26사설'과 일치하지 않는다."[103]

이에 대해 자오쯔양은 '5·4담화'에 문제가 있으면 자신이 책임지겠다고 밝혔다. 또한 학생운동이 발생한 몇 가지 원인을 지적했다. 사회 분배가 공정하지 못해 양극 분화 현상이 나타났고, 소수가 막대한 부를 축적했는데, 그중에는 정부 관원과 간부 자제가 포함되어 있다. 이런 현실이 일부에게 사회주의에 대한 회의를 불러일으켰다. 게다가 우리의 업무 처리에 실수가 있어 공산당과 정부에 대한 인민들의 신뢰가 저하되었다. 예를 들어 물가 폭등으로 시민의 삶이 매우 어려워지면서 불만이 높아졌다.[104] 이런 진단에 입각하여 자오쯔양은 학생운동의 처리에 대한 종합적인 방안을 제시했다.

학생운동 처리는, 광범위한 청년학생의 애국 열정과, 학생운동을 이용하여 당과 사회주의를 공격하려고 획책하는 극소수를 엄밀히 구분해야 한다. 기본 생각은, 청렴 정치(廉政)를 정치체제 개혁의 시발점으로 삼아, 민주·법제·공개·투명, 군중 감독과 참여 등과 밀접히 결합하는 것이다.

첫째, 국무원은 전국인대 상무위원회에 〔관다오에 종사하는 각종〕 회사의 정돈 상황을 빨리 보고한다. 둘째, 차관급(副部長級) 이상 고급 간부의 수입과 재산을 공포한다. 셋째, 80세 혹은 75세 이하 정치국원의 '특별 공급(特供)'을 취소한다. 넷째, 전국인대 상무위원회는 전문위원회를 조직하여 고급 간부와 그 가족에 대한 고소 사건을 독립적으로 조사한다. 다섯째, 광범위한 토론의 기초 위에서 '신문법'과 '시위법' 등을 제정한다.[105]

자오쯔양의 제안에 대해 리펑은 혹평했다. 우선, 이는 정치국 상무위원회에서 논의한 적이 없는 자오의 개인 견해에 불과하기 때문에 가치가 없다. 또한 자오는 학생운동과 불법 조직을 허용하는 입장인데, 이는 당 중앙 및 덩샤오핑의 방침에 위배된다. 특히 덩샤오핑은 폴란드 '노동연대(Solidarity)시' 불법 조직은 승인할 수 없고, 그래서 학생 조직을 굳건히 척결해야 한다고 주장했다. 그래서 리펑은 그날 일기에서 자오를 조롱했다. "자오는 학생 소요가 자신이 추진하는 자유화(自由化)를 지지한다고 생각해서 매우 즐거워한다."[106]

5월 10일에 자오쯔양은 다시 정치국 회의를 개최했다. 지난 회의에 이어 이번 회의에서도 전국의 학생운동 상황을 분석하고, 자오쯔양이 제기한 방안을 집중 토론했다. 이번 회의에서도 두 개의 대립되는 견해가 다시 충돌했다. 자오는 대부분의 학생이 수업에 복귀하면서 상황이 예상했던 것보다 양호하다고 평가했다. 또한 그는 학생운동을 잘 처리하면 "나쁜 일이 좋은 일로 바뀌어 광대한 청년 학생과 인민 군중의 애국 열정을 사회주의 민주정치의 새로운 질서를 건설하는 궤도로 인도할 수 있다."라고 주장했다. 이어서 그는 이틀 전에 제기했던 다섯 가지 방안을 반복했다.[107]

반면, 리펑, 리시밍, 리톄잉, 야오이린은 다른 견해를 주장했다. 리펑은 학생운동이 문혁과 비슷하여, "만약 이것이 계속되면 국가는 전면적인 내전(內戰)에 빠질 것"이라고 주장했다. 따라서 그는 대화도 좋지만 "반드시 입장 선명하게 원칙 문제에서는 한 치의 양보도 없어야 한다."라고 강조했다. 야오이린도 비슷했다. "이것은 동란이다. 따라서 당과 정부는 반드시 깃발 선명한 태도를 굳건히 견지해야 한다." "학생이 대화를 원한다고 그대로 수용할 수 없고, 학생이 정부의 실수를 지적했다고 해서 그대로 응대할 수도 없다." "학생운동에 너무 많은 정력을 소비했고, 현재 (학생들은) 지연 전술을 쓰고 있다. 강경할 때에는 강경해야 하고, 학생운동이 정상 업무를 방해하는 것은 용납할 수 없다."[108]

특히 이번 회의에서는 《세계경제도보》의 폐간 문제를 놓고 자오쯔양과 장쩌민이 정면으로 충돌했다. 자오는 처리가 경솔했고, 그 결과 간단한 문제를 엉망으로 만들었다고 장쩌민을 비판했다. 이에 장쩌민은 발끈했다. 그는 일 처리에서 '당의 원칙'을 고수했

다고 강변했다.《도보》의 편집장 친번리(欽本立)는 양봉음위(陽奉陰
違: 겉으로는 따르는 척하고, 속으로는 따르지 않음)의 수법으로 당 위원회
를 기만함으로써 당원으로서 기본 당규를 위반했기 때문에 처벌했
다는 것이다. 또한 장쩌민은 학생운동에 대한 강경하고 분명한 방
침을 주장했다. 즉 불법 학생 조직은 결코 인정할 수 없고, 불법 시
위와 연계는 엄격히 금지하며, 학생과 교수의 사상교육을 강화하여
모순을 해결하고 사태를 종식시켜야 한다.[109] 한 달 후에 장쩌민이
왜 총서기로 발탁되었는지를 알 수 있게 하는 대목이다.

격론 끝에 회의는 몇 가지를 결정했다. 첫째, 정치국 성원은 현
재의 역할 분담에 따라 각 영역(口子)의 담당자와 함께 대화를 진행
하여 군중의 목소리를 청취한다. 자오쯔양과 리펑은 노동자, 후치
리·루이싱원·옌밍푸(閻明復: 공산당 통전부 부장)는 언론인, 리톄잉·
리시밍·천시퉁은 학생을 맡는다. 이런 대화는 실제로 진행되었다.
둘째, 전국인대 상무위원회는 이번에 토론한 문제를 의사일정에 포
함시켜 심의한다. 셋째, 자오쯔양이 제기한 청렴 정치와 민주정치
문제는 다시 토론하여 구체적인 조치를 제시한다. 넷째, 고르바초
프의 방문 준비에 만전을 다하고, 완리(萬里: 전국인대 위인장)의 미국
과 캐나다 방문은 예정(5월 13일부터 25일)대로 진행한다.[110]

정치국 회의 직후 완리는 전국인대 상무위원회 위원장회의를
소집하여 7기 전국인대 상무위원회 8차 회의를 6월 20일경에 개최
한다고 결정했다. 이번 회기는 일주일이고, 의제는 회사 정돈 상황
보고의 청취, 학생 시위와 수업 거부 보고의 청취, 국무원이 제출한

'집회시위법(초안)' 심의 등이다.[111] 이는 전국인대가 학생운동 문제
의 처리에 직접 나서겠다는 의사를 분명히 밝힌 것이다. 또한 이는
'민주와 법제의 궤도'에서 학생운동과 정치개혁을 해결하자는 자
오쯔양의 주장을 완리가 수용한 결과다.

그래서 리펑은 일기에서 완리를 비난했다. 그에 따르면, 완리
는 '공산당 영도의 원칙'을 위반했다. 원래 의사일정은 전국인대 상
무위원회 당조(黨組)가 정치국 상무위원회에 보고하고, 정치국 상
무위원회가 이를 심의 비준하면, 그제서야 전국인대 위원장회의가
논의할 수 있다. 그런데 완리는 이런 절차를 무시했다. 또한 완리는
'동란' 대신에 '학생운동(學潮)'이란 용어를 사용했다. 이는 자오쯔
양의 수법이다.[112]

이런 이유로 리펑은 5월 11일에 자오쯔양에게 직접 전화를 걸
어 전국인대 상무위원회 회의를 개최할 수 없다고 주장했다. 이는
형세를 더욱 복잡하게 하고, '당의 일체 사업 영도 원칙'을 구현할
수 없기 때문이다.[113] 결국 리펑은 자오쯔양과 완리가 전국인대 상
무위원회를 전면에 내세움으로써 정치국 상무위원회의 학생운동
처리 권한을 탈취하려고 시도한다고 생각했다.

5월 11일에 양상쿤은 자오쯔양과 약속한 대로 덩샤오핑을 만나
'4·26사설' 문제를 논의했다. 예상대로 덩의 입장은 단호했다. 즉
운동의 배후 세력은 "공산당 타도와 사회주의 제도의 전복"을 도모
하고 있다는 것이다. 또한 그는 "현재 중앙에 두 가지 목소리가 있
다."라는 원로들의 비판을 소개하면서 자오쯔양의 '5·4담화'를 질

책했다. 반면 학생운동에 단호히 대응한 장쩌민과 리루이환(李瑞環: 톈진시 당서기)을 높이 평가했다. 특히 덩은 "중대한 정치 문제 앞에서 정치국 상무위원은 반드시 과단성 있고, 원칙을 굳건하게 지켜야 한다."라고 당부했다. 마지막으로 "고르바초프가 베이징에 있는 동안 톈안먼(광장)에는 반드시 질서가 있어야 한다."라고 강조했다. 이에 대해 양상쿤은 "톈안먼(광장)은 우리의 얼굴"이고, "자오와 리펑에게 이를 강조했다."라고 보고했다.[114]

한편 5·4운동 70주년을 기념하는 시위가 끝난 이후, 학생운동은 소강상태에 들어갔다. 그날 고자련이 수업 복귀를 결정하면서 베이징 소재 대학의 80%가 수업에 복귀했다. 그러나 베이징대학은 5월 6일 기숙사 투표를 통해 동맹휴업을 다시 결의했다. 베이징사범대학도 마찬가지였다. 이를 근거로 고자련은 전체 대학에 동맹휴업을 다시 촉구하기로 결정했다. 그러나 이에 호응하는 대학은 많지 않았다. 정부와의 대화는 정부의 거부로 성사되지 않았다. 고자련과 주요 활동가들은 기자회견을 열어 청원서를 발표하는 등 활동을 계속했지만 운동은 분명히 동력이 떨어져 가고 있었다.[115]

　　　　　　　　　　　　톈안먼 사건

덩샤오핑과 리펑
(1989년 4월, 후야오방 추모식)

후야오방 전 총서기가 사망하였다. 그를
애도하기 위해 덩을 비롯한 많은 혁명원로들이
추모식에 모였다. 덩의 비서인 왕루이린(王瑞林)에
따르면, 후의 죽음은 덩에게 큰 충격이었다.
"샤오핑 동지는 야오방 동지의 사망 소식을
들은 후에 피고 있던 담배를 껐다. 열 손가락을
힘없이 교차하여 가슴에 대고, 한마디의 말도
없었다. 얼마가 지나고, 다시 담배를 들어 맹렬히
피웠다."

**자오쯔양, 덩샤오핑, 리펑
(1989년 4월, 후야오방 추모식)**

후야오방은 1989년 4월 8일 오전 9시 중국의
교육 문제를 논의하는 정치국 회의에서
심장마비로 쓰러졌고, 곧바로 병원에 옮겨져
치료를 받았지만 끝내 사망했다. 향년 73세였다.
후야오방의 사망 발표 직후부터 전국적으로
애도의 물결이 시작되었다. 동시에 긴장감이
감돌았다. 그동안 쌓여 왔던 정치적·사회적
모순이 이를 계기로 분출될지 모른다는 우려
때문이었다. 실제로 "당시 많은 사람들은 중대한
사태가 발생할 것으로 판단했다."

**양상쿤과 중국을 방문한 고르바초프
(1989년 5월 15~17일)**

1989년 5월 20일부터 베이징시 일부 지역에
계엄령이 실시되기 한 달 전에 이미 병력 동원이
시작되었다. 이는 덩샤오핑 등 최고 지도자들이
상황이 여의치 않을 경우 무력을 사용해서라도
민주화 운동을 진압하겠다는 계획을 수립하고
집행했다는 사실을 보여 준다. 그렇다면 왜
당시에 군대가 학생운동의 진압에 나서지
않았을까? 기본적으로는 덩샤오핑 등 원로들은
학생운동이 아직 그 정도까지 심각하지는
않다고 판단했을 것이다. 동시에 두 가지의
중요한 국제행사가 예정되어 있었기 때문이다.
아시아개발은행(ADB) 22차 총회와 소련
고르바초프 공산당 서기장의 역사적인 중국
방문이 그것이다.

3 단식 농성과 계엄령 선포

1989년 5월

자오쯔양이 '민주와 법제의 궤도'에서 학생운동을 처리하려고 고군분투할 때, 또한 학생운동이 소강상태에 빠지면서 탈출구를 찾지 못하고 있을 때 돌발적인 사건이 발생하면서 민주화 운동은 다시 한 번 격변을 맞이한다. 5월 13일부터 일부 학생 지도자의 주도로 톈안먼 광장에서 1000명의 학생이 단식에 돌입한 것이다. 단식과 함께 학생운동은 '삶과 죽음'의 극단적인 양상을 띠게 되고, 이는 정부와 정면으로 충돌하면서 끝내 유혈 진압의 비극으로 이어졌다. 이 점에서 단식은 '운동의 급진화'를 초래한 인대 전환점이다.[1]

(1) 단식과 고르바초프의 방문

단식은 5월 11일 우얼카이시(吾爾開喜), 왕단(王丹), 차이링(柴玲)

127   톈안먼 사건

등 6명의 학생 활동가들이 결정했다. 이들은 '베이징 고교학생 자치연합회', 약칭 고자련(高自聯)의 지도부였지만, 고자련의 결정에 따라 단식을 시작한 것은 아니었다. 오히려 고자련 상무위원회는 이들의 단식에 반대했다. 현 단계에서는 정부와의 대화에 주력해야 하고, 대규모 활동은 자제해야 한다고 판단했던 것이다. 그러나 이들은 조직의 결정에 따르지 않았다.[2] 단식 주도자들이 모두 학생운동을 이끄는 핵심 지도자였기 때문이다.

단식의 시작과 지도부 구성

5월 13일 오전 베이징의 주요 대학들에는 고자련 명의의 「단식서(絕食書)」와 「단식 선언(絕食宣言)」이 배포되었다. 각 대학별로 학생들은 '단식단(絕食團)'을 구성하고, '단식 맹세'를 낭독한 다음 12시 무렵에 톈안먼 광장을 향해 출발했다. 베이징대학의 학생들도 그렇게 했다.

나는 맹세한다. 조국의 민주화 진전을 촉진하기 위해, 조국의 번영을 위해, 나는 단식을 원한다. 단식단 규율에 굳세게 복종하고, 목표를 달성하지 못하면 맹세코 중단하지 않을 것이다.[3]

오후 4시, 톈안먼 광장에는 각 대학의 깃발 아래 수천 명의 학생들이 집결하여 '단식 청원'을 거행했다. 단식에는 1000여 명의 학생들이 참여했으며, 나중에 단식 규모는 3000명까지 확대된다. 차이링은 단식 학생들을 대표하여 「단식서」를 낭독했다.

　　태양이 찬란한 이 5월에, 우리는 단식한다. 이 가장 아름다운 청춘 시기에, 우리는 어쩔 수 없이 모든 생의 아름다움을 절연히 뒤에 둔다. 그러나 우리는 얼마나 원하지 않는가, 얼마나 하고 싶지 않은가!

　　그러나 국가는 이미 이 같은 시기에 도달했다. 물가는 뛰고, 관원의 '관다오'는 횡행하고, 강권(强權)은 높이 걸려 있고, 관료는 부패하고, 많은 어진 이(仁人)와 지사(志士) 들은 해외로 떠돌고, 사회 치안은 날로 혼란하다. 이 민족의 생사존망(生死存亡)이 걸린 시기에, 동포여, 양심이 있는 동포여, 우리의 호소를 들어주기를 청원한다!

　　국가는 인민의 국가,

　　인민은 우리의 인민,

　　정부는 우리의 정부.

　　우리가 외치지 않으면 누가 외치겠는가?

　　우리가 하지 않으면 누가 하겠는가?

　　비록 우리의 어깨는 아직 연약하고, 죽음이 우리에게 말하기를 아직 멀리 있다고 하지만, 그러나 우리는 간다. 우리는 어쩔 수 없이 간다. 역사가 이렇게 우리에게 요구한다.

　　우리의 가장 순결한 애국 열정, 우리의 가장 우수한 붉은 마음, 그러나 '동란'이라 말하고, '딴 마음이 있다.'고 말하고, '한줌

　　　　　　　　　톈안먼 사건

도 안 되는 사람에게 이용당했다.'고 말한다.

우리는 모든 정직한 중국 국민(公民)에게 요청한다. 모든 노동자, 농민, 병사, 시민, 지식인, 사회 유명인사, 정부 관원, 경찰과 우리에게 죄를 준 사람들에게 요청한다. 당신의 손을 가슴에 대고 양심에 물어보라, 우리가 무슨 죄를 지었는가? 우리가 동란인가? 우리의 수업 거부, 우리의 시위, 우리의 단식, 우리의 헌신은 도대체 왜인가? 그러나 우리의 심정은 다시 한 번 우롱당하고, 허기를 참으며 진리를 추구한 우리는 군경에 구타당하고…… 학생 대표는 무릎을 꿇고 민주를 간청했지만, 아무도 거들떠보지 않았다. 평등한 대화의 요구는 다시 미뤄지고, 학생 지도자들은 위험에 처했다…….

우리는 어떻게 할 것인가?

민주는 인생의 가장 숭고한 생존감이다. 자유는 사람이 태어나면서 갖는 천부인권이다. 그러나 우리가 생명으로 교환할 것을 요구한다. 이것이 설마 중화민족의 자부심인가?

단식은 하는 수 없어서 하는 것이고, 해야만 하기 때문에 하는 것이다.

우리는 죽음의 기개로 살기 위해 투쟁한다.

그러나 우리는 아직 아이다, 우리는 아직 아이다! 중국의 어머니여, 진정으로 당신의 자식을 봐주시기를 바란다! 비록 기아가 무정하게 그들의 청춘을 훼손해도, 죽음이 그들을 향해 정면으로 다가와도, 설마 당신은 충정에도 움직이지 않겠는가?

우리는 죽고 싶지 않다. 우리는 훨훨 살고 싶다. 우리는 인생의 가장 아름다운 나이이기에 우리는 죽고 싶지 않고, 우리는 마음껏 공부하고 싶다. 조국이 이처럼 빈궁한데, 우리는 조국에 마음을 두고 이렇게 가고 싶지 않고, 죽음은 결코 우리가 추구하는 것이 아니다. 그러나 만약 한 사람의 죽음 혹은 몇 사람의 죽음이 더욱 많은 사람을 잘살 수 있게 할 수 있다면, 조국을 번영 창성하게 할 수 있다면, 우리는 생명을 버리지 않을 이유가 없다.

우리가 굶주릴 때, 아버지와 어머니는 슬퍼하지 마시라. 우리가 생명과 이별할 때, 삼촌과 이모는 마음 아파하지 마시라. 우리에게는 단지 하나의 바람이 있으니, 바로 여러분이 더욱 잘사는 것이다. 우리에게는 단지 하나의 부탁이 있으니, 우리를 잊지 말아달라는 것이다. 우리가 추구하는 것은 결코 죽음이 아니다! 민주는 개인의 일이 아니기 때문에, 민주 사업은 결코 한 세대가 완성할 수 없는 것이다.

죽음, 가장 넓고 영원한 메아리를 기다린다.

사람이 죽을 때 그 말이 선하고, 새가 죽을 때 그 소리가 슬프다.

안녕히 계시라, 우리와 뜻이 같은 사람(同仁)이여, 몸조신하시라! 죽은 자와 산 자는 같은 충성이다.

안녕히 계시라, 사랑하는 사람이여, 몸조심하시라! 당신을 떠날 수 없으나, 어쩔 수 없이 고별한다.

안녕히 계시라, 부모여! 용서하시라, 아이들은 충효를 다하지 못한다.

톈안먼 사건

안녕히 계시라, 인민이여! 우리가 이런 어쩔 수 없는 방식으로 충성을 다함을 허락해 달라.

우리의 생명으로 쓴 맹세는 반드시 공화국의 하늘을 맑게 개게 할 것이다.[4]

이후 1000여 명의 단식 학생들은 한 명이 선창하는 「단식 선언」을 일제히 복창했다.

친애하는 동포 여러분, 몇 차례의 기세 높은 시위 후에, 오늘 우리는 톈안먼 광장에서 단식 투쟁을 진행하기로 결정한다.

단식의 원인:

첫째, 학생의 수업 거부에 대해 정부가 냉담한 태도를 취한 것에 항의한다.

둘째, 정부가 계속 학생의 애국민주운동에 '동란'이라는 모자를 씌운 것, 그리고 계속되는 왜곡 보도에 항의한다.

단식의 요구:

첫째, 정부가 베이징 대학교들의 대화 대표단과 실질적이고 구체적이며 진정으로 평등한 대화를 신속하게 진행할 것을 요구한다.

둘째, 정부가 학생운동을 올바로 규정하고, 아울러 공정하게 평

가하며, 애국민주의 학생운동을 긍정해 줄 것을 요구한다.[5]

한편 광장의 단식 농성을 지도하기 위해 새로운 지도부가 구성되었다. '단식단 지휘부'가 바로 그것이다. 5월 15일 차이링은 광장의 방송을 통해 단식단 지휘부의 설립을 선언했다. 총지휘는 차이링, 부총지휘는 리루(李錄)가 맡는다. 차이링이 발표한 지휘부의 참가 조건은 진압에 맞서 스스로 '분신(焚身)'하는 것 하나뿐이다. 이후에 학생 대표회의를 개최하여 이런 분신 조건을 폐기했다. 동시에 단식단 지휘부를 새롭게 구성했다. 이 과정에서 학생들 간에 갈등이 발생했고, 이것은 6월 1일 새벽에 지도부에서 밀려난 학생들이 차이링과 그의 남편 펑충더(封從德)를 납치하려다 미수에 그친 사건으로 이어진다.[6]

단식단 지휘부가 구성된 이후 고자련의 역할은 축소되었다. 또한 학생운동의 주도권을 놓고 두 조직이 경쟁하면서 학생운동에 대한 통제력은 더욱 약화되었다. 예를 들어 두 조직은 각 학교의 학생 조직과 방송실을 차지하기 위해 경쟁했다. 톈안먼 광장에서도 단식단 지휘부와 고자련이 각각 별도의 학생회의를 소집하고, 각자의 방송실을 운영하면서 갈등을 빚었다. 즉 단식단 지휘부는 '단식단 방송실(廣播站)'을, 고자련은 '학생운동의 목소리(學運之聲)'를 운영했다.[7] 5월 23일에 이런 문제점을 해결하기 위해 새로운 연합기구가 구성되었지만 문제는 해결되지 않는다.

톈안먼 사건

단식의 이유와 문제점

그렇다면 학생들은 왜 이 시점에 단식을 결정했을까? 시기를 5월 13일로 잡은 것은 고르바초프의 방중 시기(5월 15일에서 17일)에 맞추어 정부를 압박하기 위해서였다. 고르바초프와의 정상회담을 성공적으로 개최하기 위해 정부가 학생들의 요구에 양보할 것으로 판단했던 것이다. 동시에 이번 방문에는 많은 외신기자들이 동행하기 때문에 학생들의 요구를 알릴 수 있는 좋은 계기였다. 실제로 1200여 명의 국내외 기자들이 취재했다.

그러나 단식을 시작한 이유는 무엇보다도 운동의 동력을 확보하기 위해서였다. 앞에서 말했듯이, 학생들이 운동에 흥미를 잃으면서 운동은 침체에 들어갔다. 이런 상황에서 민주화 운동을 지속하기 위해서는 학생과 시민의 광범위한 지지를 획득할 수 있는 획기적인 이벤트가 필요했던 것이다.[8] 특히 톈안먼 광장은 '수도의 심장'이자 '중국의 얼굴'이기 때문에 생사를 건 집단 단식은 극적인 효과를 연출할 수 있었다.

그런데 학생들의 단식 농성은 몇 가지 중요한 문제들을 야기했다. 무엇보다 고르바초프의 방문 직전에 톈안먼 광장에서 단식이 시작되면서 자오쯔양은 매우 난처한 상황에 빠졌다. 만약 학생들을 설득하여 광장에서 철수시키지 못하면 자오는 총서기직을 유지할 수 없었다. 자오가 모든 책임을 져야 하기 때문이다. 리펑 등 보수파가 강경 대응을 주장할 때 자오는 대화를 통한 해결을 주장했다. 이미 자오의 입지는 가격개혁의 실패로 매우 불안한 상황이었다. 이런 점에서 단식의 시작과 함께 자오의 실각은 이미 결정된 것으로 볼 수 있다.

또한 단식과 함께 학생들과 정부 간의 평화적인 문제 해결은 사실상 불가능해졌다. 학생들은 단식을 최후의 수단으로 선택했기 때문에 학생운동의 재평가와 학생 조직의 합법성 인정이라는 요구 조건이 수용되지 않으면 멈출 수 없었다. 학생들에게는 이제 다른 수단이 없었다. 반면 덩샤오핑을 포함한 원로들은 학생들의 요구 조건을 절대로 수용할 수 없다는 입장을 몇 차례에 걸쳐 천명했다. 이런 상황에서 이들이 양보한다는 것은 생각할 수 없었다. 결국 단식과 함께 파국은 이미 결정된 것이나 마찬가지였다.

마지막으로 단식은 덩샤오핑을 포함한 원로와 지도자들에게 엄청난 모욕감과 분노를 불러일으켰다. 대개 국가 원수가 중국을 방문하면 인민대회당 옆의 텐안먼 광장에서 성대한 환영행사를 거행한다. 고르바초프의 방문도 마찬가지다. 그런데 만약 학생들이 단식을 중단하고 광장을 떠나지 않으면 고르바초프의 환영식은 광장 대신 공항에서 약식으로 거행할 수밖에 없다. 이는 덩샤오핑에게 대단한 모욕이고, 덩은 이런 모욕을 초래한 학생운동의 지도자들을 도저히 용서할 수 없었다. 이들은 이제 '반당 반사회주의 동란'의 주도자일 뿐만 아니라 애국심이라고는 전혀 찾아볼 수 없는 '철부지 매국노'이기 때문이다. 이것이 학생운동에 대한 강제 진압을 결정하는 데 중요한 촉매제 역할을 했을 것은 분명하다.

이는 단식에 대한 원로들의 반응을 통해 확인할 수 있다. 단식이 시작되자 천윈, 리셴녠, 펑전, 왕전은 덩샤오핑에게 직접 전화를 걸어 우려와 분노를 표출했다. 천윈은 덩에게 따졌다. "학생들이 단식이라는 극단적인 활동으로 당을 핍박하고 있는데, 혁명을 위해 피를 흘린 수천만 명의 열사를 어떻게 대할 것인가?" 리셴녠과 왕전도 덩을 다그쳤다. "현재 사태는 엄중한 지경에 이르렀는데, 분명한 방침을 확정해야 한다. 학생운동에 대한 엄중한 조치가 필요하다."[9] 이들은 이구동성으로 무력 진압을 요구한 것이다.

덩샤오핑 방문과 대응책 논의

5월 13일 단식이 시작되던 그 무렵, 자오쯔양은 양상쿤과 함께 덩샤오핑을 방문했다. 4월 22일 후야오방 추도식 이후 자오가 덩을 만난 것은 이번이 처음이었다. 이들은 학생운동의 대응 방안과 고르바초프의 방중 문제를 논의했다. 자오가 덩을 찾은 이유는 하나였다. 즉 학생운동을 동란으로 규정한 '4·26사설'의 수정을 설득하기 위해서였다.

이 자리에서 덩샤오핑은 두 가지를 강조했다. 먼저 고르바초프의 방문 전에 톈안먼 광장을 정리해야 한다. "톈안먼〔광장〕은 중화인민공화국의 상징인데, 톈안먼〔광장〕이 혼란스러우면 체통은 어떻게 되겠는가?" 덩은 또한 학생과의 대화도 좋지만 "관건은 문제의 해결"이고, 이를 위해서는 "결단력이 있어야 한다."라고 주장했다. 특히 덩은 "중대한 정치 문제 앞에서 정치국 상무위원은 반드시 과감성이 있어야 하고, 원칙을 굳세게 지켜야 한다."라는 말을 반복했다.[10] 결국 자오는 '4·26사설'의 수정 문제를 제기조차 못 했다. 양상쿤은 이런 대화 내용을 정리해서 리펑에게 전달했다.[11]

그 후 자오쯔양은 곧바로 정치국 상무위원회 간담회를 개최했다. 여기에는 상무위원 외에도 양상쿤과 관계자(리톄잉·리시밍·천시통)가 참석했다. 회의 참석자들은 학생들의 돌발 행동에 매우 화가 났다. 자오쯔양은 더욱 그랬다. 이들은 톈안먼 광장의 상황, 베이징 대학의 학생들이 고르바초프를 초청한 일, 소련 대사관이 이를 고르바초프에게 전달한 일 등에 대해 논의했다.

격론 끝에 회의는 세 가지를 결정했다. 첫째, 저녁에 공산당 통전부장 옌밍푸를 대표로 하는 공산당 중앙과 교수 및 단식 학생 간에 좌담회를 개최한다. 둘째, 만약 좌담회가 성과가 없으면, 국무원 국가교육위원회 주임 리톄잉, 베이징 당서기 리시밍, 시장 천시통 등이 함께 광장에 가서 학생들을 설득하여 귀교시킨다. 셋째, 사태의 확대를 방지하기 위해 고르바초프의 환영식을 광장이 아니라 공항에서 거행하고, 외교부를 통해 소련 대사관에 이런 사실을 전달하고 양해를 구한다.[12]

대화의 재개와 실패

5월 13일 저녁 8시에 정부와 학생 간의 대화가 시작되었다. 옌밍푸 등이 정부 대표로 참석했고, 반대 측에는 왕단, 우얼카이시, 차이링 등 고자련, 학생 대화단, 단식 학생 대표, 그리고 베이징 사회·경제·과학연구소(약칭 사경소)의 대표로 왕쥔타오(王軍濤)와 천샤오핑(陳小平), 젊은 지식인인 류샤오보(劉曉波: 2010년 노벨평화상 수상자)와 저우퉈(周陀) 등 모두 20여 명이 참석했다. 옌밍푸는 호소했다. 학생들의 합리적인 요구를 충실하게 해결할 것이니 중소 정상회담이 제대로 열릴 수 있도록 협조해 달라고. 그러나 학생들은 그의 호소에 귀를 닫았다. 문제는 학생 대표들 간에 의견이 통일되어 있지 않아 이들 중 누구도 전체 학생을 대표할 수 없다는 점이었다. 심지어 학생들은 고자련, 대화단, 단식단 대표 등으로 나뉘어 따로 앉았다.

5월 14일 새벽 2시에 리톄잉, 리시밍, 천시퉁 등은 학생들을 설득하기 위해 광장을 다시 방문했다. 이때도 학생들은 이들의 주장에 귀를 닫았다. "너무 늦었다." "어떤 사람이 우리를 팔아먹는다." "어떤 사람이 이미 정부와 거래했다." 이렇게 소리를 지르며 이들을 사실상 쫓아냈던 것이다.[13]

5월 14일 11시에 정부와 학생 간의 예비 대화가 다시 시작되었다. 의제를 사전에 조율하기 위한 목적이었다. 이를 토대로 본 대화는 오후 4시부터 7시까지 진행되었다. 정부에서는 옌밍푸 외에 리톄잉, 웨이젠싱(尉健行: 국무원 감찰부 부장)이 참석했다. 감찰부장이 참석한 이유는 부패 문제에 대해 정부가 단호하게 처리할 것임을 학생들에게 설명하기 위해서였다. 학생들은 세 가지 의제, 즉 학생운동의 평가, 헌법이 보장하는 국민의 권리 보장 문제, 정치개혁의 추진 문제를 제기했다. 그러나 정부와 학생 간의 의견 차가 너무 커서 대화는 진전이 없었다.

5월 15일 오전에도 양자 간의 대화는 계속되었지만 합의에는 실패했다. 핵심은 학생운동의 평가 문제였다. 학생들은 학생운동이 동란이 아니라 애국민주운동이고, 정부가 이를 인정해 줄 것을 요구했다. 그러나 정부는 결코 그렇게 할 수 없다고 맞섰다.[14] 이렇게 하여 고르바초프의 방문 이전에 대화를 통해 학생들의 단식을 중단하고 광장에서 철수하도록 설득한다는 목표는 실패했다.

사실 대화는 처음부터 실패할 수밖에 없었다. 왜냐하면 학생과 정부가 생각하는 대화의 목표가 근본적으로 달랐고, 이런 차이는 대화를 통해 극복할 수 있는 것이 아니었기 때문이다. 학생들은 대화를 통해 학생운동의 재규정과 학생 조직의 합법화를 달성하려 했다. 반면 정부, 특히 덩샤오핑을 포함한 원로와 보수파는 학생들의 단식 중지와 광장 철수가 목적이었다. 즉 학생들의 요구를 수용할 생각은 처음부터 아예 없었다. 따라서 몇 차례 만나 대화를 가졌지만 양자는 합의에 도달할 수 없었다.

리펑은 특히 그랬다. 5월 15일 정치국 상무위원인 후치리와 옌밍푸는 리펑을 찾아가 '4·26사설'을 수정하고 학생들의 애국 행동을 인정해야 한다고 말했다. 이렇게 해야만 다시 학생들을 설득할 수 있다는 것이다. 리펑은 단호히 반대했다. "현재는 동란 상황으로, 유일한 방법은 중앙이 일치단결하여 깃발 선명하게 동란을 제지하는 것이다."[15] 즉 리펑에게 대화는 그냥 요식 행위에 지나지 않았다. 그래서 자오쯔양은 보수파의 대화 방해로 인해 문제를 평화적으로 해결할 수 없었다고 주장했다.[16] 즉 보수파가 학생운동을 강경하게 진압할 구실을 찾기 위해 학생들을 극단으로 몰고 갔다는 것이다.

지식인의 중재 노력

한동안 잠잠했던 지식인들도 다시 나섰다. 5월 14일부터 16일까지 베이징 소재의 10여 개 대학 총장과 많은 저명한 교수들, 수많은 기자와 편집인, 유명한 문인 등은 성명서 발표 등을 통해 정부와 학생 간의 타협을 촉구했다. 정부 측에는 학생운동을 애국운동으로 인정할 것을, 학생 측에는 최소한 고르바초프가 방문하는 기간, 즉 5월 15일 낮부터 17일 오전까지만이라도 단식을 중단하고 광장에서 철수할 것을 요청했다. 같은 기간 동안 수십만 명에서 100만 명에 달하는 시민들이 광장을 방문하거나 시위에 참가하여 단식을 성원했다. '4·27시위' 이후 다시 한 번 광범위한 시민의 참여 물결이 일어난 것이다.[17]

이 중 5월 14일 《광명일보》의 유명한 기자이자 작가인 다이칭(戴晴)의 주도 아래 모두 12명의 지식인들(위하오청(于浩成), 리훙린(李洪林), 원위안카이(溫元凱), 리쩌허우(李澤厚), 옌자치(嚴家祺), 류짜이푸(劉再復), 바오준신(包遵信), 쑤샤오캉(蘇曉康) 등)이 학생과 정부의 중재에 나선 일이 가장 중요하다. 이들은 이날 저녁 7시에 옌밍푸를 만나 학생들을 설득하기 위한 세 가지 조건을 제시했다. 첫째, 중앙 지도자가 직접 학생운동을 애국민주운동이라고 선언한다. 둘째, 학생 조직의 합법성을 인정한다. 셋째, 사후에 보복하지 않는다. 그러나 옌밍푸는 "절대 동의할 수 없다."라고 답변했다.[18] 그의 권한을 벗어나는 요구이기 때문이다.

저녁 8시 무렵 이들은 톈안먼 광장을 방문하여 학생들 앞에서 「긴급호소」를 낭독했다. 첫째, 정부가 학생들의 세 가지 요구 조건을 수용할 것을 촉구한다. 둘째, 폭력 진압에 반대한다. 셋째, 학생들은 중소 정상회담의 순조로운 진행을 위해 잠시 광장에서 철수한다. 넷째, 정부가 세 가지 요구를 들어주지 않으면 학생 편에서 끝까지 투쟁할 것이다. 또한 다이칭은 자오쯔양과 리펑이 내일 학생들을 방문할 예정이며, 국사(國事)를 위해 광장에서 잠시 철수하여 중산공원(中山公園)에 머물 것을 요청했다. 동행한 다른 지식인들도 학생들의 임시 철수를 설득했다.[19]

그러자 학생들이 소리쳤다. "정부의 유세객이 왔다, 우리는 절대로 속지 말자!" "고생은 우리가 하는데, 저들은 복숭아를 따먹으려 한다!" "그들의 언행을 믿지 말자!" "우리는 유세객이 필요 없다!" 그 순간 한 학생이 큰소리로 외쳤다. "동학(同學) 여러분, 지금 나와 함께 「단식선언」을 세 번 낭독합시다!"

그날 밤 11시 30분, 이들은 실패를 인정하고 통전부에 가서 상황을 설명했다. 옌밍푸, 리톄잉 등은 지식인들의 수고를 치하하고, 차량을 제공하여 귀가를 도왔다.[20]

고르바초프의 방문과 정상회담
다음 날인 5월 15일 12시, 고르바초프는 전용기로 베이징에 도착했다. 1960년대 초에 시작된 중소 분쟁이 막을 내리고 중소 화해의 새 시대가 시작되는 것을 기념하는 역사적인 방문이었다.

그러나 학생들의 단식 농성으로 환영식은 톈안먼 광장이 아니라 공항에서 개최되었다. 양상쿤은 이 자리에서 고르바초프에게 사과의 뜻을 전달했다.[21] 그날 고르바초프의 환영 만찬 자리에서 덩샤오핑은 손을 심하게 떨면서 음식물을 젓가락에서 떨어뜨렸다. 화가 나고 긴장한 덩의 모습은 텔레비전을 통해 전 세계에 중계되었다.[22] 덩을 포함한 원로들과 지도자들이 느꼈을 모멸감과 분노는 충분히 상상할 수 있겠다.

5월 16일 오전, 덩샤오핑은 톈안먼 광장 옆에 있는 인민대회당에서 고르바초프와 간단한 만남을 가졌다. 이 자리에서 덩은 말했다. "오늘 저녁 당신은 자오쯔양 총서기와 만나라. 그것은 양당 관계의 정상화가 실현된다는 것을 의미한다."[23] 리펑에 따르면, 덩과 고르바초프가 회담을 할 때, 일부 학생들이 소리를 지르고 인민대회당의 유리창을 부수는 등 '난동'을 부렸다.[24] 안에서 회의를 하고 있던 덩과 고르바초프는 이런 소리를 모두 들었다. 이들의 만남은 결코 유쾌한 분위기에서 진행될 수 없었다.

그날 저녁에 자오쯔양과 고르바초프는 인민대회당이 아닌 중난하이(中南海)로 자리를 옮겨 역사적인 정상회담을 가졌다. 이 자리에서 자오쯔양은 1987년 공산당 13차 당대회에서 결정된 덩샤오핑의 '특수한 지위'에 대한 '비밀 결의'를 발설했고, 이것은 텔레비전을 통해 국내외에 널리 알려졌다. 자오의 발설은 공산당 지도부

내에서 뿐만 아니라 전국적으로도 큰 파장을 일으켰다. 이는 다시 자오의 운명을 결정하는 데에도 결정적인 영향을 미쳤다.

1978년 당의 11기 3중전회 이래로 덩샤오핑 동지는 국내외에 공인된 당의 영수셨다. 재작년(1987년)에 개최된 당의 13차 전국대표대회에서 덩샤오핑 동지는 본인의 바람에 따라 중앙위원회와 정치국 상무위원회의 자리에서 은퇴했다. 그러나 전 당의 동지들은 모두 당의 사업에서 출발하여 우리 당은 여전히 덩샤오핑 동지를 필요로 하고, 그의 지혜와 경험을 필요로 한다고 생각했다. 이것은 우리 당에 매우 중요한 일이다. 그래서 (공산당) 13기 1중전회에서 정중하게 결정했다. '중요한 문제에서는 여전히 덩샤오핑 동지가 방향을 잡는 것(掌舵)이 필요하다.' 13차 당대회 이래로 우리는 가장 중요한 문제를 처리할 때에는 덩샤오핑 동지에게 보고하고 가르침을 청했다. 덩샤오핑 동지는 항상 전력으로 우리의 일을 지지했고, 우리 집단이 내린 결정을 지지했다. 우리 당의 이런 결정을 이번에 처음 공개한다. 이것은 고위급 회담이고, 중소 양당 관계의 자연스런 회복을 의미한다.[25]

원로들과 보수파는 격노하면서 자오를 비난했다. 리펑은 그의 일기에서 이렇게 평가했다. 자오의 말은 사실이지만, 지금 같은 위기의 시기에, 또한 전 세계 언론이 집중하고 있는 시점을 골라 말한 데에는 '특별한 의미'가 있다. 즉 "1988년의 경제 혼란도 덩이 책임져야 하고, 현재의 정치 혼란도 덩이 책임져야 한다. 그(자오)는 명의상의 총서기로서 덩의 지시를 따라 일을 처리한 것뿐이다."[26] 한마디로 모든 책임을 덩에게 돌리기 위해 자오가 '비밀 결의'를 발설했다는 것이다.

반면 자오쯔양은 이렇게 해명했다. 무엇보다 자신과 고르바초프 간의 만남이 아니라 덩과 고르바초프 간의 만남이 중소 정상회담임을 강조하기 위해 덩의 특별한 지위를 고르바초프에게 알린 것이다. 또한 덩이 중국에서 차지하는 중요한 지위와 역할을 강조하기 위해 그런 결정을 소개했다. 동시에 자오는 이런 발설이 그렇게 큰 문제가 될지 몰랐다고 해명했다. 전에도 여러 사람들이 몇 차례에 걸쳐 덩의 특수한 지위를 이야기했기 때문이다. 다만 차이가 있다면, 이번에는 그것이 언론을 통해 대대적으로 보도되었다는 점이다.[27]

그러나 당시 시위에 참여했던 지식인들이나 활동가들조차 자오쯔양의 이런 해명을 그대로 믿지 않았다. 물론 리펑이나 원로들의 해석을 그대로 수용한 것도 아니었다. 자오의 발설을 들었을 때, 그들은 "자오쯔양이 덩샤오핑과 결별했다." 혹은 "자오쯔양이 덩샤오핑과 거리 두기를 시도한다."라고 판단했다.[28] 사경소의 천쯔화(陳子華)는 이 말을 들었을 때, "본인(자오)은 이미 시국 전개에 영향을 미칠 수 있는 능력을 상실했다는 암시"를 전달한 것으로 이해했다.[29]

보도 이후 학생들은 덩샤오핑의 '가짜 은퇴'와 '위선'에 분노했다. 그래서 5월 17일 시위에서 학생들은 덩을 집중적으로 공격했다. "당은 총서기를 요구하지 태상왕(太上王)은 필요 없다!" "수렴청정은 나라와 국민을 망친다!" "공화국은 서태후(西太后)가 필요 없다!" "샤오핑(小平), 샤오핑, 팔십 고령의 몸은 아직 괜찮으나 머리는 맑지 못하다!" "샤오핑 고생했어요, 빨리 가서 쉬십시오!"[30]

덩샤오핑 본인과 가족들은 자오의 발설로 덩이 공격의 표적이 된 것에 대해 실망을 넘어 분노했다.[31] 예를 들어 5월 16일 자오쯔양과 고르바초프 간의 회의가 끝난 직후, 덩난(鄧楠: 덩의 딸)은 자오에게 직접 전화를 걸어 자오의 행위를 비난했다. 비슷하게 덩도 처음에는 놀랐고, 나중에는 자오가 자신을 팔아먹었다며 매우 화를 냈다.[32] 덩이 자오에게 가졌던 마지막 신뢰도 이로 인해 완전히 무너진 것이다.

(2) 계엄 결정과 자오쯔양의 주변화

5월 16일 밤, 자오쯔양은 고르바초프와의 정상회담을 마친 후에 정치국 상무위원회 회의를 다시 소집했다. 이 자리에서 자오는 공식적으로 '4·26사설'의 수정을 요구했다. 극소수는 동란을 일으켰을지 몰라도 절대 다수의 학생들은 애국적인 열정으로 행동에 나섰고, 우리는 이를 인정해야 한다는 것이다. 지금 사설을 수정하지 않으면 사태를 끝낼 수 없고, 따라서 덩샤오핑을 설득하여 사설을 변경해야 한다. 또한 자오는 사설을 결정할 때 본인도 동의했기 때문에 덩이 아니라 본인이 모든 책임을 공개적으로 지겠다고 말했다.

댄인민 사건

이 회의에서 자오쯔양이 '4·26사설'의 수정을 공식 제기한 것은 의미가 있다. 5월 13일 양상쿤과 함께 덩샤오핑을 방문했을 때, 자오는 덩이 결코 '4·26사설'을 수정하지 않을 것이라는 사실을 직접 확인했다. 이는 단순히 덩 개인의 생각이 아니라 원로 전체의 생각이었다. 게다가 리펑과 야오이린 등 보수파가 이에 동의할 리 없었다. 이런 상황에서 자오가 사설의 수정을 공식 제기했다는 것은 둘 중의 하나다. 가능성이 없지만 그래도 끝까지 최선을 다하자는 생각이거나, 아니면 이들과 완전히 결별하는 마지막 수순을 밟자는 생각이거나. 이틀 후 자오가 사표를 제출한 것을 보면 후자의 생각이었음을 알 수 있다.

리펑과 야오이린은 자오의 주장을 일축했다. 그들에 따르면, 소수가 동란을 통해 공산당과 사회주의를 부정하는 것은 변함없는 사실이다. 또한 그들은 불법 조직을 만들고 합법화를 요구하는데, 이는 절대로 수용할 수 없다. 그렇게 되면 중국에도 '반대파'가 만들어지고, 공산당을 반대할 기초가 놓이기 때문이다. 게다가 자오는 사설에 책임을 질 수가 없다. 이는 덩이 결정한 것이기 때문이다. 따라서 사설은 변경할 수 없다. 그 대신 전국의 엄중한 형세에 직면하여 반드시 굳건한 조치를 취해야 한다.

회의는 격론 끝에 두 가지를 결정했다. 첫째, 정세가 매우 급하기 때문에 5월 17일에 덩샤오핑에게 보고하고 의견을 듣는다. 둘째, 자오가 정치국 상무위원회를 대표하여 단식 학생들에게 '서면 담화'를 발표한다.

이에 따라 먼저 5월 17일 새벽에 자오의 서면 담화가 방송되었다. 내용은 온화했다. 학생들의 민주와 법제, 부패 척결, 개혁 추진에 대한 요구는 '애국적인 열정'(원래 자오는 '애국적인 행동'으로 쓰고 싶었지만 보수파의 반대로 그렇게 할 수 없었다.)으로 매우 귀하며, 공산당 중앙과 국무원은 이를 긍정한다. 또한 공산당과 정부는 학생들을 사후에 절대로 보복하지 않을 테니 안심하고 단식을 중단하고 학교로 돌아가기 바란다.[33]

계엄의 결정과 자오쯔양의 사직 청원

이어서 전날의 결정에 따라 5월 17일에 정치국 상무위원회 회의가 덩샤오핑의 집에서 개최되었다. 5인의 상무위원(자오쯔양, 리펑, 차오스, 야오이린, 후치리)과 덩샤오핑, 양상쿤, 보이보가 참석했다. 먼저 자오는 '4·26사설'의 수정을 다시 한 번 공식 제기했다. 사설의 수정만이 사회의 동정을 얻을 수 있고, 학생들의 단식을 중단시켜 희생을 막을 수 있다는 것이다. 만약 그러지 않아서 단식이 계속되면 무슨 일이 발생할지 모른다고 자오는 주장했다. 이를 듣고 있던 덩샤오핑과 원로들은 더 이상 참을 수 없다는 표정을 지었다고 한다.[34]

이에 대해 리펑과 야오이린이 맹렬히 비난했다. 자오에 따르면, "이런 강도 높은 비난은 뜻밖"이었고, 이를 통해 사전에 "덩샤오핑과의 암묵적인 밀약이 있었음을 알 수 있었다."[35] 이들은 학생운동이 현재 상황에 이른 것은 모두 자오의 책임이라고 주장했다. 자오가 처음과 다르게 '4·26사설'을 부정하고, 중앙의 방침과 다른 아시

톈안먼 사건

아개발은행의 담화('5·4담화')를 독단적으로 발표하여, "중앙이 두 개의 목소리를 내는" 혼란이 초래되었다는 것이다. 게다가 이 담화로 인해 학생들이 고무되어 더욱 흉포하게 날뛰었다. 마지막으로 고르바초프와의 회담에서 덩의 특수 지위를 공개적으로 발설함으로써 자오는 덩에게 모든 책임을 뒤집어씌우는 비열한 짓을 저질렀다.[36]

드디어 덩샤오핑이 직접 나섰다. 먼저, 자오쯔양의 아시아 개발은행의 담화가 학생운동의 전환점이 되었다. 그 후에 학생운동이 더욱 확대되었다. 이는 리펑의 주장을 수용한 것이다. 또한 동란의 배후 조종자들의 의도는 분명하다. 공산당 타도가 첫째고, 사회주의 제도의 전복이 둘째다. 따라서 양보는 없다. 헝가리 사태처럼, 한 번 양보하면 또 양보해야 되고, 결국은 공산당이 붕괴해야 그들은 만족한다. 그들은 지금 서방 부르주아지에 의존하는 국가를 건립하려고 한다.

마지막으로 덩샤오핑은 "결코 후퇴는 있을 수 없다."라고 주장했다. 그에 따르면, 공산당이 후퇴하면 지금까지의 모든 성과가 물거품이 되고, 중국에는 역사적 퇴보가 출현할 것이다. 따라서 심사숙고했는데, 결국 인민해방군을 동원하여 베이징에 계엄령을 실시하는 것 외에는 다른 방법이 없다. 이는 동란을 저지하고 신속하게 질서를 회복하는 것이 목적이다. 이것은 공산당과 정부가 져야 하는 사양할 수 없는 책임이다.[37] 이처럼 덩은 고르바초프가 베이징을 떠나는 날에 맞추어 계엄령을 제안했던 것이다.

지금까지 계엄을 반대했던 양상쿤도 이에 동의했다. 그러나 자오쯔양은 우려를 표시했다. "결단이 있는 것이 없는 것보다 좋다. 그러나 이 방침은 집행하기 어렵고, 매우 곤란하다." 그러자 덩샤오핑이 말했다. "소수는 다수에 복종해야 한다." 덩의 엄숙한 질책에 자오는 "나는 당의 조직 규율에 복종하며, 소수는 다수에 복종한다."라고 말했다.[38] 이렇게 정치국 상무위원회 회의가 끝났다. 약두 시간의 휴식을 취한 후에 계엄의 집행 문제를 논의할 2차 회의를 개최하기로 결정했다.

정치국 상무위원회의 2차 회의가 열렸다. 덩샤오핑을 제외한 나머지 구성원은 1차 회의와 같다. 그런데 회의 내용에 대한 기록은 『중국 6·4진상』, 자오쯔양 회고록(『국가의 죄수』), 『리펑 6·4일기』가 조금씩 다르다. 자오쯔양과 리펑의 기록은 자신들에게 유리한 방향으로 기술되어 있기 때문에, 『중국 6·4진상』을 중심으로 회의 상황을 살펴볼 필요가 있다.

먼저, 자오쯔양은 계엄이 정말 필요한지를 다시 한 번 토론하자고 제안한다. 이 문제는 1차 회의에서 이미 끝난 이야기인데 자오가 다시 제기한 것이다. 자오는 세 가지 이유를 들어 계엄을 반대한다. 첫째, 계엄이 사태의 평화적 해결에 도움이 안 된다. 둘째, 학생외 절대 다수는 애국적이고 공산당을 옹호한다. 셋째, 건국 40년 동안 공산당은 많은 실수를 범한 교훈이 있는데, 다시 정치상의 중대한 실수가 있으면 민심을 잃게 된다. 따라서 계엄은 매우 위험하다. 후치리는 하나의 이유를 덧붙여 계엄을 반대한다. 즉 계엄이 '군중성 항쟁'의 도화선이 되어 더욱 엄중한 사회적 위기를 초래할 수 있다.

톈안먼 사건

계엄에 반대하는 의견이 다시 제기되자 보이보는 정치국 상무위원회가 이 문제를 놓고 공식적으로 표결하자고 제안한다. 그의 제안이 수용되어 공식 표결이 진행된다. 결과는 찬성 2명(리펑과 야오이린), 반대 2명(자오쯔양과 후치리), 기권 1명(차오스)이다. 보이보와 양상쿤은 표결권이 없다는 점을 알고 있지만, 의견 개진 차원에서 덩샤오핑의 계엄 제안에 동의한다는 입장을 표명한다. 또한 표결 직후에 양상쿤은 "당내에서 다른 의견의 보유는 허용된다."라고 선언한다. 다른 말로 하면, 당외(黨外)로는 다른 의견을 표출할 수 없다. 이럴 경우 공산당의 분열로 비칠 수 있기 때문이다.

표결 결과가 나오자 자오쯔양은 사직 의사를 표명한다. "내 임무는 오늘로 종료된다. 나는 계속할 수 없다. 왜냐하면 운동의 성격 규정에서 덩샤오핑 및 다른 사람과 의견이 일치하지 않기 때문이다. 이런 상황에서 총서기 직무를 집행할 수 없다. 내가 직무를 수행하지 않으면 여러 상무위원이 곤란하게 된다. 따라서 사직을 요청한다." 보이보와 양상쿤은 자오를 비판하면서 만류한다. 덩샤오핑 앞에서 '결단이 있는 것이 없는 것보다 낫다.'고, '소수는 다수에 복종한다.'고 말하지 않았느냐는 것이다. 현재는 당의 단결 유지가 중요하다는 것이 두 사람의 강조점이었다.

최종적으로 정치국 상무위원회 2차 회의는 두 가지를 결정한다. 첫째, 5월 18일 새벽 5시에 정치국 상무위원이 병원에 입원하고 있는 단식 학생들을 방문한다. 둘째, 계엄 배치는 정치국 상무위원회의 엄중한 의견 분화(分岐)로 교착 상태에 빠졌다. 정치국 상무위원들은 내일 오전 덩샤오핑의 집을 다시 방문하여 이 문제를 덩에게 위임하고, 덩이 공산당 원로 및 중앙군위 책임자들과 함께 계엄 배치 및 최종 결정을 내리도록 한다.[39] 이렇게 하여 계엄이 사실상 확정되었다. 동시에 이때부터 자오쯔양은 계엄과 관련된 모든 업무, 포괄적으로 말하면 중앙의 모든 정책 결정에서 배제되었다.[40]

한편 리펑은 일기에서, 계엄에 대한 상무위원의 입장 표명은 1차 회의에서 이미 끝났다고 적고 있다. 당시 오직 자오쯔양만이 분명하게 계엄을 반대했다는 것이다. 차오스는 "고개를 끄덕이며 동의"를 표시했고, 후치리는 "현 정세가 걱정이다."라는 한마디 말만 했다. 2차 회의에서는 자오가 사직 의사를 밝혔고, 양상쿤이 만류했을 뿐이다.[41] 이런 리펑의 주장은 두 가지를 강조하는 것이다. 첫째, 자오 혼자만이 계엄에 반대했다. 즉 정치국 상무위원회는 덩의 계엄 제안을 공식적으로 수용했다. 둘째, 자오는 덩 앞에서의 약속도, '소수는 다수에 복종한다.'는 당의 조직 규율도 위반했다. 결국 이에 따르면, 자오는 규율도 없고 신의도 없는 무책임한 총서기일 뿐이다.

반면 자오쯔양은 달리 주장한다. 우선, 계엄에 대한 표결은 없었다. 단지 '4·26사설'의 수정에 대한 의견 표명이 있었는데, 찬성이 2명(자오와 후), 반대가 2명(리와 야오), 중립이 1명(차오스)이었다. 또한 2차 회의(자오는 이를 정식 정치국 상무위원회가 아니라는 의미에서 '간담회'로 불렀다.)에서는 계엄 준비를 논의했는데, 자신에게 계엄 선포 대회를 주재하라고 해서 거절했다. 그 대신 사직을 요청했다. 군대를 동원하여 학생을 진압하는 총서기가 되고 싶지 않았기 때문이다. 이때 양상쿤이 만류했다. 회의가 끝나자 자오는 바오퉁이 작성한 사직서를 공산당 중앙 판공청에 보냈다. 양상쿤이 이를 알고 자오에게 직접 전화를 걸어 재삼 사직 철회를 요청했다. 이에 자오는 비서를 보내 사표를 회수했다.[42]

결국 자오쯔양에 따르면, 계엄령은 정치국 상무위원회가 공식 결정한 것이 아니라 덩샤오핑과 리펑 등이 임의로 결정한 것일 뿐이다. 또한 정치국 상무위원회의 표결이 없었기 때문에 자신이 '소수는 다수에 복종한다.'는 공산당의 조직 규율을 어긴 것도 아니다. 자신은 단지 역사의 죄인으로 남고 싶지 않아서 공산당 중앙에 사직을 요청했을 뿐이다. 이것이 자오의 주장이다.

5월 18일 자오쯔양은 계엄이 사실상 확정된 상황에서 이를 막기 위해 마지막 노력을 하게 된다. 덩샤오핑에게 다시 편지를 쓴 것이다. 편지보다는 직접 만나는 것이 좋지만, 덩이 만나 주지 않기 때문에 이렇게 할 수밖에 없었다. 핵심 내용은 '4·26사설'을 수정하여 학생운동을 평화적으로 해결하자는 주장으로, 지난 회의에서 한 말을 반복한 것이다. 예상대로 편지를 보낸 이후 덩으로부터 아무런 반응도 없었다.[43]

리펑과 학생 간의 대화

계엄이 결정된 이후 두 가지 방향에서 준비가 진행되었다. 한편에서는 학생들에 대한 설득 작업이 진행되었다. 먼저, 정치국 상무위원회의 결정에 따라 자오쯔양과 리펑이 병원을 방문하여 치료받고 있던 단식 학생들을 위로했다. 5월 18일 새벽의 일이다. 그런데 자오에 따르면, 이때 이상한 일이 벌어졌다. 리펑이 "인사 변동이 있을 것이라고 촬영 기자들에게 알리고, 나[자오]를 촬영하지 말라고 말했다."라는 것이다.[44] 이 무렵에 원로들은 이미 자오의 경질을 결정했던 것이다.

리펑의 일기에 따르면, 그동안 자오쯔양의 경질 문제를 고민하던 덩샤오핑이, 자오가 정치국 상무위원회 회의에서 사직 의사를 밝혔고, 실제로 사직서를 제출했다가 회수했다는 보고를 받고서 천원 등 다른 원로들과 상의하여 자오의 경질을 최종 결심했다고 한다. 이것이 5월 19일의 일이니 자오의 경질 결정은 이미 그전에 리펑에게 전달되었을 것이다.[45] 그래서 리펑은 기자들에게 그런 말을 했던 것이다.

또한 리펑은 5월 18일 11시에 인민대회당에서 학생 대표들과 대화를 가졌다. 이것이 리펑이 학생들과 가진 첫 번째이자 마지막 대화였다. 단 자오쯔양은 리펑이 학생들과 대화를 갖는다는 사실 자체를 몰랐다고 한다.[46] 자오가 정책 결정에서 배제되었음을 보여 주는 사례다. 정부에서는 리펑 외에도 리데잉, 리시밍, 셴밍푸, 천시 퉁이 참석했다. 학생 측에서는 왕단, 우얼카이시 등이 참석했다. 리펑이 학생들을 만난 목적은 단식을 중단시켜 불상사를 막자는 것이었다. 또한 이미 계엄을 결정한 상황에서 강제 진압을 위한 명분 쌓기 목적도 갖고 있었다. 이는 대화가 텔레비전과 신문을 통해 상세하게 보도된 사실을 통해서 알 수 있다.

대화에서 우얼카이시는 매우 건방진 태도를 보였다. 단식 농성을 통해 드디어 총리를 대화의 장에 끌어내는 데 성공했다는 자신감에서 그랬는지는 모르겠다. 예를 들어 그는 회의 의제는 우리가 결정한다고 주장했다. "당신이 우리와 이야기하자고 부른 것이 아니라 우리 광장의 많은 사람들이 당신을 불러 이야기하는 것이다. 무엇을 말할지는 우리가 말해야 한다." 또한 "현재 광장은 소수가 다수에 복종하는 것이 아니라 99.9퍼센트가 0.1퍼센트에 복종한다." 그래서 "만약 한 명의 학생이 광장을 떠날 수 없다고 하면 광장의 나머지 수천 명의 학생들도 떠날 수 없다."

왕단은 차분하게 학생들이 광장에서 철수하는 두 가지 조건을 제시했다. 하나는 학생운동이 애국민주운동이지 동란이 아니라고 정부가 인정하는 것이다. 즉 '4·26사설'의 수정이다. 다른 하나는 정부와 학생 대표가 빨리 정식 대화를 진행하고, 그것을 전 국민이 볼 수 있도록 현장 중개하는 것이다. 이는 이후에 정부가 다른 소리를 하는 사태를 막기 위한 조치다. 정부가 이 두 가지 조건을 승낙하면 광장에 가서 단식 학생들을 설득할 수 있다.

우얼카이시가 왕단의 말을 보충했다. 그의 태도는 여전히 고압적이었다. "빨리 '4·26사설'을 부정하고 바로잡으라. 이것이 첫째다. 이후에 방법을 모색할 수 있다. 자오쯔양 혹은 리펑이 광장에 와서 직접 대화할 수도 있다. 아니면《인민일보》가 새로운 사설을 통해 '4·26사설'을 부정하고, 전체 인민에게 사죄하고, 학생운동의 위대한 의의를 승인할 수도 있다. 이렇게 해야만 학생들을 설득할 수 있다."

리펑은 왕단이 제시한 두 가지 조건에 대한 답변으로 세 가지 견해를 제시했다. 첫째, 단식 학생의 건강을 위해 적십자사 등이 학생을 병원에 후송할 수 있도록 협조해 달라. 둘째, 공산당과 정부는 대다수의 학생을 동란이라고 한 것이 아니다. 우리는 학생들의 애국적인 연정, 애국적인 열망을 긍정한다. 그러나 사태의 발전은 학생들의 선량한 희망과 달리 베이징에 이미 혼란을 발생시켰고 이는 전국으로 확대되고 있다. 결국 동란을 바라지 않았지만 최후로는 동란이 발생했다. 셋째, 학생들이 빨리 단식을 끝내고 병원에 가서 치료받기를 희망한다. 이렇게 대화는 끝났다.[47]

병력 배치와 군 내 반발

다른 한편으로 계엄을 실시하기 위한 병력 동원이 결정되었다. 5월 18일 오후에 중앙군위 회의가 개최되었다. 양상쿤이 중앙군위 부주석으로 이 회의를 주재했고, 덩샤오핑을 제외한 나머지 중앙군위 위원과 계엄군 관계자가 참석했다. 회의 결과는 덩에게 보고되었다.

먼저, '계엄부대 지휘부'는 류화칭(劉華淸), 츠하오톈(遲浩田), 지우이빙(周衣冰)으로 구성하고, 중앙군위에 직접 보고한다. 병력은 베이징군구, 선양(瀋陽)군구, 지난(濟南)군구에서 동원하고, 중앙군위의 통일적인 지휘를 받는다. 계엄 부대는 인민해방군과 인민 무장경찰부대를 포함하여 총 18만 명이다.[48] 여기서 18만 명은 계엄과 관련된 전체 무장 인원의 규모를 말하는 것이고, 실제로 톈안먼 광장의 진압에 참여한 인원은 약 5만 명 정도였다.[49] 참고로 리펑은 양상쿤이 이날 중앙군위 회의에서 베이징군구에서 5만 명, 선양군구에서 2만 명의 병력 동원을 결정했다고 쓰고 있다.[50] 이런 보고에 기초하여, 덩샤오핑은 중앙군위 주석 명의로 군대 이동을 명령했다. 3개 군구의 부대는 계엄 임무의 수행을 위해 5월 20일까지 주둔지에서 베이징의 지정된 목적지까지 이동하라는 명령이다.

그런데 이 무렵 군과 관련하여 두 가지 돌발적인 상황이 발생한다. 하나는 베이징군구 38집단군의 군장(軍長)인 쉬친셴(徐勤先)이 계엄 명령의 집행을 거부한 항명 사건이다. 베이징군구 사령관(司令員)인 저우이빙은 이를 양상쿤에게 긴급 보고했고, 지시에 따라 그를 감금했다.[51] 이것은 계엄 기간에 공식적으로 상부에 보고된 유일한 군 부대장의 항명 사건이다. 당시 소문으로는 여러 가지 다른 사례가 있다고 했지만, 『중국 6·4진상』 등에서는 이것 외에 다른 것은 확인할 수 없다.

다른 하나는 왕핑(王平), 예페이(葉飛), 장아이핑(張愛萍), 쑤커(蕭克) 등 8명의 원로 장군들이 공산당 중앙과 중앙군위에 편지를 보낸 사건이다. 편지는 단 한 줄이다. "군대가 베이징에 진입하지 않기를, 베이징에 계엄을 실시하지 않기를 간구한다." 덩샤오핑과 양상쿤은 양바이빙(楊白冰), 츠하오톈 등을 이들에게 보내 상황을 설명했다. 일부에게는 양상쿤이 직접 전화를 걸어 설명했다. 이후 8명의 장군들은 계엄에 동의했다. 사실 이들이 계엄에 반대한 이유는 자신들에게 의견을 묻지도 않고 계엄을 결정한 조치에 대한 불만 때문이었다. 그 밖에도 원로 장군인 쉬상첸(徐向前)과 녜룽전(聶榮臻)도 계엄 발표 이후 "유혈 사건에 반대한다."라는 입장을 표명했다.[52] 단 소문과 다르게, 이들이 공개적으로 계엄에 반대하지는 않았다.

자오쯔양의 광장 방문

5월 19일 새벽 4시에 자오쯔양과 리펑은 각각 원자바오(溫家寶) 공산당 중앙 판공청 주임, 뤄간(羅幹) 국무원 비서장을 대동하고 광장을 방문했다. 자오의 마지막 공개 활동이었다. 다른 사람들이 말렸지만 자오는 고집을 굽히지 않았다. 리펑은 자오가 가겠다고 하니까 마지못해 따라나섰다. 그러나 자오에 따르면 "당시에 그〔리펑〕는 매우 두려워했다. 결국 광장에 도착한 지 얼마 되지 않아 몰래 달아나 버렸다."[53]

자오쯔양은 학생들에 둘러싸여 메가폰을 잡고 즉석에서 연설을 했다.

학생 여러분, 우리가 너무 늦게 왔다. 학생들에게 미안하다. 여러분들은 우리에게 말하고 우리를 비판했는데, 당연한 것이다. 나는 여러분의 용서를 구하러 온 것이 아니다. (……) 현재 가장 중요한 일은 빨리 이번 단식을 중단하는 것이다. 나는 안다. 여러분의 단식은 당과 정부가 여러분이 제시한 문제에 만족할 답을 제시하기를 바라기 위한 것임을. (……) 그러나 여러분은 알아야 한다. 상황이 매우 복잡하여 과정이 필요하다는 점을. 단식이 이미 7일째에 접어드는 상황에서, 여러분이 반드시 만족할 답을 얻어야만 단식을 중단하겠다고 고집하는 것은 안 된다. (……)

여러분은 아직 어려서 앞날이 길다. 여러분은 건강하게 살아서 중국이 네 가지 현대화를 실현하는 그날을 보아야 한다. 여러분은 우리와 다르다. 우리는 이미 늙었고, 어떻게 되어도 상관없다. 국가와 여러분의 부모가 여러분을 길러 대학에 보내는 것이 얼마나 어려운 일인가! (……) 현재의 상황은 이미 매우 엄중하다. 여러분도 안다. 당과 국가는 매우 조급하고, 전체 사회는 모두 매우 우려한다. 게다가 베이징은 수도다. 각 방면의 상황이 하루하루 엄중한데, 이런 상황은 계속될 수 없다. 학생 여러분은 좋은 생각으로 국가가 잘되기를 원해서 그러는 것이다. 그러나 이런 상황이 발생하여 통제를 잃으면, 각 방면에 엄중한 영향을 조성할 것이다. (……)

결론적으로, 나는 이 바람뿐이다. 만약 여러분이 단식을 중단하면, 정부는 이로 인해 여러분과의 대화 문을 닫지 않을 것이다. 결코 그렇지 않다! (……) 마지막으로, 학생 여러분에게 다시 한 번 간청한다. 냉정하게 금후의 일을 생각하라고. 매우 많은 일은 결국 해결될 수 있다. 여러분이 단식을 빨리 종결하기를 바란다. 학생 여러분 감사한다.[54]

말을 마치고 자오쯔양은 학생들에게 절(鞠躬)을 했고, 학생들은 열렬히 박수를 쳤다. 일부 학생들은 그의 연설을 듣고 울먹였다.

연설 후에 일부 철없는 학생들은 자오에게 다가와서 사인(signature)을 요청했다. 마치 인기 연예인에게 사인을 요청하듯이. 반면 덩샤오핑과 다른 원로들은 자오의 이런 모습에 다시 한 번 분노를 금할 수 없었다. 그들의 눈에 자오는 계엄령을 선포하기 직전에 공산당의 분열된 모습을 대외적으로 보여 주었을 뿐만 아니라, 총서기로서 갖추어야 할 위엄도 전혀 보여 주지 못했기 때문이다.

5월 19일 오전에 자오쯔양은 의사의 진단을 받아 중앙 정치국 상무위원회에 사흘 간의 병가를 공식 신청했다. 리펑 등 보수파에게는 자오가 그날 밤에 예정된 계엄 선포 대회에 불참하기 위한 구실을 찾는 것처럼 보였다. 자오가 다시 사무실에 출근한 것은 그로부터 사흘 후인 5월 22일이었다. 그때부터 자오는 아무 일도 할 수 없었다. 그 전날에 개최된 원로회의에서 그의 모든 직위가 박탈되었기 때문이다.

'3소 1회'의 긴급성명

그런데 5월 19일 오후에 4개의 연구기관이 공동으로 「시국에 관한 6개의 긴급성명」을 발표하는 일이 발생했다. 국가경제체제 개혁연구소, 국무원 농촌연구센터 발전연구소, 중신공사(中信公司) 국제문제연구소, 베이징청년 경제학연구회가 바로 이들이다. 이 네 단체는 이후 '3소 1회'로 불렸다. 이는 자오쯔양의 실각이 확정된 상태에서 자오와 관련된 지식인들이 마지막으로 공동의 대응책을 제시한 것이다.

이날 오전에 공산당 중앙 체제개혁판공실의 가오산(高山) 부국장이 국가경제체제 개혁연구소의 천이쯔(陳一諮) 소장을 방문했다. 체제개혁판공실은 자오의 지도 아래 공산당 13차 당대회에 보고할 정치개혁의 방안을 작성한 곳이다. 가오산은 5월 초부터 현재까지 중앙 내부에서 발생한 일과 방금 전에 자오가 병가를 신청한 사실 등을 설명했다. 이에 천이쯔는 자오를 돕기 위해 성명을 발표하여 자신들의 입장을 밝히고, 국무원의 20개 부(部)·위원회(委員會) 사람들을 조직하여 톈안먼 광장에서 연좌시위를 전개하기로 결정했다. 천이쯔는 이 일로 곧 체포된다.[55]

천이쯔가 주도한 「긴급성명」 중에서 다섯 번째 항목인 '호소'가 가장 중요하다. 자오쯔양과 지식인의 입장 및 향후 대응 방안이 담겨 있기 때문이다. 이는 광장에 있는 학생들에게 큰 영향을 미쳤고, 학생들은 이 주장을 중심으로 정부와의 투쟁을 계속한다. 이에 대해 리펑은 그의 일기에서, "자오쯔양의 싱크탱크가 중앙 정치국과 국무원을 피고석에 앉히려는 걸작"이라고 조롱했다.

우리는 호소한다. 고위 지도자(領導)의 정책 결정 내막과 의견 분화(分岐)를 공개하여, 전국의 인민이 공동으로 판단하고 선택하게 하라.

우리는 호소한다. 전국인민대표대회(전국인대)의 특별회의를 즉각 소집하여, 헌법이 부여한 최고 권력 행사를 통해 개입하라.

우리는 호소한다. 공산당이 특별 전국대표대회를 즉각 소집하여, 정치국의 최근 업무를 심의하라.

우리는 호소한다. 각계의 지원 활동은 반드시 이지(理智)와 질서를 지키고, 이번 학생운동이 이미 취득한 성과를 진귀하게 여겨야 한다.

우리는 호소한다. 각계의 인민을 조직하여, 대학생의 질서 유지와 후근 복무 업무에 협조하자.

우리는 호소한다. 단식하는 사람들은 몸을 중시하여 빨리 단식을 끝내고, 여러분이 이미 취득한 위대한 승리를 쟁취하라. 조국은 여러분이 더욱 새롭고 더욱 지속적인 방식으로 새로운 승리를 쟁취하기를 바란다.

국가는 인민의 국가고, 정부는 인민의 정부며, 군대는 인민의 군대로서, 중국 현대화의 역사적 조류는 어떤 역량으로도 막을 수 없다.[56]

계엄 누설과 대응 준비

한편 5월 19일 저녁에 계엄 결정과 자오쯔양의 실각 상황이 알려지면서 톈안먼 광장에는 긴장된 분위기가 조성되었다. 오후 5시 무렵에 중앙 국가기관의 '어떤 사람(工作人)'이 광장을 방문하여 베이징시 일부 지역에 5월 21일부터 계엄이 실시될 예정이라고 알려 준 것이다. 그동안 평온했던 광장에 갑자기 전운이 감돌았다. 이 무렵 광장과 베이징 기차역 등에는 「학생운동의 책략에 대한 몇 가지 건의」라는 전단이 배포되었다. "자오쯔양 동지는 그만둘 수 없다.

즉각 공산당의 전국대표대회 특별회의를 개최하라. 전국인대의 특별회의를 개최하라."⁵⁷⁾ 이는 앞에서 본 '3소 I회'의 「긴급성명」을 반복한 것이다.

톈안먼 광장의 '학생운동의 목소리(學運之聲)' 방송은 고자련의 긴급 통지를 발표했다. "단식을 중단하고 연좌농성에 돌입한다." 이어서 5월 20일 새벽에 고자련, 학생 대화단 등은 연합 기자회견을 개최하여 세 가지 사항을 발표했다.

단식을 중단하고 연좌한다. 〔그러나〕 만약 단식 학생이 단식을 계속한다면, 우리는 〔단식 학생을〕 계속 성원할 것이다. 우리의 투쟁 목표는 결코 포기할 수 없다. 즉각 전국인대 긴급회의를 소집하라. 전국 각계 인사는 베이징시 대학생의 질서 유지에 협조해 줄 것을 호소한다. 초등학교와 중고등학교 학생은 거리 시위에 나서지 말고, 외지 학생은 베이징에 오지 말며, 노동자는 파업하지 말라.⁵⁸⁾

한편 각 대학에서는 학생들이 교내 방송을 통해 계엄군의 베이징 진주를 알리면서 이에 대응하자고 호소했다. 베이징대학 '학생 자치회 준비위원회'는 호소했다.

믿을 만한 소식에 의하면, 공산당 중앙 총서기인 자오쯔양은 이미 실각했고, 리펑이 정치국의 모든 업무를 주재한다. 오늘 저녁 공산당은 군대를 출동하여 계엄을 실시하기로 결정했다. 학생 여러분, 시민 여러분, 즉각 행동하여 톈안먼 광장에 빨리 가고, 각 주요 교통로 입구에서 군용차를 막자.[59]

이렇게 공산당과 정부가 계엄령을 공식 선포하기도 전에 계엄 사실이 누설되었고, 톈안먼 광장과 대학은 공포에 휩싸였다. 동시에 시민들과 학생들은 베이징 도심으로 진입하는 계엄군을 막기 위한 준비에 돌입한다.

(3) 계엄령 선포와 자오쯔양의 실각

공식적인 계엄령 선포는 5월 19일 밤 10시에 개최된 '중앙 및 베이징시 당·정·군 간부대회'에서 이루어졌다. 그날 오전 10시에는 덩샤오핑 집에서 예비 회의가 개최되었다. 이 회의에는 혁명원로인 천윈, 리셴녠, 양상쿤, 정치국 상무위원인 리펑, 야오이린, 차오스, 인민해방군의 츠하오톈과 자오난치(趙南起), 그리고 원로 장군인 친지웨이(秦基偉), 훙쉐즈(洪學智), 류화칭(劉華淸)이 참석했다. 계엄에 반대한 자오쯔양과 후치리는 정치국 상무위원이었지만 회의에 참석할 수 없었다. 이 회의에서는 계엄 선포에 대한 확인 외에도 몇 가지 중요한 문제가 논의되었다.[60]

리펑의 일기에 따르면, 이 회의에서 덩샤오핑은 새로운 총서기로 장쩌민, 총리로 리펑, 새로운 상무위원으로 쑹핑(宋平)을 추천했다고 한다. 또한 덩은 후치리의 상무위원 자격을 박탈해야 한다고 주장했다고 한다. 리펑의 일기가 사실이라면, 장쩌민의 총서기 결정은 이때 이루어졌고, 이와 함께 자오쯔양의 총서기 직무도 이날로 끝났다. 또한 이후 공산당을 이끌어 갈 새로운 지도부가 사실상 이때 확정되었다.

그런데 리펑의 일기 후반부에는 이와 다른 이야기, 즉 '아직 정치국 상무위원이 확정되지 않아 논의 중'이라는 말이 있는 등 혼란스러운 점이 있다. 게다가 자오쯔양의 회고록이나 『중국 6·4진상』에는 이런 내용이 아예 없을 뿐만 아니라 장쩌민의 총서기 결정은 이후에 이루어졌다고 기술하고 있다. 특히 계엄 선포를 준비하기 위한 예비 모임에서 이 같은 중대한 인선 문제를 덩샤오핑이 갑자기 발표했다는 것은 이치에 맞지 않는다. 이런 이유로 이 내용은 리펑이 다른 의도가 있어 추가한 것이 아닌가라는 인상을 준다. 그 의도는 뒤에서 밝히겠다.

계엄령의 공식 선포

5월 19일 밤 10시에 개최된 '당·정·군 간부대회'에는 공산당 중앙, 국무원, 전국인대 상무위원회, 중국 인민정치협상회의 전국위원회(전국정협), 베이징시 공산당 위원회와 정부의 차관급 이상 간부, 그리고 공산당 중앙 판공청과 국무원 판공청의 국장급 이상 간부가 모두 참석했다. 주석단에는 양상쿤(중앙군위 부주석 신분), 리펑, 차오스, 후치리, 야오이린, 왕전(원로 대표)이 앉았다. 회의는 차오스가 주재했다. 자오쯔양은 양상쿤과 리펑의 거듭되는 참석 요청에도 불구하고 병을 핑계로 불참했다. 이로써 자오는 "당의 분열이라는 씻을 수 없는 잘못을 범했다."[61]

베이징 상황 보고에서 리시밍은 '배후 세력'으로 팡리즈와 그의 부인 리수셴, 국내외의 '반(反)중국 단체의 수괴'(예를 들이, 중국인권동맹의 런완딩(任畹町)과 중국민주연맹의 후핑(胡平)), 대만 국민당, 미국 백악관 대변인 등을 언급했다. 이어서 리펑은 계엄이 필요함을 역설했다. "현재 수도의 형세는 상당히 엄중하다. 무정부 상태가 더욱더 심해지고 있으며, 법제와 기율이 파괴되었다." 만약 신속하게 국면을 전환하지 않으면 전국적인 동란이 발생할 수 있다. 일부 세력들은 이를 이용하여 공산당과 사회주의 제도를 부정하려고 획책하고 있다. 또한 그는 공산당과 국무원을 대표하여 긴급 호소했다. 단식 학생은 광장을 떠나 치료를 받고, 시민과 사회 각계 인사는 인도주의 차원에서 학생들을 성원하지 말라고.[62] 마지막으로 양상쿤은 현재 베이징은 무정부 상태이고, 정상 질서를 회복하고 중요 기관을 보호하는 것은 해방군의 임무라고 주장했다.[63]

다음 날 새벽에 리펑은 총리 자격으로 「중하인민공화국 국무원 베이징시 부분 지구 계엄 실시 명령」에 서명했다. 원래 계엄은 5월 21일 0시부터 실시할 예정이었지만, 계엄이 사전에 누설되어 5월 20일 10시부터 시작하기로 결정했다. 천시퉁도 시장 자격으로 「베이징시 인민정부 명령」에 서명했다. 계엄은 둥청구(東城區) 등 8개 구역에만 실시한다. 또한 계엄 기간에는 시위, 청원, 수업 거부, 파

톈안먼 사건

업 등 일체의 질서 저해 행위를 금지한다. 그 밖에 계엄 기간에 해 방군과 무장경찰이 일체 수단을 동원하여 강제 조치를 취할 수 있 다.[64] 「명령」 발표 직후, 지방 공산당 위원회는 계엄 선포를 지지하 는 입장을 전문(電文) 형태로 전달했다. 이번에도 상하이의 장쩌민 이 가장 먼저 '절대 옹호' 입장을 전달됐다.[65]

여기서 계엄은 베이징시 전체가 아니라 8개 구에만 부분적으 로 실시되는 이유가 흥미롭다. 리펑에 따르면, 두 가지 이유 때문 이다. 첫째, 베이징의 도심 지역(區)과 교외 지역(縣) 중에서 '동란' 은 도심 지역에서만 발생했기 때문에 전체에 계엄을 선포할 필요가 없다. 둘째, 법률에 따르면, 국무원 총리는 성·직할시·자치구의 '부 분' 계엄만 선포할 수 있고, '전체' 지역의 계엄은 전국인대 상무위 원회만이 결정할 수 있다.[66] 리펑은 전국인대 상무위원회가 학생운 동 처리에 개입하는 것을 반대했다. 이런 이유로 리펑은 총리의 권 한으로 할 수 있는 부분 계엄을 선포했던 것이다.

시민과 학생의 저항

계엄령 발표 이후 "베이징의 사회 각계는 끓는 솥과 같았으며, 절대 다수의 교수, 학생, 당정간부와 시민은 모두 이를 비난했다." 5월 20일 공산당 중앙과 국무원에 접수된 200여 개의 베이징 및 지 방의 상황 보고 중에서 80%가 계엄을 반대하는 내용이었다.[67] 또 한 당일 보고에 따르면, 전국적으로 모두 132개 도시에서 계엄에 항의하는 다양한 시위가 벌어졌다.[68]

5월 20일 베이징 도심과 대학, 톈안먼 광장에는 '항전(抗戰)'의 분위기가 농후했다. 먼저, 도심으로 통하는 주요 길목에는 10만 명의 학생들과 시민들이 각종 장애물을 설치하고 군용차의 진입을 막았다. 그날 이동 명령을 받은 베이징군구 38집단군의 규모는 약 1만 5000명이었는데,[69] 이들은 시민과 학생의 저항으로 도심에 진입할 수 없었다. 계엄령은 당연히 집행할 수 없었다. 이는 군을 포함하여 그 누구도 예상하지 못했던 결과였다.[70] 원로들과 리펑 등 보수파는 긴장할 수밖에 없었다. 차오스가 자오쯔양에게 한 말에 따르면 "많은 사람들(공산당 지도자들을 말함)은 어쩔 줄 몰라 하고 있었다."[71]

　이런 상황 속에서 양상쿤은 5월 20일 오후에 중앙군위 확대회의를 개최하여 계엄군에게 '최대한 자제하고, 무기 사용을 엄격히 통제한다.'는 명령을 하달했다. 벽돌이나 병을 던지며 저항하는 시민과 학생들에게 곤봉으로 방어하고, 절대로 사람을 향해 총을 쏘지 말라는 명령이다.[72] 이런 명령으로 인해 6월 4일 톈안먼 광장의 진압을 결정하기 전까지 계엄군과 시민 및 학생 간에는 유혈 사태가 발생하지 않았다. 결국 어쩔 수 없이 중앙군위는 5월 22일 무렵 계엄군에게 시 외곽으로 철수하라고 명령한다.[73] 계엄이 사실상 실패한 것이다. 이후에 계엄군은 은밀한 방법을 통해 도심 지역에 배치된다.

　광장에 있는 학생들도 계엄에 대비한 비상조치에 들어갔다. 첫째, 각지에 규찰대를 보내 군용차의 도심 진입을 저지했다. 둘째, 계엄군의 폭력 진압에 대비하고, 물수건을 준비하여 최루탄에 대비했다. 셋째, 학생 지휘부의 선도로 전체 학생이 다시 한 번 결사 항전을 맹세했다. 그 밖에 광장에 있는 학생 방송은 지식인과 사회 각계의 성명서 등을 소개하면서 항전의 결의를 다졌다.[74]

또한 각 대학에서는 '학생자치회'가 방송을 통해 "부대가 베이징에 와서 학생을 진압하려 한다." "대학은 군대의 관리에 들어간다." 등의 소식을 전달했다. 이를 막기 위해 창안가(長安街)와 톈안먼에는 6~7만 명이 "계엄 반대!" "리펑 타도!" 등을 외치며 시위를 벌였다.[75] 참고로 이때부터 자오쯔양 타도의 구호는 사라졌다. 이는 베이징과 지방 모두에 해당한다. 자오가 계엄에 반대하여 실각했다는 사실이 알려졌기 때문이다. 사회 각계의 항의 활동도 활발하게 전개되었다. 여러 지식인 집단이 계엄을 반대하는 성명서를 발표했다. 이 중 두 가지 새로운 모습이 나타났다.

하나는 5월 20일 오후에 《인민일보》의 '호외(號外)'가 대규모로 길거리에 살포된 일이다. 이날 오후에 발행된 '호외'는 신문의 형식과 글자체가 《인민일보》와 완전히 같았다. 따라서 이는 다른 곳에서 제작될 수 있는 것이 아니었다. 호외의 내용은 어제 공산당 중앙체제개혁위원회 소속의 연구원(자오쯔양과 연계된 지식인)들이 현 상황과 앞으로의 대응 등에 대해 톈안먼 광장에서 했던 연설을 담고 있었다. 《인민일보》 사장은 즉시 성명을 발표하여 호외 발행은 없으며, 누가 명의를 도용한 것이라고 주장했다.[76] 이 호외 사건과 다른 몇 가지 저항 활동으로 인해 《인민일보》에서는 후에 대대적인 인적 청산 작업이 진행된다.

노동자와 자영업자의 참여

다른 하나는 5월 20일에 「수도 전체 노동자(工人)와 학생의 연합성명」이라는 전단지가 배포된 것이다. 전단지 작성자의 명의는 세 단체였다. 첫째는 수도 노동자 자치연합회(首都工人自治聯合會籌備委: 약칭은 공자련(工自聯))로 5월 18일에 결성되었다.[77] 둘째는 고자련이고, 셋째는 단식단이었다. 그런데 실제로는 학생 활동가인 리진진(李進進)과 궈하이펑이 주도하여 노동자인 한둥팡(韓東方)과 함께 작성한 전단이었다. 공자련도 역시 이들 학생 활동가들의 도움으로 결성되었다.[78] 따라서 공자련은 학생운동의 부속물에 지나지 않았다.[79]

후야오방 사망 이후 민주화 운동이 시작되면서, 학생과 노동자가 공동으로 성명을 발표하거나 활동을 전개한 것은 이번이 처음이었다. 학생들이 노동자와의 공동 활동은 말할 것도 없고, 노동자들이 자신들의 시위 대열에 참여하는 것 자체를 막았기 때문이다.[80] 이는 일차로 학생운동의 '순수성'을 유지하려는 엘리트주의의 산물이었다.[81] 동시에 이는 정부에게 학생운동을 강경 진압할 구실을 주지 않기 위해서였다. 지난 경험을 통해 학생 지도부는 노동자와 연대한 활동에 대해서는 정부가 강경하게 진압한다는 사실을 알고 있었다.

「연합성명」은 모두 여섯 가지 요구를 담고 있다. '전국인대는 즉각 임시회의를 개최하여 리펑과 양상쿤을 파면하고, 인민의 적인 정부 관원의 법률적 책임을 물어야 한다.' '군대 관리(軍管)를 반대

　　　　　　　　　　　　　톈안먼 사건

하고, 베이징 시민이 군대의 진주를 저지하자.' '총리가 서명한 계엄령을 승인할 수 없다.' '학생은 교수와 함께 수업을 거부하고 최후의 승리를 쟁취할 것이다.' '수도 노동자는 파업을 포함한 일체의 평화적인 수단을 이용하여 목적을 달성할 것이다.'[82]

또한 이때부터 수백 명의 자영업자(個體戶)와 노동자들이 수백 대의 오토바이를 동원하여 '비호대'(飛虎隊: 나는 호랑이 부대)를 조직하여 활동에 나섰다. 비호대는 베이징 각 지역과 톈안먼 광장에서 계엄 정보 등 각종 소식을 수집 및 배포하는 역할을 담당했다. 또한 운동 지휘부의 지시를 베이징 각 지역 학생들과 시민들에게 전달하는 역할도 맡았다. 이처럼 5월 20일 무렵부터 노동자와 자영업자가 조직적이고 집단적으로 운동에 참여하기 시작했다. 이들은 '감사대'(敢死隊: 죽음을 두려워하지 않는 부대)라는 일종의 규찰대를 조직하여 계엄군의 진입을 저지하고, 톈안먼 광장과 시위대의 질서를 유지하는 데에도 일익을 담당했다.

사실 자영업자들은 이전에도 돈과 물자의 제공 등 다양한 방법으로 학생들을 지원했다.[83] 이들이 학생이 주도하는 민주화 운동에 참여하게 된 동기는 흥미롭다. 칼훈 교수가 인터뷰한 한 자영업자의 증언은 이들의 참여 동기를 잘 보여 준다. 이에 따르면, 이들은 돈은 좀 벌었지만 사회적 지위가 없었다. 그래서 운동에 참여해서 사회적인 인정을 받고 싶었다. 참여를 통해 이들은 인생에서 처음으로 국가를 위해 좋은 일을 했다는 자부심을 느꼈다.

우리 같은 사람들은 이 사회에서 어떤 지위를 가져 본 적이 없다. 우리는 돈은 있지만 학벌이 없어 낮은 계급이다. 나와 같이 일하는 사람들은 돈을 기부했지만, 존경을 살 수는 없었다. 관료들은 부패했지만, 우리도 멸시받는 사람들이다. 베이징 시민들이 우리를 인정하기 시작한 것은 이번이 처음이다. 그들은 실제로 우리 같은 사람들을 존중했다. 오토바이를 탈 때마다 그들은 '비호대 만세!'라고 외쳤다. 이것은 기꺼이 죽을 만한 일이다.[84]

전국인대 상무위원회의 서명 사건

5월 21일부터 전국인대 긴급회의 소집을 둘러싼 몇 가지 움직임이 나타난다. 이는 계엄령이 선포된 상황에서 유혈 진압은 피해야 한다는 간절한 소망에서, 전국인대 상무위원회를 통해 이 문제를 평화적으로 해결하려는 여러 사람들의 마지막 노력이었다.

먼저, 자오쯔양은 5월 21일 공산당 중앙 통전부장 옌밍푸를 찾아가서 양상쿤을 만나 자신의 제안을 전달해 줄 것을 요청했다. 전국인대 상무위원회가 긴급회의를 개최하여 학생운동의 문제를 해결하자는 것이다. 이는 자오의 지론인 '민주와 법제이 궤도'에서 문제를 해결하자는 주장을 반복한 것이다. 양상쿤은 전에는 자오의 주장에 동의했지만 이번에는 이 제안을 거절했다.[85] 중앙군위 부주석으로서 계엄령이 선포된 마당에 이런 시도를 한다는 것은 타당하지 않기 때문이다.

같은 날 자오쯔양은 후치리를 통해 완리의 조기 귀국을 촉구하

톈안먼 사건

는 전문(電文)을 전국인대 상무위원회 당조(黨組)의 명의로 발송했다. 완리는 5월 13일부터 25일까지 미국과 캐나다를 방문 중이었는데, 전국인대 상무위원회가 긴급회의를 소집하기 위해서는 위원장인 완리가 있어야 했기 때문이다. 그런데 같은 시점에 리펑은 완리의 조기 귀국을 반대하는 전문을 보냈다. 이는 덩샤오핑의 동의 아래 공산당 중앙의 명의로 작성된 전문이었다. 결국 완리는 같은 날 중국으로부터 두 통의 상반된 내용의 전문을 받게 된다. 이때 완리는 리펑의 전문을 선택했다. 공산당 중앙의 명의가 중요했기 때문이다.[86]

또한 이 무렵에 전국인대 상무위원회 위원들이 긴급회의를 소집하기 위해 움직였다. 우선 당내의 움직임이다. 전국인대 상무위원회 당조(黨組, party group)가 전국인대 지도부의 의사를 반영하여, 정치국 상무위원회에 긴급회의를 소집하자는 청원을 제출했다. 당조는 공산당원인 전국인대 위원장, 부위원장, 비서장으로 구성되는 전국인대의 최고 지도 조직이다. 동시에 이 당조는 정치국 상무위원회의 하급 조직이기 때문에, 중요한 문제를 결정할 때에는 반드시 사전에 정치국 상무위원회에 관련 내용을 보고하고 비준을 받아야 한다.

전국인대 당조의 청원은 세 가지 내용을 담고 있다. 첫째, 유혈진압은 안 되고, 군의 베이징 진입을 반대한다. 둘째, 전국인대 상무위원회 위원과 학생 대표가 담판을 벌인다. 조건은 학생의 애국행동을 승인하는 것이다. 셋째, 전국인대 상무위원회 회의를 개최하여 국무원의 계엄 보고를 청취한다. 이를 위해 완리의 조기 귀국을 요청한다. 리펑은 정치국 상무위원회 회의를 소집하여 이런 청원을 공식 거절했다.[87] 이렇게 하여 전국인대 상무위원회의 긴급회의를 소집하기 위한 당내 움직임은 좌절되었다.

다음으로 당외의 움직임이다. 베이징에 있는 사영기업인 쓰퉁공사(四通公司)에는 사회발전연구소가 있다. 이 연구소의 연구원인 차오쓰위안(曹思源)은 완룬난(萬潤南) 사장의 동의를 얻어 전국인대의 긴급회의를 소집하기 위한 「건의서」를 작성했다.[88] '국가 최고 권력기관으로서 전국인대는 긴급한 시기에 적법한 과정을 통해 인민의 의지를 반영하여 긴급회의를 소집'하고, 이는 '민주와 법제의 궤도에서 문제를 해결하는 필요한 조치다.' 이것이 「건의서」의 내용이다. 그는 이를 후지웨이(胡積偉) 전국인대 상무위원회 위원에게 전달했고, 후지웨이는 이에 기꺼이 서명했다. 동시에 후지웨이는 자신의 명의로 다른 전국인대 상무위원회 위원의 서명을 받을 수 있도록 차오쓰위안에게 권한을 위임했다. 그 결과 5월 21일부터 5월 24일까지 모두 46명의 위원이 직접 혹은 전화로 서명에 참여했다.

이 외에도 5월 17일에는 리이닝(厲以寧) 등 24명의 위원, 5월 18일에는 펑즈쥔(馮之浚) 등 18명의 위원이 전국인대 상무위원회에 긴급회의의 소집을 요청하는 건의서를 제출했다. 이렇게 하여 모두 57명의 전국인대 상무위원회 위원이 「건의서」의 서명에 참여(일부는 중복 서명)했다. 이는 전체 위원의 3분의 1에 해당하는 규모다. 후지웨이는 이를 완리 전국인대 위원장, 시중쉰(習仲勛) 부위원장, 펑충(彭沖) 부위원장에게 각각 전달했다. 차오쓰위안은 이를 홍콩의《문회

톈안먼 사건

보(文匯報)》에 전달했다.

이 일이 있은 직후 리펑은 서명에 참여한 전국인대 상무위원회 위원에 대한 확인 조사를 지시했다. 확인 결과 일부 위원은 자신의 의사와 다르게 서명에 참여한 것으로 되어 있다고 말했지만, 51명은 이의를 제기하지 않았다. 즉 서명 사실을 인정했다.[89] 이것이 유명한 전국인대 상무위원회 위원의 서명 사건이다. 물론 이런 노력에도 불구하고 전국인대의 긴급회의는 소집되지 않았다.

자오쯔양의 실각과 장쩌민의 총서기 추천

한편 5월 20일에는 매우 중요한 원로회의가 개최되었다.[90] 여기에는 예젠잉(1986년에 사망)을 제외한 소위 '8대 원로', 즉 덩샤오핑, 천윈, 리셴녠, 펑전, 덩잉차오(鄧穎超: 저우언라이의 부인), 양상쿤, 보이보, 왕전이 모두 참석했다. 원로 중에는 이들 외에도 쉬샹첸과 녜룽전이 있었지만, 이들은 이미 정계를 은퇴했기 때문에 회의에 참석하지 않았다. 의제는 두 가지였다. 하나는 자오쯔양의 사퇴이고, 다른 하나는 후계자 인선 문제다.

먼저, 자오쯔양에 대한 비판이 있었다. 크게 세 가지 문제점이 지적되었다. 첫째, 자오쯔양은 '4·26사설'이 발표된 이후에도 학생운동을 동란으로 인정하지 않았다. 이는 곧 자오가 동란을 지지했다는 것을 의미한다. 둘째, 고르바초프와의 회담에서 덩샤오핑을 팔아먹어 학생과 시민이 덩에게 창끝을 겨누게 만들었다. 셋째, 병가를 신청하여 계엄 선포 대회에 불참함으로써 공산당의 분열을 조

장했다. 이데올로기를 담당했던 후치리도 언론을 제대로 관리하지 못했다는 비판을 받았다.[91]

다음으로 후임 인선 문제가 논의되었다. 먼저 덩샤오핑은 인선 기준으로 네 가지를 제시했다. 첫째로 정치적 각오가 높아야 하고, 둘째로 업무 능력이 강해야 하며, 셋째로 사상 인품이 좋아야 하고, 넷째로 단결을 잘해야 한다. 천윈은 비슷하지만 좀 더 구체적인 조건을 제시했다. 새로운 지도자는 정치적으로 깃발이 선명하고, 태도가 굳건하며, 당성(黨性) 원칙이 강해야 한다. 또한 허심탄회하게 다른 사람의 말을 경청하며, 주관을 고집하지 않고, 업무 조정 능력이 뛰어나야 한다. 게다가 마르크스-레닌주의를 이해하고, 이론을 이해하며, 지식이 넓어야 한다. 그 밖에도 업무 실적이 좋아야 한다. 마지막으로 이미지도 좋아서 각계가 모두 수용할 수 있어야 하고, 민심을 다스리고 안정시킬 수 있고, 믿을 수 있어야 한다.[92] 천윈은 평소의 그답지 않게 말을 길게 늘어놓았다. 핵심은 후야오방이나 자오쯔양 같은 사람은 절대로 안 된다는 것이다.

이후에 원로들은 자신들이 생각하는 총서기와 정치국 상무위원을 자유롭게 추천했다. 천윈과 리셴녠이 장쩌민을 총서기로 추천했다. 천윈은 장쩌민이 겸손하고, 당성 원칙도 강하며, 지식도 넓고, 상하이에서의 평판도 좋다고 칭찬했다. 리셴녠은 먼저 장쩌민이 항상 '중앙과의 일치'를 강조하는, 당성이 강한 인물이라고 평가했다. 장은 '4·26사설'이 발표된 후에 가장 먼저 중앙의 정신을 상하이에서 관철했고,《세계경제도보》도 과감하게 정돈했다. 중앙이 계엄령을 선포했을 때에도 그가 가장 먼저 '절대 지지'를 표시했다. 리셴녠은 또한 장은 경제적인 능력도 뛰어나다고 치켜세웠다.[93]

사실 천윈과 리셴녠은 상하이시 당서기인 장쩌민을 전부터 잘 알고 있었다. 상하이가 고향이자 성장 기반이었던 천윈은 거의 매년 상하이에 내려가 겨울을 보냈기 때문이다. 리셴녠도 자주 상하이에서 겨울을 보냈다. 그때마다 장쩌민은 이들을 정성스럽게 보살폈고, 이를 통해 호감을 살 수 있었다. 이런 이유에서인지는 몰라도 리셴녠은 1986~1987년 학생운동이 일어났을 때 장쩌민이 이에 적극적으로 대처하는 것을 매우 높이 평가했다. 심지어 그는 상하이의 자료를 정리하여 배포하도록 지시했다. 다른 지역이 장쩌민의 행동을 본받아야 한다는 뜻에서다.

이처럼 천윈과 리셴녠이 장쩌민을 총서기로 추천했기 때문에 장쩌민이 덩샤오핑보다 천윈과 리셴녠에게 더 감사하고 의존하는 것, 또한 그들의 말과 지시에 더 주의를 기울이는 것은 당연했다. 이는 경제정책에서 분명하게 나타났다. 즉 장쩌민은 천윈의 보수적인 경제정책, 특히 치리정돈 정책을 추종했던 것이다. 1992년 1~2월에 덩샤오핑이 왜 '남순강화(南巡講話)'를 통해 장쩌민에게 개혁을 압박할 수밖에 없었는지 이해되는 대목이다.

한편 왕전은 리펑을 총서기로 추천했다. 장쩌민은 중앙의 업무 경험이 없고, 리펑은 이번 '동란'에서 '표현'(表現, performance)이 가장 좋다는 것이다. 양상쿤은 각계의 비판이 리펑에게 맞추어져 있기 때문에 리펑이 총서기를 맡는 것은 타당하지 않다고 반대했다.

대신 차오스를 추천했다. 차오스는 나이가 젊고 건강하며, 정치국 상무위원 중에서 중앙의 각 임무를 가장 많이 맡은 경험이 있다는 것이다. 반면 펑전은 완리를 총서기로 추천했다. 그러나 천원이 나이를 이유로 반대했고, 대신 쑹핑을 상무위원으로 추천했다. 덩샤오핑은 톈진시 당서기 리루이환을 상무위원으로 추천했다. 리루이환이 "박력이 있고, 사상도 있고, 군중의 정치사상 공작을 잘한다."라는 이유에서다.[94]

최종적으로 이번 회의에서는 몇 가지가 결정되었다.[95] 첫째, 자오쯔양과 후치리의 직무를 정지하고, 추후에 중앙위원회가 이를 공식 결정하도록 한다. 이 결정에 따라 5월 22일부터 자오쯔양과 후치리의 직무는 정지되었다. 물론 자오쯔양은 이런 사실을 알지 못했고, 그래서 이런 '불법 행위'를 수용할 수 없다고 화를 내고 저항했던 것이다.[96] 둘째, 완리가 미국에서 귀국할 때에는 먼저 상하이에 머물다가 중앙의 결정에 따라 베이징에 올라온다. 완리는 출국 전에 자오쯔양의 견해에 동의하는 모습을 보였다. 따라서 완리의 입장을 확인한 다음 베이징에 합류하도록 허용하는 것이 '안전'하기 때문에 이런 결정을 내렸다. 인선과 관련하여, 덩샤오핑은 리셴녠의 제안(즉 장쩌민을 총서기로 한다.)을 중심으로 나중에 다시 논의하여 정치국에 정식으로 제안하자고 말했다. 이렇게 하여 사실상 장쩌민이 총서기로 결정되었다.

이런 인선에 대해 『중국 6·4진상』을 편집한 장량은 이렇게 평가했다. 후야오방이 실각할 때에는 총리인 자오쯔양이 승계했다.

따라서 자오의 실각 이후에 순리대로 하면 총리인 리펑이 총서기를 승계해야 한다. 그러나 왕전을 제외하고는 누구도 리펑을 추천하지 않았다. 이는 "리펑에 대한 시민의 분노가 너무 커서 그가 총서기를 맡아서는 민중을 설득할 수 없기 때문이다."[97] 이를 통해 왜 리펑이 5월 19일 자 일기에 그날 덩이 장쩌민을 총서기로, 자신을 총리로 이미 결정했다고 썼는지를 이해할 수 있다. 자신이 이처럼 시민과 학생뿐만 아니라 원로들로부터도 '버림받은' 상황을 알리고 싶지 않았던 것이다.

자오쯔양의 청산(淸算)

원로회의 이후 자오쯔양을 청산하기 위한 작업이 전 당 차원에서 진행되었다. 먼저, 5월 22일에 정치국 확대회의가 개최되어 자오쯔양의 청산 문제를 논의했다. 이 회의에는 자오쯔양과 후치리를 제외한 정치국 상무위원, 서기처 서기, 전국인대 부위원장, 국무원 부총리와 국무위원, 전국정협 부주석, 중앙군위 성원 등이 참석했다.

리펑은 자오쯔양의 '죄상'을 상세히 지적했다. 자오는 학생운동을 동란으로 규정한 '4·26사설'이 정확했음에도 이를 인정하지 않았다. 또한 그는 5월 3일 5·4운동 70주년 기념식 연설문에 '부르주아 자유화 반대'라는 문구를 추가하라는 상무위원들의 요청을 수용하지 않았다. 게다가 5월 4일 아시아개발은행 담화에서는 '4·26사설'과 위배되는 관점을 제기해서 당내 동의를 얻지 못했다. 5월 16일 고르바초프와의 회담에서는 덩샤오핑의 '특수 지위'를 발설해서 덩을 공격의 표적으로 만들었다. 마지막으로 계엄은 정치국 상무위원회가 결정한 것인데, 자오는 이를 무시하고 계엄 선포 대회에 불참했다.[98] 이런 리펑의 보고는 이후 자오를 비난하는 '표준'이 된다.

또한 5월 22일 공산당 중앙 판공청은 각 지역에 긴급 전보를 발송했다. "각 성·자치구·직할시의 당위원회 서기, 신화사(新華社) 홍콩 분사 및 마카오 분사의 당 책임자는 중앙이 규정한 시간에 베이징을 방문하여, 당 원로와 정치국 상무위원회가 자오쯔양 등에 대해 내린 결정을 통보받을 것." 모든 지방 지도자를 대상으로 일제 점검을 위한 면담 지시가 하달된 것이다. 미국을 방문 중인 완리에게도 방문을 조기에 종료하고 귀국하여 상하이에서 '휴식'을 취하라는 전문이 발송되었다. 또한 공산당 중앙과 국무원 각 부·위원회의 책임자에 대한 면담 지시도 하달되었다. 면담 기간은 5월 23일부터 5월 26일까지다. 면담은 리펑, 차오스, 야오이린 등 정치국 상무위원, 쑹핑 차기 상무위원, 양상쿤이 직접 담당한다.[99]

먼저 5월 23일에 장쩌민이 베이징에 도착하여 양상쿤과 면담했다. 양상쿤은 장에게 완리가 상하이에 도차하면 세 가지 사항을 전달하라고 지시했다. 첫째, 자오쯔양은 공개적으로 덩샤오핑과 정치국 상무위원회의 결정을 반대해서 정직 상태에 있다. 자오의 주요 문제는 '4·26사설'의 반대, 계엄의 반대, 고르바초프와의 회담에서 덩의 지위 공개 발설이다. 둘째, 계엄은 정치국 상무위원회의 결정이지 어떤 개인의 결정이 아니다. 셋째, 사회 각계가 전국인대의 긴

톈안먼 사건

급회의 소집을 요구하고, 일부 위원이 연명으로 소집을 시도하고 있다. 당 중앙은 완리의 명확한 입장 표명을 요구한다.[100]

이런 지시에 따라 5월 25일 상하이에 도착한 완리는 5월 27일에 비서가 작성한 서면 담화를 발표했다. 담화 내용은 당연히 공산당 중앙의 사전 동의를 거친 것이다. 이것은 바로 신화사를 통해 전국으로 배포되었다. 먼저 학생운동이 동란이라는 규정에 동의한다. 또한 총리의 계엄 선포는 합법적이고, 이에 완전히 동의한다. 마지막으로 전국인대는 긴급회의가 아니라 정기적인 상무위원회 회의를 6월 20일 무렵에 개최한다.[101](6월 20일의 회의 개최는 이미 전에 발표된 내용이다.) 이런 담화의 발표 이후, 완리는 귀경이 허락되어 5월 31일에 베이징으로 돌아왔다.

이로써 전국인대의 긴급회의를 통해 '민주와 법제의 궤도'에서 학생운동의 문제를 해결하겠다는 자오쯔양의 구상은 물거품이 되었다. 완리의 '서면 담화'는 학생운동에도 큰 타격이었다. 학생 지도부는 완리의 지지를 얻어 전국인대의 긴급회의를 소집하고, 이를 통해 정부가 학생운동을 애국민주운동으로, 학생 조직을 합법적인 조직으로 인정하도록 압박을 가하려고 했기 때문이다. 이제 남은 방법은 학생들이 자진해서 광장에서 철수하든가, 아니면 정부가 강제 진압을 통해 이들을 해산하든가 둘 중의 하나밖에 없었다.

5월 26일에는 천원이 중앙고문위원회 회의를 소집했고, 평전은 민주당파와 당외(黨外) 인사들과의 좌담회를 개최했다. 이는 공산당 원로와 당외 저명인사들에게 상황을 직접 설명하고 확고한 지지를 얻기 위한 노력이었다. 리펑은 중앙고문위 회의에 참석하여 상황을 상세하게 보고했다. 특히 리펑은 자오를 '부르주아 자유화'의 '최고 배후 세력(總後臺)'으로, 그가 담당했던 공산당 중앙 정치체제 개혁판공실을 '총지휘부(總指揮部)'로 지목했다. 리펑은 개혁 판공실이 앞에서 살펴본 '3소 1회' 및 학생 조직과 연결된다는 점을 강조했다. 물론 이를 뒷받침하는 근거는 제시되지 않았다. 그 밖에도 그는 베이징대학의 팡리즈와 그의 부인, 미국의 소로스 기금과 그와 연계된 국내 연구소, 후지웨이를 포함한 당내 자유주의 분자, 미국 CIA 등을 배후 세력으로 지목했다.[102]

이상에서 살펴본 중앙 및 지방 지도자에 대한 일련의 면담을 통해 보수파들은 자오쯔양에게 호의적인 일부 인사를 색출해 낼 수 있었다. 리펑 일기에 의하면, 지방 지도자 중에는 허난성(河南省) 당서기 양치쭝(楊析宗)만이 자오에게 동정을 표시했고, 나머지는 "중앙의 결정을 굳건히 옹호했다." 그래서 양치쭝과의 면담은 이후에 몇 차례 더 진행되었다. 중앙 지도자 중에는 자오쯔양의 '사람'으로 분류되는 서기처 서기 루이싱원(芮杏文)과 통전부장 옌밍푸의 "태도가 충분히 분명(明朗)하지 않았다." 그래서 다시 면담하기로 결정했다.[103] 톈안먼 광장이 진압된 후에 이 두 사람은 결국 면직된다.

이런 과정을 거친 후, 5월 27일부터 28일까지 전국의 성·자치구·직할시의 공산당 위원회와 인민해방군의 7대 군구(軍區)는 공식적인 '입장 표명(表態)'을 발표했다. 모두 중앙의 결정, 즉 자오쯔양의 실각과 계엄령의 선포를 굳건히 옹호한다는 내용이었다.[104] 이

톈안먼 사건

처럼 덩샤오핑과 리펑 등 보수파 지도자들은 5월 19일 계엄령이 선포된 이후에 그것이 제대로 집행되지 않는 어려운 상황에 직면하자 내부 결속을 다지는 작업을 진행했다. 또한 최고 지도부 내에서 자오와 입장을 같이했던 완리를 보수파 진영으로 끌어오는 데 성공했다. 그 밖에도 자오의 추종자인 중앙의 일부 부서 책임자와 지방의 지도자를 색출하여 고립시키는 데 성공했다. '최후의 결전'을 위한 기본 준비가 완료된 것이다.

장쩌민의 총서기 확정

이제 남은 작업은 신임 총서기와 정치국 상무위원 등 후계 인선을 완료하는 일이다. 이를 위해 5월 27일 저녁에 덩샤오핑 집에서 원로회의가 다시 개최되었다. 여기에는 예젠잉을 제외한 '8대 원로'가 전원 참석했다. 의제는 후계자 선정과 자오쯔양의 정치 비서인 바오퉁(鮑彤: 공산당 중앙위원)의 처리였다.

먼저, 덩샤오핑이 후계자의 선정 기준을 발표했다. 즉 개혁 개방을 굳건히 추진할 수 있는 사람이 바로 그것이다. 여기서 그는 개혁 개방과 함께 그가 늘 강조하던 4항 기본원칙을 언급하지 않았다.

새로운 지도부(領導班子)는 [공산당] 11기 3중전회 이래의 노선·방침·정책을 계속 관철 집행해야 하고, 단어(語言)조차도 바꿀 수 없다. [공산당] 13차 당대회의 정치 보고는 당의 대표대회에서 통과된 것으로, 한 글자도 움직일 수 없다. 개혁 개방의 정책은 불변이고, 수십 년간 불변이고, 끝까지 강조해야 한다. 이것이 새로운 중앙 지도 집단에 대해 우리가 거는 기대이자 요구다.[105]

이어서 덩은 장쩌민을 총서기로 추천했다. 이미 천윈 및 리셴녠과 사전에 논의했다는 말을 잊지 않았다. 지나가는 말로 덩은 화궈펑(華國鋒)에 대해 간단하게 평가했다. 화궈펑은 "단지 과도기의 인물(過渡)이며, 그 자체로 독립된 것도 없고, 단지 '양개범시(兩個凡是)'만이 있을 뿐이다."

천윈은 이에 동의했다. 다만 인선 기준으로 "인민의 신뢰를 받고, 정치적 업적이 있어야 한다."와 "부르주아 자유화 반대와 4항 기본원칙을 견지해야 한다."를 추가했다. 후자는 천윈이 늘 강조하는 기준이다. 동시에 그는 다시 한 번 쑹핑을 정치국 상무위원으로 추천했다. 양상쿤은 덩을 대신하여 리루이환을 정치국 상무위원으로 추천했다.

왕전은 간단하게 동의를 표시했다. "너희 세 사람[덩·천윈·리셴녠]이 동의했으면 정해졌다. 나는 장쩌민을 잘 모르지만, 샤오핑 동지의 눈은 틀리지 않는다고 믿는다." 왕전이 말을 통해, 인선을 포함한 중요 정책은 덩샤오핑이 천윈 및 리셴녠의 의견을 들어 결정하면 사실상 확정된다는 사실을 알 수 있다. 다른 원로들도 발언을 통해 덩의 견해에 동의를 표시했다.

이런 논의를 종합하여 덩샤오핑이 최종 발표했다. "장쩌민, 리펑, 차오스, 야오이린, 쑹핑, 리루이환을 정치국 상무위원으로 결정한다. 장쩌민을 총서기로 결정한다." 이에 대해 장량은 다음과 같이 논평했다.

원로들이 거리낌 없이 공산당 중앙위원회를 능가하여 모든 현직 정치국 상무위원을 배제한 상태에서, 완전히 「당헌(黨章)」을 유린하고, 공공연히 중국공산당의 당내 생활 준칙을 파괴하며, 불법 수단으로 공산당 중앙의 최고 정책 결정 집단을 교체함으로써 무혈 정변을 완성했다.[106]

이어서 국가 기밀의 유출(특히 계엄령의 사전 발설)과 자유주의의 추종 혐의로 바오퉁의 체포를 결정했다. 5월 27일 국가안전부는 자오쯔양의 실각 등 국가 기밀을 바오가 누설했다고 리펑에게 보고했다. 이런 보고에 입각하여, 리펑은 덩샤오핑 등 원로들에게 바오퉁에 대한 체포를 비준해 줄 것을 요청했고, 원로들이 동의했던 것이다. 원로의 동의 직후 바오퉁은 체포되었고, 자오쯔양은 더욱 엄격한 통제 아래 놓이게 되었다. 그래서 장량은 "사실상 5월 28일부터 자오쯔양은 연금 생활을 시작했다."라고 주장했다.[107]

5월 29일에는 리펑의 주재로 정치국 상무위원회 간담회가 개최되었다. 이미 원로회의에서 논의된 새로운 상무위원의 인선을 추인하기 위해서였다. 그런데 재미있는 것은, 이때에는 후치리가 정치국 상무위원으로 유임되는 것으로 논의되었다는 점이다.[108] 이는 후치리에 대한 처리가 이때까지 확정되지 않았음을 보여 준다. 그런데 나중에 자오쯔양이 방미 중인 완리의 귀국을 촉구하는 전문을 보낼 때 후치리가 적극 협조한 사실이 알려지면서, 그런데도 이에 대해 후치리가 전혀 반성하지 않는 태도를 보이면서 후치리는 정치 국원의 지위까지 잃게 된다.

참고로 후치리는 6월 2일 리펑을 찾아가 자신의 과거 행동에 대해 깊이 반성하는 모습을 보였다. 즉 리펑 앞에서 "결정적인 순간에 동요하여 불합격이다."라고 스스로 인정했던 것이다. 또한 후치리는 자신과 자오쯔양 간의 관계가 좋지 않았다고 리펑에게 고백했다. 자오는 자신을 한 번도 존중한 적이 없고, 1987년 1월에 자오가 후야오방을 비판할 때에는 분노했다고 말했다. 그러면서 후치리는 모든 것이 정리된 후에 국무원의 전문부서에서 일하기를 희망한다고 말했다.[109] 장관 자리 하나 정도를 요청한 것이다. 그러나 그의 요청은 받아들여지지 않았다. 다만 2년 후에 공산당 중앙의 '화합과 단결'을 위해 자오쯔양과 관련된 인사에 대한 사면이 있었고, 이때 후치리는 옌밍푸, 루이싱원과 함께 사면되어 차관(副部長) 자리를 얻는다. 이는 덩샤오핑의 뜻이었다.

이렇게 인선이 확정되자 덩샤오핑은 그 내용을 당사자에게 직접 통보한다. 먼저, 5월 30일에 장쩌민은 갑자기 호출을 받고 베이징에 도착했다. 양상쿤과 원자바오(중앙 판공청 주임)의 준비로 장쩌민은 천원과 리셴녠(30일), 덩샤오핑(31일)을 모두 접견했다. 장의 면담 기록은 없지만, 총서기 직책을 맡긴다는 원로회의의 결정과 원로들의 당부의 말이 있었을 것이다.[110] 참고로 리펑의 일기에는

톈안먼 사건

장쩌민이 5월 31일에 베이징에 도착하여 6월 1일에 덩을 접견했다고 기록하고 있다.[111]

덩샤오핑의 '정치적 당부'

또한 덩샤오핑은 5월 31일 오전에 리펑과 야오이린을 자기 집으로 불러 장시간 대화를 나누었다.[112] 흥미로운 점은 같은 정치국 상무위원인 차오스는 부르지 않았다는 사실이다. 또한 덩은 이 두 사람과 나눈 대화를 상세하게 정리하여 당내에 공개했다.[113] 그렇다면 덩은 왜 이 시점에서 이 두 사람만 불렀을까? 또한 덩이 대화 내용을 상세하게 공개한 이유는 무엇일까?

이에 대해 장량은 이렇게 해석했다. 먼저, 리펑과 야오이린을 부른 이유는 이들의 불만을 무마하기 위해서다. 5월 22일 자오쯔양이 총서기직에서 쫓겨난 이후부터 리펑이 사실상 당정 업무를 총괄했다. 또한 자오가 실각했을 때 리펑은 자신이 총서기가 될 것으로 생각했을 것이다. 이런 상황에서 장쩌민을 총서기로 지명할 경우, 리펑은 야오이린과 협력하여 장쩌민을 허수아비로 만들 수 있다. 만약 이런 일이 생기면 '동란'의 저지도 어렵고, 이후에도 많은 문제가 야기될 가능성이 있다. 이를 막기 위해 덩이 사전에 두 사람을 만나 당부를 했던 것이다. 정치국 상무위원회는 개혁 개방을 견지하고, 장쩌민을 옹호하며, 소규모 패거리(小圈子)를 만들어 단결하지 못하는 일이 없도록 하라는 것이다.[114]

또한 덩샤오핑이 리펑 및 야오이린과의 대화 내용을 공개한 이유는 이들이 개혁 개방을 견지하도록, 또한 장쩌민을 중심으로 단결을 유지하도록 감독하기 위해서다. 대화 내용을 공개하면 공산당 전체는 이것이 덩의 지시임을 알 수 있다. 이런 상황에서 전체 공산당 당원은 리펑과 야오이린이 개혁 개방 노선을 견지하는지, 정치국의 대다수가 단결을 유지하는지 여부를 감독할 수 있다. 이것이 바로 덩의 책략이다. "누구든 개혁하지 않으면 실각한다(誰不改革, 誰下臺)."라는 덩의 말을 전 당에 다시 공포한 셈이다.

대화에서 덩샤오핑은 리펑과 야오이린에게 개혁 개방의 견지를 무엇보다 앞서 강조했다. 이것은 최근 들어 덩이 기회가 있을 때마다 강조하는 사실이다. 민주화 운동의 발생과 보수파의 강경 대응, 소련 및 동유럽 사회주의권의 혼란을 보면서 덩은 중국의 앞날을 걱정했고, 이에 대한 대응으로 개혁 개방의 지속을 강조했던 것이다.

> 개혁 개방의 정책은 변할 수 없고, 수십 년 동안 변할 수 없고, 계속 끝까지 강조해야 한다. 국제와 국내는 모두 이 문제에 매우 관심이 많다. 〔공산당〕 11기 3중전회의 노선·방침·정책을 계속 관철 집행해야 하고, 단어도 바꿀 수 없다. 〔공산당〕 13차 당대회의 정치 보고는 당의 대표대회에서 통과된 것으로, 한 글자도 움직일 수 없다. 〔이것은 원로회의에서 인선 기준으로 덩이 강조한 내용을 반복한 것이다.〕 이것은 내가 리셴녠, 천원 동지의 의견을 구한 것인데, 그들도 찬성했다.[115]

톈안먼 사건

다음으로 덩샤오핑은 이후의 당면 임무로 두 가지를 제시했다. 첫째는 개혁 개방의 이미지를 갖고 있는 인물로 지도부를 구성하여 국민들에게 희망을 주는 일이다. 이는 리펑이 총서기가 될 수 없는 이유를 간접적으로 설명한 것이다. 리펑은 보수파의 대명사로 개혁 개방의 이미지를 갖고 있지 않을 뿐만 아니라 학생운동에 강경 대응하면서 국민들 사이에서 신망을 잃었기 때문이다. 둘째는 부패 청산이다. 이어서 덩은 새로운 지도부의 선발 기준으로 개혁 개방을 다시 한 번 강조했다.[116)]

마지막으로 덩샤오핑은 파벌 금지와 장쩌민을 중심으로 한 단결을 강조했다. 먼저, "당내에는 어떤 형태로든 소규모 파벌(小派)이나 소규모 패거리를 형성할 수 없다." 왜냐하면 "소규모 패거리는 사람을 죽이고, 매우 많은 실수가 여기서 나오기 때문이다." 또한 새로운 지도부는 장쩌민을 "핵심(核心)"으로 단결해야 한다. 이를 위해 덩은 곧 은퇴할 것이라고 선언했다.

새로운 지도부는 권위와 신뢰를 구축해야 한다. 나는 분명히 은퇴하여 너희들의 일에 관여하지 않을 것이다. 중앙(사실은 '원로회의')은 장쩌민 동지가 중공중앙의 총서기를 맡을 것을 결정했다. 모두 서로 존중하고, 서로 포용하며, 서로 승복하지 않는 일이 없기를 바란다. 모두 장쩌민 동지를 핵심으로 잘 단결할 수 있기를 바란다. 오직 영도집단(領導集體)이 단결하고, 개혁 개방을 견지해서 평온하게 수십 년을 발전해야, 중국에는 근본적인 변화가 생길

것이다. 관건은 영도 핵심에 있다. 너희들이 내 이야기를 새로운 영도기구에서 일하는 모든 동지에게 전달해 주기를 바란다. 이것은 내 정치적 당부(交代)다.[117]

이렇게 하여 자오쯔양의 실각과 함께 초래된 당내 분열과 권력 공백의 문제가 해결되었다.

4 톈안먼 광장의 진압과 정리

공산당과 정부는 5월 19일 계엄령을 선포한 이후, 자체 조직을
정비하고 새로운 지도부를 구성하는 등 '최후의 결전'에 대비한 만
반의 준비를 갖추어 나갔다. 학생운동 진영도 계엄령 선포 당시의
긴장감에서 벗어나 서서히 조직을 정비하고 활동을 재개하기 시작
했다. 그러나 학생운동이 안고 있던 여러 가지 문제로 인해 일사분
란한 정부에 비해 부족한 점이 매우 많았다. 이를 두고 한 연구자는
5월 22일부터 6월 2일까지 학생운동은 "의지와 격정이 소진되어,
진압당하기를 대기하는 것 외에는 명확한 목표가 없었다."라고 혹
독하게 평가했다.[1]

(1) 운동 진영의 개편과 혼란

5월 19일 계엄령이 선포된 직후 지식인 사회는 민주화 운동에
적극적으로 개입하기 시작했다. 이 상태로 가면 학생운동에 대한
유혈 진압을 피할 수 없고, 이렇게 될 경우 역사가 크게 후퇴할 수
있다는 절박감이 들었기 때문이다. 대표적으로 사경소의 천쯔밍(陳
子明)과 왕쥔타오는 5월 13일의 단식과 19일의 계엄령을 계기로 연
구소 전체가 운동에 참여하기로 결정했다. 사실 왕쥔타오가 5월 13
일 학생과 정부 간의 대화에 참여한 것은 공산당 통전부가 중재를
요청했기 때문이다.[2] 그러나 이제는 자발적으로 연구소 전체가 참
여하기로 결정했다.

이들은 먼저 분산된 운동조직을 통합하기로 결정했다. 저명한
지식인과 기존 학생 조직의 대표들을 포괄하여 '수도 각계 애국 헌
법수호 연석회의'(首都各界愛國維憲連席會議: 이하 '연석회의'로 약칭)를
결성한 것이다. 5월 23일 50여 명의 대표가 중국사회과학원 마르크
스-레닌연구소에 모여 첫 회의를 개최했다. 연석회의를 만든 이유
는, 민주화 운동이 혼란스럽고 운동 지도부가 끊임없이 갈등을 빚
으면서 조직 정비의 필요성이 제기되었기 때문이다.[3]

연석회의의 설립 목적은 세 가지였다. 첫째는 학생운동의 지도
다. 이는 구체적으로 대화와 설득을 통해 학생들의 단식을 중단하
고, 톈안먼 광장에서 학생들을 완전히 철수시키는 것이다. 둘째는
만약 정부가 대화를 시작할 경우 이에 맞추어 준비하는 것이다. 셋

째는 비폭력적인 헌법 수호 운동을 전개하여 공산당 지도부의 분화와 타협을 촉진하는 것이다. 세 번째 목표는 '당내 민주파'(예를 들어 자유주의적 지식인)와 '당내 개혁파'(예를 들어 자오쯔양과 완리)가 힘을 합하면, 공산당 11기 3중전회에서 그랬던 것처럼 공산당을 좀 더 개혁적인 방향으로 유도할 수 있다는 판단에 근거한 것이다.[4] 물론 이는 완전히 잘못된 판단, 더 나아가 완전한 환상이었다.

이와 함께 톈안먼 광장의 학생 지도부도 개편되었다. 학생운동을 지도할 조직으로 '보위(保衛) 톈안먼 광장지휘부'(약칭 '광장지휘부')가 5월 23일에 출범했다.[5] 사실 광장지휘부는 5월 15일에 만들어진 '단식단 지휘부'가 명칭만 바꾼 것으로, 차이링을 총지휘로 하는 기존 체제가 그대로 이어졌다. 여기에 더해 베이징 학생들의 조직인 고자련과 외지 학생들 조직인 '외자련(外自聯)' 등을 연합하여, 5월 24일에는 '광장(廣場) 영지(營地) 연석회의'(약칭 '영지연석회의')라는 새로운 학생 연합회의체가 출범했다. 원래 계획대로 하면 광장지휘부가 연석회의의 '지도' 혹은 '자문'을 받는 그런 단순한 구도, 즉 '광장지휘부-연석회의'였다. 그런데 연석회의 외에 영지연석회의(학생회의)가 구성되면서 광장지휘부는 두 개의 연석회의의 지도 혹은 자문을 받는 복잡한 구도, 즉 '광장지휘부-연석회의'와 '광장지휘부-영지연석회의'가 형성되었다. 이렇게 되면서 혼란이 계속되었다.

우선, 광장지휘부와 두 개의 연석회의 간의 관계에 대한 혼란이 발생했다. 두 연석회의는 광장지휘부의 상급 지도 조직인가, 아니면 단순한 자문기구인가에 대한 합의가 없었다. 만약 연석회의가 상급 지도 조직이라면 광장지휘부는 이들의 지시를 따라야 하지만, 그렇지 않다면 그럴 필요가 없었다. 결국 광장지휘부는 두 연석회의의 정책 결정과 상관없이 독자적으로 정책을 결정하고 집행했다. 이렇게 되면서 연석회의가 설립된 첫 번째 목표, 즉 학생운동의 지도(구체적으로는 설득을 통한 학생들의 단식 중단과 광장 철수)는 실패로 돌아갔다.

또한 설사 광장지휘부가 두 연석회의의 '집행부'라고 가정해도 두 연석회의 간에 이견이 발생하면 누구의 말을 들어야 하는가라는 문제가 발생했다. 연석회의는 사경소(지식인)가 주도했고, 영지연석회의는 학생 대표들이 주도했기 때문에 양자 간에 의견 대립은 항상 발생했다. 결국 이런 이유로 운동조직의 개편은 기대한 성과를 거두지 못했다.[6] 학생운동은 여전히 광장지휘부(즉 이전의 단식단 지휘부)가 주도하고, 고자련이 이와 경쟁하는 방식으로 혼란스럽게 전개되었다.

철수 결정과 번복

이런 상황에서 향후 민주화 운동의 방향을 놓고 학생과 대중 간에, 또한 운동 지도부들 간에 대립과 갈등이 발생했다. 가장 중요한 문제는 톈안먼 광장에서 철수할 것인가 말 것인가를 결정하는 일이었다. 이를 둘러싼 대립과 갈등은 5월 20일 계엄 첫날부터 6월 4일 광장 진압 직전까지 지속되었다.

일부는 광장에서의 즉각적인 철수를 주장했다. 계엄령이 선포된 상황에서 광장에 계속 남아 농성하는 것은 더 이상 의미가 없다는 것이다. 이것은 '아무것도 하지 않는 것'의 표현일 뿐이다. 또한 상황이 잘못 전개되면 정부의 유혈 진압을 초래할 수 있다. 즉 강경 보수파에 탄압의 빌미를 제공할 수 있다. 게다가 현재 학생 조직은 분열이 심한데, 이 상태로 지속되면 운동 조직을 보전할 수 없다. 대신 학생들은 이미 얻은 성과를 움켜쥐고 학교로 돌아가서 '과학과 민주의 투쟁'을 더욱 깊이, 또한 더욱 지속적으로 확대하는 장기전을 전개해야 한다.[7]

반면 일부는 "견지가 곧 승리다!"라는 판단에서 계속 점거 농성할 것을 주장했다. 우선 학생들이 아무런 성과 없이 이대로 철수하는 것은 단식의 초충(初忠)에 위배된다. 또한 이 상태로 그대로 철수하면, 즉 학생운동이 애국민주운동이라고 인정을 받지 못하면, 또한 학생 조직이 합법적이라고 인정을 받지 못하면 당국과 학교는 이를 근거로 관계된 학생들에게 반드시 보복할 것이다. 이렇게 되면 학생들의 헌신과 희생이 물거품이 될 뿐만 아니라 이후의 정부 보복에도 속수무책으로 당할 수밖에 없다.

게다가 이들은 설사 계엄령이 선포되었어도 절대로 '무력 진압'은 없을 것이라고 확신했다. "인민해방군은 인민 자제(子弟)의 병사이지 특정인의 군대가 아니며, 인민군대는 인민을 진압하지 않을 것이다." 또한 "우리 학생들은 베이징 주둔 군대를 대상으로 선전을 진행하여, 이미 군대의 동정과 이해를 얻었다." "우리는 군의

톈안먼 시건

베이징 진주를 환영할 준비를 해야 하는데, 왜냐하면 군대는 주로 질서 유지를 돕기 위해 진주하기 때문이다."[8] 이후 사태의 진전은 이것이 얼마나 순진한 발상인가를 보여 주었지만 당시 적지 않은 학생들과 지식인들이 이렇게 생각했다.[9]

철수 문제는 결정과 번복을 반복했다. 예를 들어 5월 27일 우얼카이시, 왕단, 차이링 등 광장지휘부는 5월 30일에 톈안먼 광장에서 철수한다는 계획을 발표했다. 이날(즉 5월 30일) '전 세계 화인 (華人) 대시위'가 끝나면 광장에서의 농성도 정리한다는 것이다. 이는 연석회의의 건의를 학생 지도부가 수용한 결과다. 그런데 그날 연석회의는 「시국에 대한 10개 성명」에서 "만약 전국인대 상무위원회의 긴급회의가 조만간 개최되지 않으면, 톈안먼 광장의 대규모 평화 청원 활동은 6월 20일 전국인대 상무위원회 회의가 소집될 때까지 지속될 것"이라고 선언했다.[10] 광장 철수를 번복하고, 6월 20일까지 단식 및 점거 농성을 계속하기로 결정한 것이다.[11]

철수 번복은 차이링 등 광장지휘부가 주도한 것이라고 한다. 그렇다면 이들은 왜 철수를 번복했을까? 크게 두 가지 이유가 제기된다. 첫째는 지식인들과 그들이 주도하는 연석회의에 대한 불신이다. 일부 학생운동 지도자들은 연석회의 지도부가 정부와 연계되어 있고, 정부는 연석회의를 통해 학생들을 광장에서 철수시키려고 시도한다고 판단했다.[12] 또한 이들은 지식인들이 학생운동을 좌우할 것이 두려워 철수를 거부했다고 한다. 즉 학생운동의 주도권을 유지하고 싶었던 것이다.[13]

둘째는 외지 학생, 즉 베이징 이외의 지역에서 상경한 대학생들이 철수를 반대했기 때문이다. 5월 19일 계엄령 선포 이후, 톈안먼 광장에는 외지 학생들이 대규모로 몰려들었다. 정부 통계에 따르면, 5월 30일까지 베이징을 방문한 외지 학생은 연인원 40만 명이 넘었다. 또한 매일 베이징을 떠나는 외지 학생도 2만 명이 넘어 모두 18만 명의 학생이 베이징을 떠났다.[14] 또한 톈안먼 광장의 학생 규모는 5월 20일 계엄령 실시 직후의 30만 명에서 5월 말의 1만 명으로 크게 줄었다. 이 중 대다수는 외지 학생이었다. 자오 교수는 1만 명 중에서 90%가 외지 학생이라고 주장한다. 이들이 5월 30일의 광장 철수에 반대했던 것이다.[15]

외지 학생들이 광장 철수를 반대한 것은 몇 가지 이유 때문이었다. 무엇보다 이들은 결의가 강했다. 온갖 어려움을 무릅쓰고 베이징까지 왔다는 사실 자체가 이를 증명한다. 따라서 이들은 학생들 중에서 비교적 '강경파'에 속한다. 게다가 외지 학생은 상경한 지 얼마 되지 않아 베이징 학생들보다 덜 피곤했다. 또한 광장에서 철수해서 고향에 돌아가면 학교 당국이나 정부에 의해 보복을 당할 수도 있다. 그 밖에도 광장에서 철수하면 언론이나 사회의 주목을 받을 수 없고, 정보나 소통 수단에서도 멀어져 운동을 지속하는 데 어려움이 있다는 것이 이유였다.[16]

한편 5월 말에 접어들면서 학생운동은 재정 부족에 시달렸다. 차이링과 펑충더는 5월 말에 연석회의 지식인들을 찾아가 재정 문제로 광장에서의 점거 농성을 계속할 수 없다고 주장했다. 즉 처음

톈안먼 사건

에 이들은 바로 재정 문제로 조기 철수를 주장했던 것이다.[17] 또한 6월 1일 차이링과 펑충더가 다른 학생운동 관계자에 의해 납치될 뻔한 것도 자금 문제가 한 원인이 되었다. 즉 지금까지 지원받은 막대한 자금의 보관과 사용을 놓고 학생운동 지도부 간에 불신이 생겼고, 이로 인해 납치와 같은 극단적인 방법을 동원하여 자금을 확보하려고 시도했던 것이다.

학생운동은 초기에 주로 시민들로부터의 모금을 통해 필요한 경비를 조달했다. 초기 활동에는 사경소가 3000위안(元)씩 두 번 지원한 경비가 요긴하게 쓰였다. 그러나 민주화 운동이 확대되면서 이 정도 규모로는 어림도 없었다. 다행히 5월 13일 단식 농성이 시작되면서, 또한 이와 함께 시민, 노동자, 자영업자 등이 집단적으로 참여하면서 기부금이 증가했다. 게다가 해외 기부금도 증가했다.

예를 들어 5월 18일 100만 명의 대규모 시위가 벌어졌을 때, 노동조합의 중앙 조직인 전국총공회(全國總工會)가 10만 위안, 베이징 둥펑(動風) 전기기계창이 2만 위안, 베이징 방직1창이 1만 위안을 기부했다.[18] 사영기업가인 쓰퉁공사(四通公司)의 완룬난(萬潤南)은 20만 위안의 현금과 많은 장비 및 인원을 제공했다. 베이징의 주요 대학들, 적십자사와 병원, 여러 국가기관과 단체도 지원 대열에 합류했다. 지역으로는 광둥성 선전시 서커우(蛇口)가 21만 홍콩달러를 지원했다. 그 밖에도 홍콩과 대만뿐 아니라 미국과 유럽 등 해외에서도 많은 현금과 물품이 지원되었다.[19]

그런데 문제는 이렇게 모금된 지원금과 물품이 제대로 관리 및 사용되지 못했다는 점이다. 우선 운동 조직이 난립하면서 이를 통일적으로 관리하는 조직이 없었다. 그래서 얼마나 많은 돈과 물품이 들어왔고, 그것이 어떻게 집행되고 있는지를 파악하는 조직이나 개인은 없었다. 특히 현금의 경우에는 관리에 문제가 있었다고 한다. 또한 식량, 음료수 등 물자 낭비가 매우 심각한 수준이었다. 일부 학생은 수십 병의 생수를 그냥 한 모금씩만 마시고는 버렸다.[20] 이런 이유로 5월 말 무렵에는 광장의 농성에 필요한 경비와 물자가 부족한 현상이 발생했다.

'민주의 신'과 '4군자'의 단식

한편 5월 말과 6월 초에는 원로와 보수파를 자극하는 행동이 톈안먼 광장에서 벌어졌다. 이런 행동은 단식 농성과 마찬가지로 떨어져 가는 운동의 동력을 확보하려는, 다시 말해 학생과 시민의 관심과 참여를 유도하려는 의도에서 기획된 이벤트의 성격이 강했다. 이런 행동이 톈안먼 광장의 진압에 얼마나 영향을 미쳤는지는 알 수 없지만, 원로와 보수파가 '더 이상 참을 수 없다.'고 판단하는 데 일조한 것은 분명하다.

먼저, 5월 29일에 '민주의 신(民主之神)' 제막식이 톈안먼 광장의 북쪽에서 거행되었다. 중앙미술학원 등 8개의 예술대학에서 온 수백 명의 학생들은 일주일 동안의 노력 끝에 '민주의 신'이라는 석고상을 완성하여 막 톈안먼 광장으로 운반했던 것이다. 이렇게 하여 '민주의 신'은 중국 혁명의 상징이자 공산당의 상징인 마오쩌둥의 초상과 대비되어, 또한 혁명을 위해 목숨을 바친 열사들을 기념하는 인민영웅 기념비와 대비되어 민주화 운동의 상징이자 기념물로 우뚝 섰다.

'민주의 신'을 만든 취지는, 미국의 '자유의 여신상'을 모방하여 학생들이 민주와 자유를 정신적 지주로 삼아 투쟁 의지를 고취하기 위한 것이었다. 이는 제막식에서 낭독된 「'민주의 신' 선언」에 잘 나와 있다.

> 오늘 인민광장에 인민을 존중하는 신상(神像)이 높이 솟았으니, 바로 '민주의 신'이다. 우리는 그녀(민주의 신)를 단식단의 용사(勇士)에게 봉헌하고, 광장의 전우(戰友)에게 봉헌하고, 전국의 백만 대학생에게 봉헌하고, 전 베이징, 전 중국, 전 세계에서 우리의 민주 투쟁을 지원하는 인민에게 봉헌한다……
>
> 오래되었다, 민주의 신! 70년 전(1919년 5·4운동을 가리킴), 우리의 선배들은 일찍이 너의 이름을 높이 불렀다. 너를 위해, 우리는 다시 70년을 기다려야만 한단 말인가? 민주의 신, 너는 중화민족을 구원할 희망이다. 민주의 신, 이미 광장의 대학생과 억만 명 인민의 민주의 상징이 되었다. 민주의 신, 너는 1989년 중국의 민주화 물결(民主潮流)의 영혼이다. (……)[21]

'민주의 신'을 지켜보는 혁명원로들과 리펑 같은 보수파 지도자가 어떤 생각을 했을지 우리는 충분히 짐작할 수 있다.

또한 6월 2일 오후 4시에는 류사오보(劉曉波: 베이징사범대학 강사, 2010년 노벨평화상 수상자), 저우퉈(周舵: 베이징대학 사회학연구소 강사 및 쓰퉁공사(四通公司) 종합계획부 부장), 가오신(高新:《사대주보(師大週報)》 전편집장), 허우더젠(侯德健: 대만의 유명 가수) 등 4명(소위 '4군자')의 단식 선언식이 인민영웅 기념비 앞에서 거행되났나. 여기서 이들은 매우 감성적이고 호소력 짙은 「6·2단식 선언」을 발표했다. 이들이 단식을 시작하는 이유는 단순히 리펑 정부의 폭압에 저항하는 것뿐 아니라, 비겁하고 나약한 지식인들의 행동을 참회하기 위해서였다.

우리는 단식한다! 우리는 항의한다! 우리는 호소한다! 우리는 참회한다! 우리는 죽음을 찾는 것이 아니다. 우리는 진실한 생명을 찾는다. 리펑 정부의 비이성적인 군사 폭력의 고압 아래에서, 중국 지식계는 반드시 수천 년 동안 이어져 온, 단지 말만 하고 행동하지 않는 나약함을 끝내고, 행동으로 새로운 정치 문화의 탄생을 호소하고, 행동으로 우리들이 오랫동안 나약함으로 범했던 잘못을 참회한다.[22]

또한 이들은 민주주의를 실현하기 위해 당장 두 가지를 실시하자고 호소했다.

첫째, 전 사회는 마땅히 각종 방식으로 합법적인 민간 자치조직을 건립하고, 점차로 민간의 정치 역량을 형성하여, 정부의 정책 결정을 견제해야 한다. 민주의 정수는 견제이기 때문이다. 우리는 차라리 상호 견제하는 열 마리의 악마가 필요하지, 절대 권력을 보유한 한 명의 천사는 필요 없다. 둘째, 엄중한 실수를 범한 지도자의 파면을 통해 점차로 완전한 파면제도를 건립한다. 누가 기용되고, 누가 실각하는가는 중요하지 않다. 어떻게 기용되고, 어떻게 실각하는가가 중요하다. 비민주적인 절차에 의한 임면(任免)은 독재로 이른다.[23]

이어서 '4군자'는 정부의 잘못과 학생의 잘못을 동시에 지적했다. 정부의 잘못은 "주로 옛날의 '계급투쟁식' 정치 사유의 지배 아래 광대한 학생과 시민의 반대편에 서서 충돌을 부단히 강화한 것"이다. 정부는 "헌법이 부여한 국민의 기본 권리를 무시했고, 이로써 일종의 전제정치(專制政治)의 사유로 이 운동을 동란으로 규정"했다. 따라서 "진정으로 동란(動亂)을 만든 것은 정부의 잘못된 정책 결정"이다. 반면 학생의 잘못은 "주로 내부 조직의 혼란과 효율적이고 민주적인 절차의 결핍에 있다."[24]

마지막으로 이들은 스스로 정부가 말하는 '한줌의 세력(一小撮)', 즉 배후 세력(黑手)임을 자처했다. 한줌의 세력, 즉 자신과 같은 양심적인 지식인과 시민은, 학생은 아니지만 "정치적 책임감이 있는 시민(公民)"으로, 학생이 주도한 "전 인민의 민주운동"에 참여했다. 그들의 "모든 행위는 합법적"이고, "자기의 지혜와 행동으로 정부가 참회하기를, 공개적으로 잘못을 인정하고 고치기를, 아울러 학생 자치조직이 민주와 법제의 절차에 따라 날로 완전해지기를 바란다."[25]

'민주의 신' 제막과 '4군자'의 단식은 톈안먼 광장에 있는 학생과 시민에게 큰 힘이 되었다. 특히 허우더젠은 대만의 유명한 대중 가수였다. 그래서 많은 시민과 학생들은 허우더젠을 만나 서명을 받기 위해, 동시에 '민주의 신'도 한 번 구경할 목적으로 광장을 찾았다. 이런 이유로 "먼저 여신을 보고, 그다음에 원숭이를 보자(先看女神後看猴)!"라는 말이 크게 유행했던 것이다.[26] 여기서 여신은 '민주의 신', 원숭이(猴)는 허우(候)를 가리킨다. 원숭이의 중국어 발음과 허우의 중국어 발음이 같아 이렇게 말한 것이다. 연석회의는 '4군자'의 단식을 지지한다고 선언했다.

그러나 이런 새로운 이벤트와 이로 인해 유발된 학생과 시민의 높아진 호기심은 정부에게 큰 부담이 되었다. 학생들이 지쳐 광장에서 철수할 수밖에 없는 상황, 그래서 정부가 무력을 동원하여 강제로 진압하지 않아도 되는 상황이 바뀌었기 때문이다. 특히 스스로 '한줌의 세력'을 자청한 집단이 나타난 것은 정부에 큰 충격이었다. 학생운동을 비난하고 겁을 주는 단골 메뉴가 더 이상 먹히지 않는다는 사실을 보여 주기 때문이다. 정부 입장에서는 이제 '광장 정리(淸場)'를 결심할 시간이 다가왔다.

여기서 지적하고 싶은 점은 5월 19일 계엄령 선포와 함께 전국적으로 확대되었던 학생 및 시민의 시위도 시간이 가면서 급격히 줄어들었다는 사실이다. [그림 4-1]은 이를 잘 보여 준다. 이는 5월

톈안먼 사건

〔그림 4-1〕 전국 시위 발생 도시의 변화

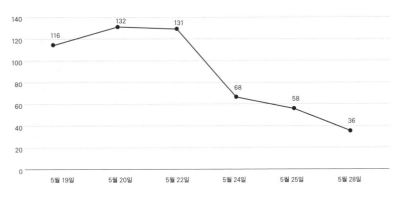

〈출처〉 張良 編著, 『中國六四眞相(下)』(香港: 明鏡出版社, 2001), pp. 540, 563, 623, 676, 696, 779.

19일부터 5월 28일까지 시위가 발생한 도시에서 공산당 중앙과 국무원에 보낸 보고서를 근거로 작성한 것이다. 이에 따르면, 계엄령이 선포된 다음 날인 5월 20일에는 전국적으로 132개 도시에서 시위가 발생하면서 최고조를 이루었다. 이런 상황은 5월 21일에도 131개 도시에서 시위가 발생하면서 유지되었다. 그런데 5월 24일에는 68개 도시, 5월 28일에는 36개 도시에서만 시위가 발생했다.

이처럼 전국적으로 시위 활동이 급속히 줄어들었다는 것은 5월 말이 되면 민주화 운동이 더 이상 유지되기 어려울 정도로 동력이 떨어졌다는 사실을 보여 준다. 위에서 보았듯이 베이징의 시위 상황도 이와 다르지 않다. 따라서 이 무렵이 되면 정부가 무력으로 톈안먼 광장을 진압해도, 베이징뿐만 아니라 지방 도시에서도 '대중 봉기'와 같은 대규모의 저항운동이 발생할 가능성은 매우 낮았다.

어쩌면 정부는 이런 상황을 파악하면서 무력 진압에 나섰을 수도 있다.

(2) 톈안먼 광장의 진압

6월 2일(리펑은 일기에서 6월 1일로 기록했다.)에는 정치국 상무위원회 회의가 덩샤오핑 집에서 개최되었다.[27] 여기에는 리펑, 차오스, 야오이린 등 상무위원 외에도 덩샤오핑, 리셴녠, 펑전, 양상쿤, 왕전 등 원로도 참석했다. 원로가 참석했다는 것은 논의할 의제가 매우 중요하다는 점을 보여 준다. 의제는 바로 톈안먼 광장의 정리 문제였다.

먼저 리펑이 전체 상황을 보고했다. 베이징시 당위원회와 국가안전부의 보고에 의하면, 동란 조직자들은 광장을 장기간 점거하여 정부와의 최후 결전을 위한 지휘 센터로 삼고자 한다. 그 결과 광장은 이미 '반혁명 분자'가 난동을 부리는 '제1선의 지휘 센터'가 되었고, 공산당과 정부에 맹공을 가하는 '반혁명 기지'가 되었다. 또한 최근 불법 조직이 기승을 부리고, 외국의 적대세력, 특히 '미국의 소리(Voice of America)' 방송이 이를 지원한다. 이번 동란은 국내외 반동 세력이 결탁한 결과로, 목적은 공산당과 사회주의 제도의 전복이다. 결론적으로 광장의 즉각적인 정리가 필요하다.[28] 리펑은 이렇게 보고했다.

이어서 원로들이 각자의 의견을 발표했다. 덩샤오핑은 "현재 동란이 내전(內戰)으로 확대될 수 있다."라고 경고했다. 그 결과는 문화대혁명(문혁) 때보다 더욱 심각해질 수 있다. 당시에는 마오쩌둥과 저우언라이가 있어서 '전면적인 내전'으로 악화되지 않았지만, 현재는 그렇지 않을 수 있다는 것이다. 만약 다시 혼란해지면 공산당과 국가는 제 역할을 할 수 없고, 한 파벌이 일부 군대를 장악하고 다른 파벌이 일부 군대를 장악하면 전면적인 내전의 국면이 전개될 수도 있다.[29] 이와 같은 덩의 경고는 당시 원로들이 무엇을 우려하고 있었는지를 잘 보여 준다.

이런 판단에 입각하여 덩샤오핑은 광장 정리에 대한 최종 결정을 내렸다. 첫째, 계엄군 지휘부는 6월 2일 저녁에 광장 정리 계획을 실시하여 이틀 이내에, 즉 6월 4일까지 완료한다. 둘째, 광장 정리를 시민들에게 알리고, 그래도 남는 자들은 자신의 책임이다. 셋째, 양상쿤은 중앙군위 회의를 개최하여 정치국 상무위원회 및 우리의 건의를 전달한다. 넷째, 리펑은 오늘 회의의 상황을 회의에 불참한 천윈에게 통지한다.[30]

양상쿤은 회의 결정에 따라 중앙군위 및 계엄부대 지휘부 책임자 회의를 즉각 개최했다. 이 회의에서 "6월 3일 0시(6월 2일 자정)에 베이징 외곽에 있는 계엄부대는 베이징 시내로 진주하여 대기한다."라는 지시가 하달되었다.[31] 이에 따라 베이징 도심에 주둔하던 2만 5000명의 계엄군이 비밀 통로를 통해 인민대회당 주변에 포진했다. 그 밖에도 3000명의 군대가 광장 남측으로 이동하여 주둔했

다. 이로써 계엄군의 광장 포위가 시작되었다.[32]

한편 베이징 외곽에 주둔하던 계엄군은 명령에 따라 6월 2일 저녁부터 도심 지역으로 이동하기 시작했다. 그런데 이번에도 이들은 학생과 시민의 강력한 저항에 직면했다. 6월 2일 자정에서 새벽 I시 사이에 톈안먼 광장의 고자련과 공자련의 방송실, 각 대학의 방송실은 긴급 호소를 방송했다. 계엄부대가 베이징 외곽에서 광장을 향해 진격하고 있고, 군인들은 검을 단 총을 들고 있으니 학생과 시민이 함께 교통 요충지에서 이들을 저지할 것을 호소했던 것이다. 이에 따라 학생과 시민은 톈안먼 광장으로 향하는 각 대로의 요충지에서 돌과 화염병을 던지면서 군부대 차량을 저지했다. 일부 지역에서는 군용 차량이 파괴되고, 군인이 시민들에 의해 포위되는 일도 발생했다.[33]

광장 정리의 최후 결정

이런 상황에서 6월 3일 오후 4시에 공산당 중앙과 계엄군의 긴급회의가 개최되었다. 이 회의에는 양상쿤, 리펑, 차오스, 야오이린, 처시퉁, 리시밍과 계엄군 관계자들이 참석했다. 계엄군의 시내 진입 과정에서 직면한 '엄중한 상황에 대한 긴급 논의'가 의제였다.

리펑은 "어제 늦은 밤부터 수도는 사실상 이미 반혁명 폭란(反革命暴亂: 폭동과 난동)이 발생했다."라고 주장했다. 민주화 운동의 성격이 '동란'에서 '반혁명 폭란'으로 승격되는 순간이다. 따라서 "오늘 밤 우리는 과감한 조치를 취해 굳건히 반혁명 폭란을 종식시켜

톈안먼 사건

야 한다." 천시퉁도 동의했다. 천시퉁에 따르면, "오늘 새벽부터 젠 궈먼(建國門), 무시디(木樨地), 시단(西單) 등 수십 곳의 주요 길목에 장애물이 설치되고, 군용 차량의 운행을 막고, 해방군을 포위 구타 하며, 일부 차량의 타이어가 파손되었다. 일부 폭도들은 총기와 탄 약 및 기타 군용물자를 탈취하여, 중앙기관과 중요 부문을 공격했 다." 따라서 "반드시 굳건한 조치를 취해야 하고, 일체의 대가를 아 끼지 말고 반혁명 폭란을 종식시켜야 한다." 베이징군구 사령관(司 令員)인 저우이빙도 "진입 과정에서 거의 모든 곳의 부대는 시민과 학생의 저항을 받고 장애물을 만났다."라고 말했다.[34]

중앙군위 부주석인 양상쿤이 말했다. "형세는 이미 일촉즉발의 정도에 도달했고, 우리의 선량한 바람으로 [이를] 전환할 수 없다. 우리는 광장 정리의 굳건한 조치를 결정해야 한다." 이어서 그는 덩 샤오핑의 두 가지 지시를 전달했다. 첫째, 6월 4일 새벽 전에 광장 정리를 완료한다. 둘째, 모든 매체를 동원하여 시민과 학생들을 설 득하고, "만부득이할 경우 부대는 일체 수단을 사용할 수 있다." 여 기서 둘째 지시는 발포 허용을 의미한다.[35]

또한 양상쿤은 덩샤오핑의 주의사항을 전달했다. 최대한 살상 을 피하고, 톈안먼 광장에서는 절대 살상이 있어서는 안 된다는 것 이다.

최대한 무기 사용을 피하고, 만부득이한 경우가 아니면 결코 발 포하지 말라. (……) 광장에서는 절대 단 한 명도 살상하지 말라. 이것은 나 개인의 의견일 뿐만 아니라, 샤오핑 동지의 의견이기도 하다. 만약 모두가 동의한다면 또한 우리 모두의 일치된 의견이다.[36]

뒤에서 보겠지만, 이런 덩샤오핑의 당부 때문인지는 몰라도 톈안먼 광장의 무력 진압 과정에서는 단 한 명의 사망자도 발생하지 않았다. 특히 덩의 이런 지시가 있었기 때문에 '4군자'가 학생들의 평화적인 광장 철수를 계엄군에 요청했을 때 계엄군은 이를 기꺼이 받아들였다. 다시 말해 만약 덩샤오핑의 이런 당부가 없었으면 광장의 무력 진압 과정에서 대량의 사망자가 발생했을 수도 있었을 것이다.

마지막으로 긴급회의는 다섯 가지를 결정했다.

첫째, 6월 3일 저녁 9시부터 계엄부대와 무장경찰부대는 수도에서 발생한 반혁명 폭란을 종식하고, 수도의 공안 간부와 경찰은 이에 협력한다.

둘째, 톈안먼 광장의 정리에 관하여: 계엄부대는 6월 4일 새벽 1시에 톈안먼 광장에 도착하고, 6시에 광장 정리의 전체 임무를 완료한다.

셋째, 계엄부대는 반드시 계획에 맞추어 계엄 임무를 집행하며, 시간 위반이나 지연은 결코 있을 수 없다.

넷째, 부대가 진입하는 도중에 어떤 사람도 막아설 수 없다. 만약 방해에 직면하면 계엄부대는 각종 자위 조치와 일체 수단을

톈안먼 사건

사용하여 제거(排除)할 수 있다.

다섯째, 중앙인민방송국, 중앙텔레비전방송국, 특히 베이징 텔레비전방송국과 인민방송국은 전 시민에게 계속 방송하여 베이징시 인민정부와 계엄부대 지휘부의 긴급통지를 반포한다. 동시에 톈안먼 광장에서도 중점적으로 방송한다.[37)]

무시디(木樨地)에서의 대규모 살상

6월 3일 저녁 6시 30분, 베이징시 정부와 계엄부대 지휘부는 '긴급 통지(通知)'를 방송했다. 시민은 밖에 나오지 말고, 톈안먼 광장에 있는 사람은 모두 철수하라는 내용이다. 반면 각 대학의 학생 방송실은 계엄군의 진입을 막아 톈안먼 광장을 수호하자고 호소했다. 저녁 8시 무렵, 광장에 이르는 창안가(長安街)의 가로등이 모두 환하게 켜지고, 광장은 사람들로 인산인해를 이루었다. 하늘에는 군용 헬기가 떠서 광장 위를 정찰했다. 밤 9시 무렵, 정부는 텔레비전 방송을 통해 시민의 귀가를 종용했다. 그리고 10시 무렵, 계엄군이 본격적으로 도심 구역으로 진입하면서 시민과 학생의 저항에 직면하여, 대규모 유혈 사태가 발생했다.

톈안먼 광장과 북쪽 맞은편의 쯔진청(紫禁城: 자금성) 사이에는 창안가(長安街)가 동서로 뻗어 있다. 광장을 기준으로 서쪽(왼쪽)은 서창안가, 동쪽(오른쪽)은 동창안가로 부른다. 서창안가는 서쪽으로 푸싱먼가(復興門街)를 지나 푸싱로(復興路)로 이어진다. 그리고 바로 푸싱먼가와 푸싱로가 만나는 지점에 무시디라는 지역이 있다. 계엄군이 베이징 서쪽 외곽에서 톈안먼 광장으로 이동하기 위해서는 푸싱로, 무시디, 푸싱먼가, 서창안가를 순서대로 거쳐야 한다. 6월 3일 밤 10시부터 12시까지 사망자가 가장 많이 발생한 곳이 바로 무시디 지역이다.

계엄부대가 작성한 보고서에 의하면, 베이징군구 38집단군의 계엄군은 밤 9시 30분에 임무 수행을 위해 주둔지를 출발하여 톈안먼 광장으로 향했다. 병력 규모는 1만 800명의 병사와 45대의 장갑차다.[38] 그런데 무시디로부터 서쪽으로 약 2킬로미터에 이르는 길에는 수만 명의 시민과 학생이 장애물을 설치하고 부대의 이동을 저지했다. 군은 처음에는 최루탄과 고무탄을 발사하며 해산을 시도했다. 그러나 군중은 꿈쩍도 하지 않았다. 이 상태로는 계엄군이 밤 12시까지 톈안먼 광장에 도착하는 것은 불가능했다.

결국 계엄군은 군중을 향해 실탄 발포를 시작했다. 구체적으로 살펴보면 10시 10분경 수만 명의 시민과 학생들이 군대를 막고 돌과 화염병 등을 투척했다. 계엄군은 해산을 권고했으나 움직이지 않았다. 현장 부대장은 "예정된 시간 내에 목적지에 도달하기 위해 부득불 강경조치를 취했다." 먼저 기관총을 하늘에 쏘아 해산을 유도했다. 뒤이어 전방 1열 병사는 무릎쏴 자세로, 후방 1열 병사는 서서쏴 자세로 총구를 시민 대오로 향하면서 위협적인 자세를 취했다. 이는 언제든지 사격할 수 있다는 경고였다. 그러나 시민과 학생들은 이런 경고를 무시하고 길에서 물러서지 않았다.

10시 30분 무렵 드디어 요란한 총성이 울렸다. 시민들이 벽돌,

　　　　　　　　　　　　　톈안먼 사건

병, 돌 등을 계속 던지면서 저항하자 가장 앞에 있던 계엄군 분대가 총을 발사하기 시작했던 것이다. "총소리와 함께 사방으로 불꽃이 튀고, 몇만 명의 시민들은 실탄임을 의식하고 밀물처럼 무시디교로 빠져나가기 시작했다. 퇴각 중에 서로 얽히고설킨 시민들은 자기들이 설치한 장애물에 막혔고, 일부는 밟혀서, 일부는 찢겨서 부상을 입었다." 바로 이 짧은 순간에 약 100명이 넘는 학생들과 시민들이 총에 맞아 피를 흘리면서 쓰러졌다. 이들은 길 옆에 있는 푸싱의원(復興醫院)에 이송되었다.

진로를 확보한 계엄군은 계속 이동했다. 계엄군이 푸싱먼가에 들어섰을 때, 길 양옆에 위치한 사무실과 아파트에서는 시민들이 문을 열고 욕설을 퍼부으면서 병 등 물건을 던졌다. 계엄군은 이에 대응해서 사격하기 시작했다. 그 결과 무시디에서 전국총공회 건물에 이르는 약 500미터의 길 양편에 있는 건물들은 총탄 자국이 자욱했다. 또한 계엄군의 총격으로 30여 명이 사망했다. 그중에는 전국인대 상무위원회 법률위원회 부주임의 사위도 포함되어 있었다. 이처럼 계엄군은 무시디로부터 톈안먼 광장에 이르기까지 돌을 던지거나 욕을 하는 시민들을 향해 무차별적으로 총격을 가했다. 이런 과정을 거쳐 계엄군은 11시 무렵에 톈안먼 광장의 북쪽 지역에 도달할 수 있었다.[39]

톈안먼 광장의 진압

한편 이 무렵 톈안먼 광장은 공포의 도가니로 바뀌었다. 사방에서 총소리가 들리기 이전까지 광장은 그렇게 긴장하지 않았다. 계엄부대는 광장을 향해 세 차례, 즉 저녁 6시 30분, 9시 50분, 10시 16분에 '긴급 통고(緊急通告)'를 방송했다. "해방군 부대는 반드시 계획에 따라 계엄 임무를 집행하고, 어떤 사람도 이를 막아설 수 없다. 만약 막으면, 계엄부대는 다양한 자위 조치와 일체 수단으로 제거한다." 그러나 학생들과 시민들은 경계심이 없었다. 5월 19일 계엄령 선포 이후 광장에서는 "늑대가 온다!"라는 외침이 여러 번 있었고, 그때마다 늑대는 오지 않았기 때문이다. 이를 보여 주듯, 10시에 '민주의 신' 앞에서 '민주대학'의 입학식이 거행되었다. 이 자리에서 교장인 옌자치(嚴家祺)와 유명 인사들은 민주대학의 무궁한 발전을 기원하면서 축사를 발표했다.[40]

10시 30분 무렵, 사방에서 총성이 들리면서 상황은 급변했다. 서창안가 쪽에서 제1의 총성이 들릴 때, 모두는 강렬한 전율을 느꼈다. 곧이어 베이징 전역에서 총성이 울렸다. 여러 사람들이 광장의 학생 지휘부에 '계엄군이 실탄을 사용하여 사격했고, 그 결과 많은 시민들이 살해당했다.'는 상황을 보고했다. "소위 인민 자제(子弟)의 병사가 인민을 유혈 삼해하기 시작했다!"라는 것이다. 이로부터 얼마 후에 톈안먼 광장의 학생 방송실은 서창안가의 군사박물관 앞에서 베이징사범대학 중문학과 여학생이 사망했다는 소식을 알렸다. 이는 학생운동이 시작된 이후 최초로 발생한 학생의 사망 사건으로, 광장에는 일순간 분노의 감정이 솟아올랐다.[41]

12시 무렵, 광장지휘부는 새로운 결정을 내리고 부총지휘 리루가 이를 방송으로 발표했다. "광장의 모든 학생은 질서 있게 인민영웅 기념비로 집결한다. 우리는 일치단결하여 비폭력 방식으로 최후의 항쟁을 준비한다." 방송을 듣고 광장에 남아 있던 약 1만 명의 학생이 기념비로 집결했다. 톈안먼 광장 밖에는 수만 명의 학생과 시민들이 이를 지켜보고 있었다. 12시 15분 무렵, 계엄군의 장갑차 한 대가 갑자기 광장에 빠르게 진입했고, 조명탄이 광장 위로 발사되었다. 학생들을 위협하려는 행동임이 분명했다. 많은 학생들은 학생 지도부에 무기를 들고 계엄군에 맞서 결사 항쟁할 것을 요구했다.

계속 울고 있던 총지휘 차이링은 충동을 억제하지 못하고 마이크를 잡고 광장에 있는 학생들에게 큰소리로 호소했다. "무치(無恥)한 정부는 이미 살해를 시작했다. 동학 여러분, 우리의 동학 여러분, 저항할 능력이 있는 모든 사람들은 저항할 수 있는 모든 물건을 들고 광장 주변으로 가서 자위와 반항을 준비하자!" 차이링의 행동은 곧 광장에 있던 젊은 지식인에 의해 제지당했다. 냉정을 되찾은 차이링과 리루 등 학생 지도부는 평화·이성·비폭력의 뜻을 받들고, 학생들에게 모든 무기가 될 만한 물건은 내려놓을 것을 호소했다.[42]

사방에서 총소리가 들리고, 죽음의 공포가 광장과 각 개인을 휩싸자 광장지휘부의 총지휘인 차이링의 선도 아래 전체 학생들은 자리에서 일어나 장엄하게 선서를 복창했다. 그리고 모두 「국제가(L'Internationale)」를 합창했다.

나는 선서한다. 조국의 민주화 진전을 추진하기 위해, 조국의 진정한 번영 창생을 위해, 위대한 조직이 한줌의 음모가에 의해 전복되지 않게 하기 위해, 10억 인민이 백색 공포 아래 생을 잃지 않게 하기 위해, 우리는 젊은 생명으로 톈안먼 광장을 보위할 것을, 인민공화국을 보위할 것을 맹세한다. 머리는 자를 수 있고, 피는 흘릴 수 있으나, 인민광장은 잃을 수 없다. 우리는 젊은 생명으로 최후의 일인까지 투쟁하기를 원한다.[43]

새벽 1시 무렵, 계엄군은 광장 주위에 집결했다. 1시 30분에 계엄부대 지휘부는 마지막 '긴급 통고'를 방송했다. "베이징에는 현재 반혁명 폭란이 발생하여, 중국을 전복하고 사회주의 제도를 전복하려고 시도한다. 시민의 협력을 요청한다. 광장에 있는 사람들은 퇴거하라. 이후 책임은 본인에게 있다." '긴급 통고'가 끝나고, 시간이 흘러 2시가 되었을 무렵, 광장 안팎에 있던 수만 명의 학생들은 철수했고, 이제 수천 명만이 남았다. 다시 시간이 흘러 3시 무렵, 약 3000명의 학생만이 인민영웅 기념비 주위에 결집했다. 차이링은 "떠날 사람은 떠나고 남을 사람은 남는다."라고 방송했다.[44]
이때 단식 중이던 류샤오보, 허우더젠 등 '4군자'는 학생들이 평화적인 철수 방안을 모색하고, 이를 학생 대표와 상의했다. 이들은 방송을 통해 학생들에게 호소했다.

학생 여러분, 현재 모든 베이징에는 유혈이 시작되었고, 피는 이미 충분히 인민을 각성시킬 수 있을 정도로 흘렸다. 우리는 학생 여러분이 죽음을 두려워하지 않는다고 믿는다. 설사 우리가 평화적으로 철수해도 여전히 학생 여러분은 죽음을 두려워하지 않는다는 것을 설명한다. 우리도 여러분들처럼 죽음을 두려워하지 않는다. 따라서 우리는 학생 여러분 전부가 평화적으로 철수하기를 바란다.[45]

3시 40분 무렵, 방송을 마친 후에 허우더젠, 저우퉈 등이 계엄군과의 협상을 위해 출발했다. 학생 대표들은 동행하지 않았다. 이들은 적십자사가 준비해 준 구급차를 타고 국가박물관 동편에 도착하여 계엄부대 관계자를 만났다. 집단군 정치위원(團政委)은 허우더젠 등이 준비한 요구 사항을 들었다. '학생들이 광장에서 평화적으로 철수할 테니 발포하지 말고 시간을 달라. 동시에 철수를 위한 출구를 보장하라.' 정치위원은 이를 상부에 보고하기 위해 갔다가 곧바로 돌아와서 계엄군의 결정 사항을 전달했다. "학생들의 요구 사항을 수용한다. 계엄군이 광장 동남쪽에 출구를 마련하고 발포하지 않을 테니, 학생들은 제한된 시간 내에 철수하라."[46]

허우더젠과 저우퉈가 정치위원과 협상을 진행할 때, 리펑·차오스·양상쿤은 국무원 비서장 뤄간으로부터 계엄군 지휘부가 보낸 긴급 보고를 전달받았다. 학생들이 퇴로를 요청하는데, 이를 수용할지 여부를 결정해 달라는 보고였다. 리펑 등 세 사람은 유혈 사태를 막기 위해 평화적인 철수 요청에 즉각 동의했다. 이는 앞에서 본 덩샤오핑의 지시이기도 했다. 뤄간은 이를 지휘부에 전달했고, 집

단군 정치위원은 이를 허우더젠 등에게 통보했던 것이다.[47]

4시 정각, 광장의 모든 등불은 꺼지고, 계엄부대 지휘부는 「광장 정리 통지」를 발표했다. "이제 광장 정리를 시작한다. 학생들의 광장 철수 요구에 동의한다." 이후 베이징시 정부와 계엄부대 지휘부는 「신속한 톈안먼 광장의 정상 질서 회복에 관한 통고」를 발표했다. 광장 내의 모든 사람은 철수하고, 저항하면 계엄군은 모든 수단을 동원하여 강제로 처리할 것이라는 내용이었다.[48]

이 무렵 허우더젠 등은 다시 광장에 돌아와서 계엄군과의 협상 결과를 학생 지도부에 전달했다. 광장지휘부는 학생들의 목소리 표결로 이를 수용할지 여부를 결정하기로 방침을 정했다. 학생들이 철수(撤離)를 원하면 '철수!', 유지(堅守)를 원하면 '유지!'를 외치는 방식이었다. 목소리 투표 결과 '철수!'가 '유지!'보다 크게 나왔다. 광장지휘부는 철수를 발표했다.[49] 당시 자리에 있었던 다른 학생 활동가는 '유지!' 목소리가 훨씬 컸지만 학생 지도부가 철수를 발표했다고 주장했다.[50]

4시 30분, 광장의 등불이 일제히 켜지면서, 총을 든 계엄군이 학생들이 모여 있는 인민영웅 기념비를 포위하여 전차로 접근하는 모습이 보였다. 그 무렵 톈안먼 광장의 북쪽에 세워졌던 '민주의 신'은 큰 소리를 내며 쓰러졌다. 또한 계엄군의 탱크와 장갑차가 광장 내에 설치된 학생 텐트와 다른 시설물들을 깔아뭉개기 시작했다. 계엄군이 이미 광장에 진입하여 정리를 시작한 것이다.

5시 무렵, 광장의 학생들은 자체 규찰대의 호위 아래 광장의 동남쪽 통로로 퇴각하기 시작했다. 차이링, 펑충더, 리루 등 학생 지도부도 이들의 대열에 섞여 있었다. 계엄군이 내준 통로를 따라 퇴각하는 학생들은 각종 깃발을 높이 들고 「국제가」를 불렀다. 또한 수시로 "유혈 진압!" "타도 파시스트!" "토비(土匪)! 토비(土匪)!" 등을 외쳤다. 여기저기서 "짐승들, 개새끼들!" 등의 욕설도 들렸다. 일부 학생들은 계엄군을 향해 계속 침을 뱉었다.[51]

5시 20분, 광장의 동남쪽에 있던 학생들은 모두 철수했다. 이제 200명 정도의 학생과 시민만이 남아 인민영웅 기념비를 지켰다. 탱크와 장갑차는 광장의 통로를 모두 봉쇄하고, 남은 학생들과 시민들을 향해 서서히 접근했다. 이에 대오는 조금씩 뒤로 물러났고, 탱크는 다시 조금씩 전진했다. 이런 식으로 최후의 한 사람이 광장을 떠나서 이미 철수한 사람들과 합류했다. 이들은 계속 함성을 외쳤다. "파시스트, 파시스트!" "타도 파시스트!" 이때 계엄부대의 병사들도 일제히 함성을 질렀다. "우리를 범하지 않으면, 우리도 범하지 않는다!(人不犯我, 我不犯人)" 동시에 병사들은 하늘을 향해 공포탄을 발사하면서 위협을 가했다.[52]

5시 40분, 톈안먼 광장의 정리는 완료되었다. 사망자는 없었다. "여러 방면의 조사와 실증에 의거하면, 모든 정리 과정에서 계엄부대는 광장에서 단 한 사람도 총으로 살해하지 않았으며, 탱크가 사람을 치는 일도 발생하지 않았다."[53] 이런 사실은 정부뿐만 아니라 허우더젠 등 일부 광장 지도자와 참여자들도 증언한다. 반면 일부 사람들은 '철수를 거부한 학생은 총에 맞아 죽었다.'는 말을 들

은 적이 있다고 주장한다. 즉 광장에서도 사망자가 있었다는 것이다.[54]

계속되는 저항과 진압

6월 4일 새벽, 베이징은 공포와 긴장 속에서 하루를 시작했다. 베이징 시민과 학생, 계엄군 병사들은 서로에 대해 적대적인 감정을 갖고 있었다. 지난밤에 시내 여러 곳에서 많은 시민과 학생이 죽거나 다쳤을 뿐만 아니라 최소한 수백 명의 계엄군도 죽거나 다치는 일이 발생했기 때문이다. 그래서 이날 베이징 시내에서는 시민 및 학생의 저항과 계엄군의 진압이 종일 계속되었다.

6월 4일 새벽 6시, 톈안먼 광장에서 철수하여 귀가하던 학생과 시민이 류부커우(六部口) 지역에 도달했을 때, 계엄군 병사가 총을 발사하고 탱크가 항의하는 시민을 덮치면서 11명의 사망자가 발생했다. 무시디 지역에서의 대량 살상 이후 최대 규모의 사망자가 발생한 것이다. 또한 대낮에도 도심 곳곳에서 총격 소리가 계속 들렸고, 주요 사거리에는 불타는 군용차가 널려 있었다. 길가는 어지러웠고, 행인은 없었으며, 대형 상점과 잡화점은 문을 닫았다. 베이징 시민은 공황 상태였고, 식량과 기름 등 일부 생필품의 사재기도 발생했다.[55]

각 대학 상황도 비슷했다. 긴장과 공포 속에서 각 대학의 학생들은 톈안먼 광장의 진압에 항의했다. 대학에서는 '학생자치회' 명의로 "톈안먼 광장이 피로 물들었다.""베이징 대학살 진상"등을 방송했다. 학생 방송은 "창안가에서 피가 냇가를 이루었다. 베이징 적십자사의 통계에 의하면, 사망자 수는 2600명에 달한다."라고 주장했다. 이렇게 해서 '사망자 2000명설'이 확산되기 시작했다.[56) 베이징대학, 칭화대학, 런민대학, 정법대학, 베이징사범대학 등에서는 공산당원과 공청단원이 탈당 및 탈단(脫團)을 선언하거나 이를 요구하는 대자보가 붙었다.

고자련 명의의 전단지도 살포되었다. 고자련은 요구했다.

첫째, 도시의 각계 인민은 '3파'(三罷: 파업(罷工), 휴업(罷課), 철시(罷市))를 실행한다.

둘째, 전체 인민은 은행에서 모든 예금을 인출한다.

셋째, 각종 방식으로 전체 인민에게 사건의 진상을 알린다.[57)

이날 저녁, 베이징 시장 천시퉁은 정부 담화를 발표했다.

6월 3일 새벽부터 한줌의 폭도는 우리의 위대한 조국의 수도 베이징에서 엄중한 반혁명 폭란을 일으켰다. 사회주의 제도를 보위하기 위해, 인민 정권을 보위하기 위해, 인민의 생명과 재산 및 안전을 보위하기 위해, 공산당 중앙·국무원·중앙군위의 과단한 결정 아래, 인민해방군 계엄부대, 수도 공안 경찰 및 무장부대는 함께 용감무외(勇敢無畏)의 정신으로 이번의 반혁명 폭란을 일거에 분쇄했다.[58)

6월 5일에는 공산당 중앙과 국무원이 공동 명의로「전체 공산당원과 인민에게 드리는 글」을 발표했다. 현재 "수도 베이징의 형세는 엄준하다." '반혁명 폭란'으로 발전한 '동란'은 공산당과 사회주의 제도를 전복하려는 소수의 '기획자'와 '조직자'가 획책한 것으로, 인민해방군은 "과감하고 용감한 조치를 취해 폭란을 굳건히 평정했다." 이런 평정은 "완전히 정의로운 행동이고, 수도 인민과 전국 인민의 열망과 근본 이익에 부합한다." 마지막으로 공산당과 정부는 모든 당원과 국민이 정부를 믿고, 동란을 정리하고, 건설과 개혁에 매진하는 데 협조해 줄 것을 요청했다.[59]

한편 다른 대도시에서도 톈안먼 광장의 유혈 진압에 항의하는 시위가 광범위하게 일어났다. 공산당 중앙에 보고된 자료에 의하면, 6월 5일부터 10일까지 전국적으로 모두 181개의 도시에서 다양한 종류의 항의 활동이 전개되었다.[60] 이 중에서 저장성(浙江省)의 항저우시(杭州市)에서는 도로 봉쇄와 기차 운행의 방해 등 격렬한 시위가 발생했다.[61] 정도의 차이는 있었지만, 다른 지역의 도시에서도 비슷한 양상의 시위가 발생했다.

전 세계의 화교와 외국 정부들도 폭력 진압에 항의하는 성명과 정책을 잇달아 발표했다. 현지 시각 6월 3일에 미국의 조지 부시(George H. W. Bush) 대통령은 무력 진압에 대한 유감 성명을 발표했고, 5일에는 중국 제재 조치를 발표했다. 무기 판매의 중지, 군사 지도자의 방문 중단, 중국 유학생의 비자 연장 등이 그것이다. 유럽공동체(EC: 이후에 유럽연합(EU)으로 발전했다.)도 비슷한 제재 조치를 발표했다. 중국의 인권 문제 제기, 군사협력의 중지와 무기 수출의 금지, 장관급 및 고위급 접촉의 중단 등이 그것이다. 이 중 미국과 유럽의 무기 수출 금지는 지금도 지속되고 있다.

그렇다면 계엄군의 무력 진압으로 얼마나 많은 사람이 죽고 부상을 당했을까? 이에 대한 자료를 조사한 티모시 브룩(Timothy Brook) 교수에 따르면, 사망자 규모는 최대 4000명(칭화대학 학생자치회 발표)에서 최소 200여 명(정부 발표)까지 다양한 '주장'이 있다. 부상자도 역시 2000명에서 7000명까지 다양한 '주장'이 있다.[62] 전체적으로 보면, 6월 4일에 가까울수록, 또한 학생 조직 등 민간기관이나 관계자일수록 사망자와 부상자가 많다고 주장한다. 반면 시기적으로 늦게 작성된 통계일수록, 또한 관방(정부)의 통계일수록 사망자와 부상자는 적다.

참고로 베이징시가 6월 19일 정치국 확대회의에서 공식 보고한 베이징시의 상황은 이렇다. 총 사망자는 241명이다. 이 중 계엄군(경찰 포함)은 23명이고, 민간인은 218명이다. 민간인 중 학생은 51명(베이징 학생 36명, 외지 학생 15명)이고, 나머지는 시민들이다. 이를 통해 희생자의 대다수는 시민임을, 다시 말해 학생이 아니라 시민이 계엄군의 진입에 가장 격렬하게 저항하다가 희생되었음을 알 수 있다. 부상자는 총 7000여 명으로, 계엄군(경찰 포함)이 5000여 명, 민간인이 2000여 명이다.[63] 리펑은 6월 10일 자 일기에서 전국적으로 사망자가 313명이고, 이 중 대학생이 42명, 군인이 23명, 신원 미상이 114명이라고 적고 있다.[64]

한편 베이징과 전국의 다른 대도시는 6월 10일 무렵에 정상적인 모습을 되찾기 시작했다. 톈안먼 광장의 진압 이후 불과 일주일 만에 안정을 되찾은 것이다.[65] 이런 모습에 정부 당국도 놀랐다고 한다. 그래서 한 연구자는 이를 '6·4운동의 기괴함'이라고 표현한다. 운동이 대규모로 갑자기 일어났디가 어느 순간에 갑자기 사라진 현상이 매우 놀랍다는 것이다. 즉 한 달 만에 전국적으로 연인원 수천만 명, 심지어 1억 명이 시위에 참가했는데, 진압 이후 곧바로 조용해졌다.[66] 참고로 계엄령은 1990년 1월 10일에 공식 해제된다.

이처럼 정국이 안정되자 민주화 운동 지도자에 대한 정부 당국의 체포가 시작되었다. 이는 중앙과 지방 모두에 해당된다. 6월 12일 베이징시 정부와 계엄부대 지휘부는 「반혁명 폭란분자의 군건한 진압에 관한 통고」를 발표했다. 운동 중에 만들어진 모든 불법 조직을 단속하고, 운동 관련 인사를 체포한다는 내용을 담고 있다. 수배령도 떨어졌다. 학생은 왕단, 우얼카이시, 차이링 등 고자련 소속의 21명이 포함되었다. 노동자는 3명으로 한둥팡(韓東方), 허리리(賀力力), 류창(劉强)이 그들이다. '배후 조종자'로는 옌자치, 바오쭌신(包遵信), 천이쯔(陳一諮), 완룬난(萬潤南), 쑤샤오캉(蘇曉康), 왕쥔타오(王軍濤), 천쯔밍(陳子明) 등 7명이 포함되었다. 바오퉁과 차오쓰위안은 전에 이미 체포되었다.[67]

6월 30일에는 베이징 및 전국의 체포자 통계가 발표되었다. 베이징의 경우, 반혁명 폭란 및 동란 분자로 1103명이 체포되었다. 대다수는 구류 등 간단한 처벌만 받고 석방되었지만, 8명은 사형을 당했다. 정부 설명에 따르면, 사형자들은 파괴·방화·절도 등 강력 범죄를 저지른 형사범이다. 전국 상황을 보면, 단속한 불법 조직이 515개, 자수한 불법 조직 '수괴'가 718명, 체포한 총인원은 4386명 이다. 사건으로 보면, '반혁명 사건'으로 조사 완료한 것이 31건이 고, '대만 국민당 간첩 사건'도 8건이나 된다.[68]

재판은 1991년 초에 대부분 완료된다. '배후 조종자' 중에서는 사경소의 책임자인 천쯔밍과 왕쥔타오가 13년 형을 받아 가장 무거 운 벌을 받았다. 이들이 운동 전에 이미 조직을 결성하여 활동했고, 운동 중에는 다른 단체 및 노동자와의 연대를 시도했기 때문이다. 이는 혁명원로들과 보수파가 가장 경계하는 일이다.[69] 중국에도 폴 란드나 헝가리와 같은 상황이 초래될 수 있다는 사실을 보여 주었 기 때문이다. 사형수는 총 31명으로, 대부분 노동자·실업자·유동 인구였다.[70] 즉 학생 지도자들 중에는 사형당한 사람이 한 명도 없 다. 이는 덩샤오핑과 리펑이 '학생은 관대하게 처리한다.'는 지시를 하달한 결과다.[71]

당정간부 중에서는 바오퉁이 가장 무거운 형벌을 받았다. 그는 정치체제개혁소조 판공실 주임과 공산당 13차 당대회 문건 기초소 조(起草小組) 조장을 맡아 당대회의 정치 보고 작성을 주도했다. 그 런 공을 인정받아 공산당 13차 당대회에서는 중앙위원에 선출되었 다. 자오쯔양의 정치 비서로서, 그는 자오가 톈안먼 사건을 처리하 는 데 중요한 역할을 담당했고, 5월 28일에는 국가 기밀 누설과 부 르주아 자유화 지지 혐의로 체포되었다. 1992년 3월에는 중앙위원

지위에서 파면되고 당적이 박탈되었다. 그해 7월의 재판에서 국가 기밀 누설죄와 반혁명 선동죄로 7년 형을 받아 복역하다가 1996년 5월에 만기 출소하여 연금 생활에 들어갔다. 한마디로 그는 자오를 대신한 '희생양'이었다.

(3) 개혁 개방의 강조와 '장쩌민 세우기'

무력 진압이 마무리되면서 공산당은 당면 과제를 처리하기 시작한다. 이는 크게 세 가지로 나눌 수 있다. 첫째는 개혁 개방의 견지다. 이는 덩샤오핑에게 매우 중요하다. 동시에 국내외 불안 심리를 안정시키기 위한 조치이기도 하다. 둘째는 장쩌민 세우기다. 장쩌민은 상하이에서 올라온 '지방' 지도자이기 때문에, 또한 사회주의권의 동요와 중국의 고립이라는 국제적 상황에서 톈안먼 사건의 수습과 민심의 안정을 도모해야 하기 때문에 확고부동한 지도자로 자리 잡는 것이 쉽지 않았다. 덩샤오핑을 포함한 원로의 지원이 그만큼 절실했던 것이다. 셋째는 자오쯔양의 처리와 톈안먼 사건의 마무리다.

개혁 개방의 강조와 장쩌민 세우기

톈안먼 광장의 무력 진압 이후 덩샤오핑이 드디어 모습을 드러냈다. 6월 9일 '수도 계엄부대 간부'의 위문 모임에서였다. 이 자리에서 덩은 계엄군의 수고를 위로하고, 군과 경찰의 희생자를 추모했다. 그러나 그가 이 모임을 개최한 진짜 목적은 어떤 어려움에도 개혁 개방을 견지해야 한다는 점을 강조하기 위해서였다.[72] 전국의 혼란을 바로잡고 국내외 우려를 잠재우는 가장 확실한 방법은 중국이 개혁 개방을 흔들림 없이 추진한다는 점을 보여 주는 것이다.

덩샤오핑은 먼저 "국제적 대기후(大氣候)"와 "중국의 소기후"가 결합하여 "동란은 겪을 수밖에 없었다."라고 주장했다. 이는 "사람의 의지로 바꿀 수 있는 것"이 아니며, "단지 늦느냐 이르느냐, 큰 것이냐 작은 것이냐의 문제일 뿐이다." 여기서 대기후는 서방 자본주의 국가의 '평화적 전복(和平演變)'을, 소기후는 중국 내의 '부르주아 자유화'를 가리킨다. 듣기에 따라서는 자신은 이번 민주화 운동의 발생에 책임이 없다고 말하는 것처럼 들릴 수도 있다. 이는 그를 포함한 '사람의 의지'로 어떻게 할 수 있는 것이 아니기 때문이다.

또한 덩샤오핑은 원로의 역할을 강조했다. "만약 우리 당의 원로 동지들의 지지가 없었다면 심지어 사건의 성질조차도 결정하지 못했을 것이다." 이어서 덩샤오핑은 학생운동이 '동란(動亂)'에서 시작하여 '반혁명 폭란(暴亂)'으로 발전했다고 주장했다. "그들의 목적은 서방에 종속된 부르주아 공화국을 수립하는 것이다." 그들은 부패를 이야기하지만 "핵심은 공산당 타도와 사회주의 제도의 전복이다." 따라서 이들에 대한 무력 진압은 피할 수 없었다.

마지막으로 덩샤오핑은 개혁 개방의 군건한 추진이 가장 중요한 과제임을 강조했다. 덩은 스스로 세 가지를 질문하고 답했다. 첫째, 공산당의 11기 3중전회 이래의 노선·방침·정책과 '3단계 발전 전략(三部曲)'은 정확한가? 정확하다. 둘째, 공산당 13차 당대회의 '한 개의 중심(一個中心)과 두 개의 기본점(兩個基本點)'은 옳은가? 옳다. 다만 이를 일관되게 굳건히 집행하지 못한 것이 문제다. 지난 10년간 최대의 문제는 정치사상 교육을 제대로 하지 못한 것이다. 개혁 개방의 '기본점(基本點)'은 잘못이 없는가? 잘못이 없다. 개혁 개방이 없었다면 어떻게 오늘이 있겠는가? 따라서 원래 제정한 기본 노선·방침·정책을 굳세게 견지해야 한다. 덩은 이렇게 강조했다.

여기서 장쩌민이 계엄군 위문 모임에 참석하지 않았다는 사실은 흥미롭다. 아니, 장쩌민은 5월 27일 원로회의에서 사실상 총서기로 선임되었지만, 계엄과 관련된 어떤 공개적인 활동에도 모습을 드러내지 않았다. 그 이유에 대해서는 두 가지 해석이 있다. 하나는 신임 총서기에게 좋은 이미지를 만들어 주기 위해서다. 다른 하나는 법적 절차를 준수하기 위해서다. 즉 장쩌민은 중앙위원회를 통해 공식 선임된 것이 아니기 때문에 정치국 상무위원이 참여하는 활동에 참여할 자격이 없다는 것이다.[73]

두 가지 이유 모두 일리가 있다. 그런데 리펑에 따르면, 장쩌민 본인이 정식으로 총서기에 임명되기 전에는 회의에 참석하지 않겠다고 말했고, 다른 사람들이 이를 존중해 주었다고 한다. 장쩌민은 법과 절차에 따라 업무를 처리하는 방식을 선호했던 것이다. 또한 이는 후야오방의 총서기 사퇴와 자오쯔양의 선임 과정에 대한 반성에서 나온 결과이기도 하다. 6월 15일 신임 정치국 상무위원회의

톈안먼 사건

비공식 회의에서 장쩌민은 이 문제를 제기했다. 그렇지만 이때, 즉 6월 15일부터 장쩌민은 총서기로서 회의를 주재하기 시작했다. 단 명칭은 '비공식' 회의라고 불렀다.[74]

이어서 6월 16일 오전 11시에 덩샤오핑은 자기 집에서 신임 정치국 상무위원이 참여하는 회의를 개최했다.[75] 장쩌민, 쑹핑, 리루이환 등 신임 상무위원, 리펑, 차오스, 야오이린 등 기존 상무위원, 그리고 양상쿤, 완리 등 원로가 회의에 참석했다. 이 자리에서 덩은 미리 준비한 장문의 연설문을 발표했고, 이는 곧 공산당 내에 공개되었다.[76] 핵심 내용은 장쩌민 세우기와 개혁 개방의 견지다. 이를 보면, 덩은 단순히 정치국 상무위원뿐만 아니라 전체 당원과 국민을 향해 자신의 주장을 반복적으로 전달하려 했다는 것을 알 수 있다.

덩샤오핑은 먼저 장쩌민을 '제3세대(第三代)' 지도자의 '핵심(核心)'으로 규정했다. 이것이 덩이 장에게 준 첫 번째 선물이다. 참고로 두 번째 선물은 중앙군위 주석직을 물려준 것(1989년 11월)이고, 세 번째 선물은 국가 주석직을 준 것(1993년 3월)이다. 덩에 따르면 제1세대에서는 마오쩌둥, 2세대에서는 자신, 3세대에서는 장이 핵심이다. "어떤 영도집단(集體)도 모두 하나의 핵심이 있어야 하며, 핵심의 영도가 없으면 의지할 수 없다." 이로서 장쩌민은 갑자기 마오, 덩과 같은 대열에 올랐다. 반면 화궈펑은 비록 당·정·군의 삼권을 장악했지만 핵심이 아니었기 때문에 실각할 수밖에 없었다.

이어서 덩샤오핑은 은퇴 계획을 발표했다. 이것도 장쩌민 세우기의 일환이다. 덩은 이렇게 선언했다. "새로운 영도가 건립되어 질서 있게 업무를 보면, 나는 모두의 일에 관여하지 않을 것이다. 내가 말했듯이, 이것은 정치적 당부(交代)다." 덩은 또 이렇게 강조했다. "한 국가의 운명이 한두 명 개인의 명성 위에 건립되는 것은 매우 건강하지 못하며, 매우 위험하다. 문제가 없으면 괜찮지만, 일단 문제가 생기면 수습할 수 없다." 그래서 이제 은퇴하겠다는 것이다.

또한 덩샤오핑은 미국 등 서방 선진국의 압력 앞에 중국은 결코 굴복하지 않을 것이라고 강조했다. 이는 신지도부에 대한 덩의 지시이기도 하다. "사회주의의 길을 가지 않으면 중국의 전도(前途)는 없다." 그는 강조했다. "우리는 왜 독립 자주적이라고 하는가? 우리가 중국 특색의 사회주의 길을 견지하기 때문이다. 그러지 않으면 미국인의 얼굴색을 살피며 일을 처리하고, 선진국의 얼굴색을 살피며 일을 처리하고, 혹은 소련인의 얼굴색을 살피며 일을 처리하게 되는데, 그렇게 되면 무슨 독립인가?"

마지막으로 덩샤오핑은 세 가지의 일을 당부했다. 이 중에서 첫 번째 과제를 보면, 덩이 왜 1991년 1월에 상하이를 방문하여 천원의 경제 방침인 '치리정돈'에 반대했는지, 또 이런 반대가 효과가 없자 1992년 1월에 남순강화를 할 수밖에 없었는지를 이해할 수 있다. 즉 빠른 경제성장을 이루기 위해서는 치리정돈을 폐기하고 전면적인 개혁과 개방에 나서야 했기 때문이다.

첫째, 경제는 미끄러지면 안 된다. 무릇 적극적으로 발전 속도를 쟁취할 수 있으면 적극적으로 쟁취해야 한다. 당연히 과거의 생

톈안먼 사건

각처럼 그렇게 높게 하자는 것은 아니다. (……) 마땅히 해결할 문제는 빨리 해결해야 하며, 쾌도난마의 방법으로 해결해야 하며, 늦추어서는 안 된다. (……)

둘째, 인민을 만족시킬 몇 가지 일을 해야 한다. 주로 두 가지 방면의 일이다. 하나는 더욱 대담하게 개혁 개방을 추진하는 것이다. 다른 하나는 부패를 굳건히 징치(懲治)하는 것이다. (……)

셋째, 폭란 종식을 끝까지 하는 것이다. 이 좋은 기회에 전국적으로 불법 조직을 척결해야 한다. 이는 매우 좋은 일이다.[77]

공산당 13기 4중전회

이런 정지 작업을 마친 후에 공산당은 정치국과 중앙위원회 회의를 개최하여 지금까지 수행한 일들을 공식적으로 매듭짓는다.

먼저, 6월 19일부터 21일까지 사흘 동안 정치국 확대회의가 개최되었다.[78] 이는 중앙위원회의 준비 모임으로, 정치국원 외에도 대부분의 원로들이 참석했다. 의제는 두 가지였다. 하나는 장쩌민, 쑹핑, 리루이환의 정치국 상무위원 인선이다. 다른 하나는 자오쯔양과 관련 인사들, 즉 후치리, 루이싱원, 옌밍푸의 청산이다. 이 중에서 중요한 것은 후자였다. 전자는 원로들이 이미 결정했기 때문에 이번 회의에서의 논의는 요식행위에 지나지 않았다.

자오쯔양과 후치리의 처리 방침은 회의가 개최되기 전에 이미 결정되었다. 자오쯔양은 중앙위원, 후치리는 정치국원으로 남겨 둔다는 것이다. 자오는 이런 사실을 미리 통보받았다. 단 전제 조건이 있다. 두 사람이 자신의 잘못을 인정하고 반성할 경우에만 이런 '선처(善處)'가 베풀어질 것이다. 이는 1987년 1월 후야오방의 처리 사례에 따른 조치다. 당시에 후야오방은 총서기에서는 물러났지만 정치국원 및 정치국 상무위원의 지위는 유지했다. 따라서 만약 자오가 이 자리(즉 중잉위원)라도 유지하려면 반성하는 태도를 보여야 한다. 참고로 자오에게 정치국원 및 정치국 상무위원의 지위를 남겨 주지 않기로 결정했다는 것은 자오가 후야오방보다 무거운 오류를 범했다고 덩샤오핑 등 원로들이 판단했음을 보여 준다.

정치국 확대회의에서 덩샤오핑을 비롯한 원로들은 구두로 혹은 서면으로 자오쯔양의 잘못을 지적했다. 다른 정치국원도 자오쯔양의 비판 대열에 합류했다. 자오의 잘못에 대한 지적은 이미 몇 차례 있었고 이번이라고 새로운 내용이 제기된 것은 아니었다. 핵심은 자오가 총서기로서 "동란을 지지하고 당을 분열시키는" 중대한 오류를 저질렀다는 것이다. 이렇게 하여 '동란 지지와 당 분열'이라는 자오의 죄상이 굳어졌다.

원래 계획에는 자오쯔양의 반론 시간이 없었다. 그러나 6월 20일 회의가 끝날 무렵, 자오는 반론 기회를 달라고 강력히 요청했고, 사회를 보던 야오이린이 10분을 허락했다. 이를 이용하여 자오는 사전에 준비한 원고를 20분 동안 읽었다. 그동안 원로들과 정치국원이 자신을 비판한 내용, 특히 '동란 지지와 당 분열'이라는 죄상을 조목조목 반박하는 글이었다. 발언이 끝나자 야오이린은 산회를 선포했고, 자오는 그 자리를 떠났다. 자오에 따르면, 그가 원

고를 읽을 때 참석자들은 긴장하고 조바심을 내며 불안해 했다고 한다.[79]

그날 저녁, 장쩌민이 주재하는 정치국 상무위원회 회의가 개최되었고, 자오와 후치리의 지위에 대한 표결이 이루어졌다. 결과는 자오의 중앙위원, 후치리의 정치국원 지위를 박탈하는 결정이었다.[80] 자오는 조금도 반성하는 모습을 보여 주지 않았기 때문에 선처를 베풀 이유가 없었다. 후치리는 자오가 방미 중인 완리의 귀국을 요청하는 전문을 보낼 때 적극 협조한 혐의가 새롭게 밝혀져서, 또한 후치리가 이에 대해 전혀 해명도 하지 않은 것에 대한 '괘씸죄'(즉 아직 반성이 부족하다는 이유로)로 정치국원 지위가 허용되지 않았다.

마지막 날인 6월 21일에 정치국 확대회의가 재개되었다. 이 자리에서 덩샤오핑을 포함한 원로들은 다시 한 번 구두로 혹은 서면으로 발언했다. 이후 표결이 이루어졌다. 원래 인사 문제는 무기명 비밀투표가 원칙인데, 이번에는 거수로 하기로 결정했다. 이탈자를 막기 위한 조치였다. 자오쯔양의 오류에 대한 비판 보고와 자오쯔양 등에 대한 인사 결정이 통과되었다. 즉 자오쯔양과 후치리, 루이싱원과 옌밍푸(이 두 사람은 서기처 서기였다.)의 모든 지위가 박탈되었다. 물론 이때에도 자오는 자신의 죄상을 결코 인정하지 않았다.[81]

이런 모습은 이틀 후, 즉 6월 23일부터 24일까지 이틀 동안 열린 공산당 13기 중앙위원회 4차 전체회의(13기 4중전회)에서도 반복되었다. 이 회의는 정치국 확대회의의 결정 내용을 추인하는 형식적인 모임이었기 때문에 원로들은 참석하지 않았다.

먼저, 「반당(反黨) 반사회주의 동란 중에 자오쯔양 동지가 범한 오류에 대한 보고」가 심의 통과되었다.[82] 자오는 "동란을 지지하고, 당을 분열시키는 오류"를 범했고, 이런 "잘못의 성질과 조성한 후과는 매우 엄중하다." 특히 자오는 "중앙의 업무를 주관한 이후, 4항 기본원칙의 견지와 부르주아 자유화 반대에 소극적이었다. 게다가 당 건설과 정신문명 건설, 사상·정치 공작을 홀시하여 당 사업에 엄중한 손실을 초래했다." 이런 이유로 회의는 자오의 중앙위원회 총서기 등 모든 직위를 박탈하며, 그에 대한 조사를 계속할 것을 결정했다.

이어서 인선이 공식 추인되었다. 장쩌민을 총서기로 임명하고, 장쩌민·쑹핑·리루이환을 정치국 상무위원으로, 리루이환과 딩관건(丁関根)을 서기처 서기로 임명한다. 반면 후치리·루이싱원·옌밍푸의 모든 직위를 면직한다. 마지막으로 회의는 네 가지 과제에 주의할 것을 결정했다. 동란 중지와 반혁명 폭란의 철저한 종식, 치리정돈(治理整頓) 정책의 지속, 사상·정치 업무의 강화, 공산당 건설 및 민주 법제 건설의 강화가 그것이다.[83] 여기서 가장 중요한 것이 경제정책인데, 1988년 9월 공산당 13기 3중전회에서 통과된 치리정돈 방침을 지속한다는 결정이 내려졌다.

자오쯔양은 이번에도 소조(小組)회의에 참석하여 반론을 제기했다. 참석자들의 반응은 예상할 수 있었다. "죽어도 회개하지 않는다." "완고하여 바뀌지 않는다." "그는 지금까지 자신의 잘못을 인정한 적이 없다!" 이에 대해 장량은 이렇게 평가했다.

> 자오쯔양은 건국 이래 40년 동안, 공산당 11기 3중전회 이래, 총서기 중에서 유일하게 조직에 잘못을 인정하지 않았으며 눈물을 흘리지 않은 총서기가 되었다. 아마 바로 이로 인해 권력을 잃은 자오쯔양은 여전히 민심을 잃지 않았을지도 모른다.[84]

참고로 자오쯔양에 대한 조사는 1989년 6월부터 1992년 10월 공산당 14차 당대회까지 3년 4개월 동안 지속되었다. 이를 위해 특별 조사팀(專案組)이 꾸려졌다. 이 기간 동안 자오는 집에만 있어야 했다. 즉 연금 상태였다. 자오에 따르면, 조사 내용은 크게 두 가지였다. 하나는 자오가 민주화 운동에 개입했는지 여부와 기밀을 외부에 누설했는지 여부다. 다른 하나는 자오가 덩샤오핑과 다른 입장 및 방침을 견지한 이유와 동기 혹은 야심이다. 죄상은 모두 서른 가지였다.[85] 재미있는 사실은 이런 조사 결과가 대외로 공포되지 않았다는 점이다. 또한 조사 이후에도 자오의 당적이 박탈되지 않았다는 점이다. 이렇게 자오에 대한 조사와 처벌은 흐지부지되고 말았다. 이는 자오의 죄가 '정치적 단죄'였지 근거가 뒷받침되는 '확실한 범죄'는 아니었다는 사실을 보여 준다.

그러나 자오의 연금은 2005년 1월 17일에 사망할 때까지 끝나지 않았다. 그가 사망했을 때 신화사는 짤막한 부고를 발표했다.

자오쯔양 동지는 오랫동안 호흡기 계통과 심혈관 계통의 다양한 질병으로 인해 여러 차례 병원에 입원하여 치료를 받았다. 그런데 최근 병세가 악화되어 긴급 치료를 시도했지만 효과가 없어, 1월 17일 베이징에서 서거했다. 향년 85세다.

　　여기에는 그 흔한 몇 마디의 '호칭'도 없었고, 자오의 '경력'에 대한 일체의 언급도 없었다. 반성하지 않은 망자(亡者)에게는 그가 아무리 높은 지위에 있었어도 결코 호의를 베풀지 않는다는 냉혹한 현실을 다시 한 번 보여 주었다. 결국 그의 몸은 화장되었지만 현재(2016년 7월)까지 장례 절차와 장지에 대한 정부와의 협의가 끝나지 않아 그가 머물던 집에 부인의 유골과 함께 보관되고 있다.[86] 그는 죽어서도 안식을 취할 수 없다.

덩샤오핑의 중앙군위 주석 사퇴

　　약 5개월 후인 1989년 11월 6일부터 9일까지 나흘 동안 공산당 13기 중앙위원회 5차 전체회의(13기 5중전회)가 개최되었다. 이 회의에서는 덩샤오핑이 중앙군위 주석에서 물러나고, 장쩌민이 대신 그 자리를 물려받았다. 지난 반년 동안 진행되어 온 장쩌민 세우기가 한 단계 더 진행되는 순간이었다. 또한 제2세대에서 제3세대로의 권력 승계가 '공식적으로는' 완성되는 순간이기도 했다.

　　1989년 5월부터 덩샤오핑은 새로운 지도부가 자리를 잡으면 은퇴하겠다는 뜻을 여러 번 밝혔다. 아마 이 무렵에 이르면 덩샤오평도 지쳤을지 모른다. 그래서 현직에서 물러나 매우 중요한 한두 가지 일에만 신경을 쓰고, 나머지는 모두 젊은 지도자들에게 맡기고 싶었을 수도 있다. 특히 톈안먼 사건을 처리하는 과정에서 간간이 양상쿤에게 한 말들을 보면, 계엄령의 선포와 학생운동의 무력 진압을 결정하면서 덩은 매우 괴로워했다. 그는 이제 이런 굴레에서 벗어나고 싶었을 것이다.

그러나 덩이 은퇴를 결심한 것은 더 절박한 이유 때문이다. 즉 장쩌민을 중심으로 하는 후계체제를 확고히 수립하지 않으면 개혁 개방이 지속되지 못할 수도 있다는 위기감이 들었던 것이다. 이미 그는 자신이 세운 두 명의 후계자, 즉 후야오방과 자오쯔양을 잃었다. 그래서 천윈이나 리셴녠 등 다른 원로들을 볼 면목도 없었다. 이런 상황에서 비록 자신이 추천한 후계자는 아니었지만 장쩌민마저 낙마한다면 중국의 앞길은 매우 험난할 것이다. 특히 지금은 국내외로 비상시국이다. 소련과 동유럽 사회주의 국가들은 동요하고 있고, 중국은 미국 등 서방 선진국에 포위되어 있다. 그가 시작한 개혁 개방은 치리정돈 정책으로 중대한 고비를 맞고 있다. 장쩌민의 어깨가 그만큼 무겁다는 이야기다. 따라서 덩은 최대한 장쩌민의 입지를 강화시켜 주고 싶었다.

중앙군위 주석을 장쩌민에게 넘기는 것은 이 때문이었다. 덩샤오핑은 1989년 9월 4일 정치국 상무위원회 간담회(여기에는 6인의 정치국 상무위원, 즉 장쩌민, 리펑, 차오스, 야오이린, 쑹핑, 리루이환 외에도 양상쿤과 완리가 참석했다.)에서 자신의 은퇴 문제를 본격적으로 논의했다. 이 자리에서 덩은 전에 반복적으로 이야기했던 '정치적 당부'(交代)를 다시 꺼내들었다. 이어서 그는 장쩌민을 중앙군위 주석으로 추천했다.[87]

또한 덩샤오핑은 이 날짜로 정치국에 보내는 편지에서 중앙군위 주석을 사임한다는 의사를 공식화했다. 이제 간부 종신제를 폐지하고, 신구 지도자 교체를 완료할 시점이라는 것이다. 단 "중앙의 영도집단이 중대 문제에 대한 나의 의견을 물어 올 때, 나는 중앙 영도집단의 다수 의견을 시종 존중하고 지지할 것"이라고 밝혔다.[88] 즉 앞으로도 '중대 문제'에 대해서는 새로운 지도부가 자신의 의견을 물어오면 기꺼이 말하겠다는 뜻이다. 이 점에서 덩의 권한은 여전히 살아 있고, 그것을 행사하겠다는 의지도 여전히 굳세다.

이와 관련하여 커우젠원(寇健文) 교수는 1989년 6월 공산당 13기 4중전회에서 100여 명의 중앙위원이 제안하여 정치국이 '비밀 결정'을 통과시켰다고 주장한다. 즉 "공산당의 중대 문제와 결의는 덩샤오핑이 결정한다."가 그것이다.[89] 만약 이것이 사실이라면, 덩이 은퇴를 공식화하는 편지에서 위에서 살펴본 표현을 사용한 것은 전혀 이상하지 않다. 즉 6월의 정치국 결의가 여전히 유효하고, 자신은 정치국이 부여한 최고 결정권자로서의 지위를 유지하겠다는 의사를 표명한 것으로 볼 수 있다.

이런 과정을 거쳐 공산당 13기 5중전회에서는 덩샤오핑의 중앙군위 주석 은퇴와 장쩌민의 승계가 공식 결정되었다. 그런데 주의해야 할 점은 덩이 주석을 장쩌민에게 넘겼어도 후속 인사를 통

톈안먼 사건

해 여전히 군권을 장악했다는 점이다. 먼저, 그의 '친밀한 전우'이
자 심복인 양상쿤이 중앙군위 제1부주석이 되었다. 이는 양상쿤이
덩을 대신하여 군권을 행사한다는 것을 의미한다. 게다가 덩의 '애
장(愛將)'으로 알려진 류화칭(劉華淸)이 중앙군위 판공청 부비서장
에서 부주석으로 승진했다. 양상쿤의 이복동생인 양바이빙(楊白冰)
도 중앙군위 판공청 비서장 겸 서기처 서기로 임명되어 중앙군위의
일상 업무를 주관했다.[90] 이처럼 덩은 '사람은 떠나지만 권력은 쥐
고 가는 전략'을 구사했던 것이다.

이후 추진된 군 정리 작업은 '양 씨 형제(楊家將)'의 군내 권력
을 강화시켰다. 일차적으로 톈안먼 광장의 진압 과정에서 보여 준
태도에 따라 인사조정이 이루어졌다. 적극적인 참여자는 승진했다.
베이징군구의 정치부 주임으로 계엄군 대변인을 지낸 장공(張工)은
베이징군구 정치위원으로 승진했다. 반면 소극적인 태도를 보인 장
군은 퇴진했다. 중앙군위 부비서장인 훙쉐즈(洪學智)와 베이징군구
사령원인 저우이빙(周衣冰)이 대표적이다. 참고로 병을 핑계로 계엄
령의 집행을 거부한 38집단군 군장 쉬친셴(徐勤先)은 군사재판에서
5년 형을 선고받았다.[91] 그 밖에도 1990년에 1500명에서 3000명
정도의 장교가 각종 규율 위반으로 조사를 받았다. 그해 말에는 인
민 무장경찰부대에 대한 정리도 진행되었다.[92]

덩샤오핑이 여전히 군권을 장악하고 있다는 사실은 1992년
1~2월의 남순강화에서 여실히 증명된다. 덩이 약 한 달 동안 남부
지방을 여행할 때, 중앙 지도자 중에서는 유일하게 양상쿤이 동행

했다. 이는 매우 중요한 의미가 있다. 인민해방군이 덩을 호위하고 있다는 사실, 다시 말해 덩이 비록 백의(白衣)의 몸이지만 여전히 군권을 행사할 수 있다는 사실을 보여 주기 때문이다. 이를 배경으로 덩은 "개혁하지 않는 자는 누구든지 실각한다."라는 경고를 날릴 수 있었다.[93] 결국 장쩌민을 비롯한 중앙의 보수파 지도자들은 덩의 말에 귀를 기울이지 않을 수 없었다.

공산당 정비와 민심 수습

톈안먼 사건 이후, 엘리트 정치 차원에서 정비가 진행되는 동안 국민과 일반 당원을 대상으로 하는 정비도 진행되었다. 톈안먼 광장의 진압이 끝난 직후부터 전체 국민을 대상으로 하는 정치교육이 광범위하게 실시되었다. 후난성 창사의 한 대학에 머물던 안드레아 워든(Andrea Worden) 교수에 따르면, 톈안먼 사건 직후부터 텔레비전은 학생과 시민의 시위 상황을 끊임없이 방송했다. 난폭한 '폭도'인 시위대와 헌신적이고 희생적인 해방군의 모습을 반복적으로 보여 줌으로써 이번 시위가 왜 '반혁명 폭란'이고, 계엄령 선포와 무력 진압이 왜 불가피했는가를 선전했다. 나이 든 사람들은 방송을 계속 시청하면서 서서히 이런 선전을 받아들이기 시작했다.[94]

또한 6월 말부터 거의 모든 단위에서 정치 학습이 정식으로 시작되었다. 덩샤오핑이 6월 9일 '계엄부대 간부대회'에서 발표한 담화가 핵심 교재였다. 모든 단위의 구성원들은 민주화 운동 기간에 매일 무엇을 했는가를 기록한 활동 보고서를 작성하여 제출해야만

톈안먼 사건

했다. 또한 각 단위별로 학습 모임을 개최하여 각 구성원들에게 민주화 운동과 덩의 담화에 대한 '입장 표명(表態)'을 요구했다. 이런 활동을 통해 정부에 대한 개인들의 지지를 유도했던 것이다.[95]

모든 곳에서 이런 정치 학습이 제대로 진행된 것은 아니었다. 워든 교수는 대학에서 진행된 정치교육의 한 단면을 소개했다. 당시 대학생들은 덩샤오핑이 말한 '국제적 대기후'와 '국내적 소기후'에 대한 나름의 해석을 통해 덩을 조롱했다. 먼저, 국제적 대기후는 소련, 폴란드, 헝가리에서 진행된 민주적인 정치개혁, 필리핀과 한국에서 일어난 민주화 운동으로 해석할 수 있다. 따라서 이는 매우 칭찬할 만한 현상이다. 또한 국내적 소기후는 주로 정부 부패에 대한 국민의 불만이다. 이처럼 국제적으로는 각국에서 진행된 민주화 운동의 영향으로, 국내적으로는 부패에 대한 국민의 불만에서 민주화 운동이 일어났다는 것이다.[96]

공산당원을 대상으로 하는 사상 학습 활동도 광범위하게 전개되었다. 1989년 7월 20일 공산당은 전국 선전부장 회의를 개최했다. 여기서는 공산당 13기 4중전회의 정신과 덩샤오핑의 담화를 선전하고, 4항 기본원칙과 부르주아 자유화 반대에 대한 교육을 강화하기로 결정했다. 이런 내용을 담은 「선전 사상 공작의 강화에 관한 통지」가 하달되었고, 전 조직과 당원의 학습이 시작되었다.[97] 이어서 9월 29일 건국 40주년 기념대회에서 장쩌민은 연설을 통해 '애국주의, 집단주의(集體主義), 사회주의, 자력갱생' 등의 사상 교육과 혁명 전통에 대한 교육의 강화를 지시했다.[98] 이를 배경으로 1990년

에는 사회주의 사상 교육과 '평화적 전복 반대(反和平演變)' 교육이
진행되었다.

이와 함께 공산당원, 특히 현처급(縣處級: 한국의 시·군·구급) 이
상의 영도간부에 대한 조사 및 재등록 작업이 진행되었다. 조사 내
용은 톈안먼 사건 과정에서 사상 인식과 실제 행동 면에서 이들이
중앙과 일치를 유지했는지, 4항 기본원칙은 준수했는지, 개혁 개방
과 부르주아 자유화 반대를 견지했는지 여부였다. 이를 위해 1989
년 8월에 전국 조직부장 회의가 개최되었고, 여기서 논의된 내용을
담은 「당 건설 강화에 대한 통지」가 8월 28일에 하달되었다.[99)] 이
를 바탕으로 당원 재교육과 일부 당원의 재등록이 추진되었다.[100)]
이는 문혁 이후에 공산당 정리, 즉 정당(整黨)운동을 진행했던 사례
와 유사한 방식이다.

그런데 이와 같은 정당운동도 그렇게 성과가 좋았던 것 같지는
않다. 리처드 바움(Richard Baum) 교수에 따르면, 톈안먼 사건 과정에
서 많은 공산당원과 간부들이 학생운동을 지지하거나 혹은 동정을
표시했다. 이런 상황에서 누구를 솎아 낸다는 것은 결코 쉽지 않았
다. 또한 각 국가기관과 단위의 책임자들은 정당운동에 형식적으로
만 임하는 경향이 있었다. 이들은 더 이상의 분란을 원치 않았던 것
이다. 그 결과 1992년 10월 공산당 14차 당대회까지 약 80만 명으
로 추정되는 학생운동 지지자 및 참여자 중에서 1만 2254명의 당원
만이 각종 당규 처분을 받았고, 그중에서 1179명만이 출당 등의 무
거운 처벌을 받았다.[101)]

톈안먼 사건

정부는 시민의 불만 사항 해결에도 나섰다. 부패 척결이 대표적이다. 1989년 7월 공산당 중앙과 국무원은 「최근 군중의 관심사항 처리에 관한 결정」을 하달했다. 「결정」은 '관다오' 관련 회사의 청산, 고위 간부 자녀의 사업 진출 금지, 수입차 사용의 금지, 고위 간부의 출국 통제 등을 담고 있다. 8월 17일에는 다시 「회사의 진일보 청산에 관한 결정」, 10월 8일에는 「당의 작풍(作風)과 청렴정치(廉政) 건설 강화에 관한 의견」을 하달했다.[102] 모두 반(反)부패 규정을 담고 있다. 이를 기초로 1989년 하반기부터 1990년 말까지 전국적으로 40여만 건의 당규 위반 사건이 처리되고, 이와 관련된 32만 8000명의 당원이 처분을 받았다. 그중 7만 2000여 명은 당적이 박탈(除籍)되었다.[103]

(4) 톈안먼 사건은 무엇을 보여 주었나?

1989년 4월 15일 후야오방의 사망으로 시작된 민주화 운동은 6월 4일 계엄군의 톈안먼 광장 진압으로 한 달여 만에 끝났다. 일반적으로, 후야오방의 사망을 계기로 베이징과 전국의 주요 도시에서 전개된 민주화 운동과 이를 무력으로 진압한 정부의 행위를 합하여 '톈안먼 사건'으로 부른다. 그렇다면 톈안먼 사건은 무엇을 보여 주었고, 무엇을 남겼을까?

엘리트 정치의 측면

첫 번째로 톈안먼 사건을 통해 '이중 정치구조(dual political structure)'의 작동을 확인할 수 있었다. 이미 앞에서 몇 차례 언급했듯이, 덩샤오핑 시기의 엘리트 정치는 원로정치와 공식정치로 구성되는 이중 정치구조의 모습을 띠었다. 여기서 원로정치는 인사를 포함한 중요 문제를 결정하는 정책 결정권을 행사하고, 공식정치는 이를 실행하는 집행권을 행사한다. 물론 공식정치는 원로정치가 중요한 문제를 결정할 때 의견을 개진하여 정책 결정에 어느 정도 영향을 미칠 수 있다. 공산당의 톈안먼 사건 처리 과정에서 바로 이 같은 이중 정치구조의 모습이 여실히 드러났다.

구체적으로 예젠잉을 제외한 '8대 원로' 전체, 혹은 덩샤오핑, 천윈, 리셴녠 등 주요 원로는 톈안먼 사건과 관련한 중대 문제를 결정하거나 공식정치가 제기한 문제에 대해 최종 결정했다. 예컨대 4월 25일 회의에서 덩샤오핑은 정치국 상무위원회의 논의를 기초로 학생운동의 성격을 '계획적이고 조직적인 동란'으로 규정했고, 이것은 4월 26일 《인민일보》 사설('4·26사설')로 발표됨으로써 확정되었다. 이는 공산당이 학생운동을 어떻게 처리할 것인가를 결정하는 매우 중요한 규정이었다. 또한 덩샤오핑은 5월 17일 회의에서 정치국 상무위원회의 의견 분화에도 불구하고 계엄령을 결정했다. 총서기와 정치국 상무위원의 인선도 마찬가지였다. 5월 21일 회의에서 원로들은 자오쯔양과 후치리의 직무를 정지시켰고, 5월 27일 회의에서는 장쩌민을 총서기, 리루이환과 쑹핑을 새로운 정치국 상무위원으로 결정했다.

　이처럼 원로정치에서 먼저 결정이 이루어진 다음에 당내 절차를 통해 이런 결정은 공산당의 공식 정책으로 확정되었다. 어떤 회의 형식을 택해 결정할 것인가는 각 회의의 권한에 따라 결정되었다. 중요한 문제는 정치국 상무위원회, 정치국, 중앙위원회 회의가 순차적으로 개최되어 결정되었다. 그러나 이런 공식 회의에서 원로정치가 결정한 사항을 실질적으로 토론하여 수정하거나 번복하는 일은 없었다. 공식정치는 어디까지나 정책 집행권만 행사했기 때문에, 또한 중대 정책의 집행 과정에서 필요한 사소한 결정권만 갖고 있었기 때문에 그렇게 할 수가 없었다.

　두 번째로 위기의 시기에도 공산당과 인민해방군의 규율 및 단결이 유지되었다. 이는 『톈안먼 페이퍼(Tiananmen Paper)』를 번역한 앤드루 네이선(Andrew Nathan) 교수도 지적하는 내용이다.[104] 앞에서 말했듯이, 인선과 중대 문제에 대한 결정이 원로정치에서 이루어지고 난 다음에는 당내 절차를 통해 공식화되고, 그런 다음에는 전당적으로 집행되었다. 집행 과정에서 자오쯔양과 리펑의 대립이 보여주듯이 이견이 심해 교착 상태에 빠지면 다시 원로정치에 결정권이 위임되어 해결되었다. 이렇게 공식적 및 비공식적 절차에 따라 결정이 이루어지고 나면 그것은 반드시 집행되어야만 했다. 만약 자오쯔양처럼 결정의 집행을 거부하면 그는 권력에서 축출되거나 배제되었다.

　이는 인민해방군에도 해당된다. 톈안먼 사건에서 덩샤오핑을 중앙군위 주석으로 하는 인민해방군은 중앙부터 지방의 각 군구까지 규율과 단결을 유지하면서 일사분란하게 움직였다. 계엄령의 결정 과정에서 은퇴한 '8대 장수'가 문제를 제기했지만, 이는 계엄령 자체에 대한 반대라기보다는 결정 과정에서 소외된 것에 대한 불만의 표출이었다. 그래서 이 문제는 설득을 통해 곧 해결되었다. 확인되는 집행 거부 사태는 베이징군구 38집단군의 군장 쉬친셴 하나뿐이었다. 그는 병을 핑계로 병원에 입원하여 집행을 거부했다. 무력을 동원하여 학생운동을 진압하라는 공산당의 명령을 군은 충실히 집행했던 것이다. 이처럼 공산당과 군이 비상 시기에도 규율과 단결을 유지할 수 있는 것은 커다란 '정치적 자산'이라고 할 수 있다. 동시에 이는 혁명 시기에 만들어진 당과 군의 전통이 문혁을 거친 이후에도 여전히 살아 있음을 보여 준다.

세 번째로 톈안먼 사건은 덩샤오핑 등 원로뿐만 아니라 리펑과 같은 보수파 지도자도 '계급투쟁의 관점'에서 여전히 벗어나지 못했음을 보여 주었다. 문혁은 13년 전인 1976년에 끝났지만 당시의 사고방식은 여전히 살아 있었던 것이다. 이들은 국제 상황을 '미국 등 자본주의 국가 대 중국 등 사회주의 국가'의 대립과 갈등으로 바라보았다. 그래서 자본주의 국가가 온갖 수단과 방법을 동원하여 중국을 자본주의 체제로 바꾸려 한다고, 즉 소위 '평화적 전복'을 시도한다고 생각했다. 또한 그들은 국내 상황을 '부르주아 자유화 세력 대 공산당'의 대립과 갈등으로 바라보았다. 개혁 개방을 시작한 이후로 '부르주아 자유화 분자'가 증가했고, 이들은 반(反)중국 자본주의 세력과 결탁하여 공산당을 타도하고 사회주의 제도를 뒤엎으려 한다고 생각했다.

1989년 무렵의 상황은 이들의 '계급투쟁 관점'을 더욱 증폭시켰다. 소련에서는 1985년에 집권한 고르바초프가 페레스트로이카(Perestroika, 개혁)와 함께 글라스노스트(Glasnost, 개방)라는 이름으로 민주 개혁을 추진했다. 동유럽 사회주의 국가, 특히 폴란드, 헝가리, 체코슬로바키아에서도 이런 민주화의 움직임이 나타나면서 공산당 일당제가 흔들리고 있었다. 그래서 덩샤오핑 등 원로들의 토론에서는 소련과 동유럽 사태가 중국에서도 출현하는 것을 경계해야 한다는 주장이 항상 제기되었다. 이들이 보기에, 국내에서도 1978년 민주벽 운동 이후 소위 '부르주아 자유화'가 한 번도 중단된 적은 없었다. 이처럼 '국제적 대기후'와 '중국의 소기후'가 결합하여 '동란'이 발생했다는 덩의 분석은 바로 이런 계급투쟁의 관점에서 나온 것이다.

이런 계급투쟁의 관점에서는 무력을 포함한 모든 수단과 방법을 동원하여 민주화 운동을 진압하는 것이 정당화된다. 운동 세력과 공산당 간의 대립은 선량한 시민 대 집권당 간의 갈등이 아니라 반혁명 세력 대 혁명 세력 간의 '계급투쟁'으로 규정되기 때문이다. '동란'이라는 규정은 그래서 중요하다. 이것이 모든 수단과 방법의 채택을 정당화하기 때문이다. 결국 이런 관점은 계엄군을 동원한 학생운동의 유혈 진압이라는 과잉 대응으로 이어졌다. 이런 점에서 덩샤오핑 등 당시의 지도자들은 비록 개혁 개방을 시작했지만 사고 방식은 여전히 문혁 시기에서 벗어나지 못한 존재들이었다.

이들의 생각이 '과거의 덫'에 갇혀 있다고 해서 민주화 운동의 무력 진압이 정당화되는 것은 결코 아니다. 이것은 개혁기에 공산당이 범한 최대의 정치적 오류이자 덩샤오핑이 범한 최대의 잘못된 결정이다. 따라서 톈안먼 사건은 언젠가는 반드시 재평가(중국식으로 말하면 '평반(平反)')되어야 하고, 또한 그렇게 될 것이다. 다만 빠른 시일 내에 그렇게 될 가능성은 높지 않다. 톈안먼 사건의 재평가는 문혁의 재평가와는 다르기 때문이다. 문혁은 마오쩌둥과 문혁 세력(즉 4인방)이 주도하여 대부분의 정치 지도자와 전체 국민에게 막대한 피해를 입힌 사건이기 때문에 마오가 죽었을 때 비교적 쉽게 바로잡을 수 있었다. 그러나 톈안먼 사건은 그렇지 않다. 따라서 미래의 지도자가 이를 재평가할 경우에는 많은 정치적 위험을 감수해야 한다.

네 번째로 톈안먼 사건은 이후의 정치 지도자들에게 '정치적 반우경화(反右)와 경제적 반좌경화(反左)' 혹은 '정치적 보수와 경제적 개혁'이라는 행동 양식을 제시했다. 여기서 '정치적 보수'는 '공산당 영도'를 굳건히 지키고 이에 도전할 수 있는 일체의 세력과 집단을 철저하게 세압하는 굳건한 태도다. '경제적 개혁'은 개혁 개방의 확대를 통해 일정 수준 이상의 경제성장을 확보하려는 실용적이고 개방적인 태도다. 이는 덩샤오핑이 만든 공식이고, 덩 본인이 이 공식의 전형이었다. 그가 평생 동안 추구했던 '공산당 영도하의 급속한 경제성장'과 이를 통한 '부국강병의 달성'(즉 중화민족의 중흥)은 이를 잘 보여 준다.

톈안먼 사건

이런 행동 양식을 벗어난 지도자는 그 누구도 자리를 보존할 수 없다. 후야오방이 그랬고 자오쯔양이 그랬다. 후야오방은 진리 기준 논쟁과 사면 복권 추진을 넘어 지식인들에게 좀 더 많은 자유를 허용하는 정책을 추진하다가, 혹은 지식인의 자유화 경향을 제대로 통제하지 못했기 때문에 총서기직에서 쫓겨났다. 즉 그는 '정치적 보수'에 철저하지 못했다. 자오쯔양은 총리로 재직할 때에는 '정치적 보수와 경제적 개혁'을 준수했다. 그러나 1987년 1월 총서기가 된 이후에는 '정치적 보수'에서 벗어나기 시작했고, 1988년 가격개혁의 실패 이후에는 그런 경향이 더욱 강화되었다. 톈안먼 사건에서 그가 보여 준 행동은 '정치적 보수'와의 결별이고, 이는 권력으로부터의 축출로 이어졌다.

이런 행동 양식은 장쩌민, 후진타오, 시진핑으로 이어진다. 장쩌민은 초기에 약간의 '일탈', 즉 '정치적 보수와 경제적 보수'의 입장을 견지했다. 천윈과 리셴녠이 그를 추천하고 후원했기 때문에 그들의 보수적인 경제 노선을 무시할 수 없었다. 또한 소련 및 동유럽 사회주의 국가의 동요와 톈안먼 사건을 겪으면서 보수화된 국제 및 국내 정세 속에서 장쩌민은 보수로 기울었다. 그러나 이런 '일탈'은 오래갈 수 없었다. 만약 그가 이를 지속한다면 그도 권력에서 축출될 수 있었다. 1991년 1~2월의 상하이 담화, 1992년 1~2월의 남순강화는 덩샤오핑이 장쩌민에게 보내는 경고였고, 장은 이를 알아차리고 '정치적 보수와 경제적 개혁'으로 선회했다. 1992년 10월의 공산당 14차 당대회는 이런 장쩌민의 회귀를 공개적으로 선언하는 행사였다.

민주화 운동의 측면

1989년 민주화 운동에 참여했던 일부 인사와 학자들은 이것이 민주화 운동이 아니라고 주장한다. 예를 들어 화성(華生)은 민중주의(populism) 운동이라고 주장한다. 그에 따르면, 이성과 개인의 민주적인 가치에 기초한 민주화 운동과 달리 민중주의 운동은 감정(정서)에 기초하여 개인이 대중을 따르고 복종하는 대중운동일 뿐이다. 또한 민중주의 운동은 이익과 감정에 좌우되고, 민주를 말하지 않고, 다른 사람에 대한 관용도 말하지 않는다. 또한 그것은 목적을 숭배하여 수단과 방법을 가리지 않는다. 1989년의 학생운동이 전형적으로 이런 성격을 띠었다는 것이다.[105]

또한 일부 인사들은 학생운동의 비(非)민주성을 비판한다. 예를 들어 5월 14일 정부와 학생 간의 중재를 맡았던 다이칭(戴晴)은 "톈안먼 사건은 민주운동이 아니며, 중국이 사회 이행을 실현하는 과정에서 나타난 하나의 좌절이고 후퇴이고 비극"이라고 비판했다. 궁샤오샤(龔小夏)도 "1989년의 운동은 대규모의 지향운동으로, 민주운동으로 부를 수 없고, 단지 '분노 방출 운동(泄憤運動)'일 뿐"이라고 주장했다. 그 밖에도 6월 4일 톈안먼 광장이 진압될 때까지 학생들과 함께 있었던 류샤오보는 "1989년의 항의운동, 그것은 결코 위대한 민주운동이 아니라 노예들의 반항운동"이라고 비판했다.[106]

이런 지적은 모두 일리가 있다. 그런데 운동의 성격을 규정할

톈안먼 사건

때에는 그 운동의 주체(학생이냐 시민이냐)나 과정 중에 나타난 특징(예를 들어 과격하냐 온건하냐, 조직과 운영이 민주적이냐 비민주적이냐)이 아니라 운동의 지향점에 초점을 맞추어야 한다. 이런 관점에서 보면 1989년의 운동은 분명히 민주화 운동이다. 부패 등 현실 문제를 비판하고, 이를 해결할 대안으로 자유와 민주를 주장했기 때문이다. 다만 현행 공산당 일당제를 중심으로 하는 사회주의 정치체제를 체계적으로 비판하고, 그것을 대신하여 선거 민주주의 혹은 자유민주주의의 구체적이고 종합적인 대안을 제시하지 못했다는 점에서는 분명한 한계가 있다. 그래서 나는 이를 '초보적인 수준' 혹은 '제한된 범위'의 민주화 운동이라고 불렀던 것이다.

만약 민주화 이행의 패러다임을 사용하여 분석한다면, 1989년의 학생운동은 자유화(liberalization), 민주적 이행(democratic transition), 공고화(consolidation)의 세 이행 단계 중에서 자유화 단계의 요구를 제기한 운동으로 볼 수 있다. 자유화는 권위주의 체제가 이완되는 단계로서, 이 단계에서는 국민의 정치적, 시민적 권리가 신장되고, 정치적 활동의 공간이 확대되는 특징이 있다. 한국을 예로 들면 전두환 정부 시기(1981~1988년)가 이에 해당된다. 자유화 단계는 주요 공직자에 대한 자유롭고 경쟁적인 직접선거가 실시되면서 민주적 이행의 단계로 발전한다. 1989년의 학생운동은 바로 자유화 단계의 요구를 제기하고, 이를 쟁취하기 위해 투쟁했던 것이다. 당시 대학생과 지식인들이 언론의 자유를 특히 중시한 것은 이를 잘 보여 준다. 이들이 현행 정치체제에 대한 전면적인 비판과 대안, 즉 다당제와 직선제를 제기하지 않았던 것도 이런 측면에서 이해할 수 있다.

또한 1989년의 학생운동은 '실패한' 운동이다.[107] 그것을 민주화 운동으로 규정할지라도, 또한 그것이 큰 의의가 있다는 점(예를 들어 국민이 민주화에 대한 열망과 의지를 용감하게 표현한 점)을 인정할지라도 이것은 분명한 사실이다. 운동이 주장했던 부패 척결과 민주적인 정치개혁 추진이라는 구체적인 목표를 놓고 볼 때에도, 언론과 결사의 자유 등 자유와 민주라는 추상적인 목표를 놓고 볼 때에도, 학생운동의 재평가와 학생 조직의 합법화라는 운동 과정상의 목표를 놓고 볼 때에도 이 운동은 목표를 하나도 제대로 달성하지 못했다. 이후의 상황을 보면 이는 더욱 분명해진다. 즉 개인과 조직 차원 모두에서, 공산당 내부와 공산당 외부 모두에서 민주화 운동 진영은 급격히 약화되었고, 정국의 보수화는 더욱 가속화되었다. 그 결과 1990년대는 '보수의 시대'가 되었다.

그렇다면 민주화 운동은 왜 실패했을까? 중국의 사회주의 혁명 역사와 지정학적 위치를 강조하는 주장이 있다.[108] 구체적으로 살펴보면 동유럽 사회주의 국가가 '이식된 혁명'인 것과 달리, 중국은 '자생적인 혁명'을 통해 사회주의 국가를 수립했다. 그래서 중국공산당은 정통성(legitimacy)을 갖고 있다. 게다가 동유럽 국가들은 서유럽의 선진적인 자본주의 국가와 접촉하면서 많은 영향을 받았지만 중국은 그렇지 않았다. 즉 중국의 주위에는 정치 엘리트와 일반 국민 모두에게 자본주의의 풍요와 민주주의의 자유를 간접적으로 나마 경험할 수 있게 해 주는 국가가 없었던 것이다.

중국 내의 한계를 지적하는 주장도 있다. 이에 따르면, 무엇보다 운동의 주도 세력인 학생과 지식인이 엘리트주의 혹은 전통적인 사대부(士大夫) 의식이 매우 강했다. 그래서 이들은 노동자와 자영업자 등 다른 사회계층과 적극적으로 연대하려는 노력이 부족했다. 이는 베이징뿐만 아니라 운동이 일어났던 거의 모든 지방에서 관찰되는 현상이다.[109] 그 결과 정부는 별 어려움 없이 학생과 지식인을 고립시키는 데 성공했고, 이를 바탕으로 학생운동을 성공적으로 무력 진압할 수 있었다. 톈안먼 광장의 진압 이후 생각했던 것보다 정국이 빨리 안정을 찾을 수 있었던 것도 이 때문이었다.

또한 중국 내에서는 소련이나 동유럽 사회주의 국가에서 발견되는 시민사회(civil society)가 매우 미약했다. 예를 들어, 폴란드에는 레흐 바웬사(Lech Walesa)가 이끄는 노동연대(Solidarity), 체코슬로바키아에는 77헌장(Charter 77)과 바츨라프 하벨(Václar Havel)이 이끄는 시민포럼(Civic Forum)이 있었다. 그 밖에도 각국에는 다양한 종교단체가 있어서 민주화 운동에 큰 힘이 되었다. 그러나 중국에는 정부의 계속되는 탄압으로 이런 조직을 설립하여 운영할 수 없었다. 이런 점에서 중국의 지식인들은 매우 취약했고, 실제로 1989년의 민주화 운동 과정에서 중요한 역할을 하지 못했다.[110]

노동조합 등 군중단체도 마찬가지다. 공산당은 건국 이전부터 군중단체의 조직과 동원에 매우 많은 노력을 기울였고, 이는 건국 이후에도 마찬가지였다. 그 결과 노동자는 공산당의 강한 통제하에 놓여 있었다. 농민도 마찬가지였다. 공산당은 농민의 지지와 참여를 통해 혁명에 성공하여 중화인민공화국을 세웠는데, 노동자의 노동조합과 같은 농민의 대중 조직은 없었다. 이는 현재도 마찬가지다. 따라서 농민이 민주화 운동에 집단적으로 참여할 수 있는 통로나 방법은 많지 않았다.

이런 상황에서 1989년의 민주화 운동은 대학생들이 주체가 되어 나설 수밖에 없었다. 따라서 운동의 주체라는 측면에서 보면 이 운동은 '학생운동'이다. 그런데 학생이 민주화 운동을 성공적으로 주도할 수는 없다. 한국 등 '제3의 민주화 물결'을 경험한 국가가 보여 주듯이, 학생은 운동의 촉발과 추진에서 중요한 역할을 담당한다. 그러나 전체 상황을 파악하여 활동 계획을 수립하고, 집권 세력과 민주제도의 도입을 둘러싼 협상을 벌이는 등의 역할은 정치조직과 사회단체의 몫이다. 그런데 중국에는 바로 이것이 없었던 것이다.

그래서 민주화 운동의 초기에는 고자련이, 5월 13일 단식 이후에는 단식단 지휘부(후에 광장지휘부로 명칭 변경)가 운동을 주도했다. 그동안 학생운동의 활동가들은 학교 단위의 작은 시위나 교내 학습 모임을 통해 성장했다. 그래서 100만 명이 참여하는 시민운동으로 운동이 확장되었을 때 이들은 우왕좌왕하는 모습을 보였다. 이는 당연한 것이었다. 이들이 전체 상황을 잘못 판단하고, 활동 계획을 놓고 파벌 투쟁을 벌이고, 냉철한 이성보다 감성에 영향을 받아 잘못된 정책을 결정하는 등의 실수를 범한 것은 결코 비난의 대상이

톈안먼 사건

될 수 없다.

마지막으로 1989년의 민주화 운동에서는 개혁 개방의 수혜자들의 참여가 저조했다는 점을 지적해야 한다. 당시까지 개혁의 최대 수혜자 계층인 농민은 시위에 참여하지 않았다. 이는 베이징과 다른 지역 모두에 해당한다. 또한 지역적으로 광둥성, 푸젠성 등 동부 연해 지방에서는 시위가 매우 약했다. 이들은 경제특구 설치 등 연해 개방전략을 통해 경제적으로 가장 발전하고 가장 개방적인 지역이다. 예를 들어 푸젠성의 푸저우시(福州市)에서는 시위가 소규모 지식인 집단에 국한되었고, 노동자나 다른 시민들의 참여는 매우 적었다. 또한 시위는 '축제' 같았다. 참가자에게서 분노나 긴장감을 찾아볼 수 없었고, 가벼운 마음으로 소풍 나온 것 같은 분위기였다.[111)

베이징, 상하이, 텐진 등 다른 대도시에서도 시민들의 참여는 일차적으로 학생들에 대한 동정과 안타까운 마음에서 이루어진 것이었다. 또한 시민의 참여는 체제에 대한 불만보다는 특정 정책이나 현상에 대한 불만에서 나온 것이었다. 예를 들어 시민들은 당정 간부들의 부패, 특히 '관다오'에 불만이 있었고, 급격한 물가상승을 초래한 정부의 정책에 비판적이었다. 그러나 이들이 개혁 개방의 공산당 노선과 공산당 일당제의 현행 정치체제를 부정하거나 비판한 것은 아니었다. 이처럼 이들의 불만과 비판이 제한적이었기 때문에 정부의 진압 이후 운동은 급속히 소멸되었다.

이는 개혁 개방이 성공하면서 나타난 현상이다. 이런 점에서

1989년의 민주화 운동이 실패한 근본 원인, 반대로 공산당이 운동의 진압에 성공한 근본 원인은 개혁 개방의 성공이었다. 덩샤오핑은 이 점을 간파했기 때문에 운동 중에, 또한 운동의 진압 후에 개혁 개방의 견지를 반복해서 강조했다. 공산당이 살고 중국이 사는 길은 빠른 경제성장을 지속하는 길뿐이고, 이를 위해서는 개혁 개방을 더욱 빠르고 깊고 넓게 추진하는 길밖에 없다는 것이다. 왜 덩이 탁월한 정치가인지, 왜 그의 방침이 공산당 14차 당대회에서 승리할 수밖에 없었는지를 알게 해 주는 대목이다.

1989년 4월 후야오방 추모 열기

4월 15일 후야오방의 사망 소식이 알려진 직후부터, 베이징 시민들은 톈안먼 광장의 인민영웅 기념비에 헌화하는 등 추모 활동을 시작했다. 베이징을 포함한 전국 주요 대도시의 대학에도 "불같은" 추모 열기가 붙었다. 학생들은 분향소를 차리고, 대자보와 현수막(placard)을 걸어, 후야오방에 대한 간절한 추모의 마음을 표현했다.

톈안먼 광장으로 이동중인 학생과 노동자들 (1989년 5월 18일)

전국의 학생들이 톈안먼으로 몰려들면서 단식 규모는 3000명까지 확대되었다.
그런데 단식은 덩샤오핑을 포함한 원로와 지도자들에게 엄청난 모욕감과 분노를
불러일으켰다. 대개 국가원수가 중국을 방문하면 인민대회당 옆의 톈안먼
광장에서 성대한 환영 행사를 거행한다. 그런데 만약 학생들이 단식을 중단하고
광장을 떠나지 않으면, 고르바초프의 환영식은 광장 대신에 공항에서
약식으로 거행할 수밖에 없다. 이는 덩샤오핑에게 대단한 모욕이고,
덩은 이런 모욕을 초래한 학생운동의 지도자들을 도저히
용서할 수 없다.

군인과 대치중인 학생들 (1989년 5월)

5·4운동 70주년은 지식인과 대학생에게 매우 중요했다. 실제로 1988년 겨울부터 1989년 봄까지
많은 대학의 학생과 지식인들은 이를 기념하기 위해 다양한 준비를 시작했다. 이런 점에서 보면,
톈안먼 민주화 운동은 이미 이때부터 준비되었다고 말할 수 있다. 다만 4월 15일에 후야오방이
갑작스럽게 사망함으로써 활동 시점이 5월 4일에서 4월 15일로 20일 정도 앞당겨졌고, 활동
내용도 5·4운동 기념에서 후야오방 추모로 바뀌었을 뿐이다. 이런 이유로 덩샤오핑 등 원로와
리펑 등 보수파 지도자들은, 톈안먼 민주화 운동이 이미 오래전부터 자유주의 활동가와 학생운동
지도자들이 계획하고 조직적으로 준비한 '동란(動亂)'이라고 주장했던 것이다.

1989년 대자보

후야오방 서거 후 베이징의 주요 대학의
학생들을 중심으로 톈안먼 광장에서 시위가
일어났다. 당시의 상황을 잘 보여 주는 대자보가
붙은 게시판이다.

**차이링(柴玲), 우얼카이시(吳爾開喜), 왕단(王丹)
(1989년 5월 27일)**

단식은 5월 11일 우얼카이시, 왕단, 차이링 등
여섯 명의 학생 활동가들이 결정한 것이다.
이들은 '베이징 고교학생 자치연합회'(약칭
고자련)의 지도부였지만, 고자련의 결정에 따라
단식을 시작한 것은 아니었다. 오히려 고자련
상무위원회는 이들의 단식에 반대했다. 현
단계에서는 정부와의 대화에 주력해야 하고,
대규모 활동은 자제해야 한다고 판단했던
것이다. 그러나 이들은 조직의 결정에 따르지
않았다. 단식 주도자들이 모두 학생운동을
이끄는 핵심 지도자였기 때문이다.

Photo © David Turnley/VCG/Getty Images

학생운동 지도자 왕단과 악수하는 리펑 총리
(1989년 5월 18일)

5월 15일 정치국 상무위원인 후치리와 옌밍푸는 리펑을 찾아가 '4·26사설'을 수정하고 학생들의 애국 행동을 인정해야 한다고 말했다. 이렇게 해야만 단식 학생들을 설득할 수 있다는 것이다. 리펑은 단호히 반대했다. "현재는 동란 상황으로, 유일한 방법은 중앙이 일치단결하여 깃발 선명하게 동란을 제지하는 것이다." 즉 리펑에게 대화는 그냥 요식 행위에 지나지 않았다. 그래서 자오쯔양은 보수파의 대화 방해로 인해 문제를 평화적으로 해결할 수 없었다고 주장했다. 즉 보수파가 학생운동을 강경하게 진압할 구실을 찾기 위해 학생들을 극단으로 몰고 갔다는 것이다.

**학생들과 함께 있는 자오쯔양
(1989년 5월 19일)**

자오쯔양은 처음부터 학생운동은 대화를 통해
해결해야 한다는 입장을 갖고 있었다. 그러나
당시 자오쯔양을 보는 지식인과 대학생들의
시선은 곱지만은 않았다. 그래서 덩샤오핑,
리펑과 함께 자오도 학생들의 주된 공격의
대상이 되었다. 그런데 이런 상황은 5월 19일에
계엄령이 선포되고, 자오가 이에 반대하다가
실각했다는 사실이 알려지면서 바뀌게 된다. 즉
이때부터 자오에 대한 공격이 중단되었다.

Photo © Sadayuki Mikami/AP

**단식투쟁 중 쓰러진 학생의 호송
(1989년 5월)**

1989년 5월 13일 톈안먼 광장에는 각 대학의
깃발 아래 수천 명의 학생이 집결하여 '단식
청원'을 거행했다. 단식을 시작한 이유는
무엇보다 운동의 동력을 확보하기 위해서였다.
학생 운동은 침체에 들어가고 있었다. 이런
상황에서 민주화 운동을 지속하기 위해서는
학생과 시민의 광범위한 지지를 획득할 수 있는
획기적인 이벤트가 필요했던 것이다. 특히 톈안먼
광장은 '수도의 심장'이자 '중국의 얼굴'이기
때문에, 생사를 건 집단 단식은 극적인 효과를
연출할 수 있다.

**단식 투쟁 중에 쓰러진 학생들
(1989년 5월)**

4월 19일에 베이징대학에서 2000여 명이 모여
기존의 관변 학생 조직과는 다른 새로운 조직을
설립했다. 주도자는 세 집단 출신이었다. 첫째는
민주살롱과 올림픽학원 등 토론 모임 출신으로,
왕단이 대표적이다. 둘째는 관변 학생 조직
출신으로, 리진진이 대표적이다. 셋째는 특별한
'파벌'이 없는 사람으로, 펑충더, 궈하이펑,
차이링(단식을 주도한 학생 지도자)이 대표적이다.
이 중 차이링은 베이징사범대학의 석사생인데,
베이징대학의 학생 조직에 참여했다.

톈안먼 광장에 세워진 '민주의 신'

1989년 5월 29일에 '민주의 신(民主之神)' 제막식이 톈안먼 광장의 북쪽에서 거행되었다. 중앙미술학원 등 8개의 예술대학에서 온 수백 명의 학생들이 일주일 동안의 노력 끝에 석고상을 완성한 것이다. 이렇게 하여 '민주의 신'은 중국 혁명의 상징이자 공산당의 상징인 마오쩌둥의 초상과 대비되어, 또한 혁명을 위해 목숨을 바친 열사들을 기념하는 인민영웅 기념비와 대비되어, 민주화 운동의 상징이자 기념물로 우뚝 섰다.

**류사오보, 저우퉈, 가오신, 허우더젠 등
네 명(소위 '4군자')
(1989년 6월 3일)**

6월 2일 오후 4시에는, 류사오보(2010년
노벨평화상 수상자), 저우퉈(周舵), 가오신(高新),
허우더젠(侯德健) 등 4명(소위 '4군자')의 단식
선언식이 인민영웅 기념비 앞에서 거행되었다.
여기서 이들은 매우 감성적이고 호소력 짙은
「6·2 단식 선언」을 발표했다. 이들이 단식을
시작하는 이유는 단순히 리펑 정부의 폭압에
저항하는 것뿐 아니라, 비겁하고 나약한
지식인의 행동을 참회하기 위해서였다.

톈안먼 광장의 학생들 (1989년 6월)

'민주의 신'을 만든 취지는, 미국의 '자유의 여신상'을 모방하여 학생들이
민주와 자유를 정신적 지주로 삼아 투쟁 의지를 고취하기 위한 것이었다.
이는 제막식에서 낭독된「'민주의 신' 선언」에 잘 나와 있다. "오늘 인민광장에
인민을 존중하는 신상(神像)이 높이 솟았으니, 바로 '민주의 신'이다. 우리는
그녀를 단식단의 용사(勇士)에게 봉헌하고, 광장의 전우(戰友)에게
봉헌하고, 전국의 백만 대학생에게 봉헌하고, 전 베이징, 전 중국,
전 세계에서 우리의 민주 투쟁을 지원하는 인민에게 봉헌한다."

군인에게 눈물로 호소하는 학생
(1989년 5월)

5월 19일 계엄령 선포와 함께 전국적으로
확대되었던 학생 및 시민의 시위도 시간이
가면서 급격히 줄어들었다. 따라서 5월 말이
되면 정부가 무력으로 톈안먼 광장을 진압해도,
베이징뿐만 아니라 지방의 도시에서도
'대중봉기'와 같은 대규모의 저항운동이 발생할
가능성은 매우 낮아졌다. 어쩌면 정부는 이런
상황을 파악하면서 무력 집안에 나섰을 수도
있다.

계엄군 탱크 앞을 가로막고 선 시민
(1989년 6월 4일)

6월 4일, 베이징은 공포와 긴장 속에서 하루를 시작했다. 먼저 새벽 6시, 톈안먼 광장에서 철수하여 귀가하던 학생과 시민이 류부커우(六部口) 지역에 도달했을 때, 계엄군 병사가 총을 발사하고 탱크가 항의하는 시민을 덮치면서 11명의 사망자가 발생했다. 무시디 지역에서의 대량 살상 이후 최대 규모의 사망자가 발생한 것이다. 또한 대낮에도 도심 곳곳에서 총격 소리가 계속 들렸고, 주요 사거리에는 불타는 군용차가 널려 있었다. 길가는 어지러웠고, 행인은 없었으며, 대형 상점과 잡화점은 문을 닫았다. 베이징 시민은 공황 상태였고, 식량과 기름 등 일부 생필품의 사재기도 발생했다.

Photo © Forrest Anderson/Getty Images

쑹핑(宋平, 1917~)

톈안먼 사건 이후 국민들 사이에서 덩샤오핑의
권위가 하락했고, 엘리트 정치에서도 그의
권력이 전보다 약화되었다. 덩샤오핑에게
특히 문제가 되었던 것은, 공산당과 정부 내에
그의 뜻을 받들어 개혁 개방을 주도할 만한
지도자가 없다는 사실이었다. 1989년 6월 공산당
13기 4중전회에서 총서기로 선출된 장쩌민은
개혁파라고 할 수 없다. 게다가 6명의 정치국
상무위원 중에서 리펑, 야오이린, 쑹핑 등 3명은
천원의 보수 노선을 지지하는 강경 보수파다.
차오스(정법)와 리루이환(이념)은 개혁적인
성향의 지도자였지만, 이들이 담당하고 있는
역할로 인해 개혁 개방을 주도할 수는 없었다.

**장쩌민과 덩샤오핑
(1989년 1월 1일)**

권력 재편은 공산당 및 국가기구의 정비와
밀접히 연관되어 함께 진행되었다. 덩샤오핑은 현
정치체제의 최대 문제로 권력집중을 지적하고,
그 대안으로 권력분산을 제시했다. 그 결과
화궈펑이 독점하던 공산당 중앙위원회(당중앙)
주석, 중앙군사위원회(중앙군위) 주석, 국무원
총리의 직무를 세 사람, 즉 후야오방, 덩샤오핑,
자오쯔양이 분담하게 되었다. 그러나 이것은
화궈펑의 권력 약화를 위한 덩의 책략임이
드러났다. 1989년 톈안먼 사건 이후 장쩌민의
권력을 강화하기 위해 덩은 장에게 당·정·군의
최고 직위, 즉 공산당 총서기, 중앙군위 주석,
국가 주석을 몰아주었던 것이다.

장쩌민과 양상쿤(楊尙昆, 1907-1998)
(1990년)

1989년 공산당 13기 5중전회에서는 덩샤오핑의
중앙군위 주석 은퇴와 장쩌민의 승계가 공식
결정되었다. 그런데 주의해야 할 점은, 덩이
주석을 장쩌민에게 넘겼어도 후속 인사를 통해
여전히 군권을 장악했다는 점이다. 특히 그의
'친밀한 전우'이자 심복인 양상쿤이 중앙군위
제1부주석이 되었다.

남순강화　　2부

1990~1991년　**5 개혁 개방의 위기**

1992년　**6 '남순강화'와 덩샤오핑 노선의 승리: 공산당 14차 당대회**

5 개혁 개방의 위기

1990년에도 톈안먼 사건의 여운은 여전히 남아 있었다. 1989년 6월부터 시작된 민주화 운동의 청산 작업이 계속되었기 때문이다. 무엇보다 전체 국민을 대상으로 하는 정치사상 교육이 지속되었다. 덩샤오핑은 1989년 내내 자신의 최대 잘못은 그동안 정치사상 교육을 소홀히 한 것이라고 주장했다. 이를 반영하여 톈안먼 사건 직후부터 정치사상 교육이 강화되었고, 이는 1990년에도 지속되었다.

이 중에서 중국의 오랜 역사와 사회주의 혁명의 전통을 자랑스럽게 생각하는 '애국주의(愛國主義)' 교육이 특히 강조되었다. 앞에서 보았듯이, 총서기로 공식 선출된 이후 장쩌민은 이를 강조하여 전 국민의 애국주의 학습을 지시했다. 이때부터 국제적으로는 소련 및 동유럽 사회주의권의 붕괴와, 국내적으로는 톈안먼 사건의 영향으로 설득력이 매우 약화된 사회주의 이념을 대신하여 민족주의(nationalism)가 공산당의 통치 이념으로 등장하기 시작한 것이다. 애국주의 교육운동은 이후 준비를 거쳐 1994년부터 5년 동안 전 계층과 집단을 대상으로 체계적으로 진행되었다.[1]

공산당원, 특히 현처급(縣處級: 한국의 시·군·구급) 이상의 영도간부를 대상으로 하는 조사와 재등록 작업도 지속되었다. 국민의 불만 사항 처리도 마찬가지였다. 이 중에서 당정간부의 부패 척결이 가장 중요했고, 이를 위해 '군중에서 나와 군중으로 돌아간다.'(從群衆中來, 到群衆中去)는 군중노선이 강조되었다. '관다오(官倒)'는 국민의 불만이 집중된 문제이기 때문에 이에 종사하는 각종 당정기관의 회사들이 집중적으로 통합 및 폐지되었다. 학생운동에 호의적이었던 노동조합 등의 군중단체에 대한 통제를 강화하고, 지식인 계층과 사회 저명인사 등 공산당 밖의 세력을 체제 내로 포섭하기 위한 정책도 추진되었다.[2]

한편 톈안먼 사건 이후 국민들 사이에서 덩샤오핑의 권위가 하락했고, 엘리트 정치에서도 그의 권력이 전보다 약화되었다. 먼저 톈안먼 광장의 무력 진압 이후 '개혁 개방의 지도자'라는 덩의 이미지는 크게 손상되었다. 또한 그가 선택한 두 명의 후계자, 즉 후야오방과 자오쯔양이 '부르주아 자유화' 문제로 연달아 실각하면서 원로들 간에도 덩의 책임론이 제기되었다. 장쩌민의 총서기 선택 등 인사 문제에서 덩이 아니라 천윈과 리셴녠이 주도권을 행사한 것은 이와 무관하지 않다. 1988년 가격개혁이 실패하면서 경제권이 보수파에 넘어간 것에 더해, 이제는 인사권마저 그들에게 넘어간 것이다. 덩에게 남은 것은 양상쿤과 양바이빙을 통해 간접적

으로 행사하는 군권(軍權)뿐이었다.[3]

덩샤오핑에게 특히 문제가 되었던 것은 공산당과 정부 내에 그의 뜻을 받들어 개혁 개방을 주도할 만한 지도자가 없다는 사실이었다. 1989년 6월 공산당 13기 4중전회에서 총서기로 선출된 장쩌민은 개혁파라고 할 수 없다. 게다가 6명의 정치국 상무위원 중에서 리펑, 야오이린, 쑹핑 등 3명은 천원의 보수 노선을 지지하는 강경 보수파다. 차오스와 리루이환은 개혁적인 성향의 지도자였지만 이들이 각각 담당하고 있는 역할(차오스는 정법(政法), 리루이환은 이념(ideology))로 인해 개혁 개방을 주도할 수는 없었다.

결국 톈안먼 사건 이후에 덩샤오핑이 개혁 개방을 더욱 빠르고 깊고 넓게 추진하기 위해서는 본인이 직접 나서서 공식정치의 지도자들을 독려하고 설득할 수밖에 없는 상황, 경우에 따라서는 이들을 협박하거나 다그칠 수밖에 없는 상황이 만들어졌다. 그것도 전보다 권위도 떨어지고 권력도 약화된 상황에서 말이다. 이것이 덩샤오핑이 직면한 현실이었다. 이처럼 후야오방도 없고 자오쯔양도 없기 때문에 보수파의 '진지'를 돌파하기 위해서는 덩이 직접 나서야 하는 상황을 두고, 『중국 6·4진상』을 편집한 장량(張良)은 이렇게 표현했다.

역사는 고통과 풍자로 가득하다![4]

(1) '좌경화'의 계절

1989년 하반기에 시작된 정국의 '좌경화'는 1990년에도 기승을 부렸다. 이를 반영하여, 도시와 농촌 모두에서 개혁 개방이 지속될 것인지에 대한 우려의 목소리가 들렸다. 《인민일보》의 저명한 기자였던 마리청(馬立誠)과 링즈쥔(凌志軍)은 당시의 사회 분위기를 이렇게 전한다.

> 어떤 사람은 말한다. "듣자 하니, 개혁 개방을 정리하고 계급 투쟁을 장악해야 한다."
> 어떤 사람은 말한다. "지식인의 꼬리가 다시 일어났다. 마오 주석의 말이 맞다. 그들이 꼬리를 감추고 사람이 되게 해야 한다." "5·7 간부학교의 부활을 건의한다. 지식인은 다시 농촌에 가서 빈농(貧農) 및 중·하농(中下農)으로부터 재교육을 받아야 한다."
> 어떤 사람은 말한다. "향진기업(鄕鎭企業)은 부정한 작풍(不正之風)의 근원이고, 경영 기제는 자본주의적이다."
> 어떤 사람은 의문을 제기한다. "경제특구를 해야 하는지 말아야 하는지.'
> 어떤 사람은 말한다. "출국하여 유학하는 정책은 변화해야 한다."
> 해외 유학생은 말한다. "국내에 6·4풍파(風波)가 발생해서 귀국하여 부모를 뵈려면 하나하나 심사를 받아야 하는데, 한 번 귀국

하면 다시 나올 수 없다."

어떤 사람은 말한다. "중앙이 곧 자영업(個體戶)을 취소할 것이다."⁵⁾

이런 좌경화는 단순히 사회 분위기에 머물지 않고 공산당의 정책이 되어 실제로 집행되었다. 1989년 8월에 공산당이 사영기업가의 입당을 금지한 것이 대표적이다. 이 결정에 따르면, 이미 입당한 사영기업가는 자신의 노력으로 정당하게 번 돈조차 마음대로 쓸 수 없다. 이는 계급투쟁의 관점에서 국민을 '적대 세력'과 '비(非)적대 세력'으로 구분하고, 적대 세력(이 경우 사영기업가)의 정치적 지위와 권리를 박탈하는 조치라 할 수 있다. 반우파 투쟁 시기와 문화대혁명(문혁) 시기에 유행했던 정책이 다시 등장한 것이다.

사영경제는 사회주의 공유제 경제의 보충이고, 사영기업가의 정당한 경영과 합법적인 권익은 보호받아야 한다. 〔그러나〕 우리 당은 노동자계급의 선봉대다. 사영기업가와 노동자 간에는 실제로 착취와 피착취의 관계가 존재하고, 〔따라서〕 사영기업가를 받아들여 당에 들어오게 할 수 없다. 이미 당원이 된 사영기업가는 국가 정책과 법령, 의법경영과 납세를 모범적으로 준수하는 것 이외에, 당의 이상과 취지를 견지하고 당원의 의무를 엄격히 이행하며, 스스로 당 조직의 감독을 수용해야 한다; 기업의 수입 분배에서, 경영 관리자로서 정당한 수입은 수취하되, 기업세 납부 후의 이윤 중

톈안먼 사건

절대 다수는 생산 발전기금으로 사용하여 사회 재부를 늘리고 공공사업을 발전시켜야 한다; 노동자를 평등하게 대해야 하고, 노동자의 합법적인 권익을 존중해야 한다. 이렇게 하지 못하는 사람은 당원이 될 수 없다.[6]

정치국 상무위원으로서 조직을 담당하는 쑹핑은 1990년 10월 국방대학의 연설에서 이 방침을 재확인했다. 그에 따르면, 최근 일부 사람들은 "사영기업가는 떼돈을 벌어 부자가 되는 능력이 있는 선진분자(先進分子)"라고 주장하면서 입당을 허용해야 한다고 하는데, 결코 그럴 수 없다는 것이다. "이런 사람들이 입당하여 관원이 되고(當官) 권력을 장악하여, 당과 정권기관의 정책에 영향을 미치려고 한다." "어떤 지부의 당서기와 기층정권의 책임자는 이런 사람들의 뒤를 쫓아다니고, 이들의 지휘와 조종을 받으며, 심지어 그들의 이익을 대변한다." 이는 위험한 경향이다. "만약 사영기업가의 입당을 허용하여 당내에서 정치 역량을 형성하도록 허용하면, 발전하여 당의 노동자계급 선봉대의 성질이 반드시 변화할 것"이기 때문이다.[7] 참고로 사영기업가의 입당은 10년 후인 2001년에 장쩌민의 '삼개대표론(三個代表論)'이 당의 방침으로 채택되면서 허용된다.

농촌에서도 정치사상 교육을 강화해야 한다는 방침은 좌경화의 또 다른 사례다. 공산당은 1990년 6월 농업 생산과 농민 수입을 늘리기 위한 정책을 발표하는데, 그중의 하나로 정치사상 교육의 강화를 넣었던 것이다. 농촌에서 농가 생산책임제가 확대되면서 '국가관념'과 '집단관념'이 희박해지고, '공동부유(共同富裕)의 사회주의 원칙'이 약화되었다는 것이다. 이를 바로잡기 위해 '애국주의, 집단주의, 사회주의' 교육을 진행해야 한다.[8] 이를 위해 100만 명의 간부를 농촌에 파견한다.[9] 이런 방침은 농촌개혁의 핵심인 호별 영농에 부정적인 영향을 미칠 수 있는 매우 보수적이고 시대착오적인 발상에서 나온 것이다.

장쩌민의 '좌경화'

그런데 좌경화는 장쩌민이 주도적으로 제창한 것이다. 이는 무엇보다 장쩌민의 정치 성향에서 나왔다. 1986~1987년 학생운동과 1989년 톈안먼 사건의 처리 과정에서 장쩌민이 보여 주었던 모습은 그가 최소한 정치적으로는 매우 보수적이라는 사실을 증명한다. 당시 국내 정치 상황도 장쩌민을 압박하여 좌경화의 길로 가게 만들었다. 당시 정국은 천윈과 리셴녠 등 보수원로와 리펑·야오이린·쑹핑 등 보수파 지도자가 주도했다. 이런 상황에서 중앙정치에 막 등장한 장쩌민은 시류에 편승하여 좌경화를 제창하는 것이 안전한 길이었다. 특히 장쩌민은 천윈과 리셴녠의 추천으로 총서기가 되었기 때문에, 또한 그는 후야오방이나 자오쯔양처럼 독자적인 사상과 정책을 갖고 있지 못했기 때문에 천윈의 보수 진영에 가담한 것이 어쩌면 당연하다.

첫째로, 장쩌민은 철저하게 계급투쟁의 관점에서 국제 및 국내

　　　　　　　　　　　　　톈안먼 사건

상황을 분석했다. 국제 상황은 미국을 중심으로 하는 자본주의 진영이 사회주의 진영을 대상으로 '평화적 전복(和平演變)'을 시도하고 있다. 소련 및 동유럽 사회주의 국가에서 나타나고 있는 민주화 운동은 이런 평화적 전복 전략이 효과를 발휘한 결과다. 1989년의 톈안먼 사건도 마찬가지다. 반면 국내 상황은 '4항 기본원칙'을 견지하는 세력과 이를 부정하는 '부르주아 자유화 세력' 간의 정치투쟁이 전개되고 있다. 이는 개혁 개방을 추진하면서 나타난 현상이다. 공산당은 '정신오염 제거'와 '부르주아 자유화 반대'의 정책을 실시했지만 이런 현상을 막지는 못했다. 1989년의 민주화 운동은 그 결과다.

장쩌민은 1989년 8월의 전국 조직부장 회의에서 이런 관점을 조심스럽게 제기했고,[10] 그해 9월에 개최된 건국 40주년 기념식에서는 분명하게 주장했다.[11] 특히 후자는 국민에게 공개적으로 자신의 입장을 밝히는 자리였다. 이런 주장은 이후에도 반복된다. 1989년 11월의 공산당 13기 중앙위원회 5차 전체회의(13기 5중전회)와 신문(新聞) 공작회의,[12] 12월의 당건설 이론연구회,[13] 1990년 5월의 5·4운동 기념식,[14] 그해 6월의 농촌 공작 좌담회의 연설이 대표적이다.[15] 예를 들면 이런 식이다.

여기서 강조해야 한다. 국제 반동세력은 사회주의 제도를 적대시하고 전복하려는 근본적인 입장을 포기한 적이 없다. 1950년대 후기부터 시작하여, 그들은 무장 간섭이 실패한 이후 정책 중점을 평화적 전복으로 바꾸어 정치적·경제적·문화적 수단을 운용하고, 사회주의 국가의 일시적인 곤란과 개혁 실행의 기회를 이용하여 침투(滲透)를 추진하고, 영향을 미치며, '반체제 인사(持不同政見者)'를 지지하고 매수하여 서방에 대한 맹목적인 숭배를 배양하고, 자본주의의 정치모델, 경제모델, 가치관 및 썩은 사상과 생활방식을 전파한다. (……) 계급투쟁은 이미 우리 사회의 주요 모순은 아니지만 일정한 범위 내에서는 존재하며, 일정한 조건 아래에서는 격화될 수 있다. 국제 적대세력은 바로 여기서 평화적 전복 전략을 실행할 근거를 찾는다. 침투 대 반(反)침투, 전복 대 반(反)전복, 평화적 전복 대 반(反)평화적 전복 간의 투쟁은 장기적이다.[16)]

특히 재미있는 점은 장쩌민이 신문 공작회의(1989년 11월)의 연설에서 후차오무(胡喬木)의 '당성(黨性) 우선'으로 후지웨이(胡積偉)의 '인민성(人民性) 우선'을 비판한 사실이다. "자본주의 자유화 분자들이, 인민성이 당성에 우선한다는 주장으로 공산당의 영도를 부정한다."라는 것이다.[17)] 이는 1983년에 후차오무와 덩리췬(鄧力群) 등 보수파가 '정신오염 제거'를 주창한 때 제기했던 관점인데, 장이 이를 그대로 수용한 것이다. 아마도 후차오무와 덩리췬이 이 연설문의 초고를 작성했거나 혹은 작성된 초고를 검토했을 가능성이 높다. 또한 농촌 문제를 집중적으로 논의하는 농촌 공작 좌담회(1990년 6월)에서 장쩌민이 뜬금없이 평화적 전복 문제를 들고 나와 농민 간부들의 경각심을 촉구한 점도 매우 흥미롭다.[18)]

톈안먼 시건

둘째로, 장쩌민은 '두 가지 종류의 개혁관'을 주장했다. 이것도 역시 후차오무와 덩리췬 등 보수파의 지론이다. 이에 따르면, 현재 중국에는 개혁 개방에 대한 두 가지 종류의 다른 관점이 있다. 하나는 사회주의의 자기완성을 목표로 하는 개혁 개방이다. 다른 하나는 '자본주의 자유화'의 입장을 견지하면서 중국의 '전반적인 서구화(全盤西化)'를 주장하는 개혁 개방이다. 이는 곧 "자본주의화이며, 중국을 서방 자본주의 체제에 편입시키려는 것"이다.

우리는 이 두 종류의 근본 경계를 반드시 명확하게 구분해야 한다. 현재 4항 기본원칙과 부르주아 자유화의 첨예한 대립은, 상당한 정도에서 개혁 개방이 사회주의 방향을 견지할 것인가 말 것인가의 문제를 표현하는 것이라고 말할 수 있다.[19]

이러한 '두 가지 종류의 개혁관'은 1991년 무렵에 들어서는 '사회주의 개혁관'과 '자본주의 개혁관'으로 간단하게 명명된다. 동시에 보수파들은 이 무렵에 공산당 내에는 '사회주의 개혁관'을 견지하는 세력(즉 천원을 대표로 하는 보수파)과 '자본주의 개혁관'을 견지하는 세력(즉 덩샤오핑을 대표로 하는 개혁파)이 존재하여, 상호 대립 및 투쟁한다고 주장한다. 중국이 사회주의의 길을 견지하기 위해서는 전자가 후자를 물리쳐야 한다는 주장도 잊지 않는다.

셋째로, 장쩌민은 정치사상 교육의 중요성을 시종일관 강조하고, 전 당원과 전 국민을 대상으로 애국주의, 집단주의, 사회주의를 핵심 내용으로 하는 정치사상 교육을 실시해야 한다고 주장했다.[20] 이는 '계급투쟁의 관점' 견지와 '두 개의 개혁관' 주장에서 자연스럽게 도출되는 결과다. 국제적으로 자본주의 진영과 사회주의 진영 간에 치열한 투쟁이 전개되고 있는 상황에서, 국내적으로 부르주아 자유화 세력과 4항 기본원칙을 견지하는 세력 간에 정치투쟁이 전개되고 있는 상황에서 공산당이 승리하기 위해서는 정치사상 교육을 강화해야 하기 때문이다.

특히 앞에서 보았듯이 민주화 운동이 발생한 베이징과 이에 동조한 주요 대도시 시민들뿐만 아니라 전체 농민들도 정치사상 교육을 받아야 한다고 주장한 점에 주목할 필요가 있다. 이는 1983년의 '정신오염 제거'와 1986년의 '부르주아 자유화 반대' 운동에서도 없었던 조치이기 때문이다. 당시 후차오무와 덩리췬 등 보수파는 농촌에서도 이런 운동을 전개해야 한다고 주장했다. 그러나 후야오방과 자오쯔양 등 개혁파는 이런 운동의 확대가 개혁 개방의 추진에 큰 방해가 된다는 점을 들어 반대했다. 덩샤오핑이 개혁파의 입장에 동조함으로써 보수파의 주장은 실현되지 못했다. 그런데 이제 장쩌민이 나서서 보수파도 성공하지 못했던 일을 추진했던 것이다.

마지막으로 장쩌민은 천원의 경제 원리와 방침을 추종하여 개혁 개방의 추진에 매우 신중한 입장을 취했다. 장쩌민의 이런 입장은 좀 더 과감하고 적극적인 개혁 개방을 주장한 덩샤오핑의 입장, 좀 더 빠른 경제성장을 강조하는 덩샤오핑의 입장과 완전히 다른 것이었다. 이는 일차적으로 장쩌민이 1988년 9월 공산당 13기 3중전

톈안먼 사건

회와 1989년 11월 공산당 13기 5중전회의 결정에 따른 것으로 볼 수 있다. 특히 공산당 13기 3중전회의 치리정돈 방침은 장이 총서기가 되기 전에 이미 결정된 것이기 때문에 그로서는 선택의 여지가 없었다.

그런데 여기서 문제가 되는 것은 두 가지였다. 하나는 1989년부터 추진된 치리정돈 정책을 "3년 혹은 더 많은 시기"까지 연장 실시할 수 있다는 방침에 장쩌민이 동의한 점이다.[21] 치리정돈은 일종의 조정 정책으로, 개혁보다는 안정을, 고성장보다는 저성장을 기조로 삼는다. 따라서 치리정돈이 3년 이상 연장 실시된다면, 다시 말해 1992년 이후에도 치리정돈이 계속된다면 개혁 개방의 심화도, 빠른 경제성장도 기대할 수 없다. 다른 하나는 계획경제와 시장경제 간의 관계에서 장쩌민이 계획경제를 강조한 점이다.[22] 이는 시장화 개혁의 중단 혹은 후퇴를 의미한다. 덩샤오핑으로서는 매우 불만일 수밖에 없다.

이상에서 살펴본 것처럼 장쩌민은 총서기가 된 이후부터 매우 보수적인 입장에서 정치와 경제 문제를 분석하고 정책을 제시했다. 당시의 장쩌민은 정치는 후차오무와 덩리췬의 관점을, 경제는 천원의 관점을 수용했다고 평가할 수 있다. 이런 상황은 1992년 1~2월에 덩샤오핑이 남순강화를 통해 장쩌민을 압박할 때까지 지속된다. 이후에 장쩌민은 과거의 관점을 완전히 폐기하고 덩샤오핑의 관점을 전폭적으로 수용한다. 이런 이유로 『장쩌민 문선(文選)』 1권에 실린 장의 글은 심하게 편집되어 있다. 즉 '좌경화된' 장쩌민을 최대한 탈색시키려는 의도에서 대부분의 내용을 삭제해 실었던 것이다.[23]

소련 및 동유럽 사회주의권의 충격

앞 장에서 자세히 살펴보았듯이, 소련과 동유럽 사회주의 국가의 상황은 덩샤오핑을 포함한 원로들과 리펑 등 보수파 지도자들에게 큰 영향을 미쳤다. 이들이 1989년의 민주화 운동을 무력 진압한 데에는 이런 영향이 큰 몫을 했다. 이런 영향은 1990년에 들어와서 더욱 확대 및 강화되었다. 소련과 대부분의 동유럽 국가들에서 사회주의 체제가 붕괴했거나 붕괴가 임박해지면서 중국 지도자들의 우려와 경계가 더욱 깊어졌던 것이다. 이것이 정국의 '좌경화'를 더욱 촉진시켰다. 이 중 루마니아 사태와 소련의 '변질'은 특히 큰 충격이었다.

1989년 11월에 동독의 베를린 장벽이 무너지면서 동유럽 사회주의권의 붕괴는 가속화되었다. 장쩌민의 전기를 쓴 로버트 쿤(Robert L. Kuhn) 박사의 지적처럼, 공산당 정권이 붕괴하는 데 "폴란드에서는 10년, 헝가리에서는 10개월, 동독에서는 10주, 체코슬로바키아에서는 10일이 걸렸다면, 루마니아에서는 단지 10시간이 걸렸을 뿐이다."[24] 특히 루마니아 사회주의 체제의 붕괴는 극적이었다. 1989년 12월에 사회주의 국가 중에서는 유일하게 시위대에 발포를 명령했던 니콜라에 차우세스쿠(Nicolae Ceausescu) 대통령이 체포되어 부인과 함께 공개 총살된 것이다.

차우세스쿠는 중국에서 '옛 친구(老朋友)'로 불릴 정도로 덩샤오핑과 같은 원로뿐만 아니라 장쩌민과 같은 새로운 지도자들과도 매우 친밀한 관계를 유지했다. 그는 1982년과 1985년에 중국을 방문하여 대중연설을 한 적이 있다. 또한 1985년의 방문에서는 덩샤오핑에게 루마니아 최고 훈장인 루마니아 사회주의 공화국의 금별훈장을 수여했다. 이때 덩은 차우세스쿠에게 중소 관계의 개선에 대한 자신의 의지와 조건을 고르바초프에게 전달해 달라고 부탁하기도 했다. 이런 차우세스쿠가 시위대에 발포를 명령한 죄로 공개 처형을 당한 사실은 덩샤오핑을 포함한 모든 지도자에게 충격이 아닐 수 없었다.[25] 불과 6개월 전에 자신들도 동일한 일을 저질렀기 때문이다.

소련의 '변질'도 중국을 당혹스럽게 했다. 1988년 6월에 소련 공산당 전국대표회의는 "인도적이고 민주적인 사회주의"의 확립을 목표로 하는 정치개혁을 선언했다. 그 일환으로 1989년 3월에 인민대표대회(Congress of People's Deputies) 선거가 자유 경쟁 방식으로 실시되었고, 그해 5월에 1차 회의가 개최되었다. 2250명의 대표로 구성된 인민대표대회에는 공산당 대표(전체의 85%)뿐만 아니라 '민주인사'도 있었다. 그해 12월의 2차 회의에서는 소련공산당의 '지도지위(leadership position)'를 규정한 헌법 6조를 폐기하자는 안건이 제출되었고, 1990년 3월의 3차 회의에서 이것이 통과되었다. 이로써 다당제의 시대가 개막되었다. 동시에 이때 열린 인민대표대회에서 고르바초프가 대통령에 당선되었다.[26] 이제 소련은 경쟁적 의회제도, 다당제, 대통령제를 도입한 '민주국가'로 바뀌었다.

소련의 '변질'은 여기서 멈추지 않았다. 소연방과 개별 공화국에서 민주화가 진행되면서 소수민족 지역의 공화국이 독립을 선언하기 시작한 것이다. 먼저 1990년 3월에는 리투아니아공화국이 독립을 선언했다. 그해 6월에는 러시아 대통령 옐친이 러시아공화국의 주권을 선언했다. 이후 그해 10월까지 15개 공화국 중에서 11개 공화국이 독립을 선언했다. 바야흐로 소련의 해체가 본격화된 것이다.

중국공산당은 소련의 이런 변화에 긴장할 수밖에 없었다. 이를 배경으로 중국 내에서는 보수적인 경향이 더욱 강화되었다. "이제 베이징이 사회주의 지도자로서의 중임을 맡아 '세계혁명의 중심'이 되어야 한다."라는 목소리가 들리기 시작했다. 일부 사람들은 이제 개혁 개방을 확대할 수 없다고 주장했다. 어떤 기관에서는 개혁 개방의 견지를 주장하는 사람은 누구든지 "자본주의 자유화의 혐의"를 받게 되었다. "전체적인 분위기는 침울하고 억압적이었다."[27]

보수파의 개혁 개방 공격

이런 분위기에 편승하여 보수파들은 개혁 개방을 공격했다. 기본적인 내용은 앞에서 살펴본 장쩌민의 주장을 강조하는 것이다. 예를 들어 1990년 2월 22일에 《인민일보》는 「부르주아 자유화 반대에 관하여」를 발표했다. 핵심 주장은 '자본주의화 개혁'이 아니라 '사회주의 개혁'을 추진해야 한다는 것이다. 먼저 이 글은 "부르주아 자유화 분자의 경제적 근원(根源)은 없는가? 그들을 지지하는 경제적인 역량은 없는가?"를 물었다. 그리고는 "중산계급, 사영기업, 자영업이 부르주아 자유화의 경제적 근원"이라고 주장했다.[28]

동시에 이 글은 개혁 주창자에게 근본적인 질문을 던졌다. "자본주의화 개혁을 추진하는가 아니면 사회주의 개혁을 추진하는가?" 소위 '두 가지 개혁관'을 제기한 것이다. 이 글에 따르면, '자본주의화 개혁'은 두 가지를 주장한다. 첫째는 공유제의 부정과 사유화의 실현이다. 둘째는 계획경제의 취소와 시장화의 실현이다. 국영기업의 주식회사화(股份制化)는 사유화의 변종이다. 결국 사유화와 시장화를 주장하는 개혁 개방(이는 덩샤오핑이 주장하는 것이다.)은 '자본주의화 개혁'이고, 이는 "사회주의를 뒤엎고, 프롤레타리아 독재를 전복"하는 것이다.[29]

공유제와 계획경제를 강화해야 한다는 주장은 1년 내내 계속되었다. 예를 들어 《인민일보》는 1990년 10월 5일에 「계획경제와 시장조절의 결합에 관한 두 가지 문제」를 발표하여, "사회주의 경제는 공유제 경제고, 따라서 반드시 계획경제의 실현을 요구한다."라고 주장했다. 12월 17일에는 「사회주의는 반드시 자본주의를 대체한다」를 발표하여, "시장경제는 곧 공유제의 취소고, 이것은 공산당 영도의 부정이자 사회주의 제도의 부정이며, 자본주의의 실행"이라고 주장했다.[30] 여기서 알 수 있듯이, 공유제와 계획경제는 '공산당 영도'처럼 양보할 수 없는 핵심 가치다. 만약 이 말이 맞다면 개혁 개방은 더 이상 추진될 수 없다. 개혁 개방은 시장화, 사유화, 개방화, 분권화를 핵심 내용으로 하기 때문이다.

(2) 치리정돈과 개혁의 후퇴

1989년 톈안먼 사건 중에 자오쯔양이 실각하고 새로운 지도부가 선임되었다. 이때 덩샤오핑은 인선 기준으로 두 가지를 제시했다. 하나는 개혁 개방의 견지다. 좀 더 포괄적으로 말하면, 1987년 공산당 13차 당대회에서 통과된 '한 개의 중심(즉 경제 건설)과 두 개의 기본점(즉 개혁 개방과 4항 기본원칙)'이지만 이 중에서 덩은 개혁 개방을 강조했다. 다른 하나는 빠른 속도의 경제성장 유지다. 이후에 장쩌민을 중심으로 하는 새로운 지도부가 구성되었을 때, 덩은 이들을 불러 놓고 '정치적 당부(交代)'라는 이름으로 경제성장을 반복해서 강조했다.

그러나 현실은 덩샤오핑의 바람과는 다른 방향으로 흘러가고 있었다. 치리정돈의 전면적 실시와 함께 천윈의 방침이 모든 경제정책의 기조가 되었다. 이에 따라 개혁 개방은 사실상 중단되거나 후퇴했고, 경제성장률은 하향 곡선을 그렸다. 단적으로 1988년에는 국내총생산(GDP)이 11.3% 성장했는데, 치리정돈이 실시된 1989년에는 4.1%로 크게 떨어졌다. 1990년에도 이런 추세가 지속되어 국내총생산은 3.8% 성장하는 데 그쳤다.[31]

치리정돈과 개혁의 후퇴

천윈의 경제 방침은 한마디로 말하면 '균형성장론'이다. 이는 크게 세 가지로 요약할 수 있다. 첫째는 '계획경제 위주와 시장조절 보완'이다. 계획경제는 공유제를 기초로 한다. 둘째는 '종합 균형'을 유지하는 안정적인 발전, 혹은 '비율에 맞는(按比例)' 발전이다. 예를 들어 국민경제는 재정수입과 지출의 균형, 은행 수신과 대출의 균형, 물자 수요와 공급의 균형, 외환 수지의 균형을 유지하면서 발전해야 한다. 셋째는 점진적이고 제한적인 대외 개방이다. 이에 따라 경제특구는 제한된 지역에서만 선별적으로 추진되어야 한다.(이는 이 책의 2권인 『파벌과 투쟁: 덩샤오핑 시대의 중국 2(1983~1987년)』의 I장에서 자세히 살펴보았다.)

천원은 이 같은 자신의 경제 방침을 1988년 10월과 1990년 6월에 리펑·야오이린 등 당정 지도자들 앞에서 다시 한 번 분명하게 제시했다. 예를 들어 1988년 10월에 그는 모두 여덟 가지 의견을 제시했다. 식량의 확보, 과도한 토지 및 자원의 낭비 방지, 중앙의 권위 유지, 재정 적자의 반대와 균형 유지, 과거 경험의 활용(특히 '계획 있고 비율에 맞는' 발전), 인민 생활 수준의 적당한 향상(즉 지나치게 빠르고 높은 향상 반대), 저축의 증가, 공산당의 영도가 바로 그것이다.[32] 1990년 6월에도 유사한 견해를 밝혔다. 특히 이때에는 그가 1980년 12월에 제시한 '14개의 조정 정책'을 참고해야 한다고 주장했다.[33] 참고로 '14개의 조정 정책' 중에서 14번의 정책은 "조정은 어떤 방면에서는 후퇴를 의미하고, 또한 많이 후퇴해야 한다."라고 주장했다.[34] 이에 따르면 치리정돈은 개혁의 후퇴일 수 있다.

천원의 방침은 구체적인 경제정책으로 실현되었다. 먼저, 1989년 11월의 공산당 13기 5중전회에서 「진일보 치리정돈과 개혁 심화의 결정」이 통과되었다. 「결정」에 따르면, 치리정돈은 "향후 3년"(즉 1990년~1992년) "혹은 그보다 더 긴 시간"에 실행될 경제정책이다. 또한 「결정」은 경제 안정을 강조했다. "경제 안정은 정치 안정의 기초다. 만약 경제가 장기간 동안 곤경에 빠지면 정치는 안정될 수 없고 사회도 안정될 수 없다. 따라서 반드시 치리정돈 공작을 진일보 심화해야 한다. 치리정돈의 방침을 관철 집행하는 데는 동요가 있을 수 없다."[35]

치리정돈의 목적은 "사회 총수요가 사회 총공급을 초과하는 모순을 완화하고, 점차로 통화팽창을 축소하여, 국민경제가 지속적이고 안정적이며 조화로운 발전의 궤도에 오르도록 만드는 것"이다. 이를 위해 통화팽창의 축소, 재정수지의 균형, 경제 효율의 제고, 산업구조의 개선 등의 정책을 추진한다. 특히 치리정돈이 완성된 이후에도 "지속적이고 안정적이며 조화로운 발전의 방침은 반드시 시종일관 장기적으로 견지해야 한다." 즉 과거의 경험을 교훈 삼아, "단편적으로 지나치게 높은 발전 속도의 추구를 굳건히 방지해야 하고, 시종 경제 효율의 부단한 제고를 경제 업무의 최우선 위치에 놓아야 한다."[36] 이에 따르면, 향후 3년뿐만 아니라 그 이후에도 덩샤오핑의 방침이 아니라 천원의 방침이 계속 실행될 것이다.

마지막으로 치리정돈하에서는 개혁이 중단되거나 후퇴할 수 있다. 구체적으로 치리정돈과 개혁 간의 관계에서 "개혁은 치리정돈을 둘러싸고 진행해야 하며, 동시에 그것에 기여(服務)해야 한다." 한마디로 치리정돈이 우선이고, 개혁은 그 후의 문제다. 결국

　　　　　　　　　　　　　　　텐안먼 사건

개혁은 중단될 수 있다. 또한 개혁은 "사회주의 방향을 견지"해야
한다. 즉 사유화와 시장화를 지향하는 '자본주의화 개혁'은 결코 안
된다.

우리나라 사회주의 경제는 공유제의 기초 위에서 건립된 계획
이 있는 상품경제다. 우리나라의 경제체제 개혁은 사회주의 제도
의 자기완성이다. 개혁의 핵심 문제는, 계획경제와 시장조절이 상
호 결합되는 경제 운행기제를 점차로 건립하는 것이다. (……) 현
재 치리정돈 기간에 심화 및 개선할 개혁의 중점은, 첫째, 계획경
제와 시장조절의 상호 결합 원칙에 근거하여 몇 년간의 개혁 조치
를 안정화, 충실화, 조정 및 개선하는 것이다. 둘째, 치리정돈 기
간에는 마땅히 계획성의 요구가 많고, 적당히 집중을 강화한다.
(……) 셋째, 미시경제를 활성화하는 동시에 점차로 경제의 안정적
인 발전을 촉진할 수 있는 거시조정 체계를 수립한다.[37]

이렇게 확정된 치리정돈의 방침은 1990년과 1991년에도 반복
되었다. 예를 들어 리펑은 1990년 3월 7기 전국인민대표대회(전국
인대) 3차 회의의 정부 업무 보고에서 앞서 살펴본 내용을 반복했
다. 먼저 1990년의 경제성장 목표는 5%다. 이는 덩샤오핑이 주장하
는 '고성장'(대략 10% 전후)보다 많이 낮은 것이다. 또한 농업 발전과
식량 증산이 중점 산업 정책이다. 이는 식량 확보를 최우선시해야
한다는 천원의 방침에 따른 것이다. 치리정돈과 개혁 간의 관계에

서 개혁은 치리정돈에 기여해야 한다. 즉 치리정돈이 우선이다. 그 밖에도 '자본주의화 개혁'과 '사회주의 개혁' 중에서 중국은 후자를 굳건히 고수할 것이다.[38]

1991년 3월 7기 전국인대 4차 회의에서 통과된 「국민경제 및 사회발전 10년 장기계획(規劃)과 제8차 5개년(1991~1995년) 계획」에서도 이런 관점이 그대로 이어졌다. 10년간 6% 정도의 성장률 달성, 중국 특색의 사회주의 견지와 평화적 전복의 방지, 지속적이고 안정적이며 조화로운 발전의 추구, 대외개방보다 자력갱생(自力更生)의 강조, '정신문명'의 건설, 농업의 최우선 발전, 계획경제와 시장조절의 상호 결합, 치리정돈이 개혁에 우선 등이 그것이다.[39]

여기서 재미있는 점은 개혁의 성과를 평가하는 기준(標準)으로 '세 가지의 유리함(三個有利)'을 처음으로 제시했다는 사실이다. 국민경제의 지속적이고 안정적이며 조화로운 발전에 유리한가, 사회경제 효율의 제고에 유리한가, 사회의 안정과 발전에 유리한가가 바로 그것이다. 이 기준을 만족시키기 위해서는 계획경제와 시장조절의 상호 결합을 견지해야 하고, 공유제에 기초한 계획경제를 실행하기 위해 노력해야 한다.[40] 한마디로 천원의 경제 방침에 맞는 평가 기준을 제시했다. 나중에 덩샤오핑은 이를 부정하고, 자신의 독자적인 '세 가지의 유리함'을 제시한다.

덩샤오핑의 '개혁 살리기'

덩샤오핑이 1970년대 말에 개혁 개방을 추진할 때에는 광둥성

톈안먼 사건

의 선전시 등 4개의 경제특구에 주목했다. 당시에는 천원을 포함한 많은 원로들과 보수파 지도자, 중앙의 경제부서 관료들이 개혁 개방에 회의적이었다. 이들의 의구심을 잠재우기 위해 덩은 선전을 비롯한 네 곳을 개혁 개방의 '시험구(試驗田)'로 삼아 과감한 정책을 실시했다. 이것은 큰 성공을 거두었고, 1984년에는 14개 연해 도시를 '개방도시'로 지정했다. 또한 경제특구와 농촌개혁에서 얻은 자신감을 기반으로 1984년부터 도시개혁(주로 국영기업 개혁)을 본격적으로 추진했다. 이런 점에서 1980년대 개혁 개방은 선전을 모델로 추진되었다고 말할 수 있다.

그렇다면 1990년대는 어떤가? 덩샤오핑은 상하이에 주목했다. 상하이는 원래 중국에서 경제가 가장 발전한 지역이었지만, 광둥성과 푸젠성 등 경제특구가 설치된 지역이 개혁 개방의 주도권을 잡으면서 경제 발전에서 상대적으로 뒤떨어졌다. 단적으로 1980년대 중국의 경제성장률은 9%였는데, 상하이는 7.4%를 기록하여 평균에도 미치지 못했다.[41] 이는 상하이가 선전처럼 과감한 개혁 개방 조치를 실시하지 않은 결과였다. 그 책임의 상당수는 천원에게 있었다. 그가 상하이와 저장성 등 경제가 발전한 지역에 경제특구를 설치하는 것을 반대했기 때문이다.

덩샤오핑은 1988년부터 1994년까지 7년 연속 상하이에서 겨울을 보냈다.[42] 이런 과정에서 자연스럽게 상하이의 상황을 이해하게 되었고, 상하이의 발전을 위해서는 황푸강(黃浦江) 동쪽, 즉 푸둥(浦東) 지역의 개발이 필요하다는 사실을 발견했다. 그래서 1988년

1월에 푸둥 지역의 개발에 대한 보고서가 제출되었을 때 덩은 이에 흔쾌히 동의했던 것이다. 1989년 6월 장쩌민이 총서기에 임명되면서, 또한 덩의 적극적인 지지 아래 푸둥 지역은 신개발구로 지정되어 본격적인 개발이 시작되었다. 주룽지(朱鎔基), 황쥐(黃菊) 등 상하이 지도자들은 상하이가 선전에 비해 발전이 뒤처졌다는 사실을 잘 알고 있었기 때문에 덩의 지지에 감사하고 그의 정책을 적극 지지했다.

덩샤오핑은 바로 상하이를 거점으로 보수파가 주도하는 경제정책을 변화시키고 개혁 개방을 다시 추동하려고 마음먹었다. 1990년 1~2월에 상하이에서 겨울을 보낸 덩은 3월 3일에 베이징에서 장쩌민, 리펑 등 지도자들을 불러 다그치기 시작했다. 크게 두 가지를 강조했다. 첫째, 기회를 놓치지 말고 경제 발전 속도를 더욱 높여야 한다. 이는 그의 지론이다. 둘째, 상하이를 전략 지역으로 삼아 경제 발전의 동력을 확보해야 한다.

현재 경제 발전의 속도가 미끄러지는 문제에 주의해야 한다. 나는 미끄러지는 것을 걱정한다. 4%, 5%의 속도는 1~2년은 문제가 없지만 장기화되면, 세계에서 특히 동아시아와 동남아시아 국가 및 지역과 비교할 때에는 미끄러진 것이다. (……) 만약 경제 발전이 계속 저속도에 머물면 생활수준을 높이기 어렵다. 인민이 왜 우리를 옹호하는가? 이 10년의 발전 때문이다. 〔그동안〕 발전이 매우 명확했다. 만약 우리가 5년 동안 발전하지 못한다면, 혹은 저속

톈안먼 사건

도로 발전하면(예를 들어, 4%, 5%, 심지어 2%, 3%) 무슨 영향이 있을까? 이것은 단지 경제 문제가 아니며, 실제로 정치 문제다. 따라서 우리는 치리정돈 중에도 더 빨리 적당한 속도의 발전을 힘껏 쟁취해야 한다. (……)

적당한 속도의 발전을 실현하려면 눈앞의 일에만 맴돌지 말고 거시적이고 전략적인 안목으로 문제를 분석하여 구체적인 조치를 내놓아야 한다. 기회를 잡고 정책을 제때에 결정하고, 어느 지역의 조건이 더 좋은지 연구하여 더욱 넓게 개발해야 한다. 예를 들어, 상하이를 장악하면 큰 조치를 실시한다고 할 수 있다. 상하이는 우리의 조커(王牌)이며, 상하이 개발이 지름길이다.[43]

이와 같은 덩샤오핑의 촉구에 힘입어 상하이 푸둥 개발은 빠른 속도로 추진되었다. 1990년 6월에 공산당 중앙과 국무원은 「푸둥 개발 및 개방 문제에 관한 답변」을 통해 푸둥 개발을 승인했다. 9월에는 국무원이 상하이 푸둥 와이가오차오(浦東外高橋) 보세구(保稅區)의 건립을 승인했다. 푸둥 개발이 정식으로 시작된 것이다.[44]

그러나 덩샤오핑이 촉구한 점들 가운데 더 빠른 경제 발전의 속도와 더 과감한 개혁 개방의 추구는 효과가 없었다. 앞에서 살펴본 그대로 장쩌민, 리펑, 야오이린 등 일선의 지도자들은 덩샤오핑의 촉구에 귀를 막고 천원의 방침에 따라 치리정돈의 정책을 공식 결정하고 추진했던 것이다. 덩은 크게 실망하지 않을 수 없었다.

1990년 12월에는 공산당 13기 중앙위원회 7차 전체회의(13기

7중전회)가 개최될 예정이었다. 회의 안건은 1991년부터 1995년까지 5년 동안 중국이 추진할 제8차 5개년 국민경제 및 사회발전 계획, 그리고 향후 10년간의 장기적인 발전 구상을 심의하는 것이었다. 만약 여기서도 천원의 경제 방침과 치리정돈의 정책을 바꾸지 못한다면 향후 5년 혹은 그 이후에도 덩샤오핑은 저속도의 경제성장을 감수해야 하고, 개혁 개방의 후퇴도 수용해야 한다.

덩샤오핑은 다시 나서기로 결심했다. 공산당 13기 7중전회가 개최되기 전날에 덩은 양상쿤, 장쩌민, 리펑 등을 다시 불러 자신의 주장을 전달했던 것이다. 먼저 소련이 동요하는 등 혼란스러운 현재의 국제 정세에서는 "결코 우두머리가 되지 말라(不當頭). 이것은 근본적인 국가 정책(國策)"이라고 지시했다. 단 이런 상황에서도 "할 바는 해야 한다(有所作爲)."라는 말도 잊지 않았다. 또한 덩은 지난 1년 반 동안 "중앙의 업무에 만족한다."라는 격려의 말을 건넸다. 그러고는 하고 싶은 말을 쏟아놓았다. 핵심은 '시장 도구론', 즉 시장과 계획은 경제 발전을 위한 수단에 불과하다는 주장이다. 이 주장이 사실이라면 중국은 좀 더 과감하게 시장제도를 도입해야 한다.

우리는 이론적으로 분명히 해야 한다. 자본주의와 사회주의의 구분은 계획인가 아니면 시장인가의 문제에 있지 않다. 사회주의에도 시장경제가 있을 수 있고, 자본주의에도 계획통제가 있을 수 있다. 자본주의에 통제가 없으면 자유인가? 최혜국대우도 통제다! 시장경제를 조금 한다고 해서 자본주의의 길이라고 하는데, 그런 일은 없다. 계획과 시장은 모두 해야 한다. 시장을 하지 않으면 세계의 정보조차도 알 수 없고, 이는 스스로 뒤처지는 것이다.

위험 감수를 두려워할 필요가 없다. 우리는 이미 능력을 길렀고, 위험을 감당할 능력이 있다. (······) 개혁 개방이 진전될수록 위험을 감당하고 저항하는 능력은 더욱 강해진다. 우리가 문제를 처리할 때, 완전히 위험이 없는 것은 있을 수 없다. 위험 감수를 두려워하지 말아야 한다.[45]

그러나 이번에도 효과가 없었다. 앞에서 살펴본 대로 국민경제 및 사회발전 제8차 5개년 계획은 천원의 방침에 따라 작성되었다. 1988년 하반기부터 경제 관리를 맡기 시작한 총리 리펑은 덩샤오핑의 말에 더 이상 귀를 기울이지 않았다. 총서기 장쩌민도 마찬가지였다. 장쩌민에게는 덩보다 천원과 리셴넨이 더 중요했고, 국제 및 국내 상황을 놓고 볼 때에도 덩의 충고는 타당해 보이지 않았다. 특히 장쩌민은 1988년에 자오쯔양이 가격개혁에 실패하면서 심각한 정치적 위기에 직면했다는 사실을 잘 알고 있었다. 그래서 덩이 아무리 다그쳐도 자신의 정치적 운명을 걸고 개혁 개방에 나설 생각은 조금도 없었다.

덩샤오핑은 이제 어떻게 해야 하는가?

(3) '황푸핑 평론'과 보수파의 반격

덩샤오핑은 다시 상하이에서 시작하기로 결심했다. 그래서 그는 공산당 13기 7중전회가 끝난 지 한 달 후인 1991년 1월 27일부터 2월 20일까지 약 20일 동안 가족(부인 쭤린(卓琳) 여사와 덩난(鄧楠), 덩룽(鄧榕))과 함께 상하이에 머물렀다. 이때 그는 상하이 항공공업공사와 상하이 다중(大衆)자동차 등의 공장, 난푸대교(南浦大橋) 건설 현장 등을 방문하면서 상하이의 발전을 독려했다. 또한 덩은 주룽지(朱鎔基) 등 상하이시 지도자들을 만나 개혁 개방의 필요성을 역설했다. 당시 천원도 상하이에 있었다. 덩은 천원에게 함께 시찰에 나서자고 요청했지만 천원이 거절하면서 이들의 만남은 이루어지지 않았다.[46]

덩샤오핑의 '상하이 담화'와 주룽지 기용

상하이에 머무는 동안 덩샤오핑은 자신의 지론을 다시 반복했다. 먼저 덩은 상하이를 더욱 빠르게 개발해야 한다고 주장했다. 이를 위해 상하이 사람들은 사상을 해방하고, 더욱 큰 용기로 대담하게 개혁 개방에 나서야 한다. 1980년에 경제특구를 결정할 때에는 주로 지리적 요인, 즉 선전은 홍콩, 주하이(珠海)는 마카오, 산터우(汕頭)는 동남아 국가, 샤먼(廈門)은 대만을 염두에 두고 결정했다. 만약 당시에 상하이를 경제특구로 개발했으면 현재처럼 상하이가 낙후되지는 않았을 것이다. 금융은 현대 경제의 핵심으로 매우 중요하

톈안먼 사건

다. 상하이는 과거에 금융의 중심이었는데 이후에도 그렇게 되어야 한다.[47]

또한 덩샤오핑은 '시장 도구론'을 반복했다. 천윈 등 보수파들은 사유화와 시장화를 '자본주의화 개혁'으로 보았다. 이를 비판하기 위해 시장 도구론을 강조한 것이다. 덩에 따르면 "계획경제는 사회주의이고, 시장경제는 자본주의"라는 주장은 타당하지 않다. 계획과 시장은 모두 "수단일 뿐이며, 시장도 사회주의에 기여할 수 있다." 아울러 덩은 개방을 강조했다. "문을 닫고 지키는 것(閉關自守)은 안 된다." "경제 발전은 개방하지 않으면 매우 어렵다. 세계 각국의 경제 발전은 모두 개방을 추진하며, 서구 국가는 자금과 기술 면에서 서로 융합하고 교류한다."[48]

그런데 덩샤오핑은 이번에는 단순히 개혁 개방을 선전하는 것에 머물지 않고, 자신의 주장을 관철시키기 위한 구체적인 조치를 취하기 시작했다. 그만큼 절박했던 것이다. 이는 크게 두 가지 방향에서 이루어졌다. 하나는 중앙정부에서 개혁 개방을 추진할 새로운 진영을 구축하는 일이다. 이는 주로 주룽지의 기용을 통해 이루어졌다. 다른 하나는 언론 보도를 통해 자신의 주장을 전국적으로 확산시키는 일이다. 이는 소위 '황푸핑(皇甫平) 평론'을 통해 이루어졌다.

먼저, 덩샤오핑은 상하이시 당서기이며 시장인 주룽지를 중앙으로 불러올려 국무원 부총리에 임명했다. 1991년 3월에 개최된 7기 전국인대 4차 회의에서의 일이다. 이때에는 주룽지와 함께 저우자화(鄒家華)와 첸치천(錢其琛)이 국무원 부총리에 임명되었다. 저우는 주룽지와 함께 경제를, 첸치천은 외교를 담당한다.[49] 참고로 주룽지는 1992년 6월에 신설된 국무원 경제무역판공실의 주임도 겸직하면서 공업·농업·재정 업무를 주로 맡았다.

주룽지의 국무원 부총리 임명은 매우 중요하다. 개혁적인 주룽지가 보수적인 리펑과 야오이린의 영향력을 약화시킬 수 있기 때문이다. 특히 덩샤오핑은 주룽지를 활용하여 장쩌민과 리펑을 동시에 압박할 수 있었다. 만약 장쩌민과 리펑이 개혁 개방을 제대로 추진하지 않으면 '경제를 알고 개혁적인' 주룽지로 이들을 대체할 수 있다고 '협박'할 수 있기 때문이다. 실제로 덩은 1992년에 이렇게 했고, 그 전략은 매우 효과적이었다.

'자오쯔양 사람'의 복직

또한 이 무렵에 덩샤오핑은 1989년 6월 톈안먼 사건으로 면직되었던 지도자들을 다시 기용했다. 정치국 상무위원이었던 후치리(胡啓立), 서기처 서기였던 옌밍푸(閻明復)와 루이싱원(芮杏文)의 복직이 이루어진 것이다. 후치리는 국무원 기계전자공업부 차관(副部長), 옌밍푸는 민정부 차관, 루이싱원은 국가계획위원회 부주인에 각각 임명되었다. 모두 두 단계(후의 경우) 혹은 한 단계(옌과 루이의 경우) 강등된 복직이었다. 이를 통해 덩은 톈안먼 사건으로 긴장된 사회 분위기를 완화하고 개혁적인 지도자를 결집하여, 더 빠르고 포괄적인 개혁 개방을 추진할 준비를 시작한 것이다.[50]

한편 자오쯔양의 증언에 따르면, 1990년 말과 1991년 말 두 번에 걸쳐서 덩샤오핑이 사적으로 사람을 보내 자오의 복직 의사를 타진했다고 한다. 이때 덩은 두 가지의 내용을 전달했다. 하나는 자오가 톈안먼 사건과 관련하여 공산당 중앙이 내린 결정을 옹호하고 이를 명확하게 밝히는 것이다. 즉 자오에게 톈안먼 사건에 대한 입장 변경을 요구한 것이다. 다른 하나는 자오가 복직을 원한다면 공산당 총서기를 포함하여 어떤 직무에 대해서도 상의할 수 있다는 것이다.

자오쯔양은 이 제안을 거절했다고 한다. 먼저 자오는 톈안먼 사건에 대한 재평가가 우선이라고 생각했다. 그러나 자오가 보기에 덩은 결코 톈안먼 사건의 재평가에 동의할 사람이 아니다. 또한 덩의 말은 조직의 절차를 거친 결정이 아니기 때문에 현실적으로 큰 의미를 가질 수 없다. 당시에 덩은 마오쩌둥과 달리 자오의 복직과 같은 중요한 문제를 혼자서 결정할 수 있을 정도의 권력을 행사하지 못했다. 다시 말해 덩은 반드시 다른 원로들과 이를 상의해야 하고, 그럴 경우 자오가 복직될 가능성은 거의 없다. 자오는 이렇게 판단했다.

왜 이때 덩샤오핑이 자오쯔양에게 이런 식의 제안을 했는지에 대해 그의 정치비서였던 바오퉁은 몇 가지의 추측을 말했다. 덩이 자오에게 개인적인 미안함을 덜기 위해서일 수도 있다. 혹은 천윈과 리셴녠의 말만 듣고 개혁 개방에 미온적인 장쩌민에게 압력을 가하기 위해서일 수도 있다. 가장 중요하게는, 덩이 자신의 사후에 톈안먼 사건에 대한 재평가가 일어날 수 있다는 점을 우려했기 때문일 수도 있다. 마치 문혁에 대한 재평가처럼 말이다. 만약 자오가 공산당 중앙의 결정만 수용한다면 그의 사후에 그런 일이 발생할 가능성은 대폭 줄어들게 된다.[51]

'황푸핑 평론'

한편 덩샤오핑은 상하이에서 자신이 주장한 내용, 즉 '개혁 개방의 심화'를 확산시키기 위해 지역 언론을 이용하기로 결정했다. 보수파의 수중에 있는 중앙의 신문과 방송은 덩의 주장을 무시했기 때문이다. 그 결과 상하이시 당위원회의 기관지인《해방일보(解放日報)》에 1991년 2월부터 4월까지 '황푸핑(皇甫平)'의 명의로 덩의 주장을 담은 평론이 연속 게재되었다. 황푸핑은 '황포 강변의 중요한 평론'(黃浦江畔的重要評論)을 뜻하는 황푸핑(黃浦評)의 발음을 차용한 필명이다. 실제 저자는 상하이시 당위원회 연구실과《해방일보》평론부의 관계자들이었다. 이들은 덩샤오핑의 딸인 덩난과 상하이시 당서기인 주룽지의 감독하에 평론을 작성했다.

먼저 2월 15일 자《해방일보》에는 「개혁 개방의 선도양(帶頭羊)이 되자」라는 평론이 실렸다. 1991년 양띠 해를 맞아 상하이시는 1991년을 '개혁의 해(改革年)'로 선언하고, 개혁 개방에 매진하여 선두 주자가 되자는 내용이다. 역사를 뒤돌아볼 때, "개혁 개방은 강국부민(强國富民)의 유일한 길이며, 개혁이 없다면 중국 인민에게 아름답고 좋은 오늘도, 더 아름답고 좋은 미래도 없다!" 따라서 개혁의 발걸음은 지난 12년보다 더욱 빨라야 하고, 개방의 폭은 지난

12년보다 더욱 넓어야 한다. 개혁의 성질이 '사회주의인가 자본주의인가', 즉 '성사성자'(姓社姓資, 여기서 '사'는 사회주의, '자'는 자본주의를 지칭)를 물어야 한다고 주장하면서 개혁 개방을 반대하는 보수파에 대해 이 글은 더욱 빨리 개혁 개방에 매진해야 한다고 주장하는 매우 도발적인 글이다.[52]

이어서 3월 2일에는 「개혁 개방은 신사고를 요구한다」는 평론을 실었다. 핵심 주장은 '성사성자'의 질문은 그만하고 시장경제를 도입하자는 것이다. 이를 위해서는 '시장 = 자본주의, 계획 = 사회주의'라는 경직된 사상의 굴레에서 벗어나야 한다. 즉 덩샤오핑의 '시장 도구론'을 주장한 것이다. "새로운 상황의 연구와 새로운 생각의 탐색에서 관건은 진일보된 사상해방이다." "계획과 시장은 단지 자원 분배의 두 가지 수단과 형식일 뿐이고, 사회주의와 자본주의를 구분하는 기준(標志)이 아니다. 자본주의에도 계획이 있고, 사회주의에도 시장이 있다." 따라서 중국이 시장경제를 도입하지 못할 이유가 없다. 이를 반대하는 것은 "새로운 사상 경직과 강체(僵滯)"일 뿐이다.[53]

3월 22일에는 「개방 확대의 의식이 더욱 강해야 한다」는 평론을 실었다. 이 글은 1990년대에는 상하이가 더욱 대담하게 개방에 나서야 한다는 주장을 담고 있다. "1980년대에 상하이의 개방은 비록 성과가 컸지만 발걸음이 충분히 빠르지 못했고, 배포가 충분히 크지 못했다. 이는 일부 동지의 사상이 해방되지 못한 것과 직접적인 연관이 있다." "1990년대는 상하이의 개방이 더욱 큰 걸음으로 가야 한다. 이를 위해서는 반드시 참신한 사고가 있어야 하고, 용감히 위험을 무릅써야 하며, 남들이 하지 않은 일을 해야 한다.""만약 우리가 여전히 '성사성자'의 힐난에만 갇혀 있으면 앉아서 좋은 기회를 잃는 것(坐失良機)일 뿐이다."[54]

마지막으로《해방일보》는 4월 22일에 「개혁 개방은 덕과 재능을 겸비한 간부를 대규모로 요구한다」라는 평론을 실었다. 이 글은 위에서 말한 "개혁 개방의 노선을 견지하면서도 정치적 업적이 뛰어난 간부들"을 통 크게 기용하여 과감하게 개혁 개방을 추진해야 한다고 주장한다. 이를 위해서는 독단적인 간부 인선 방식을 버리고 "민주를 발양하고 군중 노선을 걸어야 한다."[55]

《해방일보》의 '황푸핑 평론'은 톈안먼 사건 이후 보수파가 주도하는 반(反)개혁적이고 시대 역행적인 분위기에서 더욱 빠르고 과감한 개혁 개방을 촉구한 덩샤오핑의 주장을 대담하게 선전했다는 점에서 큰 의의가 있다. 특히 네 편의 논평은 개혁 개방의 성질을 물어야 한다는 '성사성자'의 주장을 정면으로 비판했는데, 이는 큰 용기가 필요한 일이었다. 장쩌민을 비롯하여 리펑, 야오이린, 쑹핑 등 중앙의 보수파 지도자들이 이런 관점을 견지하고 있었기 때문이다.

보수파의 반격

그렇다면 '황푸핑 평론'은 분위기 반전에 얼마나 효과적이었을까? 덩샤오핑에게는 실망스럽겠지만 효과는 별로 없었다. 오히려 보수파들이 개혁 개방을 전면적으로 비판하는 계기가 되었다. 단적으로 중앙과 지방의 언론은 이를 무시했을 뿐만 아니라 대대적인 비판에 나섰다. 먼저 《인민일보》의 사장인 가오디(高狄)가 직접 상하이를 방문해서 덩샤오핑이 정말로 '황푸핑 평론'에 실렸던 내용을 말했는지를 조사했다. 조사 결과 사실임이 확인되었다. 그러나 《인민일보》는 개혁 개방의 성질을 물어야 한다는 주장을 굽히지 않았고, 덩의 발언은 계속 무시되었다.[56]

'황푸핑 평론'의 비판은 보수적인 잡지와 신문이 주도했다. 《당대사조(當代思潮)》와 《진리의 추구(眞理的追求)》가 대표적이다. 참고로 이 두 잡지는 약 10년 후에 장쩌민의 '삼개대표론'을 비판했다는 이유로 폐간되었다. 중앙당교의 이론지인 《구시(求是)》도 '황푸핑 평론'을 비판하는 데 선봉에 섰다. 자오쯔양이 보수파 이데올로그인 덩리췬의 진지를 와해시키기 위해 1988년에 《홍기(紅旗)》를 폐간하고 《구시》를 창간했는데, 보수파가 다시 《구시》를 장악하여 개혁 개방을 비판하는 데 앞장섰던 것이다. 이런 잡지들이 글을 발표하면 《광명일보(光明日報)》와 《인민일보》가 그대로 전재하거나 이를 옹호하는 다른 평론을 실었다. 약 10년 전에 '진리 기준 논쟁'이 전개될 때 후야오방이 사용했던 방법 그대로 말이다. 이렇게 하여 1991년 4월부터 그해 말까지 '황푸핑 평론'에 대한 비판은 계속되었다.[57]

이들 비판의 핵심은 개혁의 성질이 자본주의인가 사회주의인가, 즉 '성사성자'를 물어야 한다는 것이다. 예를 들어 1991년 8월

7일에 『광명일보』는 「'성사성자'를 묻는다」라는 글을 실었다. "개혁 개방의 실행은 '성사' 혹은 '성자'를 물어야 하는가? 이것은 부르주아 자유화 사조에 의해 혼란스럽게 된 옳고 그름의 중요한 문제다." "개혁 개방의 실행은 반드시 '성사성자'를 구분해야 한다. 원인은 간단하다. 현실 생활 중에 '성사'와 '성자' 두 가지 종류의 개혁관과 개혁이 존재하기 때문이다."[58]

같은 해 8월에 《구시》에 발표된 「사회주의 방향을 따라 개혁 개방을 계속하자」도 같은 주장을 반복했다.(이 글은 8월 13일 자 《광명일보》에 다시 실렸다.) "우리는 두 가지 종류의 개혁 개방관의 경계를 분명히 나누어야 한다." "개혁 개방의 중대한 방침과 기본 정책 등 큰 원칙 문제에서 사회주의 사업의 발전에 유리한가를 보아야 한다. 통속적으로 말해서 '성사성자'를 물어야 한다. 이렇게 해야만 우리의 개혁 개방이 시종일관 사회주의 방향을 견지하여 중대한 착오를 피하도록 보장할 수 있다."[59]

한편 리펑은 직접 '황푸핑 평론'을 비판했다. 1991년 11월에 상하이 난푸대교가 완공되어 개통식을 가졌는데, 리펑은 중앙정부를 대표해서 개통식에 참석하여 축하 연설을 했다. 이때 그는 '황푸핑 평론'을 공개적으로 비판했다. 이 평론이 사람들로 하여금 "새로운 중앙의 정신"이 있다고 생각하도록 만드는 잘못을 범했다는 것이다. 그는 이런 뜻을 상하이시 지도자를 만났을 때에도 전달했다.[60] '황푸핑 평론'이 발표된 지 6개월이 지난 시점에서 이를 비판한 것은 이 시점에 노선 투쟁이 매우 격렬하게 전개되고 있음을 보여 준다.

그런데 여러 신문 중에서《해방군보(解放軍報)》는 '황푸핑 평론'의 비판 대열에 참여하지 않았다. 이는 중앙군위 제1부주석인 양상쿤과 중앙군위 비서장인 양바이빙(楊白冰)의 영향 때문이다. 한마디로 이들은 덩샤오핑의 '충실한 전우'이자 '애장(愛將)'으로서 개혁개방을 철저히 옹호했던 것이다. 이는 양상쿤이 1991년 10월 신해혁명 80주년 기념식에서 행한 연설을 통해서도 확인할 수 있다. 이 자리에서 양상쿤은 강조했다. "경제 건설의 이 길은 시종일관 굳세게 움켜쥐고 대규모로 외적이 쳐들어오지 않는 한 모두 끝까지 추진해야 한다." "모든 다른 업무는 경제 건설이라는 한 개의 중심에 복종하고 기여해야 한다. 이 중심에 충격을 가하거나 방해할 수 없고, 결코 자기의 주의력을 분산 및 전환시켜도 안 된다."[61]

한편 장쩌민의 좌경화는 이때도 계속되었다. 어떤 면에서 보면 그의 관점은 더욱 좌경화되었다. 1991년 7월 1일 공산당 창당 70주년 기념식에서 장쩌민이 행한 연설은 이를 잘 보여 준다. 이 연설문은 후차오무와 덩리췬의 감독하에 작성되었다고 하는데,[62] 지금까지 장쩌민이 보여 주었던 '좌경 노선'의 집대성이라 할 수 있다. 그래서인지 이 글도 『장쩌민 문선』에는 일부만 수록되어 있다. 만약 덩샤오핑이 이 연설을 들었다면 매우 화가 났을 것이다. 지난 1년여 동안 그가 한 말이 전혀 효과가 없었다는 점을 보여 주기 때문이다. 실제로 덩은 이 연설에 매우 불만이었다고 한다.[63]

먼저 장쩌민은 계급투쟁의 중요성을 다시 한 번 강조한다. 계급투쟁은 주요 모순이 아니지만 특정한 조건에서는 격화될 수 있다.

"이 투쟁은 부르주아 자유화와 4항 기본원칙 간의 대립에 집중적으로 나타나며, 투쟁의 핵심은 정권 문제다. 이 투쟁은 국제 적대세력과 우리 간에 벌어지는 침투 대 반(反)침투, 전복 대 반(反)전복, 평화적 전복 대 반(反)평화적 전복의 투쟁과 밀접히 연관되어 있고 서로 묶여 있다." 여기서 장쩌민은 특히 평화적 진복과의 투쟁, 그리고 이것의 국내 판본인 부르주아 자유화 대 4항 기본원칙 간의 대립과 투쟁을 강조한다.[64]

또한 장쩌민은 '두 가지 종류의 개혁관'을 반복한다. 비록 그는 통속적으로 쓰이는 '성사성자'를 물어야 한다고 주장하지는 않았지만, '황푸핑 평론'을 명시적으로 비판했다. 그는 이렇게 강조한다. "두 종류의 개혁 개방관을 명확히 구분해야 한다. 즉 4항 기본원칙을 견지하는 개혁 개방(즉 사회주의 개혁)과, 부르주아 자유화를 주장하는, 실제로는 자본주의화의 개혁 개방 간의 근본적인 경계를 분명히 해야 한다." 그리고 중국은 이 가운데 전자를 굳건히 고수해야 한다.[65]

마지막으로 장쩌민은 '중국 특색의 사회주의'를 소유제도, 분배제도, 경제체제의 세 가지 측면으로 나누어 제시한다. 소유제도에서는 "생산수단의 사회주의 공유제를 기초로 기타 경제 성분의 적당한 발전을 허용 및 고취하는 체제"를 유지해야 한다. 즉 사유화는 안 된다. 분배제도에서는 "노동에 따른 분배(按勞分配)를 위주로 기타 분배 형식을 보충하는 체제"를 유지해야 한다. 이를 통해 평균주의도 막고 양극화도 막아 공동부유를 실현해야 한다. 경제체제에서는 "계획이 있는 상품경제와, 계획경제와 시장조절이 상호 결합된 경제체제와 운영기제"를 발전시켜야 한다.[66]

소련의 '쿠데타'와 논쟁의 격화

중국에서 '황푸핑 평론'을 중심으로 보수파와 개혁파 간에 치열한 노선 투쟁이 전개되고 있을 때, 소련에서는 쿠데타가 발생했다. 1991년 8월 17일 소련 국가비상위원회는 고르바초프가 건강상의 이유로 대통령 직무를 수행할 수 없고, 부통령이 그 직무를 대신한다고 발표했다. 그러나 쿠데타는 3일만에 실패로 끝났다. 8월 22일 베이다이허(北戴河) 휴양지에서 87세의 생일을 맞은 덩샤오핑은 긴급회의를 소집하여 소련 사태가 중국에 미칠 영향 등을 면밀히 분석했다. 장쩌민, 양상쿤, 리펑, 첸치천 등이 회의에 참석했다. 이후 러시아 대통령 옐친은 쿠데타를 완전히 진압하고, 소련공산당의 불법화와 해산을 명령했다. 이후 12월에 소련은 붕괴하고 말았다.[67]

소련의 급변 사태는 중국에 큰 충격이었다. 소련 붕괴의 원인과 대안 제시를 둘러싸고 보수파와 개혁파 간의 논쟁은 더욱 격화되었다.[68] 먼저 보수파는 공세를 강화했다. 단적으로 중국이 추구하는 사회주의 현대화 노선은 '경제 건설'이라는 한 개의 중심에 더해 '평화적 전복의 방지(反和平演變)'라는 또 한 개의 중심을 추가해야 한다고 주장했다. 소위 '두 개의 중심(兩個中心)론'이다. 이는 '계급투쟁 중심(以階級鬪爭爲綱)'으로 '경제 건설 중심'을 대체하자는 주장으로, 사실상 개혁 개방의 전면적인 중단을 의미한다.[69] 소련처럼 중국이 잘못된 길로 가지 않으려면 이렇게 해야 한다는 것이다. 이제 '두 가지 종류의 개혁관'에 더해 '두 개의 중심론'이라는 새로운 보수파의 이론이 생겼다.

　양지성(楊繼繩)에 따르면, 일부 '권위 있는 인사들'(보수파 원로를 지칭한다.)은 소련의 붕괴 원인으로 네 가지를 제시했다. 고르바초프와 같은 '배신자(叛徒)'가 권력을 장악했다. 국외 적대 세력의 전복 시도가 있었다. 정치상 자유화 반대가 부족했고, 군중 교육도 미진했다. 마지막으로 경제 운영의 잘못도 한 원인이다.[70] 쿤(Kuhn) 박사에 의하면, 장쩌민은 두 가지의 원인을 제시했다. 먼저 소련처럼 광대한 영토에서 민족 및 종족 간의 관계를 제대로 처리하지 못했다. 또한 개혁의 중심이 지나치게 정치에 쏠렸고, 경제개혁은 미흡했다. 이를 중국에 적용하면, 경제가 번성해야 공산당의 집권당 지위를 유지할 수 있는 것이다.[71] 이를 보면, 장쩌민이 보수파가 아니라 개혁파인 것처럼 들린다. 그러나 장쩌민이 그동안 보여 주었던 모습에 비추어 볼 때, 이는 일부 편집된 이야기일 가능성이 높다.

　반면 덩샤오핑은 앞에서 말한 8월 22일의 회의에서 소련 사태에 대해 다른 관점을 제시했다. 즉 '경제 건설' 중심을 굳건히 지켜야 한다는 것이다. 또한 이에 근거하여 덩은 '16자(字) 방침', 즉 "냉정히 관찰하고(冷靜觀察), 진지를 다지며(穩住陣脚), 실력을 감추고 때를 기다리며(韜光養晦), 결코 우두머리로 나서지 않는다(決不當頭)."를 제시했다. 나중에 여기에 "할 바는 한다(有所作爲)."가 추가되어 '20자 방침'이 되었다. 이 중에서 우리에게는 주로 '도광양회

(韜光養晦) 유소작위(有所作爲)', 즉 '실력을 감추고, 때를 기다리되 할 바는 한다.'만 알려졌다.

고르바초프는 총명한 것처럼 보이지만 실제로는 매우 멍청하다. 공산당을 먼저 쳐 버리면 무엇에 의지하여 개혁하나? 소련공산당이 분열되면 민족적 모순이 발생한다. 이런 국면이 조만간 오는데, 그는 수습할 방법이 없었다. 소련에는 소련의 상황이 있고, 중국에는 그렇지 않다. 그는 경제 건설 중심을 제창하지 않았고, 그의 개혁 책략에는 오류가 있어 경제 건설에 역량을 집중하지 못했다. 소련의 교훈은 증명한다. 중국이 자기 특색의 사회주의 길을 가는 것은 정확하다. 이 특색의 관건은 경제 건설 중심이며, 이 길을 벗어나면 어떤 구호도 쓸모가 없다. 이 점을 굳건히 견지해야 하고 절대로 동요해서는 안 된다.[72]

이처럼 1991년에도 덩샤오핑을 중심으로 하는 개혁파와 천원을 중심으로 하는 보수파 간의 대립과 갈등은 지속되었다. 그해 1~2월에 상하이를 방문하여 개혁 개방의 새로운 바람을 불러일으키려 했던 덩샤오핑의 의도는 제대로 관철되지 않았다. 주룽지를 국무원 부총리에 기용하는 데에는, 또한《해방일보》의 '황푸핑 평론'을 통해 자신의 주장을 확산시키는 데에는 성공했지만, 장쩌민과 리펑 등 일선 지도자들은 여전히 그의 말에 주목하지 않았다. 그해 8월에 터진 소련의 쿠데타 실패와 공산당의 해산, 이후 소련의 붕괴는 보수파에 더욱 커다란 힘을 실어 주었다.

이런 상황에서 1991년 11월 29일에 공산당 13기 중앙위원회 8차 전체회의(13기 8중전회)가 개최되었다. 이 회의에서는 개혁 개방과 관련된 중요한 문제들이 의제로 상정되지 않았다. 그 대신 농촌개혁에 대한 정책과 공산당 14차 당대회에 대한 견의("공산당 14차 전국대표대회를 1992년 4분기에 베이징에서 개최한다.")만이 통과되었다.[73] 농촌 문제가 중요하기는 하지만 국내적으로는 개혁 개방이 중단 혹은 후퇴하고, 국제적으로는 사회주의 진영이 붕괴하는 상황에서 공산당 지도부가 한가롭게 농촌 문제만을 다룰 여유는 없었다. 그러나 개혁파와 보수파 간의 이견이 너무 심해 핵심 쟁점은 논의조차 할 수 없었다.

이는 결과적으로 향후에도 천윈의 보수적인 경제 방침, 즉 치리정돈이 계속된다는 것을 의미한다. 1992년은 치리정돈의 "3년의 시간"이 끝나고 "더 긴 시간"으로 연장할 것인가 말 것인가를 결정해야 하는 매우 중요한 시점이었다. 동시에 1992년 가을에는 공산당 14차 당대회가 개최될 예정이었다. 만약 이때에도 보수파가 주도권을 잡고 천윈의 방침을 토대로 향후 5년간의 국정방침을 결정한다면 덩샤오핑의 개혁 개방 정책은 매우 어려운 상황에 직면하게 될 것이다.

또한 1991년 12월 10일에는 《구시》에 「사회주의 개혁관의 수립에 관한 일곱 가지 문제」라는 글이 발표되었다. 이 글은 '성사성자'를 반드시 물어야 한다는 것에서 시작하여 사회주의 제도를 옹호하고, 덩이 제시한 '생산력 발전이 혁명이고 개혁'이라는 명제를

톈안먼 시건

비판한다. 또한 개혁은 사회주의 혁명의 일부분에 불과하기 때문에 지나치게 과장해서는 안 된다고 주장한다. 경제만 잘해서는 평화적 전복과 정치 풍파를 막을 수 없고, 과학기술이나 경영 기법뿐 아니라 인민의 적극성을 동원하는 데에도 주의해야 한다고 주장한다. 마리청과 링즈쥔은 이를 "좌경화의 물결이 날로 높아져 맹렬히 팽창한" 결과물로, 덩샤오핑의 이론을 전면 부정하는 "기괴한 문장(奇文)"이라고 평가했다.[74] 이제 공산당 내에서조차 덩의 개혁 개방은 설 자리를 점점 잃어 가고 있었던 것이다.

이제 덩샤오핑에게는 다른 선택이 거의 남아 있지 않았다. 만약 덩이 개혁 개방을 계속 추진하려면, 또한 치리정돈을 제때에 끝내고 고속의 경제성장을 달성하려면 그에게 남아 있는 모든 수단과 방법을 총동원하여 이런 상황을 바꾸는 수밖에 없었다. 특히 공산당 14차 당대회까지는 1년도 남지 않았다. 그 기간 동안 덩은 어떻게 '좌경화의 계절'을 끝낼 것인가?

Photo © Gueorgui Pinkhassov/Magnum Photos

옐친을 지지하는 소련 시민들
(1991년 3월 28일)

소련의 '변질'은 여기서 멈추지 않았다. 소연방과 개별 공화국에서 민주화가 진행되면서 소수민족 지역의 공화국이 독립을 선언하기 시작한 것이다. 먼저 1990년 3월에는 리투아니아공화국이 독립을 선언했다. 그해 6월에는 러시아 대통령 옐친이 러시아공화국의 주권을 선언했다. 이후 그해 10월까지 15개 공화국 중에서 11개 공화국이 독립을 선언했다. 바야흐로 소련의 해체가 본격화된 것이다.

붉은광장에 주둔하고 있는 쿠데타 전차 (1991년 8월 19일)

중국에서 '황푸핑 평론'을 중심으로 보수파와 개혁파 간에 치열한 노선 투쟁이
전개되고 있을 때, 소련에서는 쿠데타가 발생했다. 1991년 8월 17일 소련
국가비상위원회는 고르바초프가 건강상의 이유로 대통령 직무를 수행할 수 없고,
부통령이 그 직무를 대신한다고 발표했다. 그러나 쿠데타는 3일 만에 실패로
끝났다. 이후 러시아 대통령 옐친은 쿠데타를 완전히 진압하고, 소련공산당의
불법화와 해산을 명령했다. 이후 12월에 소련은 붕괴하고 말았다.

**덩샤오핑의 상하이시 방문
(1991년 1~2월)**

덩샤오핑은 다시 상하이에서 시작하기로
결심했다. 그는 공산당 13기 7중전회가 끝난 후
한 달 뒤인 1991년 1월 27일부터 2월 20일까지
약 20일 동안 가족(부인 줘린 여사와 덩난, 덩룽)과
함께 상하이에 머물렀다. 이때 그는 상하이
항공공업공사와 상하이 다중(大衆)자동차
등의 공장, 난푸대교(南浦大橋) 건설 현장 등을
방문하면서 상하이의 발전을 독려했다. 또한
덩은 주룽지 등 상하이시 지도자들을 만나
개혁 개방의 필요성을 역설했다. 당시 천원도
상하이에 있었다. 덩은 천원에게 함께 시찰에
나서자고 요청했지만 천원이 거절하면서, 이들의
만남은 이루어지지 않았다.

**덩샤오핑의 남순강화
(1992년 1월 18일, 선전)**

선전과 주하이를 방문할 때, 덩샤오핑은 공산당
13차 당대회에서 통과된 '한 개의 중심과 두
개의 기본점'을 강조했다. '한 개의 중심'은
경제 건설(즉 경제 발전)이고, '두 개의 기본점'은
'개혁 개방'과 '4항 기본원칙'의 견지다. 이는
1991년부터 일부 보수파가 주장하는 '두 개의
중심', 즉 경제 건설과 평화적 전복 반대(혹은
부르주아 자유화 반대)를 직접 겨냥한 것이다.
이와 함께 그는 만약 이를 변경하려는 지도자가
있으면 실각할 것이라고 경고했다.

덩샤오핑의 남순강화
(1992년 1~2월)

덩샤오핑의 남부 지방 시찰은 1992년 1월
17일에 전용 기차로 베이징을 출발하여 2월
21일에 베이징으로 돌아올 때까지 모두 35일간
지속되었다. 이번 남순의 주요 대상 지역은
선전과 주하이였고, 상하이는 1988년부터 매년
그랬던 것처럼 겨울을 보내기 위해 머물렀던
것이다.

덩샤오핑의 남순강화
(1992년 1~2월)

남방 시찰의 준비 상황과 양상쿤의 동행 등을
자세히 살펴보면, 이것이 단순한 가족여행이
아님을 알 수 있다. 특히 덩샤오핑이 주요
지도자들을 만날 때 건넨 말을 보면, 모두
의미심장하고 뼈가 있는 내용이었다. 동시에
그의 말은 현재 중국이 당면하고 있는 문제에
대한, 개혁 개방을 반대하는 보수파의 주요
이론과 주장에 대한 적절하고 통렬한 비판을
담고 있었다. 한마디로 덩의 여행은 특정한
목적을 달성하기 위해 치밀하게 준비된 정치
이벤트였던 것이다.

**장쩌민 뒤로 리루이환, 야오이린, 그리고 완리
(1992년 10월 공산당 14차 당대회)**

1991년 1-2월의 상하이 담화, 1992년 1-2월의 남순강화는 덩샤오핑이
장쩌민에게 보내는 경고였고, 장은 이를 알아차리고 '정치적 보수와 경제적
개혁'으로 선회했다. 1992년 10월의 공산당 14차 당대회는 이런 장쩌민의
회귀를 공개적으로 선언하는 행사였다.

장쩌민
(江澤民, 1926~)

상하이시 당위원회의 기관지인《해방일보》는
덩샤오핑의 주장을 담은 '황푸핑(皇甫平) 평론'을
연재했는데, 이것은 보수파들이 개혁 개방을
전면적으로 비판하는 계기가 되었다. 특히
장쩌민은 "두 종류의 개혁 개방관을 명확히
구분해야 한다. 즉 4항 기본원칙을 견지하는
개혁 개방과, 부르주아 자유화를 주장하는,
실제로는 자본주의화의 개혁 개방 간의
근본적인 경계를 분명히 해야 한다."며 중국은
이 중에서 전자를 굳건히 고수해야 한다고
주장했다.

주룽지(왼쪽)와 양바이빙(오른쪽)
(1992년 10월 공산당 14차 당대회)

정치국 상무위원회는 중요한 권력기구의
책임자들로 구성되기 시작했다. 구체적으로
공산당 총서기(장쩌민), 국무원 총리(리펑),
전국인대 상무위원회 위원장(차오스), 중국
인민정치협상회의 전국위원회(전국정협)
주석(리루이환), 국무원 상무 부총리(주룽지),
중앙 서기처 상무서기(후진타오)가 정치국
상위회의 구성원이 된다. 이런 규범은 이후에도
적용되면서 하나의 '제도'로 정착되었다.
한편 공산당 정치국은 원로가 대거 은퇴하고
대신 기술관료(technocrats)가 진출한 특징이
있다. 양상쿤(85세)이 은퇴하고, 그 자리에
양바이빙(72세)이 임명되는 것을 비롯하여,
야오이린(75세), 완리(76세), 친지웨이(78세),
쑹핑(75세)이 은퇴했다.

차오스

(喬石, 1924~2015)

정치 성향을 보면, 정치국 상무위원회는 균형이
맞는 구성이라고 할 수 있다. 개혁파로는
리루이환과 주룽지가 있고, 보수파로는 리펑이
있다. 중도파로는 장쩌민, 차오스, 후진타오가
있다. 장쩌민은 보수파에서 중도파로 막 전향한
경우다. 차오스는 개혁파로 분류되기도 한다.
이런 인선 결과를 보면, 덩샤오핑의 노력이
결실을 맺었다고 평가할 수 있다. 즉 천원 및
리셴녠 등 보수파 원로가 장악했던 인사권을
덩이 일정 부분 회복하면서 정치국 상무위원회의
구성이 균형을 이루게 되었다는 것이다.

주룽지
(朱鎔基, 1928~)

주룽지의 국무원 부총리 임명은 매우 중요하다.
개혁적인 주룽지가 보수적인 리펑과 야오이린의
영향력을 약화시킬 수 있기 때문이다. 특히
덩샤오핑은 주룽지를 활용하여 장쩌민과 리펑을
동시에 압박할 수 있었다. 만약 장쩌민과 리펑이
개혁 개방을 제대로 추진하지 않으면 '경제를
알고 개혁적인' 주룽지로 이들을 대체할 수
있다고 '협박'할 수 있기 때문이다. 실제로
덩은 1992년에 이렇게 했고, 그 전략은 매우
효과적이었다.

**자오쯔양의 부고 소식에 오열하는 시민들
(2005년 1월)**

자오쯔양의 연금은 2005년 1월 17일에 사망할
때까지 끝나지 않았다. 그가 사망했을 때
신화사는 짤막한 부고를 발표했다. "자오쯔양
동지는 오랫동안 호흡기 계통과 심혈관 계통의
다양한 질병으로 인해 여러 차례 병원에
입원하여 치료를 받았다. 그런데 최근에 병세가
악화되어 긴급 치료를 시도했지만 효과가 없어,
1월 17일 베이징에서 서거했다. 향년 85세다."

6 '남순강화'와 덩샤오핑 노선의 승리: 공산당 14차 당대회

1992년

1990년과 1991년 2년 동안 덩샤오핑은 '좌경화된' 분위기를 바꾸고 개혁 개방의 불씨를 되살리기 위해 노력했다. 결과는 대실망이었다. 총리인 리펑은 말할 것도 없고, 총서기인 장쩌민도 전혀 움직이지 않았다. 덩은 이렇게 계속된다면 공산당 내 주도권을 완전히 상실할 뿐만 아니라 자신이 시작한 개혁 개방의 대업(大業)도 끝장날 것이라는 위기감과 두려움에 휩싸였다.[1] 덩이 볼 때 이렇게 되면 중국도 소련의 전철을 밟게 될 것이다.

덩샤오핑은 개인적인 명성과 권위도 걱정해야만 했다. 앞 장에서 말한 것처럼, 톈안먼 민주화 운동의 무력 진압 이후 정치 엘리트뿐만 아니라 국민들 사이에서도 덩의 명성과 권위가 크게 떨어졌기 때문이다. 만약 덩이 이대로 정계에서 완전히 은퇴하고 개혁 개방이 중단되거나 후퇴한다면 덩은 '위대한 개혁가'보다 '잔인한 독재자'로 역사에 기억될 가능성이 높다. 마치 말년의 마오쩌둥이 문화

톈안먼 사건

대혁명(문혁)이라는 커다란 실수를 범해 역사에 오명을 남긴 것처럼 말이다. 덩의 자식들은 이 문제에 특히 민감했다고 한다.[2]

1992년 새해를 맞아 덩샤오핑은 이런 상황을 완전히 바꾸기로 결심했다. 지난 2년의 실패를 교훈 삼아 이번에는 더욱 철저하게 준비하여 반드시 치리정돈을 중단시키고, 개혁 개방을 다시 추진하기로 마음을 다졌던 것이다. 방식은 전과 같았다. 즉 보수파가 조직과 언론을 완전히 장악하고 있는 베이징을 벗어나 지방으로 내려가서 새바람을 일으키는 것이다. 마오쩌둥이 문혁을 본격적으로 시작하기 전인 1965년에 항저우(杭州), 사오산(韶山), 우한(武漢) 등 남부 도시들을 방문하여 '혁명의 불씨'를 점화했던 방식이다.[3] 단 이번에는 지역을 상하이에서 광둥성으로 바꾸었다. 그곳에 개혁 개방의 '요람'이자 돌풍의 선봉인 경제특구, 즉 광둥성의 선전(深圳)과 주하이(珠海)가 있기 때문이다. 경제특구의 다른 두 곳인 광둥성의 산터우(汕頭)와 푸젠성의 샤먼(廈門)은 이번 방문에서 제외되었다.

그런데 이번의 '남순'(南巡: 덩샤오핑의 남부 지방(南方) 시찰을 황제의 지방 순시에 빗대어 부르는 말)은 덩샤오핑에게도 상당한 위험(risk)이 있었다. 무엇보다 덩은 이제 공산당 내에서 어떠한 공식적인 직위도 없는 일반 평당원일 뿐이다. 게다가 이번 남부 지방 시찰은 공산당 중앙의 동의도 받지 않은 '비밀 시찰'이었다. 방문의 목적도 '좌경화' 비판인데, 이도 잘못하면 역풍을 맞을 수 있다. 현직 지도자, 즉 장쩌민, 리펑, 야오이린, 쑹핑 등 정치국 상무위원뿐 아니라 뿌리 깊은 당내 보수 세력도 모두 싸잡아 비판하는 것이기 때문이다. 덩샤오핑도 이런 위험을 잘 알고 있었다. 그래서 이를 만류하는 주위 사람들에게 이렇게 말했다.

> 걱정이 근거가 없는 것은 아니지만 모험을 하겠다. 모험하지 않으면 어떤 것도 할 수 없고, 어떤 일도 이룰 수 없다.[4]

이렇게 하여 덩은 88세의 노구를 이끌고 남행을 감행한다.

(1) '남순강화'(1992년 1~2월)

덩샤오핑의 남부 지방 시찰은 1992년 1월 17일에 전용 기차로 베이징을 출발하여 2월 21일에 베이징으로 돌아올 때까지 모두 35일간 지속되었다. 구체적으로 1월 18일에는 잠깐 후베이성(湖北省) 우창(武昌)과 후난성(湖南省) 창사(長沙)를 들렀다. 1월 19일부터 23일까지는 광둥성 선전, 1월 23일부터 29일까지는 주하이를 방문했다. 그리고 1월 30일부터 2월 21일까지는 상하이에 머물면서 설을 지냈다. 광둥성에서 상하이로 오는 도중에 장시성(江西省) 잉탄(鷹潭)에 잠시 정차했다. 여기서 알 수 있는 것처럼, 이번 남순의 주요 대상 지역은 선전과 주하이였고, 상하이는 1988년부터 매년 그랬던 것처럼 겨울을 보내기 위해 머물렀다.[5]

덩샤오핑의 남방 시찰은 비공식적인 '가족 여행'이었다. 덩과 부인, 덩푸팡(鄧朴方)을 제외한 네 자녀와 배우자, 아이들까지 일행은 모두 17명이었다. 그래서 장쩌민을 비롯한 중앙 지도자들에게 여행을 통보하지 않았다. 또한 인민해방군이 여행 준비를 맡았기 때문에 공산당과 정부 관계자는 여행 일정에 관여하지 않았다.[6] 그 밖에 수행원도 사진기사 한 명, 개인 비서 등 아주 단출했다. 단 고위 지도자 중에서는 중앙군위 제1부주석인 양상쿤이 동행한 것이 특이한 점이다.

또한 겉으로는 덩샤오핑이 가족과 함께 지역 명소와 산업 시설을 찾아 즐거운 시간을 보내는 것처럼 보였다. 그들은 소형 버스를 타고 국제무역빌딩(國貿大廈), 중국 문화민속촌, 금수중화 모형지구(錦繡中華縮景區) 등 선전의 명소들을 들렀고, 주하이에서는 주요 공장과 건축물을 둘러보았다. 특히 선전은 덩에게, 또한 덩은 선전 시민들에게 특별한 의미가 있었다. 선전을 경제특구로 지정하는 데 큰 기여를 한 것도 덩이었고, 보수파가 선전을 비판할 때 직접 선전을 방문하여 그곳의 경제 발전 상황을 전국에 널리 알림으로써 비판을 잠재운 것도 그였다. 1984년의 일이다. 그래서 덩은 가는 곳마다 선전 시민들의 열렬한 환영을 받았다.

그러나 남방 시찰의 준비 상황과 양상쿤의 동행 등을 자세히 살펴보면, 이것이 단순한 가족 여행이 아님을 알 수 있다. 특히 덩샤오핑이 주요 지도자들을 만날 때 건넨 말을 보면 모두 의미심장하고 뼈가 있는 내용이었다. 동시에 그의 말은 현재 중국이 당면하고 있는 문제에 대한, 개혁 개방을 반대하는 보수파의 주요 이론과 주장에 대한 적절하고 통렬한 비판을 담고 있었다. 한마디로 덩의 여행은 특정한 목적을 달성하기 위해 치밀하게 준비된 '정치 이벤트'였던 것이다.

사전 준비와 군의 '호위'

남순에 앞서 덩샤오핑은 준비를 시작했다. 크게 두 가지 방향이다. 하나는 국제 정세와 국내 상황, 특히 개혁 개방의 상황을 분석하고 방침을 제시하는 일이다. 구체적으로 덩은 측근들에게 세 가지 질문과 관련된 자료를 준비하라고 요청했다. 첫째, 지난 10여 년간 진행된 개혁 개방의 성과는 무엇인가? 둘째, 현재 국내에서 개혁 개방을 부정하는 사람은 누구이고, 어떤 관점인가? 개혁 개방에 가장 방해가 되고, 가장 혼란스러운 관점은 무엇인가? 셋째, 국제 정세, 특히 동유럽의 최근 상황은 어떻게 전개되고 있는가? 덩은 이 질문에 대한 자료를 면밀히 검토하면서 자신만의 대답을 준비했다.[7] 이를 보면 덩의 '남순강화(南巡講話)'(중국 당국은 이를 '남방강화'(南方講話: 남부 지방에서 한 말)로 부른다.)는 즉흥 연설이 아니라 사전의 치밀한 준비 속에서 나온 준비된 연설인을 알 수 있다.

다른 하나는 '중앙 지도자들'에게 덩샤오핑의 위세를 보여 줄 수 있는 '무장세력'의 지원이다. 먼저 덩의 남방 시찰에는 양상쿤이 동행했다. 이 책의 앞 장에서 살펴보았듯이, 덩은 중앙군위 주석을 장쩌민에게 물려주면서 양상쿤을 중앙군위 제1부주석에, 류화칭(劉華淸)을 부주석에 임명하여 장쩌민을 '보좌'하도록 했다. 또한 양의 이복동생인 양바이빙을 중앙군위 비서장 겸 총정치부 주임에 임명하여 군의 일상 업무와 정치 업무(특히 인사)를 '관리'하도록 했다. 이를 통해 덩은 여전히 군권을 행사할 수 있었다. 바로 관건의 시기에 양상쿤이 덩의 호위에 나섬으로써 '안전장치'는 위력을 발휘했던 것이다. 덩과 양상쿤의 동행을 두고 홍콩의《대공보(大公報)》는 "군사력(軍事力量)이 덩의 남순을 호위한다."라고 반복해서 강조했다.[8]

또한 양바이빙은 덩샤오핑의 남순강화를 적극 지지하고 호위하는 '지원 사격'을 담당했다. 예를 들어 1992년 초에 중앙군위 총정치부는 장군들의 개혁 개방에 대한 우려를 해소하기 위해 이들의 경제특구 방문을 추진했다. 이어서 3월 14일에는《해방군보(解放軍報)》에「기본 노선을 굳건히 철저하게 집행하고, 개혁 개방에 적극 참여하고 지지하자」라는 사설을 발표했다. 여기서 "인민해방군은 개혁 개방의 순항을 호위한다.(為改革開放保駕護航)"라고 선언했다. 같은 달에 개최된 7기 전국인대 5차 회의에서도 양바이빙은 이를 다시 강조했다. 즉 "인민해방군은 굳건히 시종일관 개혁 개방을 호위하고 지지하며 참여할 것이고, 개혁 개방의 순항을 호위할 것이다."[9]

참고로 양바이빙의 '개혁 개방의 순항 호위' 선언은 이후에도 계속되었다. 그는 같은 해 7월 29일 자《인민일보》에「국가의 개혁 및 건설을 호위하는 숭고한 사명을 짊어지자」라는 글을 직접 발표했다. 군대가 "깃발 선명하게 순항을 호위하는 것은, 덩샤오핑 동지의 중요한 담화 정신과 당 중앙의 지시를 철저하게 군대 내에 관철

하는 것"이라고 주장했다. 또한 그는 "당의 기본 노선에서 벗어나
는 일체의 언행에 굳건히 반대한다."라고 주장하면서 '기본 노선',
즉 '경제 건설'과 개혁 개방을 부정하는 보수파를 비판했다. 이어서
8월 1일 인민해방군 창군 기념일에는 전국 7대 군구 사령관(司令員)
과 정치위원(政治委員)이 일제히 글을 작성하여 "개혁 개방의 순항
호위"를 선언했다.[10)]

'남순강화'의 내용

그렇다면 덩샤오핑은 남방 시찰에서 무슨 말을 했을까? 핵심은
개혁 개방의 확대와 가속화를 강조하고, 이를 반대하는 보수파의
논리와 주장을 비판하는 것이다.

먼저, 덩샤오핑은 개혁에 반대하는 사람은 누구든지 자리에서
물러나야 할 것이라고 경고했다. 남순강화에서 가장 중요한 메시
지는 바로 이것이다. 이는 덩이 남순을 시작하면서 한 첫 번째 말이
다. 1992년 1월 18일, 덩을 실은 기차가 우창에 도착하여 20분간 정
차했다. 이때 그는 후베이성 당서기 관광푸(關廣富)와 성장 궈수옌
(郭樹言)을 불러 이 말을 하면서 "중앙 영두 동지에게 알리라!"라고
지시했다. 그의 기차가 우창에 잠깐 멈춘 이유는 이것이었다. 장쩌
민은 이 말을 전해 듣고 충격을 받았다.[11)] 덩의 말은 짧았지만 매우
강렬했다.

우리의 지도자(領導)들은 마치 무엇인가 하는 것처럼 보이지

톈안먼 사건

만 실제로는 값어치 있는 일을 하나도 하지 않는다. 텔레비전을 보면 온통 회의와 행사뿐이다. 우리 지도자들은 자신들을 텔레비전 스타로 생각하는 것이 틀림없다. (……)

　개혁에 반대하는 사람은 그 누구라도 자리에서 물러나야 할 것이다.[12]

　이어서 선전과 주하이를 방문할 때, 덩샤오핑은 공산당 13차 당대회에서 통과된 '한 개의 중심과 두 개의 기본점'을 강조했다. '한 개의 중심'은 경제 건설(즉 경제 발전)이고, '두 개의 기본점'은 '개혁 개방'과 '4항 기본원칙'의 견지다. 이는 1991년부터 일부 보수파가 주장하는 '두 개의 중심', 즉 경제 건설과 평화적 전복 반대(혹은 부르주아 자유화 반대)를 직접 겨냥한 것이다. 이와 함께 그는 만약 이를 변경하려는 지도자가 있으면 실각할 것이라고 경고했다.

　당의 11기 3중전회 이래의 노선·방침·정책을 견지하려면 관건은 '한 개의 중심과 두 개의 기본점'의 견지다. 사회주의를 견지하지 않으면, 개혁 개방을 견지하지 않으면 경제를 발전시킬 수 없고, 인민 생활을 개선할 수 없다. 이는 곧 죽음의 한 길뿐이다. 기본 노선은 100년 동안 지켜야 하고 동요할 수 없다. 이 노선을 지켜야만 인민이 비로소 믿고 옹호할 것이다. 〔공산당 11기〕 3중전회 이래의 노선·방침·정책을 바꾸려는 사람은 백성들이 호응하지 않을 것이고, 누구라도 타도될 것이다. 이 점에 대해 나는 몇 차례 언급했다.[13]

게다가 덩샤오핑은 더욱 과감하고 빠르게 개혁 개방을 추진해야 한다고 강조했다. 이를 위해 개혁 개방을 평가하는 '세 가지 유리함(三個有利)'이라는 새로운 기준을 제시했다. 이는 보수파의 '두 가지 개혁관'(즉 사회주의 개혁관과 자본주의 개혁관), 혹은 '사회주의인가 자본주의인가를 물어야 한다.'는 '성사성자(姓社姓資)론'을 겨냥한 비판이다.

개혁 개방의 배포는 더욱 대담해야 하고, 과감하게 시험해야 하며, 전족을 한 여자와 같아서는 안 된다. (……) 개혁 개방의 발걸음을 떼지 못하는 것, 과감히 돌파하지 못하는 것은 자본주의적인 것이 많다 생각하고, 〔또한〕 자본주의의 길을 갈 것을 두려워해서다. 요점은 '성자' 아니면 '성사'의 문제다. 판단의 기준은 마땅히 사회주의 사회의 생산력 발전에 유리한지, 사회주의 국가의 종합 국력 증진에 유리한지, 인민의 생활수준 제고에 유리한지 여부가 되어야 한다. (……) 선전의 건설이 거둔 성취는 이리저리 걱정하는 사람들에게 명확하게 답한다. 특구의 성은 '사'〔즉 사회주의〕이지 '자'〔즉 자본주의〕가 아니다.[14]

덩샤오핑의 이런 주장은 다시 '시장 도구론'과 사회주의에 대한 새로운 정의로 연결된다.

계획이 좀 많은가 혹은 시장이 좀 많은가는 사회주의와 자본주의를 나누는 본질적인 구분이 아니다. 계획경제는 사회주의와 같지 않고, 자본주의에도 계획이 있다. 시장경제는 자본주의와 같지 않고, 사회주의에도 시장이 있다. 계획과 시장은 모두 경제 수단일 뿐이다. 사회주의의 본질은 생산력 해방이고, 생산력 발전이며, 착취를 소멸하고 양극화를 해소하며, 최종적으로 공동부유에 도달하는 것이다.[15]

특히 덩샤오핑은 '좌경화'를 비판한다. 현 단계에서 중국을 끝장낼 수 있는 위험은 우경화가 아니라 좌경화라는 것이다. 이는 보수파에 대한 직접적인 공격이다.

현재 우(右)적인 것이 우리에게 영향을 미치고, '좌(左)'적인 것도 영향을 미치지만 뿌리가 깊고 단단한 것은 좌적인 것이다. 일부 이론가와 정치가는 큰 모자를 들고 사람들을 놀라게 하는데, 우가 아니라 '좌'다. '좌'는 혁명의 색채를 띠고 있어 '좌'적일수록 더 혁명적인 것처럼 보인다. '좌'적인 것은 우리 당의 역사에서 정말 두려워할 만하다! 좋은 것들도 단번에 날려 버렸다. 우도 사회주의를 끝장(葬送)낼 수 있지만 '좌' 또한 사회주의를 끝장낼 수 있다. 중국은 우를 경계해야 하지만 주요한 것은 '좌'의 방지다. 우적인 것이 있으니 동란(動亂)〔톈안먼 사건을 말함〕이 우적인 것이다! '좌'적인 것도 있다. 개혁 개방을 자본주의의 도입과 발전이라고 말하고, 평화적 전복의 주요 위험이 경제 영역에서 온다고 생각하는 것

이 바로 '좌'다.[16]

그 밖에도 덩샤오핑은 개혁 개방을 실행하기 위해 당분간 논쟁은 그만하자는 '논쟁 금지(不爭論)'를 주장한다. 또한 그의 지론인 '고속 성장론'을 다시 강조한다. 덩에 따르면, "저속도는 곧 정지(停步)이고 심지어 후퇴다. 기회를 잡아야 하는데 현재가 좋은 기회다. 나는 기회를 잃을까 걱정이다. 잡지 않으면 눈앞의 기회는 날아가고, 시간은 순식간에 사라진다." 게다가 그는 상하이를 경제특구에서 제외한 것이 자기의 큰 실수라고 지적한다. 이는 상하이의 특구 지정을 반대한 천원에 대한 간접 비판이다.[17]

덩샤오핑은 사회가 질서 정연하고, 매춘과 도박 등 사회 문제를 잘 처리하는 싱가포르를 칭찬하는 것도 잊지 않는다. 한마디로 싱가포르는 '물질문명'과 '정신문명'을 조화롭게 잘 건설한 선진국이다.[18] 참고로 덩을 포함한 역대 최고 지도자들에게 싱가포르는 중국의 '롤모델(role model)'이었다. 이는 지금도 마찬가지다. 시진핑이 주장하는 '중국의 꿈'은 간단히 표현하면, 중국 대륙에 싱가포르 같은 국가를 건설하자는 것이다. 이것이 가능하지 않겠지만 어쨌든 이 꿈은 덩샤오핑으로부터 시작되었다.

이처럼 덩샤오핑은 선전과 주하이를 방문하면서 개혁 개방에 대해 많은 이야기를 쏟아 놓았다. 이후 상하이에 머물면서 덩은 자신이 쏟아낸 말을 체계적으로 정리하기 시작했고, 이 작업은 상하이를 떠나기 전에 완료되었다. 이때 정비젠(鄭必堅)이 정리 작업을 맡았다. 참고로 정비젠은 화궈펑과 후야오방의 비서를 지냈고, 2003년에는 후진타오의 외교 이념이 되는 '화평굴기'(和平崛起: 2004년에 '화평발전(和平發展)'으로 바꾸어 부름)를 제창한 이론가다. 이렇게 하여 7000자(字)가 넘는 '남순강화'가 만들어졌다.[19] 보수파를 공격할 '핵폭탄'이 준비된 것이다.

중국 언론의 무시와 늦은 보도

덩샤오핑이 선전에 도착한 지 사흘째 되는 날인 1월 22일, 홍콩의《명보(明報)》는 덩의 방문 소식과 함께 그가 한 말을 보도하기 시작했다. 이들은 덩의 이번 방문이 단순한 가족 여행이 아니라는 점을 간파했던 것이다. 이후 홍콩의 언론들은 대규모로 기자를 파견하여 덩을 밀착 취재하면서 보도 경쟁에 돌입했다. 당시에 광둥성 남부 지역에서는 홍콩의 텔레비전을 시청할 수 있었다. 그래서 수백만 명의 중국인들은 덩이 선전과 주하이를 방문하는 모습을 홍콩 텔레비전의 방송을 통해 볼 수 있었다.[20]

그러나 이에 대한 중국의 언론 보도는 없었고, 덩샤오핑의 남방 시찰에 대한 갖가지 소문만 무성했다. 신문과 방송을 장악하고 있던 보수파가 덩샤오핑의 남방 시찰에 대한 보도를 금지했던 것이다. 그러나 덩의 남순강화를 언제까지 막을 수는 없었다. 드디어 지방에서 먼저 보도가 시작되었다. 2월 4일에 상하이의《해방일보》가 「11기 3중전회 이래의 노선은 백년을 가야 한다: 임신년 원단(壬申元日)의 감회」라는 칼럼을 발표했다. 이 글은 남순강화의 일부 정신을 보도했다. 같은 날 신문에는 상하이에서 설(春節)을 보내고 있었던 덩이 지역 지도자들을 만나는 사진이 함께 실렸다. 단 덩의 남방 시찰에 대한 소식은 싣지 않았다.

상하이에서의 보도가 있은 직후에, 선전의《선전특구보(深圳特區報)》가 네 차례에 걸쳐 남순강화의 정신을 보도했다. 그러나 여기서도 덩샤오핑의 선전 및 주하이 방문에 대한 자세한 소식은 싣지 않았다. 이후에 베이징에서의 보도가 시작되었다.《인민일보》가 2월 21일부터 24일까지 네 차례에 걸쳐 남순강화의 일부 내용을 보도하기 시작한 것이다. 예를 들어 2월 24일에《인민일보》는 「개혁의 배포를 좀 더 크게 하자」라는 사설을 발표했다. 중앙 신문으로서는 첫 번째로 사설을 통해 남순강화의 일부 내용을 주장한 것이다.[21]

덩샤오핑의 남방 시찰에 대한 자세한 내용이 언론에 보도된 것은 이로부터 한 달이 지난 3월 말부터였다. 대표적으로《선전특구보》는 3월 26일에 「동풍이 불어와 눈앞에 봄이 가득하다: 덩샤오핑 동지의 선전 기록(紀實)」이라는 장문의 글을 발표하여 덩의 선전 일정을 자세히 소개했다.[22] 중국 신문으로서는 이것이 최초였고, 엄청나 사회적 반향을 불러일으켰다. 이 글은 다음 날 광둥성 광저우시(廣州市)의《양청만보(羊城晚報)》에 실렸고, 며칠 후에는《광명일보》,《문회보(文匯報)》등에 다시 실렸다. 3월 30일에는 드디어 신화사가 이 글을 발송하면서 전국의 주요 신문에 글이 실리게 되었다.

(2) 장쩌민의 '전향'과 변화(1992년 2~6월)

처음에 덩샤오핑의 남순강화에 냉담했던 중국의 언론이 이를 보도하기 시작한 것은 공산당 중앙의 태도가 변화한 것과 관련 있다. 한마디로 말해, 2월 중순부터 장쩌민의 '전향'이 시작되면서 언론의 보도가 가능했던 것이다. 장쩌민은 집권 초부터 천원을 중심으로 하는 보수 노선(구체적으로는 치리정돈의 방침)을 견지했는데, 덩의 남순강화 이후에 덩의 개혁 노선(구체적으로는 대담한 개혁 개방과 고속의 경제성장 추구)으로 입장을 선회했던 것이다.

장쩌민의 '전향'

장쩌민의 '전향'에는 두 가지 사건이 결정적인 영향을 미쳤다. 첫 번째는 광둥성 주하이에서 개최된 군사 계획 회의다. 중국에서 나온 자료에는 이에 대한 내용이 없지만, 에즈라 보걸(Ezra Vogel) 교수의 덩샤오핑 전기와 다른 책에는 있다. 이들이 전하는 이야기에 따르면 이렇다.

덩샤오핑이 1992년 1월 23일부터 29일까지 광둥성의 주하이를 방문할 때, 그곳에서 군사 관련 회의가 개최되었다. 덩은 이 회의에 참석하여 우한에서 했던 말을 반복하면서 장쩌민에게 다시 한 번 경고했다. "누구든지 개혁하지 않는 사람은 자리를 떠나야 한다. 우리의 지도자들은 무엇인가를 하고 있는 것처럼 보이지만, 실제로는 어떤 가치 있는 일도 하지 않는다."[23] 덩의 우한 발언에서 이미 충격을 받았던 장쩌민은 이 말에 다시 놀라지 않을 수 없었다.

장쩌민을 긴장시켰던 것은 덩샤오핑의 경고 외에도 이 회의에 참석한 사람들의 면면이었다. 먼저, 장쩌민의 잠재적인 경쟁자인 차오스가 회의에 참석하여 사회를 보았다. 차오스는 정치국 상무위원 중에서 국내 치안을 포괄하는 정법(政法) 분야를 맡았기 때문에 이 회의에 참석한 것이 이상하거나 문제 될 것은 없다. 최소한 겉보기에는 그렇다. 또한 덩과 동행했던 양상쿤 외에도 중앙군위 부주석인 류화칭, 중앙군위 비서장 겸 총정치부 주임인 양바이빙이 참석했다. 이는 중앙군위 주석인 장쩌민을 제외한 중앙군위 지도자 전체가 회의에 참석했다는 것을 의미한다. 덩이 비록 공식 지위는 갖고 있지 않았지만, 그의 뒤에는 군부가 있음을 장쩌민과 다른 지도자들에게 여실히 보여 준 순간이었다.

긴장한 장쩌민은 회의 내용을 좀 더 정확히 알고 싶어 푸젠성 당서기인 자칭린(賈慶林)을 설득해 회의 내용을 녹음한 테이프를 확보했다.(참고로 자칭린은 나중에 베이징시 시장과 당서기에 임명되고, 정치국 상무위원까지 승진하여 장쩌민 진영의 핵심 인물이 된다.) 그리고 2월 3일, 장쩌민은 주하이를 떠나 상하이에 머물고 있던 덩샤오핑에게 전화를 걸어 새해 인사를 했다. 그전까지 장쩌민은 설에 덩에게 전화를 거는 일이 없었다. 따라서 장쩌민이 덩에게 전화를 건 것은 결코 우연이 아니었다.[24]

이 일을 겪으면서 장쩌민은 태도를 바꾸어 덩샤오핑의 남순강화를 공산당 내에 전달하기로 결정했다. 먼저 1992년 2월 28일에 공

톈안먼 사건

산당 중앙은 남순강화의 요점을 정리한 '중앙 2호' 문건, 즉「덩샤오핑 동지의 중요 강화의 전달 및 학습에 관한 통지」를 하달했다. 수령자는 영도간부, 즉 현처급(縣處級) 간부까지다. 이「통지」는 전 당원이 남순강화를 학습하여 숙지할 것을 요구했다.「통지」에 따르면, 이번 강화는 현재의 개혁과 건설뿐만 아니라 공산당의 14차 당대회의 성공적 개최에도 매우 중요한 지도 역할(領導作用)을 할 것이다. 또한 전체 사회주의 현대화 건설 사업에도 중대하고 심원한 의의가 있다.[25]

이어서 장쩌민은 3월 9~10일에 정치국 전체회의를 개최하여 덩샤오핑의 남순강화 문제를 다시 논의했다. 회의 결과 공산당 중앙이 남순강화를 공식적으로 수용하기로 결정했다. 신화사는 3월 11일에 정치국 전체회의의 상세한 내용을 담은「공보(公報)」를 발표했다. 이로써 남순강화는 전국적으로 알려지게 되었다. 즉 이번 정치국 회의가 남순강화 전파의 일대 전환점이 되었다.[26] 앞에서 살펴본《선전특구보》의 덩샤오핑 방문기 게재, 그리고 다른 신문들의 전재는 이런 결정이 있었기 때문에 가능했던 것이다. 동시에 이를 계기로 보수파의 주도권이 약화되고, 덩의 개혁 개방 방침이 힘을 얻기 시작했다.

정치국 회의의「공보」는 남순강화의 내용을 거의 그대로 전달했다. 예를 들어「공보」에 따르면, 회의는 '한 개의 중심과 두 개의 기본점'이라는 기본 노선을 굳건히 움켜쥐고 개혁을 통해 생산력을 해방하며, '세 가지 유리함'의 기준을 견지하여 대담하게 시험하고 대담하게 돌파할 것을 강조했다. 또한 회의는 계획과 시장은 경제

수단이며, 이런 수단을 잘 운영하여 상품경제의 발전을 가속화해야 한다고 인식했다. 그 밖에도 회의는 우경화를 경계해야 하지만 주요한 것은 '좌경화'의 방지라고 강조했다.[27]

5월 16일에는 정치국이 다시 회의를 개최하여 「개혁 가속화, 개방 확대, 경제의 새로운 단계 쟁취에 관한 공산당 중앙의 의견」을 결정하고, 이를 '중앙 4호' 문건으로 하달했다. 이는 남순강화의 정신을 관철하기 위한 "첫 번째의 전문적인 방안(方案)"이다. 내용은 개혁을 가속화하고 개방을 확대하기 위한 조치를 담고 있다. 개혁과 관련해서는 정부 직능의 전환, 사회보장 체제의 건립과 개선, 시장체제의 배양과 발전이 제시되었다. 개방과 관련해서는 상하이 푸둥을 선두(龍頭)로 하는 창강(長江: 양쯔강) 연안 도시의 개발, 국경도시의 점차적 개방 등이 제시되었다.[28]

장쩌민의 전향을 가속화한 두 번째의 일은 1992년 5월 22일에 덩샤오핑이 베이징에 있는 서우두 철강(首都鋼鐵)를 방문해서 한 발언이다. 이때 덩은 주룽지를 치켜세우는 발언을 했다. "정치적으로 강하려면 경제를 모르면 안 된다. 주룽지 동지는 경제를 장악했다." 이는 신화사의 공식 보도 내용이다. 그런데 양지성에 따르면, 덩은 장쩌민을 염두에 두고 조금 더 자극적인 말을 했다. 예컨대 "주룽지는 경제를 알기 때문에 복종하지 않으면 안 된다." "주룽지의 기용이 조금 늦었다." 등이다. 이후에 덩이 주룽지로 장쩌민을 대체하려고 한다는 소문이 돌기 시작했다. 장쩌민의 걱정과 불안이 커진 것은 당연하다. 실제로 장은 공산당 14차 당대회의 정치 보고를 작성하는 과정에서 초조한 모습을 보였다고 한다. 또한 주위 사람들에게 "정치 보고는 잘 써야 한다. 누가 14차 당대회에서 이 보고를 발표할지는 모르겠지만."이라는 말을 했다고 한다.[29]

물론 덩샤오핑은 천윈, 리셴녠, 보이보(薄一波) 등 원로들의 반대로 장쩌민을 차오스나 주룽지 등 다른 사람으로 교체할 수는 없었다. 특히 공산당 14차 당대회를 앞두고 천윈은 덩에게 "장쩌민-리펑 체제는 결코 바꿀 수 없다."라고 분명하게 말했다고 한다. 보이보도 덩에게 분명한 반대 의사를 전달했다고 한다. "삼세번 이상은 안 된다(事不過三). 너는 이미 세 명의 지도자를 바꾸지 않았느냐?"[30] 여기서 '세 명의 지도자'는 화궈펑, 후야오방, 자오쯔양을 가리킨다.

덩샤오핑이 서우두 철강을 방문한 지 일주일이 지난 5월 29일에 장쩌민은 공산당 중앙당교(中央黨校)에서 거행된 장관급(省部級) 간부 연수반(進修班) 졸업식에서 좀 더 분명하게 덩의 '환심'을 사기 위한 연설을 한다. 이 자리에는 리펑 등 정치국 상무위원도 참석했다. 이 연설에서 장쩌민은 네 가지 문제를 언급했다. 덩샤오핑의 중국 특색의 사회주의 건설 이론, 사회주의 초급 단계론, 경제 발전과 경제개혁, 공산당 건설(黨建)이 바로 그것이다. 그런데 공산당의 공식 자료집(『공산당 13차 당대회 이래의 중요 문헌 선편(先編)(하)』)과 『장쩌민 문선: 제1권』에는 이 연설문이 들어 있지 않다.

이 연설의 백미는 두 가지다. 하나는 장쩌민이 공식적으로 '중국 특색의 사회주의 건설'에 대한 공산당의 각종 주장을 '덩샤오핑의 이론'으로 명명한 것이다.

덩샤오핑의 중국 특색의 사회주의 건설 이론은, 마르크스주의가 당대 중국의 실천 및 시대적 특징과 상호 결합한 결과물(産物)이고, 새로운 역사적 조건하에서 마오쩌둥 사상의 계승과 발전이며, 당대 중국의 마르크스주의이고, 마르크스주의가 중국에서 발전한 새로운 단계다.[31)]

다른 하나는 '사회주의 시장경제론'을 제기한 것이다.

사회주의의 근본 임무는 생산력의 해방과 발전이다. 중국이 모든 문제를 해결하는 관건은 자기에 의존한 발전이며, 개혁 개방은 발전의 강대한 동력이다. 현재부터 다음 세기 10년까지(즉 2010년) 우리나라는 세 발걸음(三步走) 발전 전략으로 향하는 관건의 시기다. 이 시기에 비교적 완전한 사회주의 시장경제 체제를 성공적으로 건설할 수 있느냐 여부, 국민경제의 지속적이며 빠르고 건강한 발전을 유지할 수 있느냐 여부는 우리가 반드시 해결해야 하는 두 가지의 관건적인 문제다.[32)]

그런데 이 연설로는 부족했다고 생각했는지 장쩌민은 일주일 후인 6월 9일에 다시 한 번 중앙당교를 찾아 '덩샤오핑 이론'을 찬양하는 매우 긴 연설을 한다.[33)] 이날의 연설 주제는 "덩샤오핑 동지의 중요한 담화 정신을 어떻게 더욱 심각하게 깨우치고 전면적으로 실행하여 우리의 경제 건설과 개혁 개방을 더욱 빠르게 할 수 있을

톈안먼 사건

까"였다. 한마디로 '덩샤오핑 이론'의 학습에 대한 자신의 체험을 많은 사람들 앞에서 고백하는 덩에 대한 '충성 맹세'의 연설이었다.

최근에 나는 10여 년 동안 덩샤오핑 동지가 행한 일련의 중요한 연설과 글을 다시 한 번 읽었다. 여기에는 외국의 귀빈과 나눈, 아직 공개되지 않은 중요한 담화도 포함된다. 학습을 통해 덩샤오핑 동지의 혁명 담략(膽略), 선견지명(遠見卓識)과 실사구시, 용감과 혁신의 정신에 대해, 새로운 역사적 조건에서 마르크스주의 및 마오쩌둥 사상의 새로운 발전과 과학적 사회주의의 이론에 그가 기여한 새로운 공헌에 대해 더욱 깊고 절실한 인식을 얻을 수 있었다.[34]

장쩌민은 먼저 '덩샤오핑 이론'의 의의에 대해 설명한다.

덩샤오핑 동지는 당의 '한 개의 중심과 두 개의 기본점'이라는 기본 노선과 중국 특색의 사회주의 건설 이론을 제시하여 우리나라 현대화 사업을 정확한 발전의 길로 인도하고, 아울러 전 세계 모두가 볼 수 있는 성과를 거두었다. 이는 그가 우리 당, 국가, 민족과 인민을 위해 수립한 새로운 역사적 공적이며, 우리나라 사회주의 사업이 국제적 혼란(風雲變幻) 속에서도 엄청난 시련을 견디면서 불패의 땅에 우뚝 설 수 있었던 가장 중요한 원인이다. 이렇게 말할 수 있다. 중국 특색의 사회주의 건설의 길을 새로 열고(開創), 그 이론·노선 및 방침·정책을 형성한 것은 우리의 사회주의 사업이 새로운 발전 단계에 진입했다는 표지고, 우리 당이 사회주의의 과학적 인식에서 새로운 비약을 실현했다는 표지다.[35]

이후에 장쩌민은 남순강화의 주요 내용을 하나하나 상세하게 설명한다. 이 중에서 눈에 띄는 점은 두 가지다. 하나는 경제 발전의 속도와 관련하여 단순히 빠른 성장을 언급하는 것에서 나아가 구체적인 수치, 그것도 덩샤오핑이 주장했던 수치를 제시했다는 점이다.

경제 건설을 가속화하려면 반드시 적극적인 발전의 속도가 있어야 한다. 느려서는 안 되고, 정지는 더욱 안 된다. 그렇지 않으면 '물결을 거슬러 가는 배가 앞으로 나아가지 않으면 후퇴하는 것'과 같다. (……) 국내총생산은 8차 5개년(1991~1995년) 계획에서 확정한 연 6%의 성장 속도를 넘어서 더 빠르게 9%, 10%로 향해 전진할 수 있다. 단지 업무와 조치가 따라갈 수만 있다면, 현실을 장악할 수만 있다면, 그리고 어떤 커다란 위험만 없다면 말이다.[36]

다른 하나는 '사회주의 시장경제'를 다시 한 번 제기한 점이다. 이는 5월 29일 연설의 반복이다.

〔계획과 시장 간의 관계에 대해〕 대체로 몇 가지 표현법(提法)이 있다. 첫째는 계획과 시장을 결합한 사회주의 상품경제 체제의 수립이다. 둘째는 사회주의 계획이 있는 시장경제 체제의 수립이다.

톈안먼 사건

셋째는 사회주의 시장경제 체제의 수립이다. (……) 내 개인적인 견해는 '사회주의 시장경제 체제'라는 표현법의 사용에 비교적 기울어져 있다. (……) 이것은 비록 내 개인의 견해이지만 중앙의 일부 동지와 의견을 교환했는데 모두들 기본적으로 찬성했다.[37]

중앙당교의 연설이 있고 사흘 뒤인 6월 12일에 장쩌민은 다시 덩샤오핑의 집을 방문하여 덩에게 직접 가르침을 청한다. 즉 개혁의 새로운 깃발로 천원의 '계획이 있는 상품경제' 대신 '사회주의 시장경제'를 사용해도 좋은가 여부를 물었던 것이다. 연설 전에 장쩌민은 이를 덩과 상의하지 않았다.[38] 덩샤오핑은 장쩌민이 제안한 "사회주의 시장경제 체제라는 표현법(提法)"의 사용에 기꺼이 찬성했다.

실제로 우리는 이렇게 하고 있다. 선전이 바로 사회주의 시장경제다. 시장경제를 하지 않으면 경쟁이 없고, 비교가 없으며, 과학기술조차도 발전할 수 없다. 생산품(産品)은 모두 낙후되고, 〔이것은〕 소비에 영향을 미치며, 대외무역과 수출에도 영향을 미친다. (……)
당교(黨校)에서의 〔장쩌민의〕 연설을 먼저 내부 문건으로 발행해도 좋다. 만약 반응이 좋으면 〔공산당 14차 당대회에서〕 말해도 좋다. 이렇게 공산당 14차 당대회의 주제(主題)가 생겼다.[39]

이처럼 장쩌민은 두 차례의 공개 연설과 한 차례의 덩샤오핑 방문을 통해 드디어 남순강화의 '시험'을 통과할 수 있었다. 동시에 이를 계기로 '사회주의 시장경제'는 공산당 14차 당대회에서 장쩌민이 발표할 정치 보고의 기조(基調)가 되었다.

보수파의 무기력한 반격과 마지못한 수용

한편 덩샤오핑의 남순강화가 공산당 내외에서 확산되는 것에 대해 보수파는 우려의 눈초리로 바라보았다. 동시에 전에도 그랬던 것처럼 그들이 가지고 있는 모든 수단을 동원하여 반격에 나섰다.

먼저 《당대사조》는 덩샤오핑이 아직 상하이에서 베이징으로 돌아오기도 전인 2월 20일에 남순강화를 비판하는 글을 실었다. 즉 남순강화가 사회적으로 알려지기도 전에 선제공격을 시작한 것이다. 구체적으로 이 글은 덩의 '좌경화 방지' 주장에 대한 반론을 제기했다. 이에 따르면, 중요한 위험은 '좌경화'가 아니라 '우경화'에서 나온다. "자유화 신조를 견지하는 사람들은 공산당 영도와 사회주의 제도를 반대하기 위한 구실로 '좌경화 반대(反左)'를 사용한다. 만약 우리가 맞서 싸우지 않으면 그 결과는 모든 종류의 반(反)공산주의 이념의 재앙적인 확산이 될 것이다."[40]

그에 앞서 2월 17일에는 천윈이 중앙고문위원회를 소집하여 덩샤오핑의 남순강화를 성토했다. 이 자리에서 천윈은 중국공산당은 소련 및 동유럽 사회주의 국가의 공산당과 같은 붕괴를 피해야 한다고 주장했다. 이를 위해서는 공산주의 이념과 조직 건설을 강화해야 한다. 또한 이 자리에서 35명의 원로들은 6개 항의 요구를 담은 공개편지에 서명했다. 이는 덩에게 발송하는 편지다. 첫째, 마르

톈안먼 사건

크스-레닌주의 당 건설 노선의 견지, 둘째, 사회주의 길에서 이탈한 발전 경로의 시정, 셋째, 공산주의 이념과 윤리를 위한 정풍운동의 전개, 넷째, 기업·단위·학교 등에서 사회주의 이념, 도덕 및 정신에 대한 선전과 교육의 전개, 다섯째, 서구 사상 및 평화적 전복의 침투와 확산에 대한 투쟁 전개, 여섯째, 사회주의의 완전화를 위한 개혁 개방의 추진이 그것이다. 이는 그동안 보수파가 주장한 내용을 집대성한 요구다.[41]

1992년 3월에 개최된 7기 전국인대 5차 회의에서 리펑은 정부 업무 보고를 발표했다.[42] 수이성 자오(Suisheng Zhao) 교수와 토니 사이치(Tony Saich) 교수는 이것도 보수파의 '부드러운(soft) 저항'으로 보아야 한다고 주장한다.[43] 리펑은 남순강화를 수용하여 초안을 수정했다. 실제로 업무 보고의 곳곳에는 덩의 주장(예를 들어, '한 개의 중심과 두 개의 기본점', '시장 도구론', '세 가지의 유리함', 좌경화의 방지 등)이 들어 있다. 또한 1989년부터 시작된 치리정돈이 공식 종료된다고 선언했다. 그 밖에도 주식회사 제도(股份制), 가격개혁, 유통개혁, 재정개혁, 정부 개혁 등의 개혁을 제시했다.

그런데 리펑의 보고는 결정적으로 몇 가지 점에서 천원의 경제 방침을 고수하고 있다. 먼저 6%의 경제성장률을 고수한다. 반면 덩샤오핑은 10%의 고성장을 주장했다. 또한 농업 경제의 발전을 매우 중시하고 있다. 식량을 반드시 확보해야 한다는 천원의 주장이 반영된 결과다. 가장 결정적인 것은 개혁의 지향점으로 여전히 '계획이 있는 상품경제'를 고수하고 있다는 점이다.[44] 이에 따르면 시장 '경제'가 아니라 시장 '조절'만이 허용되고, 전면적인 시장화와 개방화는 추진될 수 없다.

그러나 이런 보수파의 저항은 이미 봇물처럼 터진 덩샤오핑의 남순강화를 막을 수 없었다. 앞서 보았듯 덩의 강력한 경고와 압력에 의해 장쩌민을 포함한 중앙의 지도자들이 서서히 입장을 바꾸기 시작했다. 지방의 당정 지도자들도 중앙이 빨리 덩샤오핑의 요구, 즉 개혁의 가속화와 개방의 확대를 수용해야 한다고 촉구했다. 자오 교수에 따르면, 1992년 2월 중순까지 이런 요구를 담은 약 1800건의 편지 혹은 전문(電文)이 공산당 중앙에 접수되었다.[45] 2월 28일에 하달된 '중앙 2호' 문건은 이런 지방의 요구에 대한 장쩌민의 답변이었던 것이다.

개혁파 지도자들도 덩샤오핑의 지원 아래 보수파를 비판하는 데 앞장섰다. 이 중에서 1991년 4월 25일에 중앙당교에서 행한 국무원 부총리 톈지윈(田紀雲)의 연설이 압권이었다. 이 연설은 개혁개방의 추진을 위해 당정간부들이 하루빨리 좌경화의 속박으로부터 벗어나야 한다는 내용을 담고 있다. 이 연설이 인구에 회자된 이유는 내용도 매우 과감하고 도전적이었지만 그 表現 방식이 매우 직설적이었기 때문이다.

개혁 개방의 방해가 되는 '좌경화(左)'의 묵은 습관을 낮게 평가할 수 없다. 무슨 일을 하려고만 들면 그들은 '성사'인가 '성자'인가를 물어야 한다고 하면서 어떤 일도 모두 감히 할 수 없게 하고, 어떤 일도 제대로 할 수 없게 만든다. '좌'적인 것은 여기저기에 존재하는데, 혁명의 색채를 띠고 있어서 사기성(欺騙性)이 농후하고 위험성(危害性)이 크다. 우리 역사에서 그랬고, 실생활에서도 이렇다. 따라서 지도층(領導層)이 '좌경화'의 사상적 속박에서 벗어나는 것은 중대한 과제다. 만약 감히 그것을 건드리지 않으면 개혁 개방은 헛소리(空談)일 뿐이다. 이 문제를 철저히 해결하지 않으면 개혁 개방이 지속될지 여부는 의문 부호로 남는다.[46]

톈지윈은 이 연설에서 심지어 '골수 좌파'들을 한곳에 모아서 '좌파특구(左派特區)'를 만들자고 제안했다고 한다.

좌파들이 좋아하는 정책이 실시되는 지역을 만들어 보자. 예를 들어, 그곳에서는 어떤 외국 투자도 허용되지 않고, 모든 외국인은 격리된다. 그 지역의 거주자들은 해외에 나갈 수 없고, 자식도 해외로 보낼 수 없다. 그곳에서는 전면적인 계획경제가 실행된다. 필수품은 배급 방식으로 공급되고, 시민들은 음식물과 다른 소비품을 사기 위해 줄을 서야 한다.[47]

연설이 끝난 후에 톈지윈은 보수파의 공격에 대비하기 위해 자신의 연설 내용을 담은 녹음테이프를 덩샤오핑에게 전달했다고 한다. 당시 이렇게 과감한 연설을 하는 것은 그만큼 위험천만한 일이었던 것이다. 예상했던 대로 일부 보수파 인사들이 덩을 찾아가 톈지원의 연설에 심각한 문제가 있다고 고발했다. 그때 덩은 이렇게 응대했다고 한다. "녹음테이프를 들어 보았는데 별거 없던데." 이렇게 해서 톈지윈은 정치국에서 쫓겨나지 않을 수 있었다.[48]

마지막으로 보수파의 지도자인 천윈도 남순강화를 마지못해 수용했다. 이미 공산당 중앙이 이를 수용하기로 공식 결정한 상황에서 천윈이 이를 거부하는 것은 공산당의 단결과 통합에 도움이 되지 않는다. 특히 천윈은 당의 규율을 중시하는 원로였기 때문에 공산당 중앙이 결정을 내린 상황에서는 이에 복종하는 것이 그의 성격에도 맞았다. 다만 흥미로운 것은 그의 동지였던 리셴녠의 장례식에서 추도사를 발표하면서 이런 내용을 간접적으로 밝혔다는 점이다. 1992년 6월의 일이다.

리셴녠 동지와 나는 비록 경제특구에 한 번도 간 적이 없지만, 우리는 계속 특구 건설에 주의했다. 또한 특구는 잘해야 하고, 반드시 끊임없이 경험을 총괄하여 특구를 잘하도록 힘써야 한다고 생각했다. 몇 년 동안 선전 특구의 경제는 수입형(進口型)에서 수출형(出口型)으로 이미 초보적으로 변화했고, 고층건물이 일어나는 등 발전이 확실히 매우 빨랐다. 현재 우리나라의 경제 건설 규모는 과거에 비해 매우 크고 복잡하다. 과거에 유효했던 방법이 개혁 개방의 새로운 형세하에서는 이미 적용될 수 없다. 이는 우리에게 새로운 것을 배우기 위해 노력할 것, 끊임없이 새로운 문제를 탐색하고 해결할 것을 요구한다.[49]

톈안먼 사건

이렇게 하여 보수적인 경제정책을 폐기하고 더욱 빠르고 과감하게 개혁 개방을 추진할 수 있도록 좌경화된 분위기를 바꾸겠다는 덩샤오핑의 목표는 달성되었다.

개혁 개방의 조치들

1992년 3월의 정치국 확대회의에서 덩샤오핑의 남순강화를 수용하기로 공식 결정한 이후, 그동안 중단 혹은 후퇴했던 개혁 개방 정책이 하나씩 실시되기 시작했다. 이 점에서 개혁 개방의 재개는 그해 10월에 개최된 공산당 14차 당대회부터가 아니라 이미 이때부터 시작되었다고 할 수 있다. 그 결과 1992년에 국내총생산(GDP) 성장률은 14.2%로 1990년의 3.8%보다는 3.7배, 1991년의 9.2%보다는 1.5배나 증가했다.[50] 1990년대 중반까지의 '폭포수 같은 성장'이 본격적으로 시작된 것이다.

예를 들어 경영 체제의 개혁을 통해 국영기업을 더욱 시장화하려는 정책이 추진되었다. 1992년 3월에 국무원은 「국가체제개혁위원회의 1992년 경제체제 개혁에 관한 요점」을 전달했다. 여기에는 기업의 시장화와 이를 위한 주식회사 제도의 시험 실시 등에 대한 내용이 들어 있다. 같은 해 7월에 국무원은 「전민소유제(全民所有制) 기업조례」를 반포했다. 이 「조례」는 기업의 자주권 강화 등 남순강화의 정신을 실현하기 위한 조치가 포함되어 있다. 이어서 같은 해 9월에는 공산당 중앙과 국무원이 공동 명의로 「'전민소유제 기업 조례'의 관철에 관한 통지」를 하달했다. 「통지」는 경제개혁의 중심이 기업개혁이고, 기업개혁의 관건은 기업 경영기제의 개혁이라고 명시하는 등 모두 7개의 규정을 담고 있다.[51]

　재정·투자·금융·무역 등 경제 관리 및 운영에 필요한 제반 개혁 조치들도 실시되었다. 1992년 6월에 국무원 국가과학기술위원회와 국가체제개혁위원회는 공동으로 베이징, 선양(瀋陽), 우한, 충칭(重慶), 중산(中山) 등 5개 지역에 개발구를 설치하여 종합적인 개혁 시험에 나섰다. 또한 같은 달에 공산당 중앙과 국무원은 공동 명의로「제3차산업의 빠른 발전에 관한 결정」을 하달했다. 같은 해 9월에 국가계획위원회는 1993년부터 국가의 '지령성(指令性) 계획' 지표를 반으로 줄이고, 그 대신 '지도성(指導性) 계획' 지표 및 시장 지표를 늘린다고 발표했다. 이는 계획경제에서 시장경제로 이행하기 위한 중요한 조치다.[52]

　개방을 확대하기 위한 조치도 실시되었다. 여기에는 동부 연해 지역의 개방 확대, 국경 도시의 개방, 창강(長江: 양쯔강) 부근의 도시 및 각 성의 수도(省會) 개방이 포함된다. 구체적으로 1992년 3월 국무원은 하이난성(海南省)의 양푸(洋浦) 경제개발구, 저장성의 원저우시(溫州市) 경제개발구를 비준했고, 5월에는 라오닝성 다롄시(大連)와 광둥성 광저우시의 보세구(保稅區)를 비준했다. 이어서 같은 해 6월에 국무원은 60개의 시(市)·현(縣)·진(鎭)의 대외개방을 비준했고, 창강(양쯔강) 주변의 우한·충칭 등 5개 도시의 개방도 결정했다.[53]

톈안먼 사건

(3) 공산당 14차 당대회(1992년 10월): '덩샤오핑 노선'의 승리

덩샤오핑의 남방 시찰이 좌경화된 정국의 반전에 크게 성공함
으로써 공산당 14차 당대회는 개혁 개방의 분위기 속에서 개최될
수 있었다. 동시에 당대회는 덩의 남순강화를 거의 그대로 반영하
여 중요 사항을 결정했다. 한마디로 공산당 14차 당대회는 '덩샤오
핑 이론'의 탄생과 '덩샤오핑 노선'의 승리를 축하하는 축제의 한마
당이었다.

공산당 14차 당대회는 1992년 10월 12일부터 18일까지 7일 동
안 베이징에서 개최되었다. 이번 당대회에서 장쩌민은 「개혁 개방
과 현대화 건설의 발걸음을 더욱 빨리하고, 중국 특색의 사회주의
사업의 더 큰 승리를 쟁취하자」라는 정치 보고를 발표했다. 「공산
당 당헌(黨章)」도 덩의 남순강화의 내용을 반영하기 위해 일부 수정
되었다. 중앙위원회 위원(189명)과 후보위원(130명)의 선출과 중앙
기율검사위원회 위원(108명)의 선출도 있었다.[54]

공산당 14차 당대회는 중국 사회주의 이론의 발전과 관련하여
두 가지 면에서 큰 의의가 있다. 하나는 '중국 특색의 사회주의 건
설 이론'이라는 '덩샤오핑 이론'을 확립한 것이다. 다른 하나는 '사
회주의 시장경제론'을 제시한 것이다. 이 두 가지는 「당헌」의 개정
을 통해 명시되었다.[55]

'덩샤오핑의 중국 특색의 사회주의 건설 이론'

　장쩌민은 정치 보고에서 '덩샤오핑의 중국 특색의 사회주의 건설 이론'의 확립을 선언했다. 참고로 5년 뒤인 1997년 9월 공산당 15차 당대회에서 이를 '덩샤오핑 이론'으로 간단하게 줄여 불렀다. 또한 「당헌」의 수정을 통해 '덩샤오핑 이론'이 공산당의 '지도 이념'으로 공식적으로 규정되었다. 이렇게 하여 '덩샤오핑 이론'은 마르크스-레닌주의 및 마오쩌둥 사상과 동격(同格)의 지도 이념이 되었다.

　사실 '덩샤오핑의 중국 특색의 사회주의 건설 이론'은 새로운 내용이라고 할 수 없다. 1990년 12월 공산당 13기 중앙위원회 7차 전체회의(13기 7중전회)에서 '중국 특색의 사회주의 건설'에 대한 12개 항목의 '근본 지도 원칙'이 이미 결정되었기 때문이다.[56] 이번의 '건설 이론'은 이와 같은 12개 항목의 '근본 지도 원칙'을 기초로 남순강화의 내용을 추가한 것에 불과하다. 중요한 차이점은 '덩샤오핑'이 '중국 특색의 사회주의 건설 이론'의 소유자임을 명시했다는 것이다.

　'덩샤오핑의 중국 특색의 사회주의 건설 이론'은 모두 9개의 내용으로 구성된다. 이는 현재까지 중국을 지배하는 개혁 개방의 공식 이념(즉 '덩샤오핑 이론')이기 때문에 자세히 살펴볼 필요가 있다.

　첫째, 사회주의 발전의 길(道路) 문제에서, 공산당은 '자기의 길(自己的路)'을 갈 것이다. 중국은 마르크스주의 교과서의 내용을 그대로 본받지 않을 것이고, 외국의 모델을 들여오지도 않을 것이다. 그 대신 독자적인 발전의 길을 추구할 것이다. 둘째, 사회주의 발전 단계의 문제에서, 중국은 '사회주의 초급 단계'에 놓여 있다. 이는 적어도 100년은 지속된다.

셋째, 사회주의 근본 임무의 문제에서, 사회주의의 본질은 생산력의 해방과 발전이며, 착취의 소멸과 양극분화의 해소이고, 최종적으로는 공동부유에 도달하는 것이다. 현 단계의 주요 모순은 물질문화에 대한 날로 증가하는 인민의 요구와 낙후된 사회 생산력 간의 모순이다. 따라서 공산당은 반드시 생산력 발전을 우선 지위에 놓고, 경제 건설을 중심으로 사회의 전면적인 진보를 추동해야 한다.

넷째, 사회주의 발전 동력의 문제에서, 개혁은 혁명이며 생산력 해방이고, 중국 현대화의 필연적인 길이다. 경직화와 정체에는 출구가 없다. 다섯째, 외부 조건의 문제에서, 평화와 발전이 시대의 양대 주제(主題)로서 반드시 독립 자주의 평화 외교정책을 견지하고, 사회주의 현대화 건설을 위해 유리한 국제 환경을 쟁취해야 한다. 여섯째, 정치적 보장의 문제에서, 4항 기본원칙, 즉 사회주의의 길, 인민민주 독재, 공산당의 영도, 마르크스-레닌주의와 마오쩌둥 사상을 견지해야 한다.

일곱째, 전략 단계의 문제에서, 사회주의 현대화의 세 발걸음(三步走) 발전 전략을 실현한다. 2000년까지 '소강(小康)'을 달성하고, 21세기 중엽에는 '중등발전 수준'에 도달한다. 그 과정에서 일부 지역, 일부 계층의 사람들이 먼저 부자가 되는 것을 허용한다. 즉 '선부론(先富論)'은 계속된다. 여덟째, 사회주의 영도 세력의 문제에서, 노동자계급의 선봉대인 공산당이 사회주의 사업의 영도 핵심이다. 아홉째, 통일의 문제에서, '하나의 국가와 두 종류의 제도',

즉 '일국양제(一國兩制)'의 창의적인 구상을 제시한다.[57]

이렇게 9개 항목으로 구성된 '중국 특색의 사회주의 건설 이론' 혹은 '덩샤오핑 이론'은 '한 개의 중심(一個中心)과 두 개의 기본점(兩個基本點)'으로 간단하게 정리된다. 몇 번 반복하지만, 여기서 '한 개의 중심'은 '경제 건설'이고, '두 개의 기본점'은 '개혁 개방'과 '4항 기본원칙'의 견지다. 이것이 바로 '사회주의 초급 단계의 기본 노선'이다.[58] 이는 1987년 공산당 13차 당대회에서 자오쯔양이 발표한 정치 보고의 내용을 다시 한 번 반복한 것이다. 이렇게 되어 보수파가 주장한 '두 개의 중심론'은 설 자리를 잃었다.

이후에 장쩌민은 정치 보고에서 '중국 특색의 사회주의 건설 이론'의 역사적 및 현실적 의의를 높이 평가한다. 또한 그는 덩샤오핑에게 개혁 개방과 사회주의 현대화의 '총설계사(總設計師)'라는 호칭을 공식적으로 부여한다. 참고로 보이보(薄一波)는 덩의 역할을 칭송하기 위해 자오쯔양에게 적당한 호칭의 개발을 부탁했고, 그의 정치비서였던 바오퉁이 '총설계사'라는 호칭을 만들었다.[59] 장쩌민이 이 호칭을 자랑스럽게 사용할 때, 이를 만든 바오퉁은 감옥에 있었다는 사실은 역사의 아이러니가 아닐 수 없다. 장쩌민은 이렇게 '중국판 용비어천가'를 낭송한다.

중국 특색의 사회주의 건설 이론은, 평화와 발전이 시대의 주제라는 역사적 조건에서, 우리나라가 개혁 개방과 사회주의 현대화 건설을 실천하는 과정에서, 우리나라의 사회주의 승리와 좌절

톈안먼 사건

의 역사적 경험을 총괄하고, 외국 사회주의의 흥망성쇠의 역사적 경험을 거울 삼아 점차로 형성 및 발전한 것이다. 이것은 마르크스-레닌주의의 기본 원리와 당대 중국의 현실 및 시대의 특징이 상호 결합된 결과물(産物)이고, 마오쩌둥 사상의 계승과 발전이며, 전 당과 전국 인민의 집단 지혜의 결정(結晶)이고, 중국공산당과 중국 인민의 가장 진귀한 정신 재산이다. 덩샤오핑 동지는 우리나라 사회주의의 개혁 개방과 현대화 건설의 총설계사이시다.[60]

'사회주의 시장경제론'

장쩌민의 정치 보고는 사회주의 시장경제론을 제시했다. 앞에서 보았듯이, '사회주의 시장경제'라는 표현법은 덩샤오핑이 아니라 장쩌민이 두 번에 걸친 중앙당교 연설에서 제기한 것이다. 그러나 이것이 담고 있는 내용은 덩이 주장한 것이기 때문에 이를 '덩샤오핑 이론'의 한 구성 요소에 포함시킨다.

장쩌민의 정치 보고에 따르면, 중국은 '사회주의 시장경제 체제'를 수립하기 위해 노력할 것이다. 먼저, 소유제도 면에서, 사회주의 시장경제는 혼합경제 체제다. 즉 공유제(전민소유제와 집체소유제) 경제를 주체(主體)로 하고, 개체경제(個體經濟: 자영업)·사영경제·외자경제를 보충(補充)으로 하여 다양한 경제 성분이 장기간에 공동으로 발전하는 체제다. 국유기업, 집체기업 및 기타 기업은 모두 시장에 진입하여 활동하고, 이 중에서 국유기업은 평등한 경쟁을 통해 주도적인 역할을 발휘한다.[61] 여기서 알 수 있듯이, 이때부터 '국영기업' 대신 '국유기업'이라는 개념이 사용된다. 국가는 기업을 '소유'하지 '경영'하지는 않는다는 의미다.

또한 분배제도 면에서, 사회주의 시장경제는 일한 만큼 받는 원칙, 즉 노동에 따른 분배(按勞分配)를 주체로 하고 기타 분배 방식을 보충으로 하여 효율과 공평을 동시에 고려하는 체제다. 거시관리 (통제) 면에서, 사회주의 시장경제는 계획과 시장이라는 두 종류 수단의 장점을 발휘하는 체제다. 덩샤오핑의 남순강화가 주장하듯이, 계획과 시장은 경제수단일 뿐으로 계획경제가 바로 사회주의가 아니며, 마찬가지로 시장경제가 바로 자본주의도 아니다.[62] 따라서 경제 발전을 위해 시장을 적극적으로 활용할 수 있다. 시장경제의 전면적인 도입이 선포되는 순간이다.

이와 같은 이론을 토대로 장쩌민은 정치 보고에서 1990년대의 경제성장 목표와 개혁 개방의 세부 정책을 다시 제시한다. 먼저, 경제성장의 목표는 기존에 제시한 매년 6%에서 매년 8~9%로 상향 조정된다. 이 정도의 고(高)성장도 충분히 실현 가능하다고 판단했던 것이다.[63] 이는 천원이 주장하는 6%의 저(低)성장과 덩샤오핑이 주장하는 10%의 고성장 간의 타협이라고 할 수 있다.

또한 장쩌민은 정치 보고에서 이와 같은 고성장의 목표를 달성하기 위해 모두 열 가지의 개혁 개방 방침과 정책을 제시한다. 사회주의 시장경제의 확립을 위한 경제개혁의 가속화, 대외개방의 확대, 산업구조의 조정, 과학기술의 발전, 지역경제의 발전, 정치체제의 개혁, 행정 관리 및 기구의 개혁, '정신문명'의 건설, 인민 생활수준의 개선과 인구 증가의 억제, 국방 건설의 강화가 바로 그것이다.[64] 대부분은 지금까지 중국이 추진해 왔던 정책을 반복한 것이다.

이러한 정치 보고의 내용 중에서 우리가 주목해야 하는 사항은 정치개혁의 후퇴와 행정개혁의 강조다. 먼저 정치개혁의 후퇴다. 단적으로 공산당 13차 당대회에서 결정된 당정 분리(黨政分開)를 핵심 내용으로 하는 정치개혁의 세부 방안이 폐기되었다. 그 대신 "사회주의 민주와 법제 건설을 비교적 크게 발전시킨다."라는 추상적인 방침만이 제시되었다. 또한 정치개혁의 목표는 "중국 특색의 사회주의 민주정치를 건설하는 것이지, 서방의 다당제와 의회제를 하는 것이 절대 아니다."라는 강한 문구가 추가되었다.[65] 중국은 절대로 소련 및 동유럽 사회주의 국가의 정치 민주화를 답습하지 않겠다고 단호하고 분명하게 선언한 것이다.

또한 행정개혁이 정치개혁과 병렬로 제시됨으로써 사실상 행정개혁이 정치개혁을 대체하는 현상이 나타났다. 행정개혁은 정부 직능의 전환, 중앙-지방정부 간 관계와 정부 부서 간 관계의 개선, 기구 간소화와 인원 감축, 행정 효율의 제고를 주요한 정책 내용이자 목표로 추진된다. 인사 및 노동제도의 개혁도 행정개혁의 한 요소다. "기구개혁, 인원 축소는 정치체제 개혁의 긴박한 임무고, 경제개혁의 심화와 시장경제 체제 및 현대화 건설의 가속화를 위한 중요한 조건이다."[66] 이 말이 의미하듯이 중국은 이제부터 시장경제의 수립을 위해 행정개혁에 매진할 것이다. 이는 이후의 정치개혁에도 그대로 적용된다.

한편 사회주의 시장경제의 수립에 대한 좀 더 분명한 방향과 이를 위해 필요한 체계적이고 포괄적인 개혁 개방의 세부 정책은 1993년 11월 공산당 14기 중앙위원회 3차 전체회의(14기 3중전회)에서 확정된다. 「사회주의 시장경제 체제의 수립에 관한 공산당 중앙의 몇 가지 문제 결정」이 이때 통과되었던 것이다.[67] 이런 점에서 사회주의 시장경제론은 공산당 14기 3중전회에서 완전한 모양새를 갖추게 되었다고 평가할 수 있다.

(4) 지도부 개편과 '이중 정치구조'의 해소

공산당 14차 당대회에서는 모두 319명의 중앙위원(189명)과 후보위원(130명)이 선출되었다. 이 중에서 46.7%가 이번에 새로 선출된 중앙 위원(후보위원 포함)이었다.[68]

중앙 지도부의 개편

중앙위원과 후보위원을 주요 정치집단 혹은 파벌별로 분서해 보면 재미있는 특징을 발견할 수 있다. 먼저 자오쯔양의 지지자인 루이싱원(芮杏文: 전 서기처 서기), 옌밍푸(閻明復: 전 서기처 서기 겸 공산당 통전부장), 왕멍(王蒙: 전 국무원 문화부장)은 모두 선거에서 탈락했다. 후치리(胡啓立: 전 정치국 상무위원)는 중앙위원에 재선되었고, 톈지윈(田紀雲: 정치국원)은 중앙위원에 더해 정치국 위원으로도 선출

톈안먼 사건

되었다.

반면 '좌파'의 성적은 아주 좋지 않았다. 덩리췬(鄧力群)은 아예 중앙위원 후보로도 나서지 못했다. 좌파의 주요 인물인 왕런즈(王忍之: 전 공산당 선전부장), 가오디(高狄: 전《인민일보》사장), 허둥창(何東昌: 전 국가교육위원회 주임), 허징즈(何敬之: 전 국무원 문화부장)는 모두 중앙위원 선거에서 떨어졌다. 게다가 후차오무(胡喬木)가 1992년 9월에 사망함으로써 선전과 이론 영역에서 좌파의 영향력은 약화되었다. 마지막으로 태자당 중에서는 오직 리톄잉(李鐵映: 혁명원로인 리웨이한(李維漢)의 아들), 예쉔핑(葉選平: 혁명원로 예젠잉(葉劍英)의 아들), 쩌우자화(鄒家華: 예젠잉의 사위)만이 중앙위원의 진출에 성공했다.[69]

〔표 6-1〕 정치국 상무위원회(7명)(1992년 10월)

이름	연령	전직	현직	비고
장쩌민(江澤民)	66세	총서기 / 중앙군위 주석	좌동 / 국가 주석	연임
리펑(李鵬)	64세	국무원 총리	좌동	연임
차오스(喬石)	68세	중앙당교 교장 / 정법위원회 서기	전국인대 상무위원회 위원장	연임
리루이환(李瑞環)	58세	서기처 서기	전국정협 주석	연임
주룽지(朱鎔基)	64세	국무원 부총리	좌동 / 인민은행장	신임
류화칭(劉華淸)	76세	중앙군위 부주석	좌동	신임
후진타오(胡錦濤)	50세	티베트자치구 당서기	서기처 서기 / 중앙당교 교장	신임

〈출처〉中共中央組織部·中共中央黨史硏究室,『中國共産黨歷屆中央委員大辭典 1921~2003』(北京: 中央文獻出版社, 2004), p. 1231.

〔표 6-2〕 정치국(22명: 정치국상무위원 7명 포함)(1992년 10월)

이름	연령	전직	현직	비고
딩관건(丁關根)	63세	공산당 통전부 부장	공산당 선전부 부장	신임
톈지윈(田紀雲)	63세	국무원 부총리	전국인대 상무위원회 부위원장	연임
리란칭(李嵐淸)	60세	국무원 대외경제무역부 부장	국무원 부총리	신임
리톄잉(李鐵映)	56세	국무원 전자공업부 부장	국무원 국가교육위원회 주임	연임
양바이빙(楊白冰)	72세	서기처 서기 / 중앙군사위 비서장	중앙군사위 위원	신임
우방궈(吳邦國)	51세	상하이시 당서기	좌동	신임
쩌우자화(鄒家華)	66세	국무원 부총리	좌동 / 국무원 국가계획위원회 주임	신임
천시퉁(陳希同)	62세	베이징시 시장	베이징시 당서기	신임
장춘윈(姜春雲)	62세	산둥성 당서기	좌동 / 서기처 서기	신임
첸치천(錢其琛)	64세	외교부장 / 국무원 부총리	좌동	신임
웨이젠싱(尉健行)	61세	공산당 조직부장	중앙기율검사위원회 서기	신임
셰페이(謝非)	60세	광둥성 당서기	좌동	신임
탄사오원(譚紹文)	64세	톈진시 당서기	좌동	신임
원자바오(溫家寶)	50세	공산당 중앙판공청 주임 / 중앙 직속기관공작위 서기	좌동 / 서기처 서기	후보
왕한빈(王漢斌)	67세	전국인대 상무위원회 부위원장	좌동	후보

〈출처〉 中共中央組織部·中共中央黨史研究室,『中國共産黨歷屆中央委員大辭典 1921〜2003』, p. 1231.

톈안먼 사건

〔표 6-3〕 중앙 서기처(5명)(1992년 10월)

이름	연령	전직	현직	비고
후진타오(胡錦濤)	50세	티베트자치구 당서기	서기처 서기 / 중앙당교 교장	신임
딩관건(丁關根)	63세	공산당 통전부 부장	공산당 선전부 부장	연임
웨이젠싱(尉健行)	61세	공산당 조직부장	중앙기율검사위원회 서기	신임
원자바오(溫家寶)	50세	공산당 중앙판공청 주임 / 중앙 직속기관공작위원회 서기	좌동	신임
런젠신(任建新)	67세	최고인민법원장	전국정협 부주석	신임

〈출처〉中共中央組織部·中共中央黨史研究室,『中國共産黨歷屆中央委員大辭典 1921~2003』, p. 1231.

[표 6-1]에서 [표 6-3]은 정치국 상무위원회 위원(7명), 정치국 위원(20명)과 후보위원(2명), 서기처 서기(5명)의 인선 결과를 정리한 것이다. 먼저 연령을 보면, 공산당 13차 당대회의 결과와 큰 차이가 없다. 정치국 상무위원회 위원은 평균연령이 63.7세로, 공산당 13차 당대회 시기의 63.6세와 거의 같다. 정치국 위원의 평균연령은 62.1세로, 이전의 64.1세보다 두 살이 젊어졌다. 반면 서기처 서기는 평균연령이 58.2세로, 이전의 56.4세보다 두 살이 많아졌다.[70] 이는 정치 지도자의 연소화가 이제 자리를 잡아 가고 있음을 보여 준다.

각 기구별 구성 상황을 보면, 정치국 상무위원회는 새로운 '구성 규범'이 형성되었다는 특징이 있다. 즉 정치국 상무위원회는 중요한 권력기구의 책임자들로 구성되기 시작했다. 구체적으로 공산당 총서기(장쩌민), 국무원 총리(리펑), 전국인대 상무위원회 위원장(차오스), 중국 인민정치협상회의 전국위원회(전국정협) 주석(리루이환), 국무원 상무 부총리(주룽지), 중앙 서기처 상무서기(후진타오)가 정치국 상무위원회의 구성원이 된다. 이런 규범은 이후에도 적용되면서 하나의 '제도'로 정착되었다.[71]

또한 정치국 상무위원회 인선에서는 차기 지도자와 개혁 세력이 단계를 뛰어넘어 승진한 특징이 있다. 후진타오는 50세로 정치국원을 거치지 않고 바로 정치국 상무위원이 됨으로써 장쩌민의 뒤를 잇는 차기 후계자가 되었다. 이는 덩샤오핑 등 원로들의 결정이다. 또한 주룽지는 정치국 후보위원에서 정치국 상무위원으로 역시 승급 발탁되었다. 앞에서 보았듯이, 주룽지는 보수파인 리펑과 장쩌민을 견제하기 위해 덩샤오핑이 상하이에서 중앙 무대로 불러들인 사례다.

정치 성향을 보면, 정치국 상무위원회는 균형이 맞는 구성이라고 할 수 있다. 개혁파로는 리루이환과 주룽지가 있고, 보수파로는 리펑이 있다. 중도파로는 장쩌민, 차오스, 후진타오가 있다. 장쩌민은 보수파에서 중도파로 막 전향한 경우다. 차오스는 개혁파로 분류되기도 한다. 이런 인선 결과를 보면, 덩샤오핑의 노력이 결실을 맺었다고 평가할 수 있다. 즉 천윈 및 리셴녠 등 보수파 원로가 장악했던 인사권을 덩이 일정 부분 회복하면서 정치국 상무위원회의 구성이 균형을 이루게 되었다는 것이다.

한편 공산당 정치국은 원로가 대거 은퇴하고 그 대신 기술관료 (technocrats)가 진출한 특징이 있다. 양상쿤(85세)이 은퇴하고, 그 자리에 양바이빙(72세)이 임명되는 것을 비롯하여, 야오이린(75세), 완리(76세), 친지웨이(78세), 쑹핑(75세)이 은퇴했다. 리시밍(66세) 베이징시 당서기는 비록 원로급의 고령은 아니지만 은퇴했다. 이들을 대신하여 모두 11명의 기술관료가 정치국 위원 및 후보위원에 선출되었다.[72]

'양 씨 형제'의 축출과 장쩌민의 군권 장악

[표 6-4]는 중앙군사위원회(중앙군위)의 인선 결과를 정리한 것이다. 가장 중요한 특징은 덩샤오핑을 대신하여 인민해방군을 관리하던 양상쿤과 그의 이복동생인 양바이빙이 중앙군위에서 축출된 점이다. 구체적으로 양상쿤은 중앙군위 제1부주석과 정치국에서, 양바이빙은 중앙군위 비서장과 총정치부 주임, 그리고 중앙 서기처 서기에서 물러났다. 단 형을 대신하여 정치국 위원이 되었다. 참고로 양상쿤은 1993년 3월 10기 전국인대 1차 회의에서 국가 주석에서도 물러난다. 동시에 이들이 맡았던 중앙군위 제1부주석과 비서장의 직위가 폐지되었다. 반면 연로한 직업군인인 류화칭(76세)과 장전(78세)이 부주석에 선임되었다.

왜 이런 일이 발생했을까? 나이로 본다면 양바이빙이 72세로 류화칭이나 장전보다 더 젊기 때문에 단순히 연령 때문에 이들이 물러났다고 말할 수는 없다. 또한 양상쿤과 양바이빙이 물러난 이

〔표 6-4〕중앙군사위원회(1992년 10월)

구분	이름	연령	기타 직책	비고
주석(1)	장쩌민(江澤民)	66세	총서기/ 국가 주석	
부주석(2)	류화칭(劉華淸)	76세	정치국 상무위원	
	장전(張震)	78세		
위원(4)	츠하오톈(遲浩田)	63세	국무원 국방부 부장	1992년 10월~1995년 9월
	장완녠(張萬年)	64세	총참모장	1992년 10월~1995년 9월
	위융보(于永波)	61세	총정치부 주임	
	푸취안유(傅全有)	62세	총후근부장 / 총참모장	

〈해설〉 츠하오톈과 장완녠은 1995년 9월에 중앙군위 부주석으로 승진하고, 그 자리를 왕커(王克: 61세)와 왕루이린(王瑞林: 62세)이 대신한다.
〈출처〉 中共中央組織部·中共中央黨史硏究室,『中國共産黨歷屆中央委員大辭典 1921~2003』, pp. 1231~1232.

후에 그들이 중용한 장군들도 해임 혹은 강등되었다. 예를 들어 총참모부 부참모장인 허치쭝(何其宗: 49세)은 난징군구(南京軍區)의 부사령원으로, 총정치부 부주임인 저우원위안(周文元: 52세)은 선양군구의 부정치위원으로 강등되었다. 이는 덩샤오핑이 군대에서 양 씨 형제의 영향력을 제거하려고 했다는 사실을 보여 준다.[73]

이에 대해서는 다양한 주장들이 있다. 먼저 장쩌민의 '음모설'이 있다. 양 씨 형제가 중앙군위에 남아 있는 한 장쩌민이 군권을 행사하는 것은 불가능하다. 이렇게 되면 그가 덩샤오핑으로부터 권력을 물려받았지만 불완전한 권력 이양에 불과하다. 따라서 장쩌민은 권력을 완전히 장악하기 위해 '하나의 현실'과 '두 가지의 기회'를 적절히 활용하여 양 씨 형제를 축출했다는 것이다.

톈안민 사건

여기서 '하나의 현실'은 양 씨 형제가 군권을 장악하여 권력을 확장하면서 군내에 불만이 증대했다는 사실이다. 특히 양 씨 형제가 자기 사람들을 승진시키면서 '군내에 파벌을 형성한다.'는 불만과 비판이 많았다. '두 가지의 기회'는 먼저 장아이핑(張愛萍) 등 톈안먼 사건에서 계엄령 선포를 비판했던 장군들 7명의 정치적 지위가 약화된 점이다. 또한 양상쿤은 톈안먼 사건에서 처음에는 군대 동원을 반대했다가 나중에 찬성한 점이다. 장쩌민이 바로 이 '두 가지의 기회'를 이용했다는 것이다.

예를 들어 장쩌민은 7명의 장군들의 정치적 지위를 높여 주고, 이들이 덩샤오핑 앞에서 양 씨 형제의 문제점을 비판하도록 만들었다. 또한 모종의 방식을 통해 양상쿤이 톈안먼 사건의 초기에 군대 동원에 반대했다는 사실을 덩샤오핑에게 전달했다. 그래서 덩은 후일 양상쿤이 톈안먼 사건을 뒤집을 수도 있다는 우려를 하게 되었다. 이런 이유로 덩은 양 씨 형제 모르게 그들의 군권을 박탈하기로 결정했다는 것이다.[74]

그 밖에도 공산당 14차 당대회를 준비하면서 양상쿤이 덩샤오핑을 협박했다는 주장이 있다. 리처드 바움(Richard Baum) 교수의 주장이다. 예를 들어 양상쿤은 덩에게 톈안먼 사건의 재평가와 자오쯔양의 재기용을 건의했다고 한다. 그러면서 "누가 1989년의 중요한 결정을 내렸는지 보여 줄 수 있는 자료를 갖고 있다."라고 발언했다. 이에 덩은 양상쿤이 이런 자료를 이용하여 자신의 사후에 권력을 추구할지도 모른다고 걱정했다. 게다가 1992년 초에 양상쿤은 장쩌민을 대신하여 차오스 혹은 리루이환을 총서기로 추천했고, 덩이 이를 거절했다.[75] 양상쿤이 현직 지도자의 교체와 같은 중대 문제에 대해서도 영향력을 행사하려고 시도했다는 것이다. 그러나 이런 주장은 덩샤오핑과 양상쿤 간의 관계를 놓고 볼 때 타당성이 크게 떨어진다.

현재 이런 주장을 확인할 길은 없지만 분명한 하나의 사실은 있다. 즉 덩샤오핑은 자신의 사후에 양상쿤과 양바이빙이 군권을 이용하여 정치에 개입함으로써 장쩌민 체제에 위협을 가할 수도 있다고 우려했다는 점이다. 양상쿤이 군권을 장악하면서 군내에 이미 자신들에게 충성을 다하는 집단을 형성했다. 또한 1992년 덩의 남순 때부터 양상쿤과 양바이빙은 '개혁 개방의 호위'를 외치면서 보수파에 압력을 가해 왔다. 이는 일종의 군의 정치 개입이라고 할 수 있다.[76]

이런 상황을 해소하기 위해 덩샤오핑이 양 씨 형제를 중앙군위에서 축출하고, 동시에 그들이 구축한 '인의 장막'도 제거했던 것이다. 예를 들어 중앙군위 부주석인 류화칭의 주도로 군 지도부가 개편되었다. 약 두 달 동안 190명의 고위급 장성이 직위에서 물러났다. 이는 인민해방군 창군 이래 최대의 단일 인사이동이라고 한다.[77]

게다가 장쩌민은 군내 영향력을 확대하기 위해 몇 가지 조치를 취했다. 우선 '군은 개혁 개방의 순항을 호위한다!'는 구호를 금지했다. 그 대신 1992년 10월부터 12월까지 《해방군보》는 일련의 사설과 칼럼을 통해 "군의 우량 전통을 발휘하고, 군의 오랜 본질(本色)을 보호하자." "당의 절대 영도를 굳건히 지지하자." "장쩌민을

핵심으로 하는 당 중앙과 중앙군위의 지휘에 굳건히 복종하자."라
는 메시지를 강조했다. 1993년 1월에는 군의 독립적인 사업 진출
(軍商)을 허용했다.[78]

또한 장쩌민은 1993년 6월에 중앙군위 주석에 취임한 이후 처
음으로 6명, 즉 장완녠, 위융보, 푸취안유, 주둔파(朱敦法), 장롄중(張
連忠), 차오쐉밍(曹雙明)에게 상장(上將) 계급(삼성 장군으로 군 최고계
급)을 수여했다. 이는 1988년 10월에 계급 제도가 복구되어 17명에
게 상장 계급이 수여된 이후 두 번째다. 또한 장쩌민은 1994년 6월
에 다시 19명에게 상장 계급을 수여했고, 이후에는 평균 2년에 한
번씩 상장 계급을 수여했다.

마지막으로 장쩌민은 인민해방군의 조례를 개정하여 중앙군위
주석의 권한을 강화했다. 1994년 5월 8기 전국인대 상무위원회 7차
회의에서 「중국 인민해방군 장교 계급 조례(軍官軍銜條例)」와 「중국
인민해방군 현역 장교 복무 조례(現役軍官服役條例)」가 개정되었다.
우선 '일급상장(一級上將)' 계급이 폐지되었다. '일급상장'은 종신직
이라 퇴직이 없는데, 이를 폐지함으로써 군내 종신제가 폐지되었
다. 이에 따라 각 대군구(大軍區)의 정직(正職)은 65세, 부직(副職)은
63세에 퇴직한다.

또한 이를 통해 '문관영도(文人領導)'의 원칙을 수립했다. 중앙
군위는 전국의 무장 역량을 지도하고, 주석책임제(主席負責制)를 실
시한다. 중앙군위 주석은 계급을 부여하지 않고, 그 대신 중앙군위
부주석과 위원은 모두 상장으로 편제한다. 이런 규정의 결과, 현역

군인은 중앙군위 주석이 될 수 없기 때문에 '문관영도'의 원칙이 수립되었다. 그 밖에도 중앙군위 주석의 임명 사항을 규정했다. 중앙군위 부주석과 위원은 상장으로 하고, 중앙군위 주석이 상장 계급을 수여한다. 또한 중앙군위의 총참모장과 총정치부 주임부터 정사급(正師級) 주요 보직은 중앙군위 주서이 임명 및 면직한다.[79]

'이중 정치구조'의 해소

공산당 14차 당대회를 기점으로 원로정치와 공식정치로 구성된 이중 정치구조가 해소되었다. 이는 중국의 엘리트 정치 변화에서 매우 중요한 의미를 갖는다. 이를 분기점으로 엘리트 정치의 제도화가 시작되었고, 이를 통해 공식정치의 주도로 평화롭고 안정적인 권력 교체와 협의를 통한 중대한 정책 결정이 가능해졌기 때문이다. 이는 의식적인 노력과 자연적인 현상이 합쳐져서 만들어 낸 결과다.

먼저 혁명원로들이 정계에서 은퇴했다. 이미 앞에서 살펴보았듯이 대부분의 원로들이 현직에서 모두 물러났다. 야오이린과 쑹핑이 정치국 상무위원에서 물러났고, 양상쿤·완리·친지웨이 등이 정치국에서 물러났다. 비록 양바이빙이 정치국에 남았지만 이는 명예직에 불과하고 그가 무엇을 할 수 있는 것은 아니었다. 중앙군위 부주석에 임명된 류화칭과 장전도 과도기의 인물일 뿐이다. 실제로 1995년 9월에 장완녠과 츠하오톈이 중앙군위 부주석으로 승진하면서 이들은 사실상 일선에서 물러났다.

또한 주요 원로들이 사망하거나 병으로 활동을 중단하면서 원

톈안먼 사건

로정치는 급속히 축소되었다. 1992년에 리셴녠(6월), 덩잉차오(7월), 후차오무(9월)가 사망했고, 1993년 3월에 왕전이 사망했다. 덩샤오핑은 1993년 말부터 병으로 활동을 중단했다. 이후 천윈이 1995년 4월에, 펑전이 1997년 4월에 사망했다. 이처럼 원로정치의 주요 구성원들이 모두 사라지면서 엘리트 정치는 이제 공식정치 하나만 남게 되었다. 특히 주요 권력기관에서 공식 직위를 갖고 있는 최고 책임자들이 정치국 상무위원회를 구성하면서 정치국 상무위원회는 이제 명실상부한 최고의 권력기관이 되었다. 다시 말해 이제 공식정치는 더 이상 원로정치의 집행부가 아니었다.

게다가 이번에 중앙고문위원회가 폐지되면서 남아 있는 원로들이 정치적 영향력을 행사할 수 있는 공식 통로가 사라졌다. 이것은 매우 중요한 의미를 갖는다. 원로들이 개별적으로 이야기하는 것과 중앙고문위라는 공산당의 공식 기구를 통해 집단적으로 이야기하는 것은 그 무게감이 완전히 다르기 때문이다. 또한 중앙고문위의 상무위원은 정치국 회의 등 중요한 회의에 배석할 수 있는 특권이 있기 때문에 이들은 다양한 방식으로 공식정치에 막강한 영향력을 행사할 수 있었다. 이제 중앙고문위가 폐지되면서 이것이 모두 불가능하게 되었던 것이다. 이는 덩샤오핑의 결정이었다.

(5) 공산당 14차 당대회의 유산

1989년 6월 톈안먼 사건, 1989~1990년 동유럽 사회주의 국가의 붕괴, 1991년 소련의 해체, 1992년 1~2월 덩샤오핑의 남순강화. 지난 3년 동안 중국은 국내외의 수많은 사건들을 헤치면서 숨 가쁘게 달려왔다. 이런 움직임은 공산당 14차 당대회에서 개혁 개방 노선이 재차 승인되면서 일단락되었다. 이런 점에서 공산당 14차 당대회는 1978년 12월의 공산당 11기 3중전회에 버금가는, 오히려 그것보다 더 중요한 정치적 사건이라고 평가할 수 있다.

개혁 개방의 확대: 덩샤오핑의 업적

무엇보다 공산당 14차 당대회는 개혁 개방을 굳건히 지키고 한 단계 발전시킨 성과를 거뒀다. 소련이나 동유럽 사회주의 국가와 달리 중국이 국내외 여러 가지 시련을 극복할 수 있었던 원동력은 지속적인 개혁 개방의 추진이었다. 또한 이후에도 중국이 계속 발전하여 지역 강대국에서 세계 강대국으로 도약하는 발판을 마련할 수 있었던 원동력도 바로 개혁 개방의 추진이었다. 이런 점에서 개혁 개방은 중국의 '성공'과 소련 및 다른 동유럽 사회주의 국가의 '실패'를 구분 짓는 결정적인 요소였다. 공산당 14차 당대회에서 이처럼 중요한 개혁 개방의 확대와 심화를 결정했던 것이다.

이는 덩샤오핑의 리더십을 빼고는 설명할 수 없다. 그는 1989년 톈안먼 사건의 와중에서도 흔들림 없는 개혁 개방의 추진을 강조했다. 차세대 지도자를 선임하는 자리에서도, 향후 공산당의 중점 과제를 논의하는 자리에서도 덩은 개혁의 가속화와 개방의 확대를 강조했다. 공산당 11기 3중전회의 결정과 공산당 13차 당대회의 결정은 단 한 글자도 바꿀 수 없다고 수차례 주장했다. 만약 개혁 개방의 노선을 수정하려는 사람이 있으면 그 누구라도 자리에서 물러나야 한다고 강력히 경고했다.

1990년에도 개혁 개방에 대한 덩샤오핑의 촉구는 이어졌다. 그러나 천윈 등 보수파 원로들뿐만 아니라 장쩌민과 리펑 등 공식정치의 지도자들도 덩의 촉구에 귀 기울이지 않았다. 덩은 이에 굴하지 않고 1991년 1~2월에는 상하이에서 대담한 개혁과 폭넓은 개방을 촉구하는 담화를 발표했다. 이것도 별 효과가 없자 이번에는 그가 가진 모든 수단을 총동원하여 보수파를 압박하기 시작했다. 1991년 4월에는 상하이에서 주룽지를 중앙 무대로 불러올려 여전히 미적거리는 장쩌민과 리펑에게 압력을 가했다. 1992년 1~2월에는 광둥성의 선전과 주하이를 방문하여 더욱 직설적이고 강력하게 보수파를 비판하고 개혁 개방을 촉구했다. 이번에는 양상쿤을 대동하는 등 인민해방군도 동원했다. 만약 이번에도 장쩌민과 리펑 등 보수파 지도자들이 호응하지 않으면 이들을 다른 사람들로 갈아치울 태세였다.

2년에 걸친 덩샤오핑의 끈질긴 주장과 '무력 시위' 앞에서 장쩌민은 서서히 입장을 바꾸기 시작했다. 다른 보수파 지도자도 마지못해 덩의 목소리에 귀를 기울이기 시작했다. 그러나 덩의 압박은

1992년 5월 서우두 철강을 방문할 때까지 계속되었다. 결국 장쩌민은 완전한 전향을 선언하고, '덩샤오핑 이론'의 전도사로 자처했다. 대세는 이미 기울었다. 보수파 원로인 천윈도 이런 대세를 인정하고 덩의 주장을 수용했다. 이렇게 하여 공산당 14차 당대회는 '덩샤오핑 노선'의 승리를 축하하는 무대가 되었다.

어떤 점에서 보면 1970년대 말에 개혁 개방을 시작할 때보다 1990년대 초에 국내외의 어려움 속에서 그것을 지속하는 것이 더어려웠다. 『개혁과 개방: 덩샤오핑 시대의 중국 I (1976~1982년)』에서 상세하게 분석했듯이, 개혁 개방은 덩샤오핑 체제가 아니라 화궈펑 체제에서 시작되었다. 당시에는 문혁이 끝난 직후였기 때문에 공산당이 권력을 유지하기 위해서는 민생 문제를 해결해야 했고, 이를 위해서는 급속한 경제성장이 필요했다. 이런 상황에서 당시 지도부는 개혁 개방에 쉽게 합의할 수 있었다.

이번에는 상황이 달랐다. 국내적으로는 톈안먼 사건 이후 보수파가 정국의 주도권을 장악했다. 국제적으로는 소련 및 동유럽 사회주의 국가의 붕괴로 인해 사회적으로도 개혁 개방에 대한 회의와 반대가 더욱 확대되었다. 미국을 중심으로 한 서구 자본주의 국가의 중국에 대한 봉쇄 정책은 거셌고, 이로 인해 중국 지도자들의 위기의식은 더욱 깊어만 갔다. 이것도 보수파의 영향력을 강화시킨 중요한 요인이 되었다. 이런 상황에서 덩샤오핑 혼자만이 고독하게 개혁의 가속화와 개방의 확대를 외쳤던 것이다. 따라서 덩이 개혁 개방을 지켜내는 것은 결코 쉬운 과제가 아니었다.

톈안먼 사건

만약 덩샤오핑이 이 같은 노력을 통해 개혁 개방의 확대를 이끌어 내지 못했다면 어떤 일이 일어났을까? 아마도 개혁 개방(시장화·사유화·개방화·분권화)이 완전히 중단되지는 않았을 것이다. 당시 상황에서 이를 완전히 중단한다는 것은 거의 불가능했기 때문이다. 그러나 개혁 개방의 속도와 깊이는 분명히 달랐을 것이다. 다시 말해 개혁은 그렇게 깊고 빠르게 진행되지 않았을 것이고, 개방도 매우 조심스럽게 유지되었을 것이다. 결론적으로 개혁 개방은 유지되었겠지만 현재와 같은 성과를 내지는 못했을 것이다.

개혁 개방의 '청사진' 제시

1970년대 말 중국이 개혁 개방을 시작할 때에는 구체적으로 무엇을 어떻게 추진할지를 몰랐다. 그래서 흔히 중국의 개혁 개방은 '설계도 없는 집 짓기' 혹은 '항해도(航海圖) 없는 항해'에 비유되곤 했다. 다행히 일부 지방의 탐색과 실험을 거치면서, 보수파와 개혁파 간의 치열한 논쟁과 투쟁을 거치면서, 개혁 개방의 세부 정책은 점진적으로 윤곽을 드러냈다. 그러나 톈안먼 사건과 소련 및 동유럽 사회주의 국가의 붕괴가 일어나면서 걸음마 단계의 개혁 개방은 다시 한 번 혼란 속으로 빠져들었다.

이런 상황에서 공산당 14차 당대회는 '덩샤오핑의 중국 특색의 사회주의 건설 이론' 혹은 '덩샤오핑 이론'을 확정하고, 이에 기초하여 '사회주의 시장경제론'을 결정했던 것이다. 이렇게 되면서 중국은 개혁 개방의 분명한 방향성, 즉 '시장경제'를 갖게 되었다. 이는 매우 중요하다. 이 방향성에 맞추어 그동안 추진했던 정책을 집대성하고, 좀 더 과감하고 새로운 정책을 제시할 수 있었기 때문이다. 이렇게 하여 중국이 드디어 개혁 개방의 '청사진'을 갖게 되었다.

그러나 이는 반쪽짜리 청사진에 불과하다. 즉 시장경제는 어디까지나 경제개혁에 대한 것이지 정치개혁에 대한 것은 아니었다. 오히려 공산당 14차 당대회 이후에 정치개혁은 더 큰 불안과 혼란에 빠졌다. 1987년 공산당 13차 당대회에서 제기된 '당정 분리'를 핵심 내용으로 하는 정치개혁 방침이 폐기되면서 공산당은 이제 아무런 방침도 없는 상황에 처하게 되었기 때문이다. 특히 소련 및 동유럽 사회주의 국가들이 모두 공산당 일당제를 폐기하고 민주주의 체제를 수용하는 상황에서 중국의 지도자들은 공산당 일당제 고수라는 방어적인 방침 외에는 다른 어떤 생각도 할 수 없었다.

결국 이 문제는 1997년의 공산당 15차 당대회에서 어느 정도 해결된다. 즉 이때 '의법치국'(依法治國: 법률에 근거한 국가통치)이 새로운 정치개혁의 목표이자 방침으로 결정되면서 공산당은 드디어 정치개혁의 청사진도 갖게 된다.[80] 물론 의법치국은 완전히 새로운 방침은 아니었다. 그것은 1980년대 초부터 중앙과 지방에서 추진해 온 '법제 건설'의 다양한 경험을 집대성하여 정치개혁의 최고 방침으로 승격시켰던 것이다. 이렇게 하여 '경제개혁은 시장경제, 정치개혁은 법치'라는 비교적 완전한 개혁 개방의 청사진이 마련되었다. 중국이 개혁 개방을 시작한 지 근 20년 만의 일이다.

'원로정치'의 해소와 엘리트 정치의 안정

마지막으로 공산당 14차 당대회를 기점으로 이중 정치구조가 해소되고 공식정치로 엘리트 정치가 단일화되었다. 이는 앞에서 살펴본 그대로다. 다시 한 번 반복하는데, 이는 엘리트 정치의 제도화와 안정화와 관련하여 매우 중요한 성과다.

공산당 14차 당대회가 끝나면서 중국은 개혁 개방의 확대에 대한 합의에 도달했다. 또한 개혁의 가속화와 개방의 확대를 위한 비교적 분명한 청사진도 갖게 되었다. 게다가 이중 정치구조가 해소되면서 공식정치라는 단일 구조로 엘리트 정치가 제도화 및 안정화되었다. 정치권이 준비된 청사진에 맞추어 개혁의 가속화와 개방의 확대를 추진할 수 있는 조건을 갖춘 셈이다.

이처럼 이제 세 박자가 갖추어짐에 따라 중국은 공산당 14차 당대회 이후 비약적인 경제 발전을 이룩할 수 있게 되었다. 또한 그 여세를 몰아 2000년대에 들어서는 세계 강대국으로 도약할 수 있는 기틀을 만들 수 있었다. 이것은 모두 덩샤오핑이 남긴 위대한 유산이 있었기에 가능한 일이다. 위인(偉人)은 떠났지만 유산은 영원히 남는다. 물론 오점(汚點)도 함께.

주(註)

1 "1988년, 잊을 수 없는 한 해"

1) 吳庸,「腐敗與六四」, 陳小雅 主編,『沉重的回首: 1989天安門運動十五週年紀念文集』(香港: 開放雜誌社, 2004), p. 107.

2) 吳庸,「腐敗與六四」, p. 108.

3) 吳庸,「腐敗與六四」, pp. 108-109; 陳雪薇 主編,『十一屆三中全會以來重大事件和決策調査』(北京: 中共中央黨校出版社, 1998), pp. 435-436.

4) 吳庸,「腐敗與六四」, pp. 108-109; 楊繼繩,『中國改革年代的政治鬪爭』(Hong Kong: Excellent Culture Press, 2004), pp. 372-374.

5)「國家體改委關於1988年深化經濟體制改革的總體方案」, 中共中央文獻研究室 編,『十三大以來重要文獻選編(上)』(北京: 人民出版社, 1991), pp. 75-92.

6) 李鵬,「政府工作報告」, 中共中央文獻研究室,『十三大以來重要文獻選編(上)』, pp. 133-186.

7) 자오쯔양 저, 바오푸 정리, 장윤미·이종화 역,『국가의 죄수: 자오쯔양 중국공산당 총서기 최후의 비밀 회고록』(서울: 에버리치홀딩스, 2010), p. 348.

8) 자오쯔양,『국가의 죄수』, p. 347.

톈안먼 사건

9) 陳雪薇,『十一屆三中全會以來重大事件和決策調查』, p. 438; 楊繼繩,『中國改革年代的政治鬪爭』, pp. 368-370.

10) 陳雪薇,『十一屆三中全會以來重大事件和決策調查』, pp. 439-440.

11) 「國務院關於做好當前物價工作和穩定市場的緊急通知」, 中共中央文獻研究室,『十三大以來重要文獻選編(上)』, pp. 253-255.

12) 자오쯔양,『국가의 죄수』, pp. 344-345.

13) 「國務院關於淸理固定資産投資在建設項目·壓縮投資規模·調整投資結構的通知」, 中共中央文獻研究室,『十三大以來重要文獻選編(上)』, pp. 260-271.

14) 「中國共産黨第十三屆中央委員會第三次全體會議公報」, 中共中央文獻研究室,『十三大以來重要文獻選編(上)』, pp. 286-289.

15) 「中共中央國務院關於淸理整頓公司的決定」, 中共中央文獻研究室,『十三大以來重要文獻選編(上)』, pp. 290-293.

16) 李鵬,「堅決貫徹治理整頓和深化改革的方針」, 中共中央文獻研究室,『十三大以來重要文獻選編(上)』, p. 430.

17) 「國務院關於從嚴控制社會集團購買力的決定」, 中共中央文獻研究室,『十三大以來重要文獻選編(上)』, pp. 294-297.

18) 李鵬,「在國務院全體會議上的講話」, 中共中央文獻研究室,『十三大以來重要文獻選編(上)』, pp. 298-308;「國務院關於加強物價管理嚴格控制物價上漲的決定」, 中共中央文獻研究室,『十三大以來重要文獻選編(上)』, pp. 309-321; 李鵬,「把建設和改革的重點切實放到治理經濟環境和整頓經濟秩序上來」, 中共中央文獻研究室,『十三大以來重要文獻選編(上)』, pp. 343-356.

19) 李鵬,「堅決貫徹治理整頓和深化改革的方針」, pp. 424-469.

20) 張良 編著,『中國六四眞相(上)』(香港: 明鏡出版社, 2001), pp. 68-69.

21) 자오쯔양,『국가의 죄수』, p. 355.

22) Nan Lin, *The Struggle for Tiananmen: Anatomy of the 1989 Mass Movement* (London: Praeger, 1992), p. 47.

23) 자오쯔양,『국가의 죄수』, pp. 392-393.

24) 陳雲,「當前經濟工作的幾個問題」,『陳雲文選: 第3卷』(北京: 人民出版社, 1995),

25) Lo Ping, "Three Attacks Aimed at Overthrowing Zhao," Michel Oksenberg, Lawence R. Sullivan, and Marc Lambert (eds.), *Beijing Spring, 1989: Confrontation and Conflict, The Basic Documents* (Armonk: M.E. Sharpe, 1990), pp. 173-180.

26) 지오쯔양, 『국가의 죄수』, p. 359.

27) 자오쯔양, 『국가의 죄수』, p. 358; Richard Baum, *Burying Mao: Chinese Politics in the Age of Deng Xiaoping* (Princeton: Princeton University Press, 1994), pp. 239-243; 吳稼祥, 「六四: 權力舞臺的大玩家」, 陳小雅, 『沈重的回首』, p. 155.

28) Dingxin Zhao, *The Power of Tiananmen: State-Society Relations and the 1989 Beijing Student Movement* (Chicago: University of Chicago Press, 2001), pp. 124-128.

29) Chu-yuan Cheng, *Behind the Tiananmen Massacre: Social, Political, and Economic Ferment in China* (Boulder: Westview Press, 1990), pp. 29-33.

30) Cheng, *Behind the Tiananmen Massacre*, pp. 29-33; Baum, *Burying Mao*, pp. 227-229.

31) 吳庸, 「腐敗與六四」, pp. 108-109.

32) 자오쯔양, 『국가의 죄수』, p. 360.

33) 李鵬, 『李鵬六四日記』(2004), 6월 7일 일기.

34) 楊繼繩, 『中國改革年代的政治鬪爭』, p. 372.

35) 張良, 『中國六四眞相(上)』, pp. 69-72.

36) 楊繼繩, 『中國改革年代的政治鬪爭』, pp. 374-376.

37) Anita Chan and Jonathan Unger, "Voices from the Protest Movement in Chongqing: Class Accents and Class Tensions," Jonathan Unger (ed.), *The Pro-Democracy Protests in China: Reports from the Provinces* (Armonk: M.E. Sharpe, 1991), p. 117.

38) 楊繼繩, 『中國改革年代的政治鬪爭』, p. 378; Baum, *Burying Mao*, p. 323; Merle Goldman, *Sowing the Seeds of Democracy in China: Political Reform in the Deng Xiaoping Era* (Cambridge, Massachusetts: Harvard University Press, 1994), p. 296.

39) 陳宏, 『1979-2000 深圳重大決策和事件民間觀察』(武漢: 長江文藝出版社, 2006), pp. 170-193; 高皐, 『三頭馬車時代』(第二版)(New York: 明鏡出版社, 2009), pp. 275-277.

40) Craig Calhoun, *Neither Gods Nor Emperors: Students and the Struggle for Democracy in China* (Berkely: University of California Press, 1994), pp. 17-19.

41) Zhao, *The Power of Tiananmen,* pp. 74-75; 高皋, 『三頭馬車時代』, p. 272.

42) Zhao, *The Power of Tiananmen,* pp. 73-74.

43) 高皋, 『三頭馬車時代』, pp. 272-273; Goldman, *Sowing the Seeds of Democracy in China,* pp. 257-260.

44) 李鵬, 『李鵬六四日記』(2004), 5월 12일 일기.

45) Goldman, *Sowing the Seeds of Democracy in China,* pp. 238-239, 256; Calhoun, *Neither Gods Nor Emperors,* pp. 12-17, 31-33.

46) Zhao, *The Power of Tiananmen,* p. 59.

47) 楊繼繩, 『中國改革年代的政治鬪爭』, pp. 375-377.

48) Goldman, *Sowing the Seeds of Democracy in China,* pp. 266-274.

49) 張良, 『中國六四眞相(上)』, pp. 88-93; 許良英, 「八九民運與中國民主化進程」, 陳小雅, 『沉重的回首』, p. 4; 楊繼繩, 『中國改革年代的政治鬪爭』, pp. 375-377; Calhoun, *Neither Gods Nor Emperors,* p. 31.

50) Goldman, *Sowing the Seeds of Democracy in China,* pp. 287-292.

51) 張良, 『中國六四眞相(上)』, p. 89.

52) 高皋, 『三頭馬車時代』, pp. 286-288.

53) 張良, 『中國六四眞相(上)』, pp. 91-92.

54) 楊繼繩, 『中國改革年代的政治鬪爭』, pp. 377-378.

55) 陳子華, 「我所知道的'社經所'」, 陳子華 等, 『浴火重生: '天安門黑手'備忘錄』 (New York: 明鏡出版社, 2004), pp. 465-466; Goldman, *Sowing the Seeds of Democracy in China,* pp. 338-360.

56) Calhoun, *Neither Gods Nor Emperors,* p. 195.

57) 陳子華, 「我所知道的'社經所'」, p. 402.

58) 王軍濤, 「獨立·民主·自由與進步: '六四'十五周年之際的回顧反思與展望」, 陳子華, 『浴火重生』, pp. 105-118.

59) Baum, *Burying Mao,* pp. 227-229.

60) 張良, 『中國六四眞相(上)』, pp. 94-96.

61) 許良英, 「八九民運與中國民主化進程」, p. 4.

62) 陳子華, 「我所知道的'社經所'」, 陳子華, 『浴火重生』, pp. 465-466.

63) 封從德, 「八九民運組織結構研究」, 陳小雅, 『硏重的回首』, pp. 254-257.

64) 陳子華, 「我所知道的'社經所'」, p. 467.

65) 陳子華, 「我所知道的'社經所'」, pp. 466-468.

66) Calhoun, *Neither Gods Nor Emperors*, pp. 161-163.

67) 陳子明, 「走向憲政民主: 一個'四五人'的心路歷程」, 陳子華, 『浴火重生』, pp. 80-81.

68) Calhoun, *Neither Gods Nor Emperors*, pp. 164-166.

69) 張良, 『中國六四眞相(上)』, pp. 96-97.

70) 張良, 『中國六四眞相(上)』, pp. 97-98. 다른 방식으로는 크게 네 가지로 대학생을 구분한다. 첫째는 '마파(Ma faction)'로 마작과 포커 등 게임에 빠진 학생들이다. 둘째는 '투파(To faction)'로 유학 준비를 위해 TOEFL과 GRE에 집중하는 학생들이다. 셋째는 '쉔파(Xuan faction)'로 파티만 찾아다니는 학생들이다. 마지막은 '원앙파(Yuanang faction)'로 대부분의 시간을 여자 친구 혹은 남자 친구와 지내는 학생들이다. Zhao, *The Power of Tiananmen*, p. 92.

71) 張良, 『中國六四眞相(上)』, pp. 94-96.

72) Zhao, *The Power of Tiananmen*, p. 82.

73) Zhao, *The Power of Tiananmen*, pp. 86-88.

74) Zhao, *The Power of Tiananmen*, pp. 86-88.

75) Yi Yang, "Tiananmen Square Protest and College Job Placement Reform in the 1980s," *Journal of Contemporary China*, Vol. 23, No. 88 (July 2014), pp. 738-740.

76) Zhao, *The Power of Tiananmen*, pp. 86-88.

77) Zhao, *The Power of Tiananmen*, pp. 128-136.

78) Ping, "Three Attacks Aimed at Overthrowing Zhao," p. 173.

79) Calhoun, *Neither Gods Nor Emperors*, p. 33; Lin, *The Struggle for Tiananmen*, pp. 55-56; Goldman, *Sowing the Seeds of Democracy in China*, p. 303; Melanie Manion, "Introduction:

Reluctant Duelists," Oksenberg, Sullivan, and Lambert, *Beijing Spring*, 1989, pp. xiv-xv; 鄒硏, 「天安門悲劇」, 陳小雅, 『硏重的回首』, p. 17.

80) Keith Forster, "The Popular Protest in Hangzhou," Unger, *The Pro-Democracy Protests in China*, pp. 166-168.

81) 楊繼繩, 『中國改革年代的政治鬪爭』, p. 380.

82) 王軍濤, 「獨立·民主·自由與進步」, pp. 118-119.

83) Lin, *The Struggle for Tiananmen*, pp. 48-49.

84) 李鵬, 「把穩定改革發展統一起來」, 中共中央文獻硏究室, 『十三大以來重要文獻選編(上)』, pp. 391-393.

2 후야오방 추모와 민주화 운동의 시작(1989년 4월)

1) 王軍濤, 「獨立 民主 自由與進步: '六四'十五周年之際的回顧反思與展望」, 陳子華等, 『浴火重生: '天安門黑手'備忘錄』(New York: 明鏡出版社, 2004), p. 119; 楊繼繩, 『中國改革年代的政治鬪爭』(Hong Kong: Excellent Culture Press, 2004). pp. 380-381.

2) 張良 編著, 『中國六四眞相(上)』(香港: 明鏡出版社, 2001), p. 110. 내가 톈안먼 사건을 분석할 때 사용한 주요 자료를 간단히 설명하겠다. 크게 다섯 가지 종류의 자료를 이용했다. 첫째는 장량(張良)이 편집한 『중국 6·4진상(中國六四眞相)』이다. 이것의 영문판은 Zhang Liang (compiled), Andrew J. Nathan and Perry Link (eds.), *The Tiananmen Papers* (New York: Public Affairs, 2001)다. 이 자료의 진위 여부에 대한 논쟁은 Alfred L. Chan, "The Tiananmen Papers Revisited," *China Quarterly*, No. 177 (March 2004), pp. 190-205; Andrew J. Nathan, "Rejoinder to Alfred L. Chan," *China Quarterly*, No. 177 (March 2004), pp. 206-214을 참고할 수 있다. 둘째는 자오쯔양의 회고록, 즉 『改革歷程』(香港: 新世紀出版社, 2009)이다. 한글판으로 장윤미·이종화 역, 『국가의 죄수: 자오쯔양 중국공산당 총서기 최후의 비밀 회고록』(서울: 에버리치홀딩스, 2010)이 있다. 셋째는 리펑의 톈안

먼 사건 일기, 즉 『李鵬六四日記』(2004)다. 『중국 6·4진상』과 자오쯔양 회고록은 톈안먼 사건의 진압 과정에서 리펑이 수행한 역할을 상세히 기록했다. 이로 인해 톈안먼 광장의 유혈 진압을 주도한 '원흉'으로 비판받았던 리펑은 더욱 수세에 몰리게 되었다. 『리펑 6·4 일기』는 이런 배경에서 리펑이 세간의 평가를 무마하고 자기를 변호할 목적으로 준비한 초고였다. 리펑은 이 원고를 홍콩 등 중국 밖에서 출판하려고 했지만 중국 관계 당국의 허락을 받지 못해 끝내 좌절되었다. 이후 이 자료는 외부로 유출되었다. 넷째는 톈안먼 사건의 주역들이 발행한 회고록, 기념 논문집, 자료집 등이다. 다섯째로 주로 영문으로 출간된 톈안먼 사건의 자료집이다. 여기에는 당시 발표되었던 각종 선언문 등이 있다. 나는 이런 자료들을 세밀하게 읽고 상호 대조하면서 사건의 진상을 파악하기 위해 노력했다. 그 결과 자오쯔양 회고록뿐 아니라 『중국 6·4 진상』과 『리펑 6·4 일기』도 상당히 신뢰할 수 있는 자료라는 결론을 얻었다.

3) 王丹, 「一九八九年的民運文學」, 陳小雅 主編, 『沉重的回首: 1989天安門運動十五週年紀念文集』(香港: 開放雜誌社, 2004), p. 213.

4) 張良, 『中國六四眞相(上)』, pp. 113.

5) 陳子華, 「我所知道的'社經所'」, 陳子華, 『浴火重生』, pp. 469-472.

6) 張良, 『中國六四眞相(上)』, pp. 117-118.

7) 자오쯔양 저, 바오푸 정리, 장윤미·이종화 역, 『국가의 죄수: 자오쯔양 중국공산당 총서기 최후의 비밀 회고록』(서울: 에버리치홀딩스, 2010), p. 52; 張良, 『中國六四眞相(上)』, pp. 119-120; 王丹, 「一九八九年的民運文學」, pp. 212-214; 吳稼祥, 「六四: 權力舞臺的大玩家」, 陳小雅, 『沉重的回首』, p. 158; Dingxin Zhao, *The Power of Tiananmen: State-Society Relations and the 1989 Beijing Student Movement* (Chicago: University of Chicago Press, 2001), p. 141; Li Qiao et al., "Death or Rebirth? Tiananmen: The Soul of China," Michel Oksenberg, Lawence R. Sullivan, and Marc Lambert (eds.), *Beijing Spring, 1989: Confrontation and Conflict, The Basic Documents* (Armonk: M.E. Sharpe, 1990), p. 14.

8) 張良, 『中國六四眞相(上)』, pp. 123-124.

9) Craig Calhoun, *Neither Gods Nor Emperors: Students and the Struggle for Democracy in China*

(Berkely: University of California Press, 1994), pp. 237, 247.

10) 封從德,「八九民運組織結構研究」, 陳小雅,『沉重的回首』, pp. 254-259.

11) 封從德,「八九民運組織結構研究」, pp. 254-259.

12) 張良,『中國六四眞相(上)』, pp. 134-135.

13) 張良,『中國六四眞相(上)』, pp. 143-145; Tony Saich, "The Rise and Fall of the Beijing People's Movement," Jonathan Unger (ed.), *The Pro-Democracy Protests in China: Reports from the Provinces* (Armonk: M.E. Sharpe, 1991), p. 13; Joseph W. Esherick, "Xi'an Spring," Unger, *The Pro-Democracy Protests in China*, p. 81.

14) 張良,『中國六四眞相(上)』, pp. 134-135; Nan Lin, *The Struggle for Tiananmen: Anatomy of the 1989 Mass Movement* (London: Praeger, 1992), pp. 58-60.

15) 李鵬,『李鵬六四日記』(2004), 4월 18일 일기.

16) 張良,『中國六四眞相(上)』, pp. 137-140.

17) 張良,『中國六四眞相(上)』, pp. 154-155.

18) 李鵬,『李鵬六四日記』, 4월 21일 일기; 陳小雅,「鄧小平八九用兵探祕」, 陳小雅,『沉重的回首』, pp. 180-181.

19) 李鵬,『李鵬六四日記』, 4월 22일 일기; 陳小雅,「鄧小平八九用兵探祕」, pp. 180-181.

20) Lin, *The Struggle for Tiananmen*, pp. 62-63; Saich, "The Rise and Fall of the Beijing People's Movement," p. 18.

21) 劉新章 編,『胡耀邦』(北京: 中外文化出版公司, 1989), p. 1.

22) 李鵬,『李鵬六四日記』, 4월 21일 일기.

23) 張良,『中國六四眞相(上)』, pp. 164-165.

24) 劉剛,「高自聯成立的前前後後」, 陳子華,『浴火重生』, pp. 151-160; 封從德,「八九民運組織結構研究」, pp. 259-262.

25) 劉剛,「高自聯成立的前前後後」, pp. 151-160; 封從德,「八九民運組織結構研究」, pp. 259-262.

26) 王軍濤,「獨立 民主 自由與進步」, p. 120; 陳子華,「我所知道的'社經所'」, pp. 470-472.

27) Zhao, *The Power of Tiananmen*, pp. 112-116, 240, 265-266.

28) Saich, "The Rise and Fall of the Beijing People's Movement," p. 14.

29) 張良, 『中國六四眞相(上)』, pp. 155-156; 李鵬, 『李鵬六四日記』, 4월 23일 일기.

30) 張良, 『中國六四眞相(上)』, pp. 163-164.

31) 吳稼祥, 「六四: 權力舞臺的大玩家」, p. 159.

32) 李鵬, 『李鵬六四日記』, 4월 23일 일기.

33) 張良, 『中國六四眞相(上)』, pp. 171, 175-176.

34) 張良, 『中國六四眞相(上)』, pp. 176-180.

35) 李鵬, 『李鵬六四日記』, 4월 24일 일기; 張良, 『中國六四眞相(上)』, p. 180.

36) 『덩샤오핑 연보 1975-1997(하)』에는 이날 덩이 단지 리펑 및 양상쿤과 이야기한 것으로 되어 있다. 中共中央文獻硏究室 編, 『鄧小平年譜 1975-1997(下)』 (北京: 中央文獻出版社, 2004), pp. 1272~1274. 참고로 『덩샤오핑 연보 1975-1997(하)』에는 4월 26일부터 5월 10일까지 약 보름 동안 덩이 무엇을 했는가에 대한 기록이 없다. 그래서 일부에서는 이 기간동안 덩이 계엄령 선포를 위한 준비 작업으로 주요 군구(軍區)의 지도자를 만나서 상황을 파악하고 동시에 이들을 설득하여 계엄령 선포에 대한 동의를 얻었을 것으로 추측한다. 陳小雅, 「鄧小平八九用兵探祕」, p. 185.

37) 張良, 『中國六四眞相(上)』, p. 197.

38) 張良, 『中國六四眞相(上)』, p. 197.

39) 李鵬, 『李鵬六四日記』, 4월 25일 일기.

40) 王軍濤, 「獨立 民主 自由與進步」, p. 120.

41) 李鵬, 『李鵬六四日記』, 4월 26일 일기.

42) 「必須旗幟鮮明地反對動亂」, 中共中央文獻硏究室 編, 『十三大以來重要文獻選編(上)』(北京: 人民出版社, 1991), p. 510.

43) 張良, 『中國六四眞相(上)』, pp. 203-207.

44) 張良, 『中國六四眞相(上)』, pp. 207-211.

45) Li Qiao et al., "Death or Rebirth? Tiananmen: The Soul of China," p. 29.

46) 楊繼繩, 『中國改革年代的政治鬪爭』, pp. 387-398.

47) 張良,『中國六四眞相(上)』, pp. 200-202.

48) Calhoun, *Neither Gods Nor Emperors,* p. 174; 華生,「策略性的失誤還是戰略性失誤」, 陳小雅,『沉重的回首』, pp. 289-290.

49) Zhao, *The Power of Tiananmen,* p. 255.

50) 國家統計局 國民經濟綜合統計司 編,『新中國五十年統計資料彙編』(北京: 國家 統計出版社, 1999), p. 140.

51) Li Qiao et al., "Death or Rebirth? Tiananmen: The Soul of China," pp. 31, 37.

52) 張良,『中國六四眞相(上)』, p. 213.

53) 張良,『中國六四眞相(上)』, pp. 214-215.

54) 張良,『中國六四眞相(上)』, pp. 215-220.

55) 張良,『中國六四眞相(上)』, pp. 215-220.

56) 李鵬,『李鵬六四日記』, 4월 27일 일기.

57) 자오쯔양,『국가의 죄수』, pp. 61-62.

58) 자오쯔양,『국가의 죄수』, pp. 62-63.

59) 張良,『中國六四眞相(上)』, pp. 221-222.

60) 張良,『中國六四眞相(上)』, pp. 225, 226.

61) 張良,『中國六四眞相(上)』, pp. 225-230.

62) 자오쯔양,『국가의 죄수』, p. 74.

63) 李鵬,『李鵬六四日記』, 4월 28일 일기.

64) 張良,『中國六四眞相(上)』, p. 238.

65) 張良,『中國六四眞相(上)』, pp. 238-242.

66) 李鵬,『李鵬六四日記』, 4월 29일, 5월 1일 일기.

67) 張良,『中國六四眞相(上)』, p. 245.

68) 張良,『中國六四眞相(上)』, p. 242.

69) 張良,『中國六四眞相(上)』, p. 258.

70) 李鵬,『李鵬六四日記』, 4월 30일 일기.

71) 張良,『中國六四眞相(上)』, pp. 259-266.

72) 張良,『中國六四眞相(上)』, p. 266.

73) 李鵬, 『李鵬六四日記』, 4월 30일 일기.

74) 吳稼祥, 「六四: 權力舞臺的大玩家」, pp. 154-155.

75) 자오쯔양, 『국가의 죄수』, pp. 66-67.

76) 蘇紹智, 「六四與大陸政治改革」, 陳小雅, 『沉重的回首』, p. 90; 鄒讜, 「天安門悲劇」, 陳小雅, 『沉重的回首』, p. 18; Saich, "The Rise and Fall of the Beijing People's Movement," pp. 26-28; Lin, *The Struggle for Tiananmen*, p. 61; Geremie Barme, "Beijing Days, Beijing Nights," Unger, *The Pro-Democracy Protests in China,* pp. 48-49.

77) 吳稼祥, 「六四: 權力舞臺的大玩家」, pp. 158-159.

78) 張良, 『中國六四眞相(上)』, pp. 254-257.

79) 張良, 『中國六四眞相(上)』, pp. 257-258.

80) 張良, 『中國六四眞相(上)』, pp. 267-269.

81) 李鵬, 『李鵬六四日記』, 5월 3일 일기.

82) 張良, 『中國六四眞相(上)』, pp. 277-280.

83) 張良, 『中國六四眞相(上)』, p. 281.

84) 張良, 『中國六四眞相(上)』, p. 283.

85) 張良, 『中國六四眞相(上)』, p. 275.

86) 李鵬, 『李鵬六四日記』, 5월 3일 일기.

87) 張良, 『中國六四眞相(上)』, pp. 275-277.

88) 張良, 『中國六四眞相(上)』, pp. 286-287.

89) Li Qiao et al., "Death or Rebirth? Tiananmen: The Soul of China," p. 42.

90) 張良, 『中國六四眞相(上)』, pp. 287-289.

91) 張良, 『中國六四眞相(上)』, p. 289.

92) 張良, 『中國六四眞相(上)』, pp. 294-295.

93) 張良, 『中國六四眞相(上)』, p. 295.

94) 張良, 『中國六四眞相(上)』, p. 296.

95) 張良, 『中國六四眞相(上)』, pp. 298-301.

96) 張良, 『中國六四眞相(上)』, pp. 298-299.

97) 張良, 『中國六四眞相(上)』, pp. 296-298; 李鵬, 『李鵬六四日記』, 5월 4일, 5월 5

일 일기.

98) 李鵬, 『李鵬六四日記』, 5월 5일 일기.

99) 張良, 『中國六四眞相(上)』, pp. 310-312.

100) 張良, 『中國六四眞相(上)』, pp. 231-237.

101) 李鵬, 『李鵬六四日記』, 5월 7일 일기.

102) 張良, 『中國六四眞相(上)』, pp. 312-313.

103) 張良, 『中國六四眞相(上)』, pp. 319-320.

104) 張良, 『中國六四眞相(上)』, pp. 320-322.

105) 張良, 『中國六四眞相(上)』, p. 323.

106) 李鵬, 『李鵬六四日記』, 5월 8일 일기.

107) 張良, 『中國六四眞相(上)』, pp. 330, 338.

108) 張良, 『中國六四眞相(上)』, pp. 335-336.

109) 張良, 『中國六四眞相(上)』, pp. 334-335.

110) 張良, 『中國六四眞相(上)』, pp. 338-339.

111) 張良, 『中國六四眞相(上)』, p. 339.

112) 李鵬, 『李鵬六四日記』, 5월 10일 일기.

113) 李鵬, 『李鵬六四日記』, 5월 11일 일기.

114) 張良, 『中國六四眞相(上)』, pp. 344-349.

115) 張良, 『中國六四眞相(上)』, pp. 314-318, 324-325.

3 단식 농성과 계엄령 선포(1989년 5월)

1) 鄒讜, 「天安門悲劇」, 陳小雅 主編, 『沉重的回首: 1989天安門運動十五週年紀念文集』(香港: 開放雜誌社, 2004), pp. 25-30.

2) 封從德, 「八九民運組織結構硏究」, 陳小雅, 『沉重的回首』, pp. 262-264.

3) 張良 編著, 『中國六四眞相(上)』(香港: 明鏡出版社, 2001), p. 379.

4) 張良, 『中國六四眞相(上)』, pp. 375-378.

5) 張良, 『中國六四眞相(上)』, p. 378.

6) 封從德, 「八九民運組織結構研究」, pp. 265-267.

7) 封從德, 「八九民運組織結構研究」, pp. 265-267.

8) Craig Calhoun, *Neither Gods Nor Emperors: Students and the Struggle for Democracy in China* (Berkely: University of California Press, 1994), pp. 178-179; Dingxin Zhao, *The Power of Tiananmen: State-Society Relations and the 1989 Beijing Student Movement* (Chicago: University of Chicago Press, 2001), p. 162.

9) 張良, 『中國六四眞相(上)』, pp. 383-384.

10) 張良, 『中國六四眞相(上)』, pp. 364-369. 참고로 『덩샤오핑 연보 1975-1997(하)』에는 덩이 자오쯔양 및 양상쿤을 만나 철저한 부패 척결과 불법 학생 조직의 승인 불가만을 언급한 것으로 기록되어 있다. 中共中央文獻研究室 編, 『鄧小平年譜 1975-1997(下)』(北京: 中央文獻出版社, 2004), p. 1275.

11) 李鵬, 『李鵬六四日記』(2004), 5월 13일 일기.

12) 張良, 『中國六四眞相(上)』, pp. 373-374.

13) 張良, 『中國六四眞相(上)』, pp. 381-383.

14) 張良, 『中國六四眞相(上)』, pp. 388-400.

15) 李鵬, 『李鵬六四日記』, 5월 15일 일기.

16) 자오쯔양 저, 바오푸 정리, 장윤미·이종화 역, 『국가의 죄수: 자오쯔양 중국공산당 총서기 최후의 비밀 회고록』(서울: 에버리치홀딩스, 2010), p. 78.

17) 李進進, 「我在1989年經歷的兩個歷史事件」, 陳子華 等, 『浴火重生: '天安門黑手'備忘錄』(New York: 明鏡出版社, 2004), p. 215; 鄒讜, 「天安門悲劇」, pp. 25-30; Zhao, *The Power of Tiananmen*, p. 171; Nan Lin, *The Struggle for Tiananmen: Anatomy of the 1989 Mass Movement* (London: Praeger, 1992), pp. 84-85.

18) 張良, 『中國六四眞相(上)』, pp. 390-392.

19) 張良, 『中國六四眞相(上)』, pp. 392-395.

20) 張良, 『中國六四眞相(上)』, pp. 392-395.

21) 張良, 『中國六四眞相(上)』, pp. 400-401.

22) 에즈라 보걸(Ezra F. Vogel), 심규호·유소영 옮김, 『덩샤오핑 평전(Deng

톈안먼 사건

Xiaoping and the Transformation of China)』(서울: 민음사, 2014), p. 797; 鄒讜, 「天安門悲劇」, pp. 25-30; Zhao, *The Power of Tiananmen*, p. 170.

23) 張良, 『中國六四眞相(上)』, p. 425.

24) 李鵬, 『李鵬六四日記』, 5월 16일 일기.

25) 張良, 『中國六四眞相(上)』, pp. 425-426.

26) 李鵬, 『李鵬六四日記』, 5월 16일 일기.

27) 張良, 『中國六四眞相(上)』, p. 425.

28) 楊繼繩, 『中國改革年代的政治鬪爭』(Hong Kong: Excellent Culture Press, 2004), p. 420; Melanie Manion, "Introduction: Reluctant Duelists," Michel Oksenberg, Lawence R. Sullivan, and Marc Lambert (eds.), *Beijing Spring, 1989: Confrontation and Conflict, The Basic Documents* (Armonk: M.E. Sharpe, 1990), p. xxxv.

29) 陳子華, 「我所知道的'社經所'」, 陳子華, 『浴火重生』, p. 476.

30) 楊繼繩, 『中國改革年代的政治鬪爭』, p. 423.

31) 에즈라 보걸, 『덩샤오핑 평전』, p. 800.

32) 蔡文彬, 「晚年趙紫陽: 我的觀察」, 張博樹 主編, 『趙紫陽的道路』(香港: 晨鐘書局, 2011), pp. 104-105.

33) 張良, 『中國六四眞相(上)』, pp. 426-432; 李鵬, 『李鵬六四日記』, 5월 16일 일기.

34) 자오쯔양, 『국가의 죄수』, pp. 80-81; 張良, 『中國六四眞相(上)』, p. 440.

35) 자오쯔양, 『국가의 죄수』, p. 81.

36) 자오쯔양, 『국가의 죄수』, pp. 81-82; 張良, 『中國六四眞相(上)』, pp. 441-442; 李鵬, 『李鵬六四日記』, 5월 17일 일기.

37) 자오쯔양, 『국가의 죄수』, p. 82; 張良, 『中國六四眞相(上)』, pp. 444-445. 참고로 『덩샤오핑 연보 1975-1997(하)』에는 이날 정치국 상무위원회 확대회의가 개최되어 양보를 주장한 자오쯔양의 견해를 반대하고 베이징 일부 지역의 계엄령 선포를 결정했다고 적고 있다. 또한 덩은 상무위원 다수의 의견을 지지하는 발언을 했다고만 기록되어 있다. 中共中央文獻硏究室 編, 『鄧小平年譜 1975-1997(下)』, pp. 1276-1277.

38) 張良, 『中國六四眞相(上)』, pp. 450-452.

39) 張良, 『中國六四眞相(上)』, pp. 425-426.

40) 자오쯔양, 『국가의 죄수』, p. 87.

41) 李鵬, 『李鵬六四日記』, 5월 17일 일기.

42) 趙紫陽, 『改革歷程』(香港: 新世紀出版社, 2009), pp. 48-49.

43) 자오쯔양, 『국가의 죄수』, pp. 84-85.

44) 자오쯔양, 『국가의 죄수』, p. 86.

45) 李鵬, 『李鵬六四日記』, 5월 28일 일기.

46) 자오쯔양, 『국가의 죄수』, p. 86.

47) 張良, 『中國六四眞相(上)』, pp. 488-496.

48) 張良, 『中國六四眞相(上)』, pp. 496-497.

49) 李鵬, 『李鵬六四日記』, 6월 6일 일기. 이날 일기에서 리펑은 톈안먼 광장 진압
에 참여한 계엄군의 빈인 2만 5000명을 창안가 길가에 배치했다고 저고 있다.
이로 볼 때 광장 진압에 참여한 계엄군은 5만 명임을 알 수 있다.

50) 李鵬, 『李鵬六四日記』, 5월 18일 일기.

51) 張良, 『中國六四眞相(上)』, p. 498.

52) 張良, 『中國六四眞相(下)』, pp. 596-599.

53) 자오쯔양, 『국가의 죄수』, p. 85.

54) 張良, 『中國六四眞相(上)』, pp. 519-520.

55) 張良, 『中國六四眞相(上)』, p. 527.

56) 張良, 『中國六四眞相(上)』, pp. 527-528.

57) 張良, 『中國六四眞相(上)』, p. 531.

58) 張良, 『中國六四眞相(上)』, p. 532.

59) 張良, 『中國六四眞相(上)』, p. 532.

60) 자오쯔양, 『국가의 죄수』, p. 87; 李鵬, 『李鵬六四日記』, 5월 19일 일기.

61) 李鵬, 『李鵬六四日記』, 5월 19일 일기.

62) 李鵬, 「在首都黨政幹部大會上的講話」, 中共中央文獻究究室 編, 『十三大以來重
要文獻選編(上)』(北京: 人民出版社, 1991), pp. 517-522.

63) 張良, 『中國六四眞相(下)』, pp. 536-540.

64) 張良, 『中國六四眞相(下)』, p. 550.

65) 張良, 『中國六四眞相(下)』, pp. 563-565.

66) 李鵬, 『李鵬六四日記』, 5월 20일 일기.

67) 張良, 『中國六四眞相(下)』, pp. 550-551.

68) 張良, 『中國六四眞相(下)』, p. 565.

69) 陳小雅, 「鄧小平八九用兵探祕」, 陳小雅, 『沉重的回首』, pp. 181-182; Zhao, The Power of Tiananmen, p. 184.

70) Lin, The Struggle for Tiananmen, p. 102.

71) 자오쯔양, 『국가의 죄수』, p. 88.

72) 張良, 『中國六四眞相(下)』, pp. 567-562.

73) 陳小雅, 「鄧小平八九用兵探祕」, pp. 181-182; Zhao, The Power of Tiananmen, p. 185; Manion, "Introduction," pp. xxv-xxvi.

74) 張良, 『中國六四眞相(下)』, pp. 556-557.

75) 張良, 『中國六四眞相(下)』, pp. 554-555.

76) 張良, 『中國六四眞相(下)』, pp. 552-553.

77) 공자련이 4월 20일에 결성되었다고 '공포'되었지만, 이는 아무런 실체 없이 그냥 설립을 선언한 것에 지나지 않는다. 따라서 인원과 조직을 갖추어 설립된 것은 5월 18일이며, 실제 활동은 5월 20일부터 시작되었다. 李進進, 「我在1989年經歷的兩個歷史事件」, pp. 216-219; Zhao, The Power of Tiananmen, pp. 173-176; Calhoun, Neither Gods Nor Emperors, pp. 94-96.

78) 李進進, 「我在1989年經歷的兩個歷史事件」, pp. 215-217.

79) Zhao, The Power of Tiananmen, p. 185.

80) Jonathan Unger, "Introduction," Jonathan Unger (ed.), The Pro-Democracy Protests in China: Reports from the Provinces (Armonk: M.E. Sharpe, 1991), pp. 4-5; Anita Chan and Jonathan Unger, "Voices from the Protest Movement in Chongqing: Class Accents and Class Tensions," Unger, The Pro-Democracy Protests in China, pp. 119-121; Keith Forster, "The Popular Protest in Hangzhou," Unger, The Pro-Democracy Protests in China, p. 171.

81) Elizabeth J. Perry, "Casting a Chinese 'Democracy' Movement: The Role of

Students, Workers, and Entrepreneurs," Jeffrey N. Wasserstrom and Elizabeth J. Perry (eds.), *Popular Protest and Political Culture in Modern China: Learning from 1989* (Boulder: Westview Press, 1992), pp. 146-164.

82) 張良, 『中國六四眞相(下)』, pp. 553-554.

83) Chan and Unger, "Voices from the Protest Movement in Chongqing," p. 111.

84) Calhoun, *Neither Gods Nor Emperors*, p. 95.

85) 자오쯔양, 『국가의 죄수』, p. 88; 李鵬, 『李鵬六四日記』, 5월 21일 일기.

86) 자오쯔양, 『국가의 죄수』, pp. 88-89; 李鵬, 『李鵬六四日記』, 5월 22일 일기.

87) 李鵬, 『李鵬六四日記』, 5월 22일 일기.

88) 참고로 차오쓰위안은 1986년에 전국인대 상무위원회에서 통과된 「기업 파산법」의 초안 작성자이자 적극적인 지지자로로, 「기업 파산법」이 제정되는 데 결정적인 역할을 담당했다. 그래서 그는 '차오 파산(曹破産)'이라는 별명을 얻었다. 이후 그는 국무원에서 나와 민간연구소의 연구원으로 활동했고, 톈안먼 사건으로 복역한 이후에도 민주·자유·법치를 주장하는 대표적인 반체제 인사로 활동했다. 조영남, 『중국 정치개혁과 전국인대: 개혁기 구조와 역할의 변화』(파주: 나남, 2000), pp. 309-310; 曹思源, 『破産風雲』(北京: 中央編譯出版社, 1996).

89) 張良, 『中國六四眞相(下)』, pp. 685-687.

90) 자오쯔양, 『국가의 죄수』, p. 92. 『중국 6·4진상(하)』에는 회의 날짜가 5월 21일로 되어 있다. 그런데 자오의 회고록뿐 아니라 『덩샤오핑 연보 1975-1997(하)』에도 회의 날짜가 5월 20일로 되어 있어, 5월 20일을 회의 날짜로 보는 것이 타당하다. 中共中央文獻硏究室 編, 『鄧小平年譜 1975-1997(下)』, p. 1277.

91) 張良, 『中國六四眞相(下)』, pp. 588-591.

92) 張良, 『中國六四眞相(下)』, pp. 591-595.

93) 張良, 『中國六四眞相(下)』, pp. 591-595.

94) 張良, 『中國六四眞相(下)』, pp. 591-595.

95) 張良, 『中國六四眞相(下)』, pp. 595-596. 참고로 『덩샤오핑 연보 1975-1997(하)』는 이날 회의가 개최되어 "장쩌민을 중공중앙 총서기로 제안(提議)

했다."라고만 간략하게 적고 있다. 中共中央文獻硏究室 編, 『鄧小平年譜 1975-
1997(下)』, p. 1277.

96) 자오쯔양, 『국가의 죄수』, pp. 93-94.

97) 張良, 『中國六四眞相(下)』, pp. 595-596.

98) 張良, 『中國六四眞相(下)』, pp. 611-616.

99) 자오쯔양, 『국가의 죄수』, p. 93; 張良, 『中國六四眞相(下)』, p. 608; 李鵬, 『李鵬
六四日記』, 5월 24일, 26일 일기.

100) 張良, 『中國六四眞相(下)』, pp. 611-616.

101) 張良, 『中國六四眞相(下)』, pp. 741-743.

102) 李鵬, 『李鵬六四日記』, 5월 27일 일기.

103) 李鵬, 『李鵬六四日記』, 5월 24, 26일 일기.

104) 張良, 『中國六四眞相(下)』, pp. 759-770.

105) 張良, 『中國六四眞相(下)』, pp. 756-757.

106) 張良, 『中國六四眞相(下)』, pp. 756-757.

107) 張良, 『中國六四眞相(下)』, pp. 750-752.

108) 李鵬, 『李鵬六四日記』, 5월 29일 일기.

109) 李鵬, 『李鵬六四日記』, 6월 2일 일기.

110) 張良, 『中國六四眞相(下)』, pp. 824-825.

111) 李鵬, 『李鵬六四日記』, 5월 31일 일기.

112) 李鵬, 『李鵬六四日記』, 5월 31일 일기. 中共中央文獻硏究室 編, 『鄧小平年譜
1975-1997(下)』, pp. 1277-1280.

113) 鄧小平, 「組成一個實行改革的有希望的領導集體」, 『鄧小平文選: 第3卷』(第2
版)(北京: 人民出版社, 1994), pp. 296-301. 『덩샤오핑 문선: 제3권』에 실린 연
설문과 『中國六四眞相(下)』에 있는 연설문은 조금 다른데, 여기서는 후자를 대
본으로 했다.

114) 張良, 『中國六四眞相(下)』, pp. 825-826.

115) 張良, 『中國六四眞相(下)』, p. 826.

116) 張良, 『中國六四眞相(下)』, pp. 826-828.

117) 張良, 『中國六四眞相(下)』, p. 831.

4 톈안먼 광장의 진압과 정리(1989년 6월)

1) 陳小雅, 「鄧小平八九用兵探祕」, 陳小雅 主編, 『沉重的回首: 1989天安門運動
十五週年紀念文集』(香港: 開放雜誌社, 2004), pp. 182-184.

2) 王軍濤, 「獨立 民主 自由與進步: ʻ六四ʼ十五周年之際的回顧反思與展望」, 陳子華
等, 『浴火重生: ʻ天安門黑手ʼ備忘錄』(New York: 明鏡出版社, 2004), p. 121; 陳
子華, 「我所知道的ʻ社經所ʼ」, 陳子華, 『浴火重生』, pp. 474-476.

3) 王軍濤, 「獨立 民主 自由與進步」, p. 124.

4) 陳子華, 「我所知道的ʻ社經所ʼ」, pp. 486-487.

5) 張良 編著, 『中國六四眞相(下)』(香港: 明鏡出版社, 2001), pp. 668-669.

6) 封從德, 「八九民運組織結構研究」, 陳小雅, 『沉重的回首』, pp. 267-272; 王軍濤,
「獨立 民主 自由與進步」, pp. 126-127.

7) 陳子華, 「我所知道的ʻ社經所ʼ」, pp. 487-488; 張良, 『中國六四眞相(下)』, pp.
616-619.

8) 張良, 『中國六四眞相(下)』, pp. 616-619.

9) 鄒讜, 「天安門悲劇」, 陳小雅, 『沈重的回首』, p. 35; 王軍濤, 「獨立 民主 自由與進
步」, pp. 122-123; Dingxin Zhao, *The Power of Tiananmen: State-Society Relations and the
1989 Beijing Student Movement* (Chicago: University of Chicago Press, 2001), p. 188;
Melanie Manion, "Introduction: Reluctant Duelists," Michel Oksenberg, Lawence R.
Sullivan, and Marc Lambert (eds.), *Beijing Spring, 1989: Confrontation and Conflict, The Basic
Documents* (Armonk: M.E. Sharpe, 1990), pp. xxv-xxvi.

10) 張良, 『中國六四眞相(下)』, pp. 772-776.

11) 王軍濤, 「獨立 民主 自由與進步」, pp. 127-128; 安魂曲, 「人大 — 鄧小平心腹之
患」, 陳子華 『浴火重生』, pp. 164-172.

12) Zhao, *The Power of Tiananmen,* pp. 193-195.

텐안먼 사건

13) 陳子華,「我所知道的'社經所'」, pp. 487-488.

14) 張良,『中國六四眞相(下)』, p. 795.

15) 張良,『中國六四眞相(下)』, pp. 778-779; 鄒讜,「天安門悲劇」, p. 36; Zhao, *The Power of Tiananmen,* pp. 193-195.

16) Craig Calhoun, *Neither Gods Nor Emperors: Students and the Struggle for Democracy in China* (Berkely: University of California Press, 1994), pp. 183-185.

17) 封從德,「八九民運組織結構研究」, pp. 274-278.

18) 張良,『中國六四眞相(下)』, pp. 498-500.

19) Merle Goldman, *Sowing the Seeds of Democracy in China: Political Reform in the Deng Xiaoping Era* (Cambridge, MA: Harvard University Press, 1994), pp. 313-315.

20) Zhao, *The Power of Tiananmen,* pp. 176-178.

21) 張良,『中國六四眞相(下)』, pp. 796, 799.

22) 張良,『中國六四眞相(下)』, p. 893. 「6·2 단식 선언」의 한국어 전문(全文)은 류 샤오보 지음, 김지은 옮김,『류샤오보 중국을 말하다』(서울: 지식갤러리, 2011), pp. 317-324를 참고할 수 있다.

23) 張良,『中國六四眞相(下)』, p. 894.

24) 張良,『中國六四眞相(下)』, pp. 894-895.

25) 張良,『中國六四眞相(下)』, pp. 895-896.

26) 吳仁華,「序曲與尾聲」, 陳子華,『浴火重生』, pp. 177-179.

27) 李鵬,『李鵬六四日記』(2004), 6월 1일 일기.

28) 張良,『中國六四眞相(下)』, pp. 884-886.

29) 張良,『中國六四眞相(下)』, p. 888.

30) 張良,『中國六四眞相(下)』, p. 892.

31) 張良,『中國六四眞相(下)』, p. 892.

32) 李鵬,『李鵬六四日記』, 6월 2일 일기.

33) 張良,『中國六四眞相(下)』, pp. 906-909.

34) 張良,『中國六四眞相(下)』, pp. 910-911.

35) 張良,『中國六四眞相(下)』, pp. 910, 912.

36) 張良, 『中國六四眞相(下)』, p. 912.

37) 張良, 『中國六四眞相(下)』, pp. 912-913.

38) 張良, 『中國六四眞相(下)』, p. 937.

39) 張良, 『中國六四眞相(下)』, pp. 921-924.

40) 吳仁華, 「序曲與尾聲」, pp. 177-179.

41) 吳仁華, 「序曲與尾聲」, pp. 179-180.

42) 吳仁華, 「序曲與尾聲」, pp. 181-184.

43) 吳仁華, 「序曲與尾聲」, p. 183.

44) 張良, 『中國六四眞相(下)』, p. 917.

45) 張良, 『中國六四眞相(下)』, p. 917.

46) 張良, 『中國六四眞相(下)』, pp. 917-918.

47) 李鵬, 『李鵬六四日記』, 6월 4일 일기.

48) 張良, 『中國六四眞相(下)』, p. 918.

49) 張良, 『中國六四眞相(下)』, p. 919.

50) 吳仁華, 「序曲與尾聲」, p. 195.

51) 張良, 『中國六四眞相(下)』, pp. 919-920.

52) 張良, 『中國六四眞相(下)』, p. 920.

53) 張良, 『中國六四眞相(下)』, p. 920; 李鵬, 『李鵬六四日記』, 6월 4일 일기.

54) 吳仁華, 「序曲與尾聲」, pp. 200-201.

55) 張良, 『中國六四眞相(下)』, pp. 927-931.

56) 張良, 『中國六四眞相(下)』, pp. 929-931.

57) 張良, 『中國六四眞相(下)』, p. 931.

58) 張良, 『中國六四眞相(下)』, pp. 932-933.

59) 「中共中央·國務院告全體共産黨員和全國人民書」, 中共中央文獻研究室 編, 『十三大以來重要文獻選編(上)』(北京: 人民出版社, 1991), pp. 532-534.

60) 張良, 『中國六四眞相(下)』, pp. 961-977.

61) Keith Forster, "The Popular Protest in Hangzhou," Jonathan Unger (ed.), *The Pro-Democracy Protests in China: Reports from the Provinces* (Armonk: M.E. Sharpe, 1991), pp.

166-186.

62) T. 佈魯克(Timothy Brook), 「死亡調查」, 陳小雅, 『沉重的回首』, p. 210.

63) 張良, 『中國六四眞相(下)』, p. 1025.

64) 李鵬, 『李鵬六四日記』, 6월 10일 일기.

65) 張良, 『中國六四眞相(下)』, p. 977; 李鵬, 『李鵬六四日記』, 6월 10일 일기.

66) 保密, 「民主 —— 中國的夢」, 陳小雅, 『沉重的回首』, pp. 236-237.

67) 張良, 『中國六四眞相(下)』, pp. 1030-1032.

68) 張良, 『中國六四眞相(下)』, pp. 1033-1036.

69) Goldman, *Sowing the Seeds of Democracy in China*, pp. 348-351.

70) Richard Baum, *Burying Mao: Chinese Politics in the Age of Deng Xiaoping* (Princeton: Princeton University Press, 1994), pp. 291-292.

71) 張良, 『中國六四眞相(下)』, p. 889; 李鵬, 『李鵬六四日記』, 6월 1일 일기.

72) 鄧小平, 「在接見首都戒嚴部隊軍以上幹部的講話」, 『鄧小平文選: 第3卷』(第2版) (北京: 人民出版社, 1994), pp. 302-308. 여기에 있는 연설문과 『中國六四眞相(下)』에 있는 연설문이 조금 다른데, 여기서는 후자를 대본으로 했다. 張良, 『中國六四眞相(下)』, pp. 998-1003.

73) 張良, 『中國六四眞相(下)』, p. 1003.

74) 李鵬, 『李鵬六四日記』, 6월 9일, 15일 일기.

75) 張良, 『中國六四眞相(下)』, pp. 1003-1008; 李鵬, 『李鵬六四日記』, 6월 16일 일기; 中共中央文獻硏究室 編, 『鄧小平年譜 1975-1997(下)』(北京: 中央文獻出版社, 2004), pp. 1281-1282.

76) 鄧小平, 「第三代的領導集體的當務之急」, 『鄧小平文選: 第3卷』, pp. 309-314.

77) 鄧小平, 「第三代的領導集體的當務之急」, pp. 312-314.

78) 張良, 『中國六四眞相(下)』, pp. 1009-1014; 李鵬, 『李鵬六四日記』, 6월 19-21일 일기.

79) 자오쯔양 저, 바오푸 정리, 장윤미·이종화 역, 『국가의 죄수: 자오쯔양 중국공산당 총서기 최후의 비밀 회고록』(서울: 에버리치홀딩스, 2010), pp. 97-98.

80) 李鵬, 『李鵬六四日記』, 6월 19-21일 일기.

81) 李鵬, 『李鵬六四日記』, 6월 19-21일 일기. 中共中央文獻硏究室, 『鄧小平年譜 1975-1997(下)』, p. 1282.

82) 이 글의 전문은 李鵬, 『李鵬六四日記』, 6월 22일 일기에서만 볼 수 있다.

83) 「中國共産黨第十三屆中央委員會第四次全體會議公報」, 中共中央文獻硏究室, 『十三大以來重要文獻選編(中)』(北京: 人民出版社, 1992), pp. 543-546; 中共中央文獻硏究室, 『鄧小平年譜 1975-1997(下)』, pp. 1282-1283.

84) 張良, 『中國六四眞相(下)』, pp. 1018-1024.

85) 자오쯔양, 『국가의 죄수』, pp. 113-135.

86) 자오쯔양의 자녀들은 그의 서거와 관련하여 공산당 중앙에 네 가지의 의견을 제시했다. 첫째, 자오쯔양에 대한 공산당 13기 4중전회의 잘못된 결론을 시정하라. 둘째, 자오쯔양의 15년 연금에 대한 명확한 설명을 요청한다. 셋째, 공산당 중앙은 자오의 사망 이후 그의 경력을 발표하지 않았는데, 이는 공산당 역사에서 매우 드문 경우다. 이에 가족과 그를 아끼는 사람은 매우 불공정하다고 생각한다. 넷째, 생전에 빨리 안식을 취하고 싶다는 자오쯔양의 부탁에 기초하여 적당한 시기의 화장과 고별의식에 동의해 달라.

87) 鄧小平, 「改革開放政策穩定, 中國大有希望」, 『鄧小平文選: 第3卷』, pp. 315-321; 中共中央文獻硏究室, 『鄧小平年譜 1975-1997(下)』, pp. 1286-1288. 참고로 덩은 8월 17일 양상쿤과 왕전을 만나 이야기할 때에도 금년 내로 완전히 퇴임하겠다고 말했다.

88) 鄧小平, 「致中共中央政治局的信」, 『鄧小平文選: 第3卷』, pp. 322-323.

89) 寇健文, 『中共菁英政治的演變: 制度化與權力轉移 1978-2010』(臺北: 五南圖書出版社, 2011), pp. 161-162.

90) 「中國共産黨第十三屆中央委員會第五次全體會議公報」, 中共中央文獻硏究室, 『十三大以來重要文獻選編(中)』, pp. 674-679.

91) 寇健文, 『中共菁英政治的演變』, p. 176.

92) Baum, *Burying Mao*, pp. 304-307.

93) 張良, 『中國六四眞相(下)』, pp. 1038-1040.

94) Worden, "Despair and Hope: A Changsha Chronicle," Unger, *The Pro-Democracy*

Protests in China, pp. 102-103.

95) Worden, "Despair and Hope," pp. 102-103.

96) Worden, "Despair and Hope," pp. 103-104.

97) 國家教委思想政治工作司 組編, 『中國共產黨思想政治工作史』(北京: 紅旗出版社, 1995). pp. 476-477.

98) 江澤民, 「在慶祝中華人民共和國成立四十周年大會上的講話」, 中共中央文獻研究室, 『十三大以來重要文獻選編(中)』, pp. 609-635.

99) 宋平, 「在全國組織部長會議上的講話」, 中共中央文獻研究室, 『十三大以來重要文獻選編(中)』, pp. 566-577; 「中共中央關於加強黨的建設的通知」, 中共中央文獻研究室, 『十三大以來重要文獻選編(中)』, pp. 588-600.

100) 湯應武, 『1976年以來的中國』(北京: 經濟日報出版社, 1997), pp. 339-342.

101) Baum, *Burying Mao,* pp. 315-316.

102) 「中共中央·國務院關於近期做幾件群眾關心的事的決定」, 中共中央文獻研究室, 『十三大以來重要文獻選編(中)』, pp. 555-557; 「中共中央·國務院關於進一步清理整頓公司的決定」, 中共中央文獻研究室, 『十三大以來重要文獻選編(中)』, pp. 558-565.

103) 伍國友, 『中華人民共和國史 1977-1991』(北京: 人民出版社, 2010), pp. 443-457.

104) Zhang Liang (compiled), Andrew J. Nathan and Perry Link (eds.), *The Tiananmen Papers* (New York: Public Affairs, 2001), pp. xxxii-xxxiii.

105) 華生, 「策略性的失誤還是戰略性失誤」, 陳小雅, 『沉重的回首』, p. 290.

106) 封從德, 「八九民運組織結構研究」, p. 256.

107) 張良, 『中國六四眞相(上)』, pp. 58-59; 王軍濤, 「獨立 民主 自由與進步」, pp. 141-142.

108) Goldman, *Sowing the Seeds of Democracy in China,* pp. 354-355; Zhao, *The Power of Tiananmen,* pp. 3-6.

109) Goldman, *Sowing the Seeds of Democracy in China,* pp. 355-356; Calhoun, *Neither Gods Nor Emperors,* pp. 186-187; Elizabeth J. Perry, "Casting a Chinese 'Democracy'

Movement: The Role of Students, Workers, and Entrepreneurs," Jeffrey N.
Wasserstrom and Elizabeth J. Perry (eds.), *Popular Protest and Political Culture in Modern China: Learning from 1989* (Boulder: Westview Press, 1992), pp. 146-164; Jonathan Unger, "Introduction," Unger, *The Pro-Democracy Protests in China*, pp. 4-5.

110) 陳子明, 「走向憲政民主: 一個'四五人'的心路歷程」, 陳子華, 『浴火重生』, pp. 80-81; Zhao, *The Power of Tiananmen*, p. 294; Goldman, *Sowing the Seeds of Democracy in China*, pp. 325-327.

111) Mary S. Erbaugh and Richard Curt Kraus, "The 1989 Democracy Movement in Fujian and Its Aftermath," Unger, *The Pro-Democracy Protests in China*, pp. 150-165.

5 개혁 개방의 위기(1990~1991년)

1) 「中共中央關於印發〈愛國主義教育實施綱要〉的通知」, 中共中央文獻研究室 編, 『十四大以來重要文獻選編(上)』(北京: 人民出版社, 1996), pp. 919-933; Suisheng Zhao, *Nation-State by Construction: Dynamics of Modern Chinese Nationalism* (Stanford: Stanford University Press, 2004), pp. 209-247.

2) 「中共中央關於加強和改善黨對工會·共靑團·婦聯工作領導的通知」, 中共中央 文獻研究室 編, 『十三大以來重要文獻選編(中)』(北京: 人民出版社, 1992), pp. 790-801; 「中共中央關於堅持和改善中國共產黨領導的多黨合作和政治協商制 度的意見」, 中共中央文獻研究室, 『十三大以來重要文獻選編(中)』, pp. 821-830; 「中共中央關於加強黨同人民群衆聯係的決定」, 中共中央文獻研究室, 『十三大以 來重要文獻選編(中)』, pp. 928-939.

3) 張良 編著, 『中國六四眞相(下)』(香港: 明鏡出版社, 2001), pp. 992, 1032; 寇健文, 『中共菁英政治的演變: 制度化與權力轉移 1978-2010』(臺北: 五南圖書出版社, 2011), p. 168.

4) 張良 編著, 『中國六四眞相(下)』, p. 1040.

5) 馬立誠·淩志軍, 『交鋒: 當代中國三次思想解放實錄』(北京: 今日中國出版社,

1998), pp. 160-161.

6) 「中共中央關於加強黨的建設的通知」, 中共中央文獻研究室, 『十三大以來重要文獻選編(中)』, p. 598.

7) 宋平, 「堅持和發展馬克思主義建黨原則, 把我們黨建設得更好」, 中共中央文獻研究室, 『十三大以來重要文獻選編(中)』, pp. 1272-73.

8) 宋平, 「加強農村工作, 深化農村改革」, 中共中央文獻研究室, 『十三大以來重要文獻選編(中)』, p. 1186.

9) 宋平, 「堅持和發展馬克思主義建黨原則, 把我們黨建設得更好」, p. 1281.

10) 江澤民, 「在全國組織部長會議上的講話」, 中共中央文獻研究室, 『十三大以來重要文獻選編(中)』, pp. 578-587.

11) 江澤民, 「在慶祝中華人民共和國成立四十周年大會上的講話」, 中共中央文獻研究室, 『十三大以來重要文獻選編(中)』, pp. 609-635.

12) 江澤民, 「在黨的十三屆五中全會上的講話」, 中共中央文獻研究室, 『十三大以來重要文獻選編(中)』, pp. 709-720; 江澤民, 「關於黨的新聞工作的幾個問題」, 中共中央文獻研究室, 『十三大以來重要文獻選編(中)』, pp. 765-778.

13) 江澤民, 「為把黨建設成更加堅強的工人階級先鋒隊而鬪爭」, 中共中央文獻研究室, 『十三大以來重要文獻選編(中)』, pp. 802-820.

14) 江澤民, 「愛國主義和我國知識分子的使命」, 中共中央文獻研究室, 『十三大以來重要文獻選編(中)』, pp. 1046-1060.

15) 江澤民, 「在農村工作座談會上的講話」, 中共中央文獻研究室, 『十三大以來重要文獻選編(中)』, pp. 1157-1166.

16) 江澤民, 「在慶祝中華人民共和國成立四十周年大會上的講話」, p. 631.

17) 江澤民, 「關於黨的新聞工作的幾個問題」, pp. 770-771.

18) 江澤民, 「在農村工作座談會上的講話」, pp. 1157-1158.

19) 江澤民, 「在慶祝中華人民共和國成立四十周年大會上的講話」, p. 618.

20) 江澤民, 「在全國組織部長會議上的講話」, pp. 586-587; 江澤民, 「在黨的十三屆五中全會上的講話」, p. 718; 江澤民, 「為把黨建設成更加堅強的工人階級先鋒隊而鬪爭」, pp. 809-812; 江澤民, 「愛國主義和我國知識分子的使命」, pp. 1047-

I051.

21) 江澤民,「在慶祝中華人民共和國成立四十周年大會上的講話」, p. 619.

22) 江澤民,「在慶祝中華人民共和國成立四十周年大會上的講話」, pp. 620-621.

23) 江澤民,『江澤民文選: 第1卷』(北京: 人民出版社, 2006), pp. 67-198.

24) 羅伯特 勞倫斯 庫恩(Robert Lawrence Kuhn), 談崢 ·于海江 等譯,『他改變了中國: 江澤民傳(The Man Who Changed China)』(上海: 上海譯文出版社, 2005), p. I64.

25) 에즈라 보걸(Ezra F. Vogel), 심규호·유소영 옮김,『덩샤오핑 평전(Deng Xiaoping and the Transformation of China)』(서울: 민음사, 2014), pp. 849-851; Richard Baum, *Burying Mao: Chinese Politics in the Age of Deng Xiaoping* (Princeton: Princeton University Press, 1994), pp. 303-304.

26) 李慎明 總撰稿,『蘇聯亡黨亡國20年祭: 俄羅斯人在訴説』(北京: 社會科學文獻出版社, 2013), pp. 9-22.

27) 馬立誠·淩志軍,『交鋒』, pp. 164-165.

28) 馬立誠·淩志軍,『交鋒』, p. 161.

29) 馬立誠·淩志軍,『交鋒』, p. 162.

30) 馬立誠·淩志軍,『交鋒』, pp. 183-184.

31) 國家統計局 國民經濟綜合統計司 編,『新中國五十年統計資料彙編』(北京: 國家統計出版社, 1999), p. 5.

32) 陳雲,「當前經濟工作的幾個問題」,『陳雲文選: 第3卷』(北京: 人民出版社, 1995), pp. 365-367.

33) 陳雲,「工作要抓實」,『陳雲文選: 第3卷』, pp. 376-377.

34) 陳雲,「經濟形勢與經驗教訓」,『陳雲文選: 第3卷』, p. 282.

35)「中共中央關於進一步治理整頓和深化改革的決定」, 中共中央文獻研究室,『十三大以來重要文獻選編(中)』, pp. 684-685.

36)「中共中央關於進一步治理整頓和深化改革的決定」, pp. 685-686.

37)「中共中央關於進一步治理整頓和深化改革的決定」, p. 701.

38) 李鵬,「為我國政治經濟和社會的進一步穩定發展而奮鬥」, 中共中央文獻研究室,

『十三大以來重要文獻選編(中)』, pp. 948-994.

39) 李鵬, 「關於制定國民經濟和社會發展十年規劃和'八五'計劃建議的說明」, 中共
中央文獻研究室, 『十三大以來重要文獻選編(中)』, pp. 1346-1419; 李鵬, 「關於
國民經濟和社會發展十年規劃和第八個五年計劃綱要的報告」, 中共中央文獻研
究室 編, 『十三大以來重要文獻選編(下)』(北京: 人民出版社, 1993). pp. 1478-
1537.

40) 李鵬, 「關於制定國民經濟和社會發展十年規劃和'八五'計劃建議的說明」, p.
1363.

41) 鈡文·鹿海嘯 編著, 『百年小平(下)』(北京: 中央文獻出版社, 2004), p. 751.

42) 鈡文·鹿海嘯, 『百年小平(下)』, p. 753.

43) 鄧小平, 「國際形勢和經濟問題」, 『鄧小平文選: 第3卷』(第2版)(北京: 人民出版
社, 1994), pp. 354-355.

44) 鈡文·鹿海嘯, 『百年小平(下)』, p. 756.

45) 鄧小平, 「善於利用時機解決發展問題」, 『鄧小平文選: 第3卷』, p. 364.

46) 보걸, 『덩샤오핑 평전』, pp. 866-867; 鈡文·鹿海嘯, 『百年小平(下)』, pp. 756-
767; 馬立誠·淩志軍, 『交鋒』, pp. 166-168; 楊繼繩, 『中國改革年代的政治鬪爭』
(Hong Kong: Excellent Culture Press, 2004), pp. 477-478.

47) 鄧小平, 「視察上海的談話」, 『鄧小平文選: 第3卷』, p. 366.

48) 鄧小平, 「視察上海的談話」, 『鄧小平文選: 第3卷』, p. 367.

49) 보걸, 『덩샤오핑 평전』, p. 867; Baum, Burying Mao, pp. 333-337; 庫恩(Kuhn), 『他
改變了中國: 江澤民傳』, p. 174.

50) 寇健文, 『中共菁英政治的演變』, pp. 168-169.

51) 蔡文彬, 「晚年趙紫陽: 我的觀察」, 張博樹 主編, 『趙紫陽的道路』(香港: 晨鐘書
局, 2011), pp. 106-110.

52) 馬立誠·淩志軍, 『交鋒』, pp. 168-171.

53) 馬立誠·淩志軍, 『交鋒』, pp. 171-172.

54) 馬立誠·淩志軍, 『交鋒』, pp. 172-173.

55) 馬立誠·淩志軍, 『交鋒』, p. 174.

56) 楊繼繩, 『中國改革年代的政治鬪爭』, p. 479.

57) 馬立誠·凌志軍, 『交鋒』, pp. 174-193; 楊繼繩, 『中國改革年代的政治鬪爭』, pp. 479-481.

58) 馬立誠·凌志軍, 『交鋒』, p. 176.

59) 馬立誠·凌志軍, 『交鋒』, p. 176.

60) 보걸, 『덩샤오핑 평전』, pp. 867-868; Suisheng Zhao, "Deng Xiaoping's Southern Tour: Elite Politics in Post-Tiananmen China," *Asian Survey*, Vol. 33, No. 8 (August 1993), p. 748.

61) 楊尚昆, 「在紀念辛亥革命八十周年大會上的講話」, 中共中央文獻硏究室 編, 『十三大以來重要文獻選編(下)』(北京: 人民出版社, 1993), p. 1716.

62) Baum, *Burying Mao*, p. 332.

63) Baum, *Burying Mao*, pp. 350-351.

64) 江澤民, 「在慶祝中國共産黨成立七十周年大會上的講話」, 中共中央文獻硏究室, 『十三大以來重要文獻選編(下)』, pp. 1636-7, 1646.

65) 江澤民, 「在慶祝中國共産黨成立七十周年大會上的講話」, p. 1649.

66) 江澤民, 「在慶祝中國共産黨成立七十周年大會上的講話」, p. 1638.

67) 庫恩(Kuhn), 『他改變了中國: 江澤民傳』, p. 175.

68) Zhao, "Deng Xiaoping's Southern Tour," p. 743; Tony Saich, "The Fourteenth Party Congress: A Programme for Authoritarian Rule," *China Quarterly*, No. 132 (December 1992), p. 1138.

69) 楊繼繩, 『中國改革年代的政治鬪爭』, pp. 484-485.

70) 楊繼繩, 『中國改革年代的政治鬪爭』, p. 485.

71) 庫恩(Kuhn), 『他改變了中國: 江澤民傳』, p. 176.

72) 楊繼繩, 『中國改革年代的政治鬪爭』, pp. 485-486.

73) 廖蓋隆·莊浦明 主編, 『中華人民共和國編年史 1949-2009』(北京: 人民出版社, 2010), p. 551; 「中共中央關於進一步加強農業和農村工作的決定」, 中共中央文獻硏究室, 『十三大以來重要文獻選編(下)』, pp. 1758-1785.

74) 馬立誠·凌志軍, 『交鋒』, pp. 186-193; 馬立誠, 『交鋒三十年: 改革開放四次大爭論親歷記』(南京: 江蘇人民出版社, 2008), pp. 152-153.

6 '남순강화'와 덩샤오핑 노선의 승리: 공산당 14차 당대회(1992년)

1) 楊繼繩, 『中國改革年代的政治鬪爭』(Hong Kong: Excellent Culture Press, 2004), p. 515; 蔡文彬, 「晚年趙紫陽: 我的觀察」, 張博樹 主編, 『趙紫陽的道路』(香港: 晨鐘書局, 2011), p. 125.

2) Richard Baum, *Burying Mao: Chinese Politics in the Age of Deng Xiaoping* (Princeton: Princeton University Press, 1994), p. 341.

3) 에즈라 보걸(Ezra F. Vogel), 심규호·유소영 옮김, 『덩샤오핑 평전(Deng Xiaoping and the Transformation of China)』(서울: 민음사, 2014), p. 862.

4) 楊繼繩, 『中國改革年代的政治鬪爭』, pp. 490-491, 515.

5) 钟文·鹿海嘯 編著, 『百年小平(下)』(北京: 中央文獻出版社, 2004), pp. 777-796; 陳雪薇 主編, 『十一屆三中全會以來重大事件和決策調査』(北京: 中共中央黨校出版社, 1998), pp. 469-474.

6) 보걸, 『덩샤오핑 평전』, p. 869.

7) 楊繼繩, 『中國改革年代的政治鬪爭』, pp. 515-516.

8) 楊繼繩, 『中國改革年代的政治鬪爭』, p. 494.

9) 寇健文, 『中共菁英政治的演變: 制度化與權力轉移 1978-2010』(臺北: 五南圖書出版社, 2011), p. 170.

10) 寇健文, 『中共菁英政治的演變』, p. 171.

11) 보걸, 『덩샤오핑 평전』, pp. 869-870; 查文·鹿海嘯, 『百年小平(下)』, pp. 777-778; 張良 編著, 『中國六四眞相(下)』(香港: 明鏡出版社, 2001), p. 1040.

12) Robert Lawrence Kuhn, *The Man Who Changed China: The Life and Legacy of Jiang Zemin* (New York: Crown Publishers, 2004), p. 212.

13) 鄧小平, 「在武昌, 深圳, 珠海, 上海等地的談話要點」, 『鄧小平文選: 第3卷』(第2版)(北京: 人民出版社, 1994), pp. 370-371.

14) 鄧小平, 「在武昌, 深圳, 珠海, 上海等地的談話要點」, pp. 372-373.

15) 鄧小平, 「在武昌, 深圳, 珠海, 上海等地的談話要點」, p. 373.

16) 鄧小平, 「在武昌, 深圳, 珠海, 上海等地的談話要點」, p. 375.

17) 鄧小平, 「在武昌, 深圳, 珠海, 上海等地的談話要點」, pp. 374, 375, 376.

18) 鄧小平, 「在武昌, 深圳, 珠海, 上海等地的談話要點」, pp. 378-379.

19) 보걸, 『덩샤오핑 평전』, p. 879.

20) 보걸, 『덩샤오핑 평전』, pp. 876-877.

21) 楊繼繩, 『中國改革年代的政治鬪爭』, p. 495; Suisheng Zhao, "Deng Xiaoping's Southern Tour: Elite Politics in Post-Tiananmen China," *Asian Survey*, Vol. 33, No. 8 (August 1993), pp. 749-750.

22) 陳錫添, 「東方風來滿眼春: 鄧小平同志在深圳紀實」, 勵平 主編, 『解凍年代: 中國三次思想解放備忘錄』(北京: 經濟日報出版社, 1997), pp. 197-214.

23) Ezra F. Vogel, *Deng Xiaoping and the Transformation of China* (Cambridge, Massachusetts: Belknap Press of Harvard University Press, 2011), p. 677.

24) Vogel, *Deng Xiaoping and the Transformation of China,* pp. 677-678; Kuhn, *The Man Who Changed China,* p. 214.

25) 楊繼繩, 『中國改革年代的政治鬪爭』, p. 496.

26) Zhao, "Deng Xiaoping's Southern Tour," pp. 752-753; 庫恩(Kuhn), 『他改變了中國: 江澤民傳』, p. 180.

27) 馬立誠·淩志軍, 『交鋒: 當代中國三次思想解放實錄』(北京: 今日中國出版社, 1998), pp. 199-200; 「中共中央政治局開會討論我國改革和發展的若干重大問題」, 中共中央文獻研究室 編, 『十三大以來重要文獻選編(下)』(北京: 人民出版社, 1993), pp. 1970-1972.

28) 廖蓋隆·莊浦明 主編, 『中華人民共和國編年史 1949-2009』(北京: 人民出版社, 2010), pp. 554-551; 馬立誠·淩志軍, 『交鋒』, p. 201.

29) 楊繼繩, 『中國改革年代的政治鬪爭』, p. 496.

30) 楊繼繩, 『中國改革年代的政治鬪爭』, p. 496; Baum, *Burying Mao,* p. 353; Tony Saich, "The Fourteenth Party Congress: A Programme for Authoritarian Rule," *China*

Quarterly, No. 132 (December 1992), p. 1141.

31) 江澤民, 「高擧鄧小平建設有中國特色社會主義理論偉大旗幟, 抓住機遇開拓進取把我們事業全面推向二十一世紀」, 勵平, 『解凍年代』, p. 216.

32) 江澤民, 「高擧鄧小平建設有中國特色社會主義理論偉大旗幟」, pp. 218-219.

33) 江澤民, 「深刻領會和全面落實鄧小平同志的重要談話精神, 把經濟建設和改革開放搞得更快更好」, 中共中央文獻硏究室, 『十三大以來重要文獻選編(下)』, pp. 2055-2089.

34) 江澤民, 「深刻領會和全面落實鄧小平同志的重要談話精神」, p. 2056.

35) 江澤民, 「深刻領會和全面落實鄧小平同志的重要談話精神」, p. 2060.

36) 江澤民, 「深刻領會和全面落實鄧小平同志的重要談話精神」, pp. 2062-2063.

37) 江澤民, 「深刻領會和全面落實鄧小平同志的重要談話精神」, pp. 2072-2073.

38) Vogel, *Deng Xiaoping and the Transformation of China*, p. 682; Kuhn, *The Man Who Changed China*, p. 216.

39) 中共中央文獻硏究室 編, 『鄧小平年譜 1975-1997(下)』(北京: 中央文獻出版社, 2004), pp. 1347~1348.

40) Vogel, *Deng Xiaoping and the Transformation of China*, p. 679.

41) Zhao, "Deng Xiaoping's Southern Tour," p. 754; Baum, *Burying Mao*, pp. 345-346.

42) 李鵬, 「政府工作報告」, 中共中央文獻硏究室, 『十三大以來重要文獻選編(下)』, pp. 1986-2014.

43) Zhao, "Deng Xiaoping's Southern Tour," p. 755; Saich, Saich, "The Fourteenth Party Congress," p. 1140.

44) 李鵬, 「政府工作報告」, pp. 1993, 1999-2000.

45) Zhao, "Deng Xiaoping's Southern Tour," pp. 751-752.

46) 馬立誠, 『交鋒三十年: 改革開放四次大爭論親歷記』(南京: 江蘇人民出版社, 2008), pp. 158-159; 楊繼繩, 『中國改革年代的政治鬪爭』, pp. 498-500.

47) Baum, *Burying Mao*, p. 353.

48) 楊繼繩, 『中國改革年代的政治鬪爭』, p. 500.

49) 陳雲, 「悼念李先念同志」, 『陳雲文選: 第3卷』(北京: 人民出版社, 1995), p. 379.

50) 國家統計局 國民經濟綜合統計司 編, 『新中國五十年統計資料彙編』(北京: 國家
統計出版社, 1999), p. 5.

51) 湯應武, 『1976年以來的中國』(北京: 經濟日報出版社, 1997), pp. 364-365.

52) 湯應武, 『1976年以來的中國』, pp. 365-366.

53) 湯應武, 『1976年以來的中國』, pp. 367-368.

54) 廖蓋隆·莊浦明, 『中華人民共和國編年史 1949-2009』, pp. 559-560.

55) 廖蓋隆·莊浦明, 『中華人民共和國編年史 1949-2009』, p. 560.

56) 「中共中央關於制定國民經濟和社會發展十年規劃和'八五'計劃的建議」, 中共中
央文獻研究室 編, 『十三大以來重要文獻選編(中)』(北京: 人民出版社, 1992). pp.
1377-1379.

57) 江澤民, 「加快改革開放和現代化建設步伐, 奪取有中國特色社會主義事業的更大
勝利」, 中共中央文獻研究室 編, 『十四大以來重要文獻選編(上)』(北京: 人民出版
社, 1996), pp. 10-12.

58) 江澤民, 「加快改革開放和現代化建設步伐」, p. 13.

59) 張博樹 主編, 『趙紫陽的道路』(香港: 晨鐘書局, 2011), p. 312.

60) 江澤民, 「加快改革開放和現代化建設步伐」, p. 13.

61) 江澤民, 「加快改革開放和現代化建設步伐」, p. 19.

62) 江澤民, 「加快改革開放和現代化建設步伐」, pp. 19-20.

63) 江澤民, 「加快改革開放和現代化建設步伐」, p. 16.

64) 江澤民, 「加快改革開放和現代化建設步伐」, pp. 20-34.

65) 江澤民, 「加快改革開放和現代化建設步伐」, p. 28.

66) 江澤民, 「加快改革開放和現代化建設步伐」, pp. 29-30.

67) 「中共中央關於建立社會主義市場經濟體制若干問題的決定」, 中共中央文獻研究
室 編, 『十四大以來重要文獻選編(上)』(北京: 人民出版社, 1996), pp. 519-548.

68) 陳雪薇, 『十一屆三中全會以來重大事件和決策調查』, p. 518.

69) 寇健文, 『中共菁英政治的演變』, p. 175; Baum, *Burying Mao,* pp. 364-368.

70) 寇健文, 『中共菁英政治的演變』, pp. 174-175.

71) 寇健文, 『中共菁英政治的演變』, p. 175.

72) Baum, *Burying Mao,* p. 365.

73) 寇健文, 『中共菁英政治的演變』, pp. 176-177.

74) 楊繼繩, 『中國改革年代的政治鬪爭』, p. 503.

75) Baum, *Burying Mao,* pp. 369-370.

76) 寇健文, 『中共菁英政治的演變』, pp. 176-177.

77) Baum, *Burying Mao,* pp. 364-368.

78) Baum, *Burying Mao,* p. 370.

79) 寇健文, 『中共菁英政治的演變』, pp. 179-180.

80) 조영남, 『중국의 법치와 정치개혁』(파주: 창비, 2012), pp. 30-35, 251-255.

참고 문헌

한글 도서

가토 히로유키·구보 도오루 저. 백계문 역. 2012.『진화하는 중국의 자본주의』. 파
　　주: 한울.

고정식 외. 2000.『현대중국경제』. 서울: 교보문고.

구보 도루 저. 강진아 역. 2013.『중국근현대사4: 사회주의를 향한 도전 1945-
　　1971)』. 서울: 삼천리.

권영빈 편역. 1989.『중국의 사하로프 방여지는 말한다』. 서울: 지식산업사.

김도희 편. 2005.『새로운 중국의 모색II: 정체성의 문화적 담론』. 서울: 폴리테이아.

_____. 2007.『전환시대의 중국 사회계층』. 서울: 폴리테이아.

김영진. 2002.『중국의 도시 노동시장과 사회: 상해시를 예로』. 서울: 한울아카데미.

김재철 편. 2005.『새로운 중국의 모색I: 발전과 안정의 병행』. 서울: 폴리테이아.

_____. 2003.『중국의 정치개혁: 지도부, 당의 지도력 그리고 정치체제』. 서울: 한
　　울.

김태만. 2004.『변화와 생존의 경계에 선 중국 지식인』. 서울: 책세상.

김흥규. 2007.『중국의 정책결정과 중앙-지방 관계』. 서울: 폴리테이아.

로드릭 맥파커 엮음. 김재관·정해용 역. 2012.『중국 현대정치사: 건국에서 세계화의 수용까지 1949-2009(The Politics of China: Sixty Years of the People's Republic of China)』. 서울: 푸른길.

류샤오보 지음. 김지은 옮김. 2011.『류샤오보 중국을 말하다』. 서울: 지식갤러리.

리쩌허우 저. 임춘성 옮김. 2005.『중국근대사상사론』. 서울: 한길사.

린이푸 저. 서봉교 역. 2012.『중국경제입문(Demystifying the Chinese Economy)』. 서울: 도서출판오래.

린이푸 외 저. 한동훈 역. 1996.『중국의 기적(中國的奇迹): 중국의 발전 전략과 경제개혁』. 서울: 백산서당.

모리스 마이스너 저. 김수영 역. 2004.『마오의 중국과 그 이후 I·2(Mao's China and After: A History of the People's Republic)』. 서울: 이산.

박정동. 1993.『현대중국경제론: 경제특구의 경제적 성과』. 서울: 법문사.

백승욱 편. 2007.『중국 노동자의 기억의 정치: 문화대혁명 시기의 기억을 중심으로』. 서울: 폴리테이아.

_____. 2007.『문화대혁명: 중국 현대사의 트라우마』. 파주: 살림.

_____. 2008.『세계화의 경계에 선 중국』. 파주: 창비.

_____. 2012.『중국 문화대혁명과 정치의 아포리아: 중앙문혁소조장 천보다와 조반의 시대』. 서울: 그린비.

범충신 외 공저. 이신철 역. 1996.『중국법률문화탐구: 정리법과 중국인』. 서울: 일조각.

서진영. 2008.『21세기 중국정치』. 서울: 폴리테이아.

_____. 1992.『중국혁명사』. 서울: 한울아카데미.

신봉수. 2010.『마오쩌둥: 나는 중국의 유토피아를 꿈꾼다』. 파주: 한길사.

신승하·임상범·김태승. 1998.『20세기의 중국』. 서울: 서울대학교출판부.

아마코 사토시 지음. 임상범 옮김. 2003.『중화인민공화국 50년사』. 서울: 일조각.

안치영. 2013.『덩 샤오핑 시대의 탄생: 중국의 역사 재평가와 개혁』. 파주: 창비.

에즈라 보걸. 심규호·유소영 옮김. 2014.『덩샤오핑 평전(Deng Xiaoping and the Formation of China)』. 서울: 민음사.

요시자와 세이이치로 저. 정지호 역. 2013. 『중국근현대사I: 청조와 근대세계』. 서
    울: 삼천리.

이근. 1994. 『중국경제구조론』. 서울: 서울대학교출판부.

이근 · 한동훈. 2000. 『중국의 기업과 경제』. 서울: 21세기북스.

이남주. 2007. 『중국 시민사회의 형성과 특징: NGO의 발전을 중심으로』. 서울: 폴
    리테이아.

이민자. 2007. 『중국 호구제도와 인구이동』. 서울: 폴리테이아.

이시카와 요시히로 저. 손승희 역. 2013. 『중국근현대사3: 혁명과 내셔널리즘
    1925-1945』. 서울: 삼천리.

이일영. 1997. 『중국의 농촌개혁과 경제 발전』. 서울: 서울대학교출판부.

이정남. 2007. 『중국의 기층선거와 정치개혁, 그리고 정치 변화』. 서울: 폴리테이아.

이홍영 저. 강경성 역. 1997. 『중국의 성치 엘리트: 혁명간부 세대로부터 기술관료
    세대로(From Revolutionary Cadres to Party Technocrats in Socialist China)』. 서울:
    나남.

이희옥. 2007. 『중국의 국가대전략 연구』. 서울: 폴리테이아.

_____. 2004. 『중국의 새로운 사회주의 탐색』. 파주: 창비.

자오쯔양 저. 바오푸 정리. 장윤미 · 이종화 역. 2010. 『국가의 죄수: 자오쯔양 중국
    공산당 총서기 최후의 비밀 회고록』. 서울: 에버리치홀딩스.

장영석. 2007. 『지구화시대 중국의 노동관계』. 서울: 폴리테이아.

전리군(첸리췬) 지음. 연광성 옮김. 2012. 『모택동 시대와 포스트 모택동 시대,
    1949~2009(상/하)』. 파주: 한울.

전성흥 편. 2004. 『전환기의 중국사회I: 변화와 지속의 역동성』. 서울: 오름.

_____ 편. 2004. 『전환기의 중국사회II: 발전과 위기의 정치경제』. 서울: 오름.

_____ 편. 2008. 『중국모델론: 개혁과 발전의 비교 역사적 탐구』. 서울: 부키.

_____ 편. 2010. 『체제전환의 중국정치』. 서울: 에버리치홀딩스.

전성흥 · 조영남 외. 2008. 『중국의 권력승계와 정책노선: 17차 당대회 이후 중국의
    진로』. 파주: 나남.

정재호. 1999. 『중국의 중앙-지방 관계론: 분권화 개혁의 정치경제』. 파주: 나남.

_____ 편. 2000.『중국정치연구론: 영역, 쟁점, 방법 및 교류』. 서울: 나남.

_____ 편. 2002.『중국 개혁-개방의 정치경제 1980-2000』. 서울: 까치.

조너선 D. 스펜서 지음. 김희교 옮김. 1998.『현대중국을 찾아서I·2(The Search for Modern China)』. 서울: 이산.

_____. 정영무 옮김. 1999.『천안문: 근대 중국을 만든 사람들(The Gate of Heavenly Peace)』. 서울: 이산.

조영남. 2000.『중국 정치개혁과 전국인대: 개혁기 구조와 역할의 변화』. 파주: 나남.

_____. 2006.『후진타오 시대의 중국 정치』. 파주: 나남.

_____. 2006.『중국 의회정치의 발전: 지방인민대표대회의 등장·역할·선거』. 서울: 폴리테이아.

_____. 2009.『21세기 중국이 가는 길』. 파주: 나남.

_____. 2012.『용과 춤을 추자: 한국의 눈으로 중국 읽기』. 서울: 민음사.

_____. 2012.『중국의 법률보급운동』. 서울: 서울대출판문화원.

_____. 2012.『중국의 법원개혁』. 서울: 서울대출판문화원.

_____. 2012.『중국의 법치와 정치개혁』. 파주: 창비.

_____. 2013.『중국의 꿈: 시진핑 리더십과 중국의 미래』. 서울: 민음사.

조영남·안치영·구자선. 2011,『중국의 민주주의: 공산당의 당내민주 연구』. 파주: 나남.

천이난 지음. 장윤미 옮김. 2008.『문화대혁명의 또 다른 기억: 어느 조반파 노동자의 문혁 10년』. 서울: 그린비.

카롤린 퓌엘 저. 이세진 역. 2012.『중국을 읽다: 세계와 대륙을 뒤흔든 핵심 사건 170 장면』. 서울: 푸른숲.

헨리 키신저 지음. 권기대 옮김. 2011.『헨리 키신저의 중국 이야기(On China)』. 서울: 민음사.

영문 도서

Bandelj, Nina and Dorothy J. Solinger. eds. 2012. *Socialism Vanquished, Socialism Challenged: Eastern Europe and China, 1989-2009.* Oxford: Oxford University Press.

Baum, Richard. 1994. *Burying Mao: Chinese Politics in the Age of Deng Xiaoping.* Princeton: Princeton University Press.

Bianco, Lucien. 1971. *Origins of the Chinese Revolution, 1915-1949.* Stanford: Stanford University Press.

Blecher, Marc. 1997. *China against the Tides: Restructuring through Revolution, Radicalism and Reform.* London: Pinter.

Calhoun, Craig. 1994. *Neither Gods Nor Emperors: Students and the Struggle for Democracy in China.* Berkely: University of California Press.

Chan, Anita, Stanley Rosen, and Jonathan Unger. eds. 1985. *On Socialist Democracy and the Chinese Legal System: The Li Yizhe Debates.* Armonk: M.E. Sharpe.

Cheng, Chu-yuan. 1990. *Behind the Tiananmen Massacre: Social, Political, and Economic Ferment in China.* Boulder: Westview Press.

Cho, Young Nam. 2009. *Local People's Congresses in China: Development and Transition.* New York: Cambridge University Press.

Fewsmith, Joseph. 2001. *China since Tiananmen: The Politics of Transition.* New York: Cambridge University Press.

_____. 2001. *Elite Politics in Contemporary China.* Armonk: M. E. Sharpe.

Garnaut, Ross and Yiping Huang. eds. 2001. *Growth Without Miracles: Readings on the Chinese Economy in the Era of Reform.* Oxford: Oxford University Press.

Gilley, Bruce. 1998. *Tiger on the Brink: Jiang Zemin and China's New Leader.* Berkeley: University of California Press.

Goldman, Merle. 1994. *Sowing the Seeds of Democracy in China: Political Reform in the Deng Xiaoping Era.* Cambridge, Massachusetts: Harvard University Press.

_____. 2005. *From Comrade to Citizen: The Struggle for Political Rights in China.* Cambridge,

Massachusetts: Harvard University Press.

Harding, Harry. 1987. *China's Second Revolution: Reform after Mao.* Washington D.C.: The Brookings Institution.

Huang, Yasheng. 2003. *Selling China: Foreign Direct Investment during the Reform Era.* New York: Cambridge University Press.

_____. 2008. *Capitalism with Chinese Characteristics: Entrepreneurship and the State.* New York: Cambridge University Press.

Nathan, Andrew. 1990. *China's Crisis: Dilemmas of Reform and Prospects for Democracy.* New York: Columbia University Press.

Naughton, Barry. 1995. *Growing out of the Plan: Chinese Economic Reform, 1978-1993.* New York: Cambridge University Press.

_____. 2007. *The Chinese Economy: Transitions and Growth.* Cambridge, Massachusetts: MIT Press.

Lam, Willy Wo-Lap. 1999. *The Era of Jiang Zemin.* Singapore: Prentice Hall.

Lieberthal, Kenneth. 2004. *Governing China: From Revolution through Reform* (Second Edition). New York: W. W. Norton & Company.

Lin, Nan. 1992. *The Struggle for Tiananmen: Anatomy of the 1989 Mass Movement.* London: Praeger.

MacFarquhar, Roderick (ed.). 2011. *The Politics of China: Sixty Years of the People's Republic of China* (Third Edition). Cambridge: Cambridge University Press.

Meisner, Maurice. 1986. *Mao's China and After: A History of the People's Republic.* London: Collier Macmillan Publishers.

_____. 1996. *The Deng Xiaoping Era: An Inquiry into the Fate of Chinese Socialism 1978-1994.* New York: Hill and Wang.

Oksenberg, Michel, Lawence R. Sullivan and Marc Lambert (eds.). 1990. *Beijing Spring, 1989: Confrontation and Conflict, The Basic Documents.* Armonk: M. E. Sharpe.

Pei, Minxin. 1994. *From Reform to Revolution: The Demise of Communism in China and the Soviet Union.* Cambridge, Massachusetts: Harvard University Press.

Pye, Lucian W. 1981. *The Dynamics of Chinese Politics*. Cambridge, Massachusetts: O. G & H Publishers.

Saxonberg, Steven. 2013. *Transitions and Non-Transitions from Communism: Regime Survival in China, Cuba, North Korea, and Vietnam*. Cambridge: Cambridge University Press.

Stavis, Benedict. 1988. *China's Political Reforms: An Interim Report*. New York: Praeger.

Tsou, Tang. 1986. *The Cultural Revolution and Post-Mao Reforms: A Historical Perspective*. Chicago: The University of Chicago Press.

Unger, Jonathan (ed.). 1991. *The Pro-Democracy Protests in China: Reports from the Provinces*. Armonk: M. E. Sharpe.

Walder, Andrew G. ed. 1995. *The Waning of the Communist State: Economic Origins of Political Decline in China and Hungary*. Berkeley: University of California Press.

_____ ed. 1996. *China's Transitional Economy*. Oxford: Oxford University Press.

Wasserstrom, Jeffrey N. and Elizabeth J. Perry (eds.). 1992. *Popular Protest and Political Culture in Modern China: Learning from 1989*. Boulder: Westview Press.

Weatherley, Robert. 2010. *Mao's Forgotten Successor: The Political Career of Hua Guofeng*. New York: Palgrave Mcmillan.

Wu, Guoguang and Helen Lansdowne (eds.). 2008. *Zhao Ziyang and China's Political Future*. London: Routledge.

Wu, Yu-Shan. 1994. *Comparative Economic Transformations: Mainland China, Hungary, the Soviet Union, and Taiwan*. Stanford: Stanford University Press.

Zhang, Liang (compiled). Andrew J. Nathan and Perry Link (eds.). 2001. *The Tiananmen Papers*. New York: Public Affairs.

Zhao, Dingxin. 2001. *The Power of Tiananmen: State-Society Relations and the 1989 Beijing Student Movement*. Chicago: University of Chicago Press.

중문 도서

江澤民. 2006. 『江澤民文選: 第1·2·3卷』. 北京: 人民出版社.

高皋. 2009. 『三頭馬車時代』(第二版). New York: 明鏡出版社.

高向全·遲福林 主編. 1996. 『增創新優勢: 中國經濟特區的進一步發展』. 北京: 中國
經濟出版社.

谷牧. 2009. 『谷牧回憶錄』. 北京: 中央文獻出版社.

公羊 主編. 2003. 『思潮: 中國'新左派'及其影響』. 北京: 中國社會科學出版社.

寇健文. 2011. 『中共菁英政治的演變: 制度化與權力轉移 1978-2010』. 臺北: 五南圖
書出版社.

國家統計局 國民經濟綜合統計司 編. 1999. 『新中國五十年統計資料彙編』. 北京: 國
家統計出版社.

國務院特區辦公室 編著. 1993. 『中國對外開放地區投資環境和政策』. 昆明: 雲南人
民出版社.

金躍基. 1997. 『中國政治與文化』. 香港: 牛津大學出版社.

金春明. 1995. 『'文化大革命'史稿』. 成都: 四川人民出版社.

_____. 2004. 『中華人民共和國簡史: 1949-2004』. 北京: 中共黨史出版社.

金太軍·趙暉 等. 2005. 『中央與地方政府關係建構與調諧』. 廣州: 廣東人民出版社.

當代中國研究所. 2012. 『中華人民共和國史稿: 序卷』. 北京: 人民出版社.

_____. 2012. 『中華人民共和國史稿: 第1卷(1949-1956)』. 北京: 人民出版社.

_____. 2012. 『中華人民共和國史稿: 第2卷(1956-1966)』. 北京: 人民出版社.

_____. 2012. 『中華人民共和國史稿: 第3卷(1966-1976)』. 北京: 人民出版社.

_____. 2012. 『中華人民共和國史稿: 第4卷(1976-1984)』. 北京: 人民出版社.

唐娟·鄒樹彬 主編. 2003. 『2003年深圳競選實錄』. 西安: 西北大學出版社.

戴小明. 2001. 『中央與地方關係: 民族自治地方財政自治研究』. 北京: 中國民主法制
出版社.

戴煌. 1998. 『胡耀邦與平反冤假錯案』. 北京: 新華出版社.

陶一桃·魯志國 主編. 2008. 『中國經濟特區史論』. 北京: 社會科學文獻出版社.

鄧力群. 2006. 『鄧力群自述: 十二個春秋(1975-1987)』. 香港: 大風出版社.

鄧小平. 1994. 『鄧小平文選: 第1·2·3卷』(第2版). 北京: 人民出版社.

梁開金·賀雪峰. 1999. 『村級組織制度安排與創新』. 北京: 紅旗出版社.

勵有爲·邵漢青 主編. 1995. 『深圳經濟特區的探索之路』. 廣州: 廣東人民出版社.

勵平 主編. 1997. 『解凍年代: 中國三次思想解放備忘錄』. 北京: 經濟日報出版社.

魯林·王剛·金寶辰 主編. 2002. 『紅色記憶: 中國共產黨歷史口述實錄 1978-2001』. 濟南: 濟南旗出版社.

廖蓋隆·莊浦明 主編. 2010. 『中華人民共和國編年史 1949-2009』. 北京: 人民出版社.

薛慶超. 2015. 『鄧小平第一次主持中央工作』. 成都: 四川人民出版社.

劉傑·徐綠山. 2009. 『鄧小平和陳雲在十一屆三中全會前後』. 北京: 中央文獻出版社.

劉吉 主編. 1991. 『中國共產黨七十年』. 上海: 上海人民出版社.

＿＿＿ 主編. 2008. 『碰撞三十年: 改革開放十次思想觀念交鋒實錄』. 南京: 江蘇人民出版社.

劉丹. 2001. 『鄉村民主之路: 中國農村基層直接民主的發展及其法制化』. 長沙: 湖南人民出版社.

劉德海. 2012. 『群體性事件的演變與評估』. 北京: 中國社會科學出版社.

劉新章 編. 1989. 『胡耀邦』. 北京: 中外文化出版公司.

劉亞偉 編. 2001. 『無聲的革命: 村民直選的歷史現實和未來』. 西安: 西北大學出版社.

劉智 等. 2001. 『數據選舉: 人大代表選舉統計研究』. 北京: 中國社會科學出版社.

劉智峰 主編. 1998. 『解釋中國: 〈第三只眼看中國〉批判』. 北京: 經濟日報出版社.

＿＿＿＿ 主編. 2003. 『第七次革命: 1998-2003 中國政府機構改革問題報告』. 北京: 中國社會科學出版社.

劉學軍·熊亮華. 2011. 『當代中國政治制度概要』. 北京: 中共中央黨校出版社.

陸學藝 主編. 2004. 『當代中國社會流動』. 北京: 社會科學文獻出版社.

概志軍. 2003. 『變化: 1990年-2002年中國實錄』. 北京: 中國社會科學出版社.

李錦. 2000. 『大轉折的瞬間: 目擊中國農村改革』. 長沙: 湖南人民出版社.

李猛·王冠傑·何君安. 2013. 『新中國選舉制度發展歷程』. 北京: 世界知識出版社.

李凡 主編. 2003. 『中國城市社區直接選舉改革』. 西安: 西北大學出版社.

＿＿＿＿. 2003. 『乘風而來: 我所經歷的步雲鄉長直選』. 西安: 西北大學出版社.

李鵬. 2006. 『立法與監督: 李鵬人大日記(上·下)』. 北京: 新華出版社.

立國波. 2010. 『農村群體性事件法律研究』. 廣州: 中山大學出版社.

馬國川. 2006. 『大碰撞: 中國改革紀事』. 北京: 新華出版社.

_____. 2008. 『爭鋒: 一個記者眼裏的中國問題』. 北京: 中國水利水電出版社.

馬立誠. 2008. 『交鋒三十年: 改革開放四次大爭論親歷記』. 南京: 江蘇人民出版社.

麻寶斌 外. 2012. 『當代中國行政改革』. 北京: 社會科學文獻出版社.

萬里. 1995. 『萬里文選』. 北京: 人民出版社.

_____. 1996. 『萬里論農村改革與發展』. 北京: 中國民主法制出版社.

武國友. 2011. 『中共執政黨建設史(1978-2009)』. 瀋陽: 遼寧人民出版社.

薄一波. 1992. 『薄一波文選: 1937-1992』. 北京: 人民出版社.

房寧. 2013. 『民主的中國經驗』. 北京: 中國社會科學出版社.

史衛民 等. 2008. 『鄉鎮改革: 鄉鎮選舉, 體制創新與鄉與鄉鎮治理研究』. 北京: 中
  國社會科學出版社.

史衛民. 2011. 『'政策主導型'的漸進式改革: 改革開放以來中國政治發展的因素分
  析』. 北京: 中國社會科學出版社.

_____. 2000. 『公選與直接: 鄉鎮人大選舉制度研究』. 北京: 中國社會科學出版社.

史衛民·雷兢旋 主編. 1999. 『直接選舉: 制度與過程』. 北京: 中國社會科學出版社.

史衛民·劉智 主編. 2003. 『規範選舉: 2001-2001年 鄉級人民代表大會代表選舉研
  究』. 北京: 中國社會科學出版社.

_____ 主編. 2004. 『間接選舉(上·中·下)』. 北京: 中國社會科學出版社.

史衛民·潘小娟 等著. 2008. 『中國基層民主政治建設發展報告』. 北京: 中國社會科學
  出版社.

謝春濤. 2008. 『轉折中國 1976-1982』. 北京: 人民出版社.

上海社會科學院當代中國政治研究中心. 2004-2011. 『中國政治發展進程』(2004-
  2011年). 北京: 時事出版社.

徐斯儉·吳玉山 主編. 2007. 『黨國蛻變: 中共政權的菁英與政策』. 臺北: 五南.

徐勇. 1997. 『中國農村 村民自治』. 武漢: 華中師範大學出版社.

石仲泉·陳登才 主編. 1994. 『鄧小平在1978』. 瀋陽: 遼寧人民出版社.

薛暮橋. 1996. 『薛暮橋回憶錄』. 天津: 天津人民出版社.

蕭冬連. 2008. 『歷史的轉軌: 從撥亂反正到改革開放(1979-1981)』. 香港: 香港中文大學.

_____. 2014. 『篳路維艱: 中國社會主義路徑的五次選擇』. 北京: 社會科學文獻出版社.

孫業禮·熊亮華. 1996. 『共和國經濟風雲中的陳雲』. 北京: 中央文獻出版社.

宋維強. 2009. 『社會轉型期中國農民群體性事件研究』. 武漢: 華中示範大學出版社.

施九青·倪家泰. 1993. 『當代中國政治運行機制』. 濟南: 山東人民出版社.

辛向陽. 2000. 『百年博弈: 中國中央與地方關係100年』. 濟南: 山東大學出版社.

深圳博物館 編. 1996. 『深圳經濟特區創業史』. 北京: 人民出版社.

楊江. 1995. 『建國以來十大經濟熱點』. 北京: 中國經濟出版社.

楊開煌. 2007. 『新政: 胡錦濤時代的政治變遷』. 臺北: 海峽學術出版社.

楊繼繩. 1998. 『鄧小平時代: 中國改革開放紀實』. 北京: 中央編譯出版社.

_____. 2004. 『中國改革年代的政治鬥爭』. Hong Kong: Excellent Culture Press.

楊光斌. 2011. 『中國政治發展的戰略與選擇』. 北京: 中國人民大學出版社.

楊光斌·寇健文 主編. 2011. 『中國政治變革中的觀念與利益』. 北京: 中國人民大學出版社.

楊雪冬·賴海榕 主編. 2009. 『地方的復興: 地方治理改革30年』(北京: 社會科學文獻出版社.

楊侯林. 2011. 『建政之初: 1949-1954年的中國政治體制』. 上海: 東方出版中心.

葉永烈. 2012. 『鄧小平改變中國1978』. 成都: 四川人民出版社.

榮敬本 等. 1998. 『從壓力型體制向民主合作體制的轉變: 縣鄉兩級政治體制改革』. 北京: 中央編譯出版社.

_____ 等. 2001. 『在論從壓力型體制向民主合作體制的轉變』. 北京: 中央編譯出版社.

吳稼祥. 2002. 『中南海日記: 中共兩代王諸的隕落』. 香港: 明鏡出版社.

烏傑 主編. 1998. 『中國政府與機構改革(上·下)』. 北京: 國家行政學院出版社.

吳國光. 1997. 『趙紫陽與政治改革』. 臺北: 遠景.

伍國友. 2010. 『中華人民共和國史 1977-1991』. 北京: 人民出版社.

吳國衡. 1994. 『當代中國體制改革史』. 北京: 法律出版社.

吳象. 2001. 『中國農村改革實錄』. 杭州: 浙江人民出版社.

王勁松. 1994. 『中華人民共和國政府與政治』. 北京: 中共中央黨校出版社.

王丹 等. 2004. 『'六四'參加者回憶錄』. New York: 明鏡出版社.

王丹. 2012. 『中華人民共和國史十五講』. 臺北: 連經出版社.

王名 主編. 2008. 『中國民間組織30年: 走向公民社會』. 北京: 社會科學文獻出版社.

王瑞璞 主編. 1998. 『中南海: 三代領導集體與共和國經濟實錄(中卷)』. 北京: 中國經濟出版社.

王聖誦·王兆剛 等. 2012. 『基層民主制度研究』. 北京: 人民出版社.

王紹光·樊鵬. 2013. 『中國式共識型決策: '開門'與'磨合'』. 北京: 中國人民大學出版社.

王長富. 1997. 『改革開放後的中國私營經濟』. 北京: 中國人民大學出版社.

王學輝 等. 2010. 『群體性事件防範機制研究』. 北京: 科學出版社.

于建嶸. 2010. 『底層立場』. 上海: 上海三聯書店.

_____. 2010. 『抗爭性政治: 中國政治社會學基本問題』. 北京: 人民出版社.

任廣浩. 2012. 『當代中國國家權力縱向配置問題研究』. 北京: 中國政法大學出版社.

任中平 等. 2010. 『巴蜀政治: 四川省基層民主政治建設的制度創新研究』. 北京: 中國社會科學出版社.

張廣友. 1995. 『改革風雲中的萬里』. 北京: 人民出版社.

張湛彬·藏巨林 主編. 1997. 『黨和國家重大決策的歷程(第六卷)』. 北京: 紅旗出版社.

張良 編著. 2001. 『中國六四真相(上·下)』. 香港: 明鏡出版社.

張明澍. 1994. 『中國'政治人': 中國公民政治素質調查報告』. 北京: 中國社會科學出版社.

_____. 2013. 『中國人想要什麼樣民主: 中國'政治人'2012』. 北京: 社會科學文獻出版社.

張文壽 主編. 1994. 『中國行政管理體制改革: 研究與思考』. 北京: 當代中國出版社.

張博樹 主編. 2011. 『趙紫陽的道路』. 香港: 晨鐘書局.

張士義·王祖強 主編. 2012.『決策: 中國共産黨全國代表大會總攬』. 杭州: 浙江出版
聯合集團.

張樹軍·高新民 主編. 1998.『中共十一屆三中全會歷史檔案(上·下)』. 北京: 中國經
濟出版社.

章原 編著. 1998.『重塑政府: '98: 政府機構改革焦點大透視』. 北京: 中華工商聯合出
版社.

張占斌·張國華. 2010.『破冰前行: 改革初期的複雜局勢與中央高層決策』. 南昌: 江
西人民出版社.

張志紅. 2005.『當代中國政府間縱向關係研究』. 天津: 天津人民出版社.

張執中. 2008.『中共黨國邊界的設定與延伸: 歷史制度輪的觀點』. 臺北: 韋伯文化.

蔡定劍 主編. 2002.『中國選舉狀況的報告』. 北京: 法律出版社.

全國黨的建設研究會·中共中央組織部黨建研究所. 2009.『改革開放以來黨的建設』.
北京: 黨建讀物出版社.

全國人大常委會辦公室 萬里論著編輯組 編. 1996.『萬里論農村改革與發展』. 北京:
中國民主法制出版社.

鄭蘭蓀·劉鵬 主編. 1988.『鄧小平的思想理論研究』. 北京: 中國書籍出版社.

丁晨 編 2011.『親歷中國共產黨的90年』. 北京: 人民出版社.

鄭永年. 2012.『中國改革三步走』. 北京: 東方出版社.

程中原·李正華·王玉祥·張金才. 2013.『新路: 十一屆三中全會前後到十二大』. 南昌:
江西人民出版社.

程中原·卞杏珍. 2013.『前奏: 鄧小平與1975年整頓』. 南昌: 江西人民出版社.

趙建民. 2014.『中國決策: 領導人·結構·機制·過程』. 臺中: 五南.

趙紫陽. 2009.『改革歷程』. 香港: 新世紀出版社.

趙海均. 2009.『六十年中國大變革: 1949~2009(上·下)』. 北京: 世界知識出版社.

宗海仁. 2003.『曖昧的權力交接: 江澤民留任的幕後』. 香港: 明鏡出版社.

朱光磊 主編. 2008.『中國政府發展研究報告第1集: 公務員規模問題與政府機構改
革』. 北京: 中國人民大學出版社.

朱光磊. 2002.『當代中國政府過程』(修訂版). 天津: 天津人民出版社.

_____. 2013.『決策與實施: 解讀中國政府運作』. 北京: 外文出版社.

朱力. 2012.『走出社會矛盾衝突的漩渦裏: 中國重大社會性突發事件及其管理』. 北京: 中國社會科學出版社.

周望. 2012.『中國"小組機制"研究』. 天津: 天津人民出版社.

周文彰. 1997.『特區導論』. 海口: 海南出版社.

中共中央黨校中共黨史教研二室. 1987.『中國共產黨社會主義時期文獻資料選編 (六): 1976年10月-1978年12月』.

中共中央黨史研究室. 2011.『中國共產黨歷史: 第I卷(1921-1949)(上·下)』. 北京: 中共黨史出版社.

_____. 2011.『中國共產黨歷史: 第2卷(1949-1978)(上·下)』. 北京: 中共黨史出版社.

中共中央黨史研究會. 2009.『中國共產黨新時期簡史』. 北京: 中共黨史出版社.

中共中央文獻研究室 編. 1982.『三中全會以來重要文獻選編(上·下)』. 北京: 人民出版社.

_____ 編. 1986·1988.『十二大以來重要文獻選編(上·中·下)』. 北京: 人民出版社.

_____ 編. 1991·1992·1993,『十三大以來重要文獻選編(上·中·下)』. 北京: 人民出版社.

_____ 編. 1994.『三中全會以來的重大決策』. 北京: 中央文獻出版社.

_____ 編. 1996·1997·1999.『十四大以來重要文獻選編(上·中·下)』. 北京: 人民出版社.

_____ 編. 2001·2002·2003.『十五大以來重要文獻選編(上·中·下)』. 北京: 人民出版社.

_____ 編. 2004.『鄧小平年譜 1975-1997(上/下)』. 北京: 中央文獻出版社.

_____ 編. 2005·2006·2007.『十六大以來重要文獻選編(上·中·下)』. 北京: 中央文獻出版社.

_____ 編. 2009·2011.『十七大以來重要文獻選編(上·中)』. 北京: 中央文獻出版社.

中共中央文獻研究室·國家開發銀行 課題組. 2013.『陳雲對外開放思想形成和發展』. 北京: 中央文獻出版社.

中國國家行政學院 編. 2004. 『中國行政改革: 政府的責任性回應性和效率』. 北京: 國家行政學院出版社.

中國社會科學院法學研究所 編. 2008. 『中國法制30年: 1978-2008』. 北京: 社會科學文獻出版社.

中國行政管理學會課題組. 2009. 『中國群體性突發事件: 成因及對策』. 北京: 國家行政學院出版社.

陳宏. 2006. 『1979-2000 深圳重大決策和事件民間觀察』. 武漢: 長江文藝出版社.

陳麗鳳. 2007. 『中國共產黨領導體制的歷史考察: 1921-2006』. 上海: 上海人民出版社.

陳文燦·金曉斌. 1996. 『中國經濟特區研究』. 上海: 復旦大學出版社.

陳鳳樓. 2003. 『中國共產黨幹部工作史綱(1921-2002)』. 北京: 黨建讀物出版社.

陳瑞生·龐元正·朱滿良 主編. 1992. 『中國改革全書(1978-1991): 政治體制改革卷』. 大連: 大連出版社.

陳雪薇 主編. 1998. 『十一屆三中全會以來重大事件和決策調查』. 北京: 中共中央黨校出版社.

陳小雅 主編. 2004. 『沉重的回首: 1989天安門運動十五週年紀念文集』. 香港: 開放雜誌社.

陳永發. 2011. 『中國共產革命七十年(上·下)』(修訂版). 臺北: 聯經出版社.

陳雲. 1995. 『陳雲文選: 第1·2·3卷』. 北京: 人民出版社.

陳子華 等. 2004. 『浴火重生: '天安門黑手'備忘錄』. New York: 明鏡出版社.

陳浙閩 主編. 2000. 『村民自治的理論與實踐』. 天津: 天津人民出版社.

蔡文軒. 2011. 『中共政治改革的邏輯』. 臺北: 五南圖書出版社.

蔡昉·林毅夫. 2003. 『中國經濟』. 北京: 中國財政經濟出版社.

蔡定劍·王晨光 主編. 2008. 『中國走向法治30年: 1978-2008』. 北京: 中國社會科學文獻出版社.

詹成付. 2004. 『鄉村政治若干問題研究』. 西安: 西北大學出版社.

肖唐鏢 主編. 2011. 『群體性事件研究』. 上海: 學林出版社.

_____. 2012. 『維權表達與政府回應』. 上海: 學林出版社.

鄒樹彬 主編. 2004.『2003年北京市區縣人大代表競選實錄』. 西安: 西北大學出版社.

沈寶祥. 1997.『真理標準問題討論始末』. 北京: 中國青年出版社.

湯應武. 1997.『1976年以來的中國』. 北京: 經濟日報出版社.

彭真. 1995.『彭真文選: 1941-1990』. 北京: 人民出版社.

浦興祖 外. 1995.『中華人民共和國政治制度』. 香港: 三聯書店.

_____ 主編. 1999.『當代中國政治制度』. 上海: 復旦大學出版社.

夏勇 主編. 1999.『走向權利的時代: 中國公民權利發展研究』(修訂版). 北京: 中國政法大學出版社.

夏海. 2001.『中國政府架構』. 北京: 清華大學出版社.

許紀霖·羅崗 等. 2007.『啓蒙的自我瓦解: 1990年代以來中國思想文化界重大論爭研究』. 長春: 吉林出版集團.

胡德平. 2011.『中國爲什麼要改革: 思憶父親胡耀邦』. 北京: 人民出版社.

胡繩 主編. 1991.『中國共產黨的七十年』. 北京: 中國黨史出版社.

胡鞍鋼. 2013.『中國集體領導體制』. 北京: 中國人民大學出版社.

胡偉. 1998.『政府過程』. 杭州: 浙江人民出版社.

胡耀邦. 2015.『胡耀邦文選』. 北京: 人民出版社.

胡績偉. 1997.『從華國鋒下臺到胡耀邦下臺』. 香港: 明鏡出版社.

胡平 口述. 宋愛茹 執筆. 2010.『改革開放親歷記: 胡平訪談錄』. 北京: 中央文獻出版社.

洪向華 主編. 2011.『關鍵抉擇: 決定中國前途命運的25個歷史節點』. 北京: 紅旗出版社.

黃衛平 主編. 2000.『中國基層民主發展的最新突破: 深圳市大鵬鎮鎮長選舉制度改革的政治解讀』. 北京: 社會科學文獻出版社.

黃衛平·鄒樹彬 主編. 2003.『鄉鎮長選舉方式改革: 案例研究』. 北京: 社會科學文獻出版社.

톈안먼 사건

──────────── 덩샤오핑 시대의 중국 3

1판 1쇄 펴냄 2016년 9월 25일
1판 2쇄 펴냄 2017년 7월 28일

지은이   조영남
발행인   박근섭, 박상준
편집인   양희정
펴낸곳   (주)민음사

출판등록   1966. 5. 19. (제16-490호)
주소   서울시 강남구 도산대로1길 62
            강남출판문화센터 5층 (06027)
대표전화   515-2000 | 팩시밀리 515-2007

www.minumsa.com

ⓒ 조영남, 2016. Printed in Seoul, Korea

ISBN 978-89-374-3340-5 (94340)
      978-89-374-3337-5 (세트)